中华文化与传播研究

第八辑

谢清果　钟海连　主编

　　国家社科基金一般项目"华夏文明传播的观念基础、理论体系与当代实践研究"（19BXW056）阶段性成果；

　　福建省专业学位研究生导师团队"华夏文明传播研究团队"建设成果；

　　福建省本科高校教育教学改革研究项目"华夏文明传播学的理论体系、教学模式与实践探索的综合改革研究"建设成果；

　　福建省高校人文社科研究基地"中华文化传播研究中心"建设成果；

　　厦门大学一流本科课程"华夏传播概论"建设成果；

　　2020年厦门大学研究生课程思政建设计划"中国传播理论研究"课程建设成果。

九 州 出 版 社
JIUZHOUPRESS

图书在版编目（CIP）数据

中华文化与传播研究. 第八辑 / 谢清果，钟海连主
编. -- 北京 ：九州出版社，2020.10
ISBN 978-7-5108-9644-6

Ⅰ. ①中… Ⅱ. ①谢… ②钟… Ⅲ. ①中华文化－文
化传播－研究 Ⅳ. ①G125

中国版本图书馆CIP数据核字(2020)第198708号

中华文化与传播研究·第八辑

作　　者	谢清果　钟海连　主编	
出版发行	九州出版社	
地　　址	北京市西城区阜外大街甲 35 号（100037）	
发行电话	(010)68992190/3/5/6	
网　　址	www.jiuzhoupress.com	
电子信箱	jiuzhou@jiuzhoupress.com	
印　　刷	北京九州迅驰传媒文化有限公司	
开　　本	720 毫米 ×1020 毫米　16 开	
印　　张	30.25	
字　　数	546 千字	
版　　次	2020 年 11 月第 1 版	
印　　次	2020 年 11 月第 1 次印刷	
书　　号	ISBN 978-7-5108-9644-6	
定　　价	78.00 元	

《中华文化与传播研究》

主办单位：

厦门大学传播研究所

中盐金坛盐化有限责任公司

协办单位：

华夏传播学会

华夏文化促进会

国际中华传播学会（美国）

中国传媒大学媒体创意研究中心

福建省传播学会

福建省易学研究会

厦门市易学研究会

厦门大学国学研究院

四川大学老子研究院

厦门大学道学与传统文化研究中心

厦门筼筜书院

厦门伟纳机电技术有限公司

两岸关系和平发展协同创新中心

中国新闻史学会新闻传播思想史专业委员会

中国新闻史学会台湾与东南亚华文新闻传播史研究委员会

张　昆（华中科技大学新闻与信息传播学院）

邵培仁（浙江大学传播研究所）

林升栋（厦门大学新闻传播学院）

罗　萍（厦门大学新闻传播学院）

岳　淼（厦门大学新闻传播学院）

居延安（美国康涅狄格州州立大学传播学系）

单　波（武汉大学新闻与传播学院）

（新加坡）卓南生（北京大学新闻学研究会）

宫承波（中国传媒大学电视与新闻学院）

赵月枝（加拿大西门菲莎大学传播学院）

赵振祥（厦门理工学院）

赵晶晶（浙江大学传媒与国际文化学院）

胡翼青（南京大学传播学院）

郝　雨（上海大学影视学院）

贾文山（中国人民大学新闻学院、查普曼大学）

郭肖华（厦门理工学院数字创意学院）

阎立峰（厦门大学新闻传播学院）

黄　旦（复旦大学新闻学院）

黄合水（厦门大学新闻传播学院）

黄鸣奋（厦门大学人文学院）

黄星民（厦门大学新闻传播学院）

曾　峰（华侨大学新闻传播学院）

程曼丽（北京大学新闻与传播学院）

董天策（重庆大学新闻学院）

谢宗贵（福建师范大学传播学院）

戴元光（上海政法学院文学院）

编辑委员会

卷首语

汉唐盛世，在中华民族的史册上曾是一段引以为傲的历史记忆，给人类文明的进步与发展留下了丰富的物质和精神财富，对这些珍贵历史文化遗产的发掘研究和继承创新，是人类进入新时代的重要命题，换言之，就是要对中华传统文化进行创造性转化与创新性发展。立足现实，不忘本来，才能更好地开创未来。本辑就是在历史与现实、中华与世界的视维中面向构建"人类命运共同体"的宏大目标，研究中华文化，传播中华文化。

《汉书·元帝纪》记载了一则有名的故事：汉宣帝刘询的嫡子、后来的元帝刘奭，八岁便被立为太子。刘奭自幼受汉家尊儒风气的影响，长大成人后养成"柔仁好儒"的性格。当时宣帝多起用法吏，"以刑名绳下"，这实在与儒家的主张相悖。适逢大臣杨恽、盖宽饶等都因讥刺君上之罪遭诛戮之时，太子刘奭择机进言，提醒元帝"持刑太深，宜用儒生"。而宣帝给太子的回复，便成了后世津津乐道的金句——"汉家自有制度，本以霸王道杂之，奈何纯任德教，用周政乎！"中国历史上，治国理政历来讲究德法并举，当代中国讲究依法治国与以德治国的统一，体现了对中华文明治国之道的传承与发展。

引用这则故事是为了说明了这样一个历史事实：中华智慧既讲理想，也讲效用，即便儒法两家在学说和价值取向上大相径庭，却依然能够在实际操作中找到彼此合适的位置，各安其事。其实，不论儒法之争、名实之辩，或是"霸道"和"王道"的区别，这些中国式问题最终形成的都不是"东风压倒西风"的标准答案，反倒呈现出"你中有我，我中有你"的矛盾统一。各种对立总能在运动发展中寻找到某种和谐共存的方式，并融入中华文明生生不息的历史进程中，最终形成既具有人文主义气息又不乏务实主义精神、既以不同面孔示人又内在地和谐共生的独特"中华气质"。

以本辑的主题"盐文化传播研究"为例，从春秋时代齐国实施"官山海"的理财政策开始，盐业垄断就被视为寓税于价、强化统治职能的基本手段。但是这种强制性权力并不妨碍"盐"这一人类生存所必需的物资在其生产和消费过程中创造出文化富矿，它被赋予美好的文学意象，也成为饮食文化传承的重要载体。通过对千百年来围绕盐的物质生产、流通运输、商品贸易以及消费的还原，我们可以探寻盐文化在中国文化的历史叙事中与社会充分激荡时的表现形式和聚合状态，并借此管窥背后的文化韵味和传播观念，理解其发生机制，最终对盐文化主体、话语框架、政治诉求等各个方面进行考量。

深刻体会中华文化，就会认识到它既是理性的，又是感性的，既是唯物的，也是形而上的，既讲自然无为，也谈经世致用，既饱含"远古的呼唤"，又永远"与时俱进"而与现实相融合。在中华民族璀璨丰富的历史实践中，这种兼收并蓄、包容万象的内生逻辑总能让各种事物找寻到和谐恰当的表现方式，形成丰富多彩的多模态画卷。因此，在本辑中，我们将会看到满汉全席般精彩各异的学术盛宴：它涵括中国历史当中的商品经济实践、文学艺术实践、审美以及思想实践；涵括感性的生命体验和深邃的哲学洞见；涵括对前人精神信仰的阐释和融汇，也涵括应对新时代新问题的古老中国智慧。不论在具体选题还是研究进路上，都足以展现出高度多元性，但当它们共同聚合在"华夏传播研究"这个母题上时，又丝毫不具违和感。

就其研究主体来说，华夏传播是孕育于特定文化情境中的地方性知识体系，而非用以与西方传播学理论相比较的特殊案例。这意味着它深刻内嵌于中国社会及其文化构造当中，与中国社会历史的时空场景、活生生的实践相交融。本辑"贤文化与组织传播研究""传统文化和审美传播""传播学视角下的中华文化传承与创新性发展"几个专栏，就尝试着对古代中国社会衣、食、住、行等生活场景进行探赜，寻找渗透在日常生活中的传播观念和传播现象，从而还原出古代中国原汁原味且独一无二的社会传播面貌和运行规律。这些研究在方法上丰富多样，既有对器物的直接考证，也包括对文献史料、非物质文化等的梳理认定，充分展现不同学者的自身专长和学术素养。

华夏传播研究旨趣从本质上是基于对华夏文明中的传播问题和传播现象所蕴藏的沟通智慧与方法的再认识和再研究，从而力争能够古为今用，洋为中用，综合创新，构建传播学"中华学派"。随着时代对"走出去"的呼唤日益强烈，如何把握好中国的传播观念智慧并服务于当下的传播实践，成为研究华夏传播问题的首要关切。近年来，"李子柒现象"成为社会和学界共同察觉和关心的话题。过去我们很难想象这样一个个人自媒体节目，在宣扬中国传统文化上所贡献的影响力和穿透力竟足以比肩甚至是远超过许多专业媒体机构。这既要归功于互联网的大时代，更离不开中华文化魅力独特的大背景。

本辑刊发多篇文章，分别从审美取向和话语逻辑等不同角度分析李子柒在海外走红的原因。分析这一成功案例，能为我们深化认识、更新经验，在推进中华文化"出海"事业中添砖加瓦。当然，要实现"中华文化走出去"，除了需要文化所提供的观念智慧，更要有全局的战略意识，本辑"华夏传播逻辑""文化创意与中华文化传播研究""中华品牌传播""重写电影史""'后疫情时代'文化传播的品牌之维"等专栏，也都发挥各自在文化创意、品牌经营、影视创作、广告和运营策略等不同实践领域中的专长优势，既总结经验，又思考布局，用跨学科的思维激发头脑风暴。

金岳霖曾在他的《论道》中尝试建立起以"道"为最高范畴的哲学体系。在他看来，"道"不同于西方哲学中的"理"，它更涵盖了"情"这一要素，因此，对于"道"决不能仅仅当作纯粹的知识去进行研究。要研究在中国社会文化环境中生长出来的华夏传播问题，必须尝试超越传播学的传统知识论框架，在取材于传统文化的文本和实践的基础上，对自身知识论系统进行更新完善，在"国学"中求"新知"，通过对国学的学理探讨，丰富认识视野和思维方式。本辑的"国学新知"固定专栏以庄子思想为契机，通过不断拓展的研究方法更好地把握庄子精神，进而把握中国政治、哲学、文艺的独特思想脉络。

总之，我们秉承"华夏传播·文明传承·文化自觉·民族复兴"的宗旨，坚守中华文化立场，开拓全球传播视野，以期熔铸出体现中国气质、洋溢中国风格、传承中国价值的华夏传播学，为提升中华文化软实力贡献自己的力量。

主编：谢清果 钟海连
2020 年 7 月 25 日

目　录

一、盐文化传播研究

主持人语

盐业生产的诞生与中国政治、经济格局的发展、变动有着深刻的联系。在古代社会中，盐业变革既是政治场域的晴雨表，也是政治与经济的有机组成。某种角度而言，任何涉及古代中国政治经济的关键词，同时也必然是盐业的关键词，从而也就累积成文化。

如何在今天开展盐文化研究？我认为，应建立在对文献、器物、非物质文化等的梳理认定的基础上，需要更多聚焦在盐文化的发生机制上，包括对盐文化主题、话语框架、政治诉求等多方面的考量，另外探寻盐文化在中国文化下的历史叙事与想象，及与社会的充分激荡时的表现形式和聚合状态。所以，盐文化研究不是打开一个尘封的、虚拟的空间，而是古老中国、现实中国的延伸、发展及扩充，它是文化的、现实的，也是多形态的，只有这样的视野，方能对盐文化进行研究、想象与建构。

本期，张银河博士的论文《"齐鲁盐豉"与美食传播》，从考证一个盐业器物入手，进而分析盐对美食的生成及传播作用。修松平的论文《中国古典诗歌中盐意象的意义表达与传播》，是在扎实的文献基础上的分析整理。作者发现，中国古典诗歌中，对盐意象的使用除了对盐本身属性的再现，同时盐还有其他意象一起形成比喻意义及象征意义。盐意象的意义表达和传播，不仅使盐意象具有多维的意义结构，还对盐文化的传播形成了推动作用。观其文，可以发现作者对诗歌中盐意象的归纳总结非常到位，如盐是"贫穷的生活感知""富足的社会想象"与"盐民——群体苦难的社会记忆"等，直接透过诗歌看到了盐意象的"本质"。

拙作《张謇日本盐业考察平议》一文通过梳理中日两国文献，探讨了张謇1903年对日本盐业考察的过程。从整个过程中看，张謇以日本盐业为参考系，看盐田、观最新制盐技术与设备，并与日本盐业人进行了充分的交流。通过这次考察，加速了张謇筹备盐业公司并进行各种改革的步伐，同时也客观上对中国盐业起到了推动作用。相较而言，国内学者并没有对张謇的日本盐业考察给予过多关注，但是日本学者却从文化共生等角度对此次考察给予了重点关注。这一点，值得国内张謇研究学者们关注。

（《中盐人》副主编、助理研究员 郑明阳）

《丽江风光》 朱星雨作

"齐鲁盐豉"与美食传播

张银河[*]

（河南省盐业协会，河南郑州，450003）

摘　要： 一件出土于河南濮阳的盐业器物，上刻有"齐鲁盐豉"字样。濮阳为"帝舜故里"，舜帝为后世留下了宝贵的盐业财富。"齐鲁盐豉"之盐，是产自山东半岛的海盐。从文献上考察，汉代饮食文化中才有"盐豉"出现，表明汉代以后饮食文化中，因盐而产生了极大的丰富性，促进了当时饮食水平的提高，且传播到其他地区。

关键词： 齐鲁盐豉；器物；生活消费；传播

2020 年 6 月 6 日，笔者在郑州市郑东新区"天下收藏"古玩市场南区二层一家门店看到一件方形陶罐，长 17 厘米，高 12 厘米，宽 9.5 厘米，上有两个圆孔直径 4.5 厘米，正面书写"齐鲁盐豉"四个 3 厘米见方的小篆体文字，中间有一匹马与其文字一样呈阳雕。在与该店经理陈先生闲聊中得知，这件陶罐收购于河南濮阳。出于收藏爱好，笔者反复讨价还价后将方罐购下。根据陈先生所述，笔者现对"齐鲁盐豉"陶罐考证如下。

一、"齐鲁盐豉"陶罐出土地濮阳地理文化背景

（一）地理位置

濮阳市位于河南省东北部，黄河下游，冀、鲁、豫三省交界处。东、南部与山东省济宁市、菏泽市隔河相望，东北部与山东省聊城市、泰安市毗邻，

---
* 作者简介：张银河（1964—），河南南召人，博士，现任河南省盐业协会秘书长。研究方向：中国盐业文化。

图 1 "齐鲁盐豉" 陶罐

北部与河北省邯郸市相连，西部与河南省安阳市接壤，西南部与河南省新乡市相倚。目前，全市总面积为 4188 平方公里。

濮阳市位于中国第三级阶梯的中后部，属于黄河冲积平原的一部分。地势较为平坦，自西南向东北略有倾斜，属于河冲积平原，气候宜人，土地肥沃，灌溉便利，是中国重要的商品粮生产基地和粮棉主要产区之一。由于历史上黄河沉积、淤塞、决口、改道等作用，造就了濮阳平地、岗洼、沙丘、沟河相间的地貌特征。境内有临黄堤、金堤及一些故道残堤。

（二）历史文化

濮阳文化底蕴厚重。素有"颛顼遗都""帝舜故里"之称，被中国古都学会命名为"中华帝都"。1987 年出土的距今 6400 多年的蚌塑龙形图案，被誉为"中华第一龙"，中华炎黄文化研究会据此命名濮阳为"华夏龙都"。[①]

1. 黄帝后裔多在濮阳

根据文献记载，笔者特列五个世系表说明如下：

世系表（一）：黄帝—昌意—颛顼—穷蝉—敬康—句望—桥牛—瞽叟—重华（舜）—义钧。其中昌意封于今南乐县，地址在今南乐县西北仓颉陵处。颛顼都帝丘，地址在今濮阳县西南 15 公里新习乡湾子村东。舜耕历山，迁负夏，在今濮阳县。贩顿丘，在今清丰县西南。籴平阳，在今滑县东南，今名阳城，属上官镇。义钧封没，故名商均，封地在濮阳。

世系表（二）：黄帝—玄器—极—帝喾—放勋（尧）—丹朱。其中玄器邑顿丘，在今清丰县西南固城一带。帝喾 15 至 30 岁辅佐颛顼，居帝丘，死葬于东郡濮阳顿丘台阴野之秋山，其冢在今清丰县西南北固城。帝尧 89 岁作游宫于陶，90 岁游居于陶，100 岁崩于陶。昔濮州有尧城、尧冢谷林、尧母冢灵台、尧妃仲山甫墓。其中丹朱墓、偃朱城在范县境内。

世系表（三）：黄帝—玄器—极—帝喾—契—昭明—相土。其中殷商始祖契封商，相土迁商，为相土之东都。

世系表（四）：黄帝—昌意—颛顼—卷章—回（吴回）—陆终—已樊。其中陆终长子已樊封于昆吾，建昆吾国，其址在今濮阳县西南 15 公里颛顼之墟。陆终第五子封于顾，建立顾国，其址在今范县城东南 39 公里。昆吾、顾昔为夏代重要方国。

---

① 濮阳市地方史志编纂委员会：《濮阳市志》，郑州：中州古籍出版社，2005 年。

世系表（五）：黄帝—昌意—颛顼—鲧—禹—启—太康、仲康—相—少康。其中帝启铸鼎于昆吾。帝相迁都帝丘，依同诸侯斟灌在今清丰县西南孙固城一带。帝相被杀后，其妃后缗方孕，从墙窦出，逃有仍，生少康，今清丰武强镇有其墓。

濮阳自古称圣地，他留下了三皇五帝的足迹，其后裔或都或邑活动于此，是中华人祖发源地之一，也是族祖的重要渊源地，研究中华人类文明进步史离不开濮阳。

2. 濮阳有盐业先驱帝舜的足迹

据《孔子家语》载："舜弹五弦之琴，歌南风之诗。"《礼记·乐记》载："昔者舜作五弦之琴以歌南风。"

《南风》云：

南风之薰兮，可以解吾民之愠兮；

南风之时兮，可以阜吾民之财兮。

据传，帝舜弹五弦琴歌《南风》，是他定都山西盐池以后，到盐池视察时站在卧云岗上的一篇即兴之作，是被后人共认为最早歌颂盐业的诗歌。正是这位有史记载最先开发盐业的帝君，在濮阳留下众多足迹。

舜耕历山。涉及河南、河北、山东、山西、安徽、江苏、浙江、湖南八省，有 12 处之多。《元丰九域志》概括有三："济南、濮阳、河中"。山东济南有千佛山，一名历山。河中，今为山西永济县，有历山。光绪《濮州州志》载："历山在濮城镇。"《太平寰宇记》载："历山在雷泽县西北十六里。"雷泽县即汉城阳县，隋置雷泽县，位于鄄城、临濮之间，县西北有古雷泽。《水经注图》所标历山在雷泽西，地接濮阳县界。《元和郡县志》载："历山在雷泽县北六十里。"南宋《路史》作者罗泌作历山考载："今濮之雷泽西北六十里，有小山孤立，谓之历山，山北有小阜，属池目之姚墟。"此当在今濮阳县境。应劭、皇甫谧皆云舜耕之所有池。《水经注》载："山上有舜祠，山下有大穴。"清光绪《开州志》载："今东郭里有虞帝庙，其地相传为古历山。"明嘉靖《开州志》载："在东郭里南五里许，土民立庙旧矣，今废。俗称舜王庙。"据《濮阳日报》副总编辑杨继昌言，其家乡胡状乡杨岗上，村北有舜王庙，相传为舜耕历山处。此村在濮阳城东南 12 公里，东南距雷泽约 35 公里，北距东郭里 2 公里。

贩于顿丘。《尚书大传》载："舜贩于顿丘，就时有负夏。"此顿丘当为今清丰县之古顿丘。《中华都城要览》有这样一段话："舜本人既是巧匠又是善于经商的人，以前作过'共工'工匠总管一类的官，也曾奔走在鲁豫边境地区从事物物交换。"钟毓龙《上古神话演义》说："舜到顿丘（现在河北省清丰县西南二十五里）做生意，又到秋山瞻仰帝喾陵寝，尔后又到负夏地方（春秋时卫国有负夏）。"①帝喾陵在今河南清丰县西南7公里北固城，北地昔有秋山、帝喾陵、喾爷庙，民常祭祀。明嘉靖《清丰县志》载："帝舜作什器于寿丘，就时负夏，未尝暂息。顿求买贵，于是贩于顿丘，傅虚卖贱，于是债于傅（传）虚，以均救之。"舜贩顿丘，无疑应在清丰县，其址在今清丰县西南固城一带。至于舜粂于平阳，应是春秋卫地之平阳，非山西尧都之平阳（今山西临汾市）。《左传》载："卫侯（蒯聩）饮孔悝酒于平阳，醉而送之。"此平阳在今滑县老城东南20公里阳城，属上官镇。虞舜在摄政之前主要活动在鲁西和豫东北，不可能一下子跑到山西去。

就时负夏。《史记·五帝本纪》载："舜耕历山，渔雷泽，陶河滨，作什器于寿丘，就时于负夏。"《孟子·离娄下》载："舜生于诸冯，迁于负夏，卒于鸣条，东夷之人也。"《尚书·大传》载："舜贩于顿丘，就时负夏。"《帝王世纪》载："舜迁于负夏。"四书皆言负夏，负夏即今濮阳东南9公里瑕丘。《史记》注："负夏，春秋为卫地。"郑率，皇甫谧皆言负夏在卫地。《中国历史地名辞典》载："瑕丘邑，一作负夏邑，春秋属卫，在今濮阳县东南。""负夏邑，一作瑕丘邑，在今濮阳县东南。"谭其骧主编的《中国历史地图集》也标明瑕丘又名负夏。瑕丘又称负夏，史书已做定论，舜居负夏，即今濮阳县瑕丘。至于今山东兖州区，过去也叫瑕丘，一作负瑕，此汉代瑕丘县，春秋属鲁。濮阳为瑕丘邑，一作负夏，春秋属卫。

尧舜时，洪水滔天，浩浩怀山襄陵，下民择阜而居。当时，濮境土地承平，衍无高山峻岭，独瑕丘负土而出，高五丈，纵横十五丈，西附小丘，可容数千人，灾民迁居此丘是有可能的，直到大禹治水后，人们才降丘宅土。此处有龙山文化、二里头文化遗存，便是有力证据。

二、"齐鲁盐豉"之盐是产自山东半岛的海盐

如前所述，濮阳市位于冀、鲁、豫三省交界处，同时，历史上行政区划

———————
① 以上括号均为原书所加。

曾经属山东管理，而山东正是齐鲁盐的产地。

《史记·齐太公世家》记载："太公致国，修政，因其俗，简其礼，通商工之业，便鱼盐之利，而人民多归齐。"《史记·货殖列传》载："故太公望封于营丘，地潟卤，人民寡，于是太公劝其女工，技极巧，通鱼盐，则人归之，襁至而辐辏。故齐冠带衣履天下海贷之间敛袂而朝焉。"司马迁寥寥几笔，画龙点睛地描述了吕望身为一国之君长后，治国有方的古代圣贤形象。同时，让我们也认识到了食盐对国家政治、经济命脉所肩负的重要使命。

从司马迁上文所载"因其俗，简其礼"判断，齐国在周代开国之初，即已经重视盐商业。齐居山东海滨，早有利用海产物与内地各民族相互交易的习惯。吕望对食盐生产地位的巩固，为齐桓公时期食盐专营政策的实施，乃至为齐国成为春秋战国五雄，奠定了坚实的基础。

在中国盐业历史上，管仲的业绩是功不可没的，通常视管仲为盐业鼻祖。管仲（前725—前645年），岳夷吾，颍上（今安徽颍上）人，春秋初齐国政治家、思想家、哲学家、法家的先驱。在管仲的政治主张及经济学说中，尤为引人注意的一部分，是他提出的对齐国的食盐实行官营的政策。《管子·海王》载：

桓公曰："何谓官山海？"管子对曰："海王之国，谨正盐策。"管子对曰："十口之家十人食盐，百口之家百人食盐。"

当时，齐桓公为了富国强军，称霸一方。问管仲有何意见充盈国库。桓公提出征收房屋税、木林税、牲畜税、人头税，结果都被管仲给否决了。继而，管仲提出，最好的办法是征收盐税。《管子·地数》载：

桓公问于管子曰："吾欲守国财而毋税于天下，而外因天下，可乎？"管子对曰："可。夫水激而流渠，令疾而物重，先王理其号令之徐疾，内守国财而外因天下矣。"

桓公曰："何谓籍于时？"管子曰："阳春农事方作，令民毋得筑垣墙，毋得缮冢墓；丈夫毋得治宫室，毋得立台榭；北海之众毋得聚庸而煮盐，然盐之贾必四什倍。君以四什之贾，修河、济之流，南输梁、赵、宋、卫、濮阳。恶食无盐则肿，守围之本，其用盐独重。君伐菹薪煮沸水以籍于天下，然则天下不减矣。"

从史料记载看,管仲主张"官山海"的核心是"正盐策""计口授盐"法、定时"生产法",开辟了盐业理论之先河。这种理论形成2600多年来,对我国盐政管理起着决定性的意义。管仲的思想,为齐桓公成为春秋五霸之一奠定了坚实的经济基础。在上述文字中,就提到了濮阳的盐当时是由齐国在供给。

三、"盐豉"是汉代人的基本生活消费品

盐是人类生活必不可缺的重要物资,其功能主要是维持人类生命健康。毫无疑问,在人类每个时期对食盐的开发使用过程中,自然而然会形成一些约定习俗。《礼记·礼运》载:"未有火化,食草木之实,鸟兽之肉,饮其血,茹其毛。"人类对盐的需求,大多从所食动物体中获取。随着人类的进化,火的发现,农业文明的发展,由生食野兽进而以五谷为主要食物,肌体内所需要盐分就要另辟蹊径,就是对盐资源的寻找和开发。

根据《尚书·说命中》记载,武君王与傅说的对话"若作和羹,尔惟盐梅"中可以看出,当时人们用于调味的佐料,主要是"咸酸"两种。根据《周礼·天官冢宰·盐人》记载:"盐人掌盐之政令,以共百事之盐。祭祀,共其苦盐、散盐;宾客共其形盐、散盐;王之膳馐,共饴盐。凡齐事,鬻盐以待戒令。"说明当时已有专门负责食盐供给的"盐官",而且凡调味之事,都有一定约定习俗。《周礼·天官冢宰·笾人》记载,"筑盐为虎形者形盐,以共宾客;如鸟卵者卵盐,以为八君燕食之用",反映出盐的造型已呈现多样化。

但是,在历史文献记载的夏、商、周及其春秋战国至秦的生活习俗中,没有提到过"盐豉"二字。真正出现记载上述二字的文献,到了汉代才出现。换言之,汉代人的生活食品是丰富多彩的。

豉,是汉代人们日常饮食生活中最普遍的消费品之一,用煮熟的大豆发酵后用盐渍而成。《释名·释饮食》说:"'豉',嗜也。五味调和,须之而成,乃可甘嗜也。故齐人谓'豉',声如'嗜'也。"《说文解字》中,对"豉"的释义是"配盐幽尗也"。"配盐"指的是用盐来盐渍、发酵;"幽"指的是放置在室内昏暗避光的地方,而且发酵用的坛子本身需要密封,密封后的坛子,里面自然是伸手不见五指。这些都是制作豆豉的最基本方法。

豉的盐制方法简单,一般情况下,每年农历七八月份,将煮熟的大豆发酵,用盐渍后,在烈日下曝晒而成。但有的比较复杂,如《齐民要术》卷八

记载"作麦豉法"：

> 七月八月中作之，余月则不佳。锉治小麦，细磨为面，以水拌而蒸之。气馏好熟，乃下，掸之令冷，手接令碎，布置覆盖，埢、黄法. 七日衣足，亦勿簸扬，以盐汤周遍洒润之。更蒸，气馏极熟，乃下，掸去热气，及暖内瓮中，盆盖，襄粪中煨之。二七日，色黑，气香，味美，便熟。捣作小饼，如神曲形，绳穿为贯，屋里悬之，纸袋盛笼，以防青蝇、尘垢之污，用时，全饼着汤中煮之。色足漉出。削却皮粕，还举。一饼得数遍煮用。热、香、美，乃胜豆豉。打破，汤漫研用亦得：然汁浊，不如全煮清也。

《史记·淮南衡山列传》记载，淮南王刘长因罪而废，丞相张仓等上书建议迁居于蜀地："臣请处蜀郡严道邛邮，遣其子母从居，县为筑盖家室，皆禀食给薪菜盐豉炊食器席蓐。"很显然，"盐豉""薪菜"与"炊食器度蓐"同样，都是最基本的生活必需品。"盐豉"所以并称，是因为"盐"和"豉"都是当时人们最常用的饮食调味品，"豉"的制作是以"盐"作为主要原料的。

《北堂书钞》卷一四六引《后汉书》记载："韩崇为当南太守，遗妻子粗饭，唯菜茹盐豉而已。"又载"羊续为南阳太守，盐豉共一角，三辅之最。"所谓"盐豉共一角"，《太平御览》卷八五五引作"盐豉共一壶"，《事物纪原》卷九又引作"盐豉共一器"。《北堂书钞》卷一一四引《后汉书》载："河南陶硕唉芜菁羹，无盐豉。"也就是说"盐豉"是最基本的调味品。《北堂书钞》卷三十八引《后汉书》载："（羊茂）常食干饭，出界买盐豉。"《太平御览》卷二六〇引司马彪《续汉书》，也有内容大致相同的记述。

《汉书·食货志》载："豉樊少翁、王孙大卿，为天下高訾。"意思是说，樊少翁及王孙大卿依靠卖"豉"，由此成为当时的巨官。由此可以间接看出，汉时盐豉的消费量相当可观。

此外，从许多发掘出来汉墓的竹简中，亦发现有许多关于"酱"和"豉"的记载。限于篇幅，这里不再赘述。

四、由盐而制成的食品的传播

齐鲁，是中国区域范围名称，指今山东，该名始于先秦齐、鲁两国。战国末年，因齐、鲁两国文化逐渐融合为一体，故有此称。公元前 256 年楚国灭鲁国，公元前 221 年秦国灭齐国。因为文化的一体，"齐鲁"形成一个统一的文化圈，由统一的文化圈形成了"齐鲁"的地域概念。这一地域与后来的山东省区范围大体相当，故成为山东的代称。

由此，笔者推测"齐鲁盐豉"有两层含意：一是由山东传销过来的盐豉技术或供应的商品；二是用山东海盐制作的豆豉，以区别其他湖盐或井盐的味道，就像我们今天所用的商标。汉代无名氏所作乐府诗《古艳歌》云："白盐海东来，美豉出鲁门。""齐鲁""盐豉"，原是夸耀的意思，犹曰好盐豉。

中华民族是一个善吃的民族，自古有"王者以民为天，民以食为天"的说法，而盐就是造出许许多多美食的主要原料。同时，中国有句俗话"早晨开门七件事，柴米油盐酱醋茶"，说的都是吃的事，一日三餐，离不了是盐，要想吃得好，就必关注盐。

两汉是我国文化较为开放发达的时代，陶器的制作方法种类繁多。从现存资料来看，进入两汉时期，陶器制作的主要方法有泥条盘筑法、轮制法、范制、手制和粘接等。最简单的是泥条盘筑法：用泥条制作成型后，再在陶车上拍打修饰。大型储盛器物如仓、罐、瓮等多用此法成型。轮制法，凡属圆形陶器，如罐、盘、瓶、盆、碗等，无不采用此法。"齐鲁盐豉"陶罐留存下来，便是一列。另外，从"齐鲁盐豉"器物推测，可能附近存在一座手工业制陶作坊，为研究汉代制陶业提供了实物资料。

中国古典诗歌中盐意象的意义表达与传播

修松平 *

（温州苍南灵溪镇第十一中学，浙江温州，325800）

摘　要： 中国古典诗歌中，对盐意象的使用除了对盐本身属性的再现，同时盐还有其他意象一起形成比喻意义及象征意义。盐意象的意义表达和传播，不仅使盐意象具有多维的意义结构，还对盐文化的传播形成了推动作用。

关键词： 诗歌；盐意象；比喻；象征

中国是一个诗歌国度，几乎任何一种事物都曾在诗歌中得以吟咏。盐，作为人们生活中必不可少的物品，在中国诗歌中反复出现。诗歌中的盐意象，除了对盐自身的属性及状态的再现，也在文化传播中具有了比喻意义和象征意义。多种意义的呈现，不仅使盐意象具有多维的意义结构，还对盐文化的传播形成了推动作用。

一、盐意象对古代社会生活的再现

（一）盐——贫穷的生活感知

盐是人们日常生活的必需品，但在古代社会，盐并不容易获得。因缺乏盐，从而引申到对贫穷的生活感知。

韩愈的"为生鄙计算，盐米告屡罄"就用"盐米"的匮乏来写被贬后的困窘。"尔来曾几时，白发忽满镜"，一生为国为民的韩愈，临终前却因直言上书而屡遭贬谪。在鬓发斑白之际，却连米缸都填不满。这是诗人对盐米匮

---

* 作者简介：修松平（1997—），女，浙江温州苍南灵溪镇第十一中学老师，研究方向：中国古典文学。本文指导老师：王正中，湖州师范学院文学院讲师，文学博士，研究方向：文艺学。

乏的感慨，更是对生活无所依傍的慨叹。即便在元和五年秋再受重用，他也不似以前那般意气风发了。遭遇过贬谪的他懂得"贪食以忘躯，勠不调盐醯"的道理。他告诫自己世事无常，为人为官都需小心谨慎。他用黄雀的例子告诫人们，切莫因为贪婪而成了"盘中餐"。诗中用"盐醯"来指代已成为盘中餐的黄雀。韩愈诗中的"盐米""盐醯"都是对世事无常的感慨。

历史上为"盐米"犯愁的诗人远不止韩愈一人，晚年时期的白居易也有同样的烦恼。"庖童朝告盐米尽，侍婢暮诉衣裳穿"是白居易告老还乡后的真实写照。告老还乡的他不似以往阔绰，但衣食住行却样样不可缩减，这不免让他为生活犯了愁。

古人生活离不开麻布衣裳和食盐，诗人便引出"麻盐"这一意象，用来指代生活必需。杜甫曾用"麻盐"的缺失来表现战乱时的物资匮乏。"蜀麻久不来，吴盐拥荆门"中就用蜀麻和吴盐的阻滞来描写战乱时期的物资难通。专写"蜀麻""吴盐"，可见其在战乱时期的宝贵。而杜甫诗中"风烟渺吴蜀，舟楫通盐麻""蜀麻吴盐自古通，万斛之舟行若风"也是对吴蜀麻盐重要性的记载，这些记录下当时东南、西南的经贸往来都是紧紧围绕着麻盐展开的。[①]而"风烟渺吴蜀，舟楫通盐麻"中的"风烟"既是自然风烟，又是社会风烟，在双重"风烟"的阻挠下，吴蜀之民依旧为了"麻盐"的供求与环境做着不懈斗争。即便是滨海吞噬着盐民性命，江河吞噬着过往船只，人们也依旧为了"舟楫通盐麻"而昼夜奔波。

深入民间的盐文化是影响着各地风俗的。柳宗元的"青苔裹盐归峒客，绿荷包饭趁虚人"就记录下了柳州的赶集场景，柳州人用荷叶包裹米饭，用青苔包裹食盐，这种风俗与中原完全不同。耿津也在诗中记录下边远地区的赶集。近乎原始的遥远村落中"野市鱼盐隘，江村竹苇深"村民在野市中进行着最为简单的物物交换，他们交换着彼此的"鱼盐"。虽说是贫困，但也是封建剥削下难得的世外桃源。盐在民间有着独有的惬意，诗人无可的"禁盐调上味，麦穗结秋花"中说到百姓虽无福消受"禁盐"，但他们一点也不羡慕皇家的雍容，他们有着农家人丰收时独有的喜悦。但陆龟蒙笔下的农民就不那么舒坦了，"有饭一盛，莫盐莫蔬。有缗一缇，不襟不袪。"他们食无盐，衣无襟，这般穷苦卑微是让人难以豁达的。

---

① 何清、曾凡英、罗小兵：《诗意之盐唐代盐诗辑释》，成都：巴蜀书社，2011年，第78页。

（二）盐——富足的社会想象

"鱼""盐"产量自古以来就被视为衡量经济水平的一个重要标准，反映在诗歌中便有了"鱼盐"这一意象。诗歌中的"鱼盐"意象多有富足安详之意，多表达诗人强烈的民族自信心和自豪感。

自诩"五言长城"的刘长卿在"寒塘起孤雁，夜色分盐田"中用"盐田"的一望无际来描述经济的繁华。田园诗派韦苏州曾写下"鱼盐滨海利，姜蔗傍湖田"来宽慰被贬的友人，他在诗中强调滨海物产富饶、百姓和乐。他劝慰友人虽说被贬，但被贬之处也不失为为官一方的好去处。

产盐之地在诗人眼中也都是富饶美好的。白居易的"隐隐煮盐火，漠漠烧畬烟"反映了忠州一带的富饶。杜甫笔下的夔州"煮井为盐速，烧畬度地偏"虽说技术落后，但绝对的盐产使其不可小觑。"利饶盐煮海，名胜水澄湖"中提及的苏杭也是富裕之地。"亥市鱼盐聚，神林鼓笛鸣"用鱼盐市场往来交易的频繁来表现江陵的富饶。"鱼盐聚为市，烟火起成村"则是对民间百姓和乐安详的赞美。

产盐之地在诗人眼中也有着小桥流水般的惬意。边塞诗人高适也曾为盐递柔情，他的"煮盐沧海曲，种稻长淮边"描绘的正是乡间煮海之际悠闲自得的惬意。吕渭的"海将盐作雪，出用火耕田"则是将江南海水泛起的白色浪花比作北方的雪花，还表达了浪花的翻涌要比雪花更加讨人欢喜，认为"海盐雪""火耕田"给了人们生活的依靠，给了国家宝贵的财富依存。殷尧藩的"海成通盐灶，山村带蜜房"贾岛的"水县卖纱布，盐田煮海村"也同是此意。

"鱼盐"在诗歌中多是富饶美好的意象。人们依靠"鱼盐"生存，市场依靠"鱼盐"运作，国家依靠"鱼盐"富饶，即便是被贬滨海之地也有着滨海独特的惬意。

（三）盐民——群体苦难的社会记忆

最直接感知盐的应是盐民。统治者多只注重盐的经济效益，古代充当盐民的又多是发配的罪犯，所以盐民的生活境况是可想而知的。但乾隆皇帝又是少有的例外，他在《咏煎盐者》中，亲近盐民，诉说煮海为盐的艰苦。他感慨"樵山已遥远，釜海亦艰辛"，在他眼中盐民的生活是最为艰辛的。等着"火候知应熟，卤浆配欲均"的盐民是"可怜终岁苦，享利是他人"的悲伤。

"诗史"中也不乏为盐民所作。杜甫《盐井》就深刻揭露了盐民之苦。

"卤中草木白,青者官盐烟。"卤气之重连草木都难以生长的地方,盐民却要在此劳作。"官作既有程",盐吏更是不顾个人死活地催促劳作。盛世人们只见繁华,少有几人看得到"煮盐烟在川"的盐民!"汲井岁榾榾,出车日连连",无休止的工作不过让官商坐享其成,而盐商却是始终将他们当牛马一样地驱使。可是即便是看清社会底层的黑暗,诗人也无能为力。不过是劝诫盐吏盐商们"君子慎止足,小人苦喧阗"罢了。

长久的劳作致使盐民面黄肌瘦、形容枯槁。杜甫笔下的夔州女"筋力登危集市门,死生射利兼盐井",忍受着万般辛劳。丧乱使她们孤老无依,贫穷使她们只能佩戴花叶。诗中又道"若道巫山女粗丑,何得此有昭君村",认为昭君村的姑娘该是娇俏模样的,所有的沧桑都因负薪背盐。

而杜甫的《出郭》一诗中煮盐却不再艰辛,反倒富饶。"远烟盐井上,斜景雪峰西"的煮盐场面,不似以往那般痛心。但这前后反差的原因竟是"故国犹兵马,他乡亦鼓鼙"。远处的暴乱,让眼前的煮盐变得安详。是更大的痛苦让原先的小痛不再悲伤,是在国难面前,盐民的个别苦痛被忽略,此诗实则是在暗讽社会所将承受的更大的苦痛。

若论起盐民的苦痛,"奉旨填词"的柳三变应该更有资格来评价,因为他曾任定海晓峰盐场督官。柳永《煮海歌》可谓"洞悉民情,直言讽喻"。其中"周而复始无休息,官租未了私租逼。驱妻逐子课工程,虽作人形俱菜色",就将盐民的屈辱生活真切体现。[1]"船载肩擎未遑歇,投入巨灶炎炎热",盐民在烈火炎炎的炉灶旁不敢有丝毫懈怠地工作。"晨烧暮烁堆积高,才得波涛变成雪",周而复始的辛劳没给盐民带来丝毫希望,等待他们的命运是终其一生的辛劳,直至死亡的来临。

柳永以一首《煮海歌》哭诉盐民的苦难,吴嘉纪则用一组"野人体"全方位道出盐民的不幸。身为遗民的吴嘉纪无心仕途,终其一生为底层人民哭诉。他与盐民一齐过着衣食不周、朝不保夕的日子。[2]家居泰州安丰的他亲眼见证了盐民的苦难,他的"野人体"真实可信,别具风格的"盐场新乐府"更是正中时弊。"早夜煎盐卤井中,形容黧黑发鬖鬖",描绘了长期煮盐,曝晒于咸风烈日下的盐民面现赤赭的现象。煮海时,灶房内烈火熏炙,盐民面色黧黑,形容鬼魅。[3]盐民更是在这样,"小舍煎盐火焰举,卤水沸腾烟莽莽"

① 罗佳慧:《柳永与市民文学》,《广东社会科学》1992年第1期。
② 陈红红:《盐城海盐文化》,南京:南京大学出版社,2015年,第120页。
③ 黄桂兰:《吴嘉纪〈陋轩诗〉之研究》,新北市:花木兰文化出版社,2012年,第101页。

的恶劣环境下劳作。低矮的房屋下，烈火灼灼燃烧，卤水在锅里沸腾，烟雾莽莽使人辨不清方向。诗人也不禁感慨"斯人身体赤犹人，何异鸡鹜鬵中煮"。

"野人体"中《绝句》成就最高。其中"白头灶户低草房，六月煎盐烈火旁。走出门前炎日里，偷闲一刻是乘凉"，是一种令人窒息的哽咽。农历六月，是一年中最炎热的时节。六月，盐民没能停止劳作，他们在炎炎烈日下，围着灶炉煎盐。他们在六月天里，聚集在一间低草房内煮盐。灶房内比六月的日头还要灼人，盐民们走到屋外的烈日下去乘凉。而忍受这一切的又是白发苍苍的老翁，这是多么令人窒息的绝望啊！

烈日煮盐是一种煎熬，但盐民们又不敢奢求阴雨天。因为阴雨天他们停止工作的同时，也失去了经济来源。忍受多重剥削的他们是存不下余粮的，歇灶的日子注定了要忍饥挨饿。他们很可能在长期的阴雨天中死去，此时的他们是"坐思烈火与烈日，求受此苦不可得"。

但最为致命的还属海水的倒灌和台风的肆虐。"沿海人家数千里，鸡犬草木同时死"，飓风肆虐的日子里，盐吏没有停下征课。盐民一边忍受着飓风的肆虐，一边又踏上了"只愁征课促残生"的窘迫之旅。盐民在绝望中想着贿赂盐吏，希望可以劝说总催，使上头发发慈悲。然而现实又给了他们狠狠一记耳光，"总催醉饱入官舍，身作难民泣阶下"的表演后，不过是"述异告灾谁见怜？体肥反遭官长骂"的绝望。总催的哭诉不过是做给盐民看的，告诉盐民只有忍受住残酷的剥削才能苟延残喘。

盐民一生牛马操劳，他们想要的不过就是活下去，但天灾人祸面前，连活下去都成了一种奢侈。"六七十日无青天"会使他们"生计断绝"，此时平日残暴的长官也会发慈悲的"劝富户各出籴谷金钱"来救济盐民，但为富不仁的盐商不过是"此户彼户，一斛两斛商量捐"敷衍了事。此时盐民不再求生，而是求死，他们感慨"老人幸先就下泉"，认为在苦苦挣扎却了无希望的日子里，死是最好的解脱。这又是一种怎样的畸形啊！

二、盐比喻义的构建与表达

（一）拟盐——盐之白的形象传递

盐，洁白无瑕，生发出许多比喻意义。早在东晋时期，谢朗就以盐拟雪，说空中飞舞的雪花恰似漫天洒落的白盐，此处便是以盐白引出的"拟盐"典故。"拟盐"的典故与"咏絮才"一同出自《世说新语·言语》篇。谢朗的

"撒盐空中差可拟"在谢道韫的"为若柳絮因风起"面前是相形见绌的。所以，"拟盐之资"也就有了资质平平之意，文人多用"拟盐之资"来表谦逊。

韩愈的"拟盐吟旧句，授简慕前规"就用"拟盐"来表示自己的资质平平和对他人的仰慕。韦庄的"闲招好客斟香蚁，闷对琼花咏撒盐"也是此意。而"拟盐"一词是极富张力的，它远不止自谦之意。孟浩然"撒盐如可拟，愿糁和羹梅"中的"撒盐"就有对他人的赞许和认可之意。此处所突出的是盐的经济价值，"撒盐如可拟"是指物产富饶，暗示在统治者的治理下国富民强、五谷丰登，是对当朝丞相的恭维。此处"撒盐"的用法极妙，可与当年门前咏絮相比。

盐的洁白与清逸还被引申出清廉之意。李白"客到但知留一醉，盘中只有水晶盐"中就用"水晶盐"来赞美友人的俭朴，诉说友人的高尚情操犹如"水晶"般无暇。诗鬼李贺笔下的"腊月草根甜，天街雪似盐。未知口硬软，先拟蒺藜衔"，更是赋予了"拟盐"全新的意蕴。当背景被重新勾画时，诗中的意象便全然不同了。

白居易则赋予了"拟盐"更多的政治色彩。"盈尺白盐寒，满炉红玉热"中将雪比作盐。诗中描述了一个喜爱看雪的人却在大雪纷飞之际围着火炉赏雪，此时屋外是漫天大雪，但无奈屋外天寒地坼。诗人无法忍受屋外的寒冷，即便再爱雪也只能躲在屋内的火炉旁取暖。赏雪的矛盾是现实为官矛盾的折射，现实中，诗人愿为民解忧，但无奈政局天寒地冻。黑暗的政治让"惟歌声民病"的诗人只能"隔着窗户"做着力不从心的关怀。

（二）盐车——沉重的心理负荷

盐较为沉重的特性在诗文又引申出"盐车"这一意象。盐车与千里马的典故同出自《战国策》。相传在太行山上一匹年迈的拖着沉重盐车的千里马，在一生劳碌后偶遇伯乐。视伯乐为知己的千里马不禁发出老泪纵横，发出阵阵嘶鸣，向伯乐痛诉衷肠。"盐车"本意指负重前行的千里马，诗中则多用"盐车"表达怀才不遇。

即便是桀骜不驯的李白也会有怀才不遇的感伤。他心怀大志，不甘心只做皇室用来消遣的文人，即便是身处官场的他也终是郁郁不得志。"盐车上峻坂，倒行逆施畏日晚"中他就自比"盐车"。"曾陪时龙蹑天衢，羁金络月照皇都"诉说的天马的曾经，正是在说自己的峥嵘岁月。

诗鬼李贺在"内马赐宫人，银鞯刺骐驎。午时盐坂上，蹭蹬溘风尘"中更是运用对比手法来揭示了现实的丑态。没有才能的宫马却可以凭借出身穿金戴银，过着舒坦日子。而富有才能的千里马却遇不到自己的伯乐，要在烈日风尘中负重前行。诗人批判社会的不公，痛惜像自己这样有才华的人因为没有背景而白白辜负了韶华，揭示了社会丑态的同时，控诉了自己对黑暗现实的强烈不满。

元稹在被贬之际，书于友人白居易"金籍真人天上合，盐车病骥辀前惊"自比"盐车病骥"。那时的他忍受着怀才不遇和贫病交加的双重痛苦。诗中控诉的是饲马者的无知，更是对统治者不能重用自己的不满。元和九年，元稹再比"盐车"，"遥看云路心空在，久服盐车力渐烦"中表达了他对仕途的幻想。虽已被贬数载，但心中仍存幻想，希望可以"忽遇君侯一报恩"。

"此时若遇孙阳顾，青服盐车不受鞭""未省孙阳身没后，几多骐骥困盐车""嘶风重诉牵盐耻，伯乐何妨转眼看""踟蹰盐车万里蹄，忽逢良鉴始能嘶"中都是自比"盐车"，渴望被赏识的句子。然而"瑶池罢游宴，良乐委尘沙。遭遇不遭遇，盐车与鼓车"的现实却又是另外一种境况，即便是王良、伯乐这样的识马者也有被抛弃的时候，现实中又有几个千里良驹可以被重用呢？

千里良驹也会在漫漫长夜中蹉跎了斗志。唐彦谦笔下的"盐车淹素志，长坂上青云"描写的便是没能忍受住挫折苦难的千里马。千里马本就志向高远，盐车的命运是它们所难以忍受的。徐仁嗣的"盐车虽不驾，今日亦长鸣"便是千里志向的表明。不能尽其才的千里马，命运终究是裹着一层灰。

诗人笔下的"盐车"不仅有对自己命运的感慨，也有对友人命运的惋惜。大历十才子之一钱起的"夜光失隋掌，骐骥伏盐车"就是对友人沈仲的惋惜。"盐车"有怀才不遇之意，但其意象并非一直低迷，"盐车"也有潜质的寓意。诗人也常用"盐车"的际遇来劝勉好友，勉励一时困顿的友人，宽慰他们说千里马终会遇上自己的伯乐。杜甫的"盐官虽绊骥，名是汉庭来"就用"盐车"来宽慰李监。他劝慰友人只需静待拨开云雾见青天之日。章孝标的"盐车今愿脱，千里为君行"更是正中广大考生下怀，是时刻拥抱希望的青年学子砥砺前行的风向标。

而孙枝蔚"耻遭众人夸，宁受盐车厄"中则是用"盐车"对人的屈辱来衬托另一件更令人羞耻的事情。在他看来，如果一个人做了羞耻的事反倒被夸耀的话，那将是对自己极大的侮辱。他声称比起这种屈辱，宁愿忍受"盐车"的厄运。

"盐车"在使用中也有关心政治的层面。陆龟蒙的"骏骨正牵盐,玄文终覆酱"字里行间中透露着对官场现实的关切,这首诗主要表达退隐官场后的自在,但行文中我们还是可以看出他对官场"莫问盐车骏,谁看酱瓿玄"的关怀。

而"盐车"在李商隐笔下又有了全新的意蕴。"人疑游面市,马似困盐车"中的"盐车"就再无前人的衰颓之感。诗歌描绘了这样一幅美妙的画面:下过雪的地面,洁白无瑕,行走于其间的人们犹如在欣赏"重罗之面",雪地之滑,马匹难以前行,犹如拉盐车般困难。一人一马的对比,画面清新惬意。

三、盐象征意义的生成传播

(一)盐梅象征的渴望贤才

盐的调味作用同样被引申到政治层面,统治者将治世贤才比作"盐梅"。"盐梅"的典故出自《尚书·说命》,殷高宗任命傅说为相时,用"若作酒醴,尔惟麴蘖;若作和羹,尔惟盐梅"来比喻其对自己的重要性。他用曲蘖对于酒、盐梅对于羹的重要性来比喻傅说对自己的重要性。自此"盐梅"便被用来比喻贤臣良将,唐宋诗词中有许多用"盐梅"来比喻国家重才。[①]

唐太宗曾写下"元首伫盐梅,股肱惟辅弼"。唐玄宗也有"盐梅已佐鼎,曲蘖且传觞"的渴求。而"舟楫功须著,盐梅望匪疏"则更加明了地向臣子诉说自己对功臣良将、盐梅之臣的渴求,是君王专为巡边将士所作的诗篇。

"盐梅之臣"是君王的需求,也是为人臣子的政治目标。将相之臣多用"盐梅"来歌功颂德,赞扬他人也勉励自我。右相李峤曾和诗"叨居右弼愧盐梅"以表谦逊。苏颋用"盐梅"表达对他人的赞许。"伟兹廊庙桢,调彼盐梅实"是对卢怀慎、姚崇两相才能出众的称颂。"更知西向乐,宸藻协盐梅"是对张说文采功绩的赞美。"向悟海盐客,已而梁木摧"又是对乐安少府英才逝世的惋惜。

为人臣子也常用"盐梅"来勉励自我。宫廷诗人沈佺期的"盐梅和鼎食,家声众所归"是对同僚岑羲的赞扬。"何幸盐梅处,唯忧对问机"又是对自我的勉励。他认为虽然此时的自己还够不上"盐梅之臣"的称号,但他会努力

---

① 何清、曾凡英、罗小兵:《诗意之盐唐代盐诗辑释》,成都:巴蜀书社,2011 年,第 87 页。

地去接近"盐梅之臣"的标准。同样用"盐梅之臣"自勉的还有温庭筠的"莫贪题咏兴，商鼎待盐梅"和裴度的"盐梅非拟议，葵藿是平生"。

"盐梅"也表困顿之意。韩愈的"岂堪禅岳镇，强欲效盐梅"就是对自我的宽慰。他认为一时的失势，并不影响他的才能和忠心，认为成为"盐梅之臣"不过是时间问题。元稹的"此日临风飘羽卫，他年嘉约指盐梅"也是此意。"盐梅"用在友人身上，又是对他人的宽慰了。刘得仁的"用作盐梅日，争回卧辙人"就是对友人钱给事的宽慰，劝说友人既有盐梅之用就必会被重用。

"盐梅"的贤臣良将之意，在使用过程中渐渐包含了太平盛世之意。高适曾追忆"激昂仰鹓鹭，献替欣盐梅"的美好。杜甫的"吕尚封国邑，傅说已盐梅"表达了乱世中民众对盐梅的盼望。

"盐梅"在诗歌中的意象基本一致，但其感情色彩又是复杂多变的。韩愈"褰旒去耳纩，调和进梅盐"中的"梅盐"虽也有为国效力的心愿，但更多的是对"贤能日登御，黜彼傲与憸"的愤懑和对腐败朝堂的憎恶，意在劝说君王重视梅盐之臣，远离小人。李咸的"他时讵有盐梅味，今日犹疑腹背毛"则更多的是自我谴责。认为平日里该多长些见识，有所学，更有所成，在自责时也暗含着对现实际遇的不平。"盐梅"除了调味作用外，还有洗涤作用。白居易"惯和曲糵堪盛否，重用盐梅试洗看"中就突出了"盐""梅"的洗涤功能。和凝"如水如鱼何际会，尽言金鼎得盐梅"中的"盐梅"也有擦洗之意，然而更多的是辅佐。认为金鼎需要用"盐""梅"来擦拭，认为君臣之间需要坦诚相待才能共商社稷。

（二）"无盐"的美学表达

"无盐"的意象源于齐宣王后钟离春的故事。古时齐宣王后才能出众，却因相貌丑陋被世人诟病。诗中有用"若道巫山女粗丑，何得此有昭君村"来称颂美人昭君的，也有用"无盐人"贬低他人粗丑的。这里的"无盐"正是钟离春的故乡。人们用"昭君村"指代美女，又用"无盐"来代称丑女。而"无盐"又恰与"无颜"谐音，似乎"无盐"的指意是冥冥之中就注定的。"刻画无盐，唐突西施"一句更是将无盐贬得一无是处，认为将无盐与西施相比简直是对西施的亵渎。

李白就曾用"无盐"的意象来表示自己的愤怒，"丹青能令丑者妍，无盐翻在深宫里"，他用"无盐居于后宫"来比喻小人得志，将虚伪的粉饰视为虚伪的"丹青"。这其中包含着对昭君的惋惜和对无盐粗丑的鄙夷。"自古妒蛾眉，胡沙埋皓齿"一句更是自比昭君，表达了对官场的严重不满，控诉自己的怀才不遇，控诉政治小人的操纵。而"寄语无盐子，如君何足珍"则是对无才之人的讽刺。但李白笔下的"无盐"是富于变化的。"清镜烛无盐，顾惭西子妍"中他将中孚比作"西子"，将自己比作"无盐"来表现对中孚的赞许和自己的谦逊。

用"无盐"讽刺现实的还有大历十才子之一李端。他的"人生照镜须自知，无盐何用妒西施"更是直白地讽刺了现实中无颜无能却又好妒的小人，他认为人贵有自知之明，认为"山鸡锦翼岂凤凰，陇鸟人言止鹦鹉"。

诗人用"无盐"来指代丑女，而去掉"无盐"的"无"字之后，"盐"又可以用来形容美貌了。施肩吾的"癫狂楚客歌成雪，媚赖吴娘笑是盐"的"盐"就是对美女的形容。癫狂楚客的歌声是阳春白雪的高深，娇媚吴娘的笑容又是下里巴人的亲切。此处是用盐的常见来暗指吴娘的笑容可亲，用盐的无瑕来比喻吴娘的高洁。

"暗引羊车驻七香"中歌姬用羊车来招引帝王的宠幸。而罗虬笔下的红儿"不劳盐筴洒宫廊"是单凭着自己的美貌就在后宫佳丽中脱颖而出的。此处"不劳盐"反用典故来形容红儿的纯天然美艳。诗歌中用"昭君村"来指代美女，用"无盐人"来指代丑女。用"无盐"来指代那些没有容颜、没有才能却又好粉饰、好嫉妒的小人。但诗人笔下的"无盐"又不是绝对的贬义，诗人也会用"无盐"来自比，以表谦虚。也用"盐"来比喻笑齿微露，亲切纯洁的美人。

（三）白盐山的情感慰藉

杜甫诗中曾多次提及"白盐山"。漂泊西南时期所作的《寄裴施州》是杜甫用血泪写就的诗篇。常年漂泊、贫病交加的日子里，友情会显得尤为珍贵。低谷时期友人裴施洲的关怀让他倍加感动，"几度寄书白盐北，苦寒赠我青羔裘"表达了他对友人的感激之情。此处的"白盐山"是山水，更是人生险阻。一生最为落魄之际，友人在"白盐山"的阻隔面前仍可"几度寄书"，给予"苦寒赠裘""青羔裘"这样的慰藉。杜甫对这段友情是非常珍惜和感激的。杜诗中的"奔峭背赤甲，断崖当白盐""白盐危峤北，赤甲古城东""赤甲白盐俱刺天，闾阎缭绕接山巅"都是对白盐山险峻的写照。"卓立群峰外，蟠根积水边。他皆任厚地，尔独近高天。""白盐崖高千余丈，在州城东十七里"都极言白盐山的高险和无限好风光。

杜诗风格沉郁顿挫，但也有轻快之作。如"马首见盐亭，高山拥县青。云溪花淡淡，春郭水泠泠"，写的正是"盐亭"的山清水秀，风光明媚。杜甫以欢快的笔调来赞美盐亭县的秀丽和灵气。"已低鱼复暗，不尽白盐孤"一句是对巫山八景之一的夕阳返照图的写照。

诗中白盐山的意象多是凄清仇怨的，唐求就曾用白盐山的阻碍来表达他对故乡的思念，"维舟镜面中，迥对白盐峰"此处的白盐山是阻碍诗人望乡的屏障。他指责白盐山的高峻和令人厌烦的地理位置。而诗豪刘禹锡笔下的白盐山则显得与众不同了。同是被贬，刘禹锡却可以欣赏白盐山的清秀美好，道出"白帝城头春草生，白盐山下蜀江清"这样的诗句。可当民歌一响，终究是触动了诗人最为柔情的一面。山清水秀的白盐山也无法再使人流连，只道是"南人上来歌一曲，北人莫上动乡情"的思乡之情。

不一样的人生际遇会让人看到不一样的风景。离乡许久的章孝标看到曾经蒹葭苍苍的小路，如今烟熏火燎的模样，不禁叹息"乡路绕蒹葭，萦纡出海涯""人衣披蜃气，马迹印盐花"的物是人非。诗僧皎然笔下的"海岛无邻里，盐居少物华"写出了煮盐之地的荒芜。可吴融笔下的煮盐图竟有一丝美感。他用"又如煮民盐，万万盆初熟"来形容"晚照忽斜笼，赤城差断续"的美丽夕阳。在他眼中煮盐时的烟火缭绕竟给人一种朦胧的美感。

诗人笔下的盐地是不尽相同的。白盐山可以是人生的阻碍，又可以是清秀的山水。在诗人眼中，煮盐可以是荒凉破坏之景，也可以是烟火缭绕所创造的另一种朦胧美。

张謇日本盐业考察平议

郑明阳 *

（中盐金坛盐化有限责任公司，江苏常州，213200）

摘　要：1903 年，张謇对日本盐业进行了考察。考察过程中，张謇看盐田、观最新制盐技术与设备，并与日本盐业人进行了充分的交流。通过这次考察，加速了张謇筹备盐业公司并进行各种改革的步伐，同时也客观上对中国盐业起到了推动作用。

关键词：张謇；盐业考察；改革

1903 年，清末状元、近代著名实业家与教育家张謇赴日本考察。相较于 1905 年到 1906 年的清末著名的五大臣出洋考察，张謇的这次考察，规模较小。然而笔者认为，此次考察给了张謇心理上很大的冲击，他看盐田、观最新制盐技术与设备，并与日本盐业人进行了充分的交流。通过这次考察，日本盐业的状态成为张謇的参考系，并契合了自己对盐业改革的设想，加速了张謇筹备盐业公司并进行各种改革的步伐，客观上对中国盐业起到了推动作用。

一、张謇对日本盐业考察的背景

发生于 1903 年间张謇对日本盐业的考察，只是其对日本考察的一部分。当年，日本在大阪举行"第五次内国劝业博览会"，日本政府大肆宣传并广泛邀请中国官、绅、商、学界人士赴会。据说日本驻华使馆和领事馆共发出四千多封邀请信，清政府派出了贝子载振、户部侍郎那桐为特使，中央各机关

---

　*　作者简介：郑明阳（1987—），助理研究员，《中盐人》副主编，研究方向：盐文化传播。

和地方各省也派出了大批考察官员，还有大量自费前往参观的官员和绅商，共三百多人①。当年早些时候，张謇接到日本驻南京领事天野恭太郎通过三江师范教习徐乃昌转来的大阪博览会邀请信，旋即赴日本考察。

那一年，张謇51岁。之前他已经取得科举状元，有官职在身，其举办的大生纱厂已经开车纺纱，并建立了通海垦牧公司。从现存张謇文献看，当时他对中国社会进行了多方位的思考，正致力于从实业、教育等各个方面开启他的全面革新计划。因此，他的日本之行，并非只是去参观一个博览会，而是想充分利用这两个月的时间认真调查、考察了日本的教育和实业，深入地对比和思考中日之间的差异，总结日本改革发展的经验教训。

然而，也要看到，也就是在1903年，即张謇从日本回国后，他与当时的有志之士，以敢为天下先的气概，集银十万两，收购了吕四场李通源垣产，创立了同仁泰盐业公司。关于吕四场，张謇在日本期间的日记也有所涉及，可见张謇在日本考察期间，对吕四场的收购已经启动。因此，张謇对日本的盐业考察和其在国内的盐业事业同步推进。而随着张謇盐业考察的进行，他扩展了视野，也坚定了继续推进盐业各方面改革的决心。从某种意义上来说，张謇的日本盐业考察是其盐业改革发生的推进器之一。

二、张謇的日本盐业考察

1903年4月25日②，张謇和蒋黼等结伴自上海乘船启程赴日，至6月6日两人一同返回沪上。蒋黼（1866—1911），字伯斧，又称蒋黻、蒋斧，苏州吴县人。曾任清学部候补郎中，是清朝学者蒋清翊之子。罗振玉为其撰写墓志铭，曰其"性顾儒缓，著述矜慎，属草多不及半……故卒无成书"。又据《吴县志》所录《蒋黼传》，蒋氏"精许氏学、韵学，官分郎部中，粤将岑春煊、苏抚端方先后礼聘入幕，赞襄政务，佐治著绩"。复旦大学图书馆于上世纪80年代初与北京中国书店进行复本交换时，得到蒋黼《浮海日记》红、绿格毛装抄本一册。此书蒋氏自刻本改称《东游日记》。《东游日记》记述1903年其东渡访问日本大阪内国劝业博览会的见闻，颇能反映当时两国文化经济交往的实态，与已公开发表的张謇《癸卯东游日记》（以下简称《癸卯日记》）可相互印证。本文将以张謇《癸卯日记》及蒋黼《东游日记》作为主要考察

---

① ［日］菅野正：《大阪博览会与中国》（日文），《奈良史学》，1995年第13号。转引自王晓秋：《张謇1903年日本之行及其日本观》，http://www.zhangjianyanjiu.org/nd.jsp?id=292。

② 本文所用日期，均为农历。

文本。

查阅张謇、蒋黼的日记，首先发现与盐业有关的内容，是在 5 月 15 日的劝业博览会上，张謇关于参观水产展馆的记述：

宫城之盐，其第一等与余东同，不逮吕四也。日本产盐之不足供民食用，比籍台湾盐运入以赡之。方庚子后，定各国商约有洋盐进口之请，其时华之盐官商大哗。余谓刘忠诚公示无妨，不过私枭中多一洋旗而已，若以设厂造盐之新法，兴就场征税之名言，枭且化为商，何有于洋人？余意许洋盐入口，宜曾华盐入各国口一条，以抵其利益。刘忠诚公谢言：无此气魄。夫世界气魄人造之，天之气魄则抟抟大地，高者山，而下者泽耳，宁便可倚。①

张謇认为其家乡通州余东的盐可以和宫城的最上等的盐相媲美，吕四的盐更在其上。进而展开阐述了他关于盐政的主张，认为设立企业并实施新的制盐法，通过"就场征税"，在盐产地统一征收盐税，这样不仅"私盐集团"会消失，还能够对抗"洋盐"。并表示，想要将其付诸实施，需要有"气魄之人"。由此，可以清楚地看出张謇对于盐政改革的极大热情。

一个月后的闰 5 月 23 日，张謇日记记载："得三兄讯，知吕四盐垣建成。"②24 日，又记载"诣惕斋商考制盐事"③。

截至此时，张謇还没有进行正式的盐业考察。他在博览会上的所见所闻所思，加上其兄张詧在国内进行的盐业推进工作。所以，同月 27 日的日记中就有"就小山（小山健三）考冈山县儿岛郡味野村制事"的记载，可知在这期间，张謇开始将考察重点转向日本盐业。在 28 日再次访问内国劝业博览会水产馆，参观了专门的盐业相关展出后，考虑到行程等因素，张謇将考察地点限定在本州，进而最终决定对濑户内地区的盐业进行考察④，其考察行程如表。

---

① 李明勋、尤世玮：《张謇全集》第八卷，上海：上海辞书出版社，2012 年，第 548 页。
② 李明勋、尤世玮：《张謇全集》第八卷，上海：上海辞书出版社，2012 年，第 562 页。
③ 李明勋、尤世玮：《张謇全集》第八卷，上海：上海辞书出版社，2012 年，第 562 页。
④ 李明勋、尤世玮：《张謇全集》第八卷，上海：上海辞书出版社，2012 年，第 563 页。

表 1　张謇日本盐业考察表

时间	考察地点	考察内容
六月初一 （7 月 24 日）	至大野町访井上总兵卫	改良煎盐之釜
六月初二 （7 月 25 日）	至味埜村访野崎武吉朗	观其盐田
六月初三 （7 月 26 日）	机械会社	观盐田及美国式制盐厂； 另观堀田信男新发明之二重底盐釜

张謇首先到了大野町，访井上总兵卫，具体参观其改良煎盐之釜。

张謇记载："釜凡六号、四号，最适于用一号釜。控曲尺广七尺一寸，长一丈一尺五寸，深三寸，用卤六百二十五斤，成盐二百五十斤。……其再制之法，凡盐百斤加卤一百八十斤，淀去渣滓，成上盐一百三十斤。煎成之度合华氏表二百十度，摄氏表一百度。"

传统的食盐生产方法在很大程度上受自然条件的制约，难于把握控制，因而食盐产量的增加就没有保障。要提高食盐产量，不能靠天靠自然，只有依靠人的力量，发挥人的主观能动性，探索新的制盐方法和工艺。盐釜的改良也是其中之一。

日本名古屋大学教授土屋洋的《张謇等对日本盐业的考察》一文，对张謇考察野崎盐业有专门的论述。据保存于野崎家的盐业历史馆中的《卖用日记》记录，张謇和蒋黼访问野崎家的情况，内容如下：

下午一点半左右，清国人张謇（通州民立师范学校校长、通海垦牧株式会社社长、大生纺织株式会社社长、清国江苏通州人，字季直），蒋黼（上海农会干事、清国江苏吴县人，字伯斧），王惕斋（东京市京桥区西绀屋街 7 号），此三人来访，与户主会面，约三十分钟左右离开，参观盐田，归途顺道往迫暇堂，并在此处设酒席接待。下午约四点半出发返程，赶赴仓敷。①

对此，张謇日记记载：

———————

①　土屋洋：《张謇等对日本盐业的考察》，冈山县所在地公益财团法人"两备樫园纪念财团"的资助下完成的研究报告《岡山の塩業家野崎家が形成した近代東アジアネットワーク　塩・人・書画》，《文化共生研究》，2016 年。日语版本：http://doi.org/10.18926/54213。转引自任慧敏：《〈张謇等对日本盐业的考察〉翻译实践报告》，浙江工商大学硕士论文 2020。

初二日，早五时登车，十时至仓敷，易乘人力车，三十里至味野村，或云二十四里。中经二村，曰藤户，曰福冈，皆有小学校。访野崎武吉郎，因观其盐田，田夹琴浦之两岸，石甃为塘，置闸引潮，周田四旁，渍卤于砂，因淋于井。由井通觇以入于于池，池与灶隔一垣，距仅五六尺。凡盐田十坪，其井卤可得十四石五斗，一昼夜可煎九次。税则凡盐田一町三十五元，国税、县税、地方税胥赅于此数。塘角亦有测候所。野崎有釜百，盖商之雄者，故为贵族院议员。临行坚留，至其迢暇堂别业小饮，索书。归途大雨，仍附汽车至松永町，宿松鹤楼旅馆，夜分十一时已。[①]

蒋黼《东游日记》中对此也有如下记载：

初二日，午前，阴，五时登汽车，十时至仓敷站，换人力车至味野村，访野崎武吉郎。味野距仓敷日程四五里，途中无奇险之景，而水平山远，秀色迎人，酷似木渎、光福〔苏州太湖湖畔地名〕及杭州风景。中有村落二处，一曰藤户，一曰福冈。在福冈午餐。二时抵味野，晤野崎君。野崎之祖为冈山藩臣，昔年味野为海浜荒村，野崎氏始教民垦辟，且为兴盐业。今则俨然一小小都会，而野崎氏亦为山阳巨富矣。野崎氏在维新以前以功升士族，今又以纳税数多为贵族议员。予等因偕其纪纲〔仆人〕至海浜，观其盐田盐灶。观毕，野崎氏邀至其别业迢暇堂小饮，屋宇阔畅，容百席（纵六尺横三尺为一席。日人室中皆敷席，故度室之广狭皆以席计之。犹有古人度几席莚之意），开轩四望，山光海气，照映几案。[②]

以上，从张謇和蒋黼《日记》中可以看出两人访问野崎家的情形。正因为张謇对于实际盐政和盐业非常关心，能够看出他对盐业的技术、制度方面进行了非常详细的考察。蒋黼于大阪博览会中"见其水产馆所列盐业模型、标本、列表等甚详备"，"归途持大阪府知事绍介书走山阳铁道，遍历其产盐各地与其醝商技师相讨论，得闻其盐事崖略"。蒋黼在《日记》之外撰写了《调查日本盐记》一文，其中分产地、制法、改良三个部分较为详细地记录了

① 李明勋、尤世玮：《张謇全集》第八卷，上海：上海辞书出版社，2012年，第564—565页。

② （清）蒋黼：《东游日记》，《故宫珍藏本丛刊》，第272册，第59页。

日本盐业的生产状况。

张謇于 6 月 3 日对机械会社进行考察，参观盐田及美国式制盐厂，另观堀田信男新发明之二重底盐釜，对其日后改良制盐工艺产生了重大影响。1904 年，张謇仿照日本盐田法改良国内传统制盐工艺。根据《为设立盐业公司并筹改良呈江督文》及《为盐制改良咨呈江督文》可以看出，张謇一方面派人到日本学习日本及美国制盐方法，另一方面聘请堀田信男等三人到现场指导。

在日本技术人员的指导下，将租借通海垦牧公司滨海滩地 120 亩设为试验场，仿造日本盐田 6 排，共计 30 亩，设釜 4 具，历时 9 个月完成试验场的修建。试验场采用新的制盐工艺：制卤用沙不用灰，煎盐用釜不用撇，燃料用煤不用草。当年即产盐 91 桶，色泽味道都比旧工艺所产之盐好，以之进行再加工生产出的盐质量尤为精良，色味与国外先进技术生产的食盐相同①。

由上可以看出，张謇对事关民众切身利益的盐业予以特别关注。回程途径濑户海滨，唯一的目的就是视察日本的盐业生产。

三、张謇回国后的盐业改革

总体而言，张謇的日本之行，成为他归国后推动中国近代化实践活动的重要借鉴。通过历史考察，张謇对日本盐业的关注，则是其对当时盐业问题的思考，并寻求解决之法。

据官绅林柄章日记记载："初五日，晴，……日与张謇谈，季直云，回国拟就日本煮盐之法酌改盐政（已购机器数千元）……"②可见张謇已经雄图在胸，准备回国大展拳脚了。

张謇从日本归国后，1904 年"同仁泰盐业公司"成立。同一年，张謇"草《变通盐法奏》"，同年三月的记述中有"试仿日本盐田"等。

《为设立盐业公司并筹改良呈江督文》说：

> 伏查江北商务以盐为大宗，近数十年私枭充斥，十倍于前。其故皆由出盐之地，纷歧四散，难于稽察。欲仿纱厂之法，设厂筑灶，雇人聚煎。又以盐出于卤，非先多为蓄卤之计不可。闻日本向有盐田，近有兼用美国造盐之

---

① 李明勋、尤世玮：《张謇全集》第四卷，上海：上海辞书出版社，2012 年，第 512 页。
② 王宝平：《晚清中国人日本考察记集成——教育考察记》，杭州：杭州大学出版社，1999 年，第 65 页。

法，故于二十九年四月，亲至日本各产盐处所，周咨博考。其法不恃天而恃人，实较中国为优。以之设厂聚煎，似有把握。然试以语人，往往疑信参半，非设法试验，明效众著，无以开风气而昌实业。

适吕四旺长发盐垣，以连年亏折出售，因于闰五月间集资向买，更名同仁泰盐业公司。为整顿、改良并行之计，一面将场垣总巡巡役、灶头灶长，以及捆忙钧扛签撅捆席等项所有病商、病丁之弊，力为渐除，并将积年久塞之港、久垫之塘，不惜劳费，悉为浚辟，务使煎丁与垣商利害直接，整顿产数以顾目前；一面派人在日本松永町盐业调查所，学习制造盐田之法，为改良持久之备。半年以来，费已及万。[1]

总体而言，张謇重视实践，在具体工作中推进盐业改革。其一，锐意改革旧盐法。张謇认为，旧盐法无视盐业生产者的疾苦，是灭绝人性、影响盐业生产、造成各种盐政弊端的根源。因此，他首先整顿改变旧盐法中对盐丁不合理规定，在宽丁、恤灶、责盐思想的指导下，解放生产者的劳动积极性。其二，改良旧有的管理方式。比如同仁泰盐业公司最高领导为总理，在总理之下设有部门经理和分工负责的"执事"的管理机构，设有内外账房、修理、煎房、垣友、信房、灶友等等部门。其三，探索新工艺并推行精制盐。1906年，同仁泰盐业公司生产的精制盐参加在意大利举行的国际展赛会，由于色味俱佳，受到各国专家一致好评，获得最优等奖牌[2]。这些改革的核心在于推进中国盐业的现代化进程。[3]

那么，为何张謇会如此大幅度推进盐业改革？

笔者认为，其一，甲午战争的惨痛，对张謇等开明知识分子产生了重大的思想冲击，他们已经清醒地认识到必须改革才能改变中国面貌。《马关条约》的签订，使他受到极大的刺激。他在日记上逐条记下条约的主要内容，并且注明："几罄中国之膏血，国体之得失无论矣。"同时，张謇也将日本作为自己的参考系，反思国家前途命运。怀抱实业救国的张謇，开始着手建立自己的"南通帝国"，从实业和教育等方面挽救当时的中国社会，这也是晚清知识分子对于国家命运的实践探索历程。

其二，张謇对盐业有足够的认识。当时的清王朝为了确保盐的利润的最

---

① 李明勋、尤世玮：《张謇全集》第一卷，上海：上海辞书出版社，2012 年，第 55 页。
② 张謇研究中心等编：《张謇全集》第六卷，南京：江苏古籍出版社，1994 年，第 540 页。
③ 曾凡英：《论张謇的盐业改革实践》，《盐业史研究》2000 年第 4 期。

大化，将人口最为稠密的湖北、湖南、江西、安徽、江苏各省设置为行盐地（贩卖区域），并将贩卖特权给予特定的盐商，从而产生垄断性供给。但是，由于太平天国的动乱，淮南盐贩卖至湖北、湖南的渠道被中断，两淮地区的行盐地大幅缩小。加之生产过剩与销售积压，从事收盐业者（盐商）从生产者（盐户）那里以过低价收购，引发了相关劳动者的失业问题。另外，由于生产者和劳动者的生活困顿，私盐业逐渐横行。且由于盐是当地政府的主要财政来源，恢复生产成为亟待解决的课题。因此，就必须进行盐场的整顿、重组，为此，需要提升制盐技术，改善盐的收购与生产间的关系，使盐的销售趋向合理化。[①]1901年，张謇就第一次公开提出并阐述了"设厂聚煎、就场征税"的主张，并将此作为盐业经济改革的纲领，这可以视为张謇盐业改革的总目标。

其三，张謇做事有持之以恒的决心和魄力。1903年张謇考察日本盐业，通过实地考察并与濑户制盐企业家的交流，更坚定了他"设厂聚煎、废除引岸、就场征税"的信念。他上书清政府，畅言废除引岸制度，实施设厂聚煎，就场征税，自由贸易政策，且表示自己愿意组建盐业公司，发展盐业经济，并愿意承担政府害怕因实施改革而短绌的盐业税款。当时不管清廷和盐业界各种阻挠，意志力过人的张謇还是将同仁泰盐业公司成立起来。辛亥革命时期，张謇被任命为江苏两淮盐政局总理，民国初期作为农商部总长，为推进盐政改革做了大量工作。即使已经74岁高龄，也是生命的最后一年仍然为盐政改革忧心忡忡。

作为一个务实的，深信实业自救、实业救国的实干家，张謇不但深信盐政改革必将会成功，整个盐业改革过程都是其经济思想与传统观念博弈的过程。历史地看，张謇盐业改革最终失败了，然而其对盐业技术的革新、对传统经济思想的革新、对于当时的中国人日常饮食使用的"粗盐"改成了"精盐"的革新，都起到重大而且具有历史意义的作用。

---

① 土屋洋：《张謇等对日本盐业的考察》，冈山县所在地公益财团法人"两备樫园纪念财团"的资助下完成的研究报告《岡山の塩業家野崎家が形成した近代東アジアネットワーク塩・人・書画》，《文化共生学研究》，2016 年。日语版本：http://doi.org/10.18926/54213。转引自任慧敏：《〈张謇等对日本盐业的考察〉翻译实践报告》，硕士学位论文，浙江工商大学，2020。

二、传统文化与审美传播

主持人语

中国传统文化传播中的审美意蕴可能是一个容易被传播学者忽视的问题。关于美学的问题似乎主要是文艺工作者的研究领域。然而，媒介，不仅仅是一个技术的问题，其本身也反映出人们的审美期待和美学感悟，这不仅是因为媒介传播的内容本身离不开美学的支撑，还因为媒介本身也能折射出审美的光晕出来，例如最初的"冷媒介"和"热媒介"，就体现了人们对媒介所呈现出来的形象的不同的审美体验。所以，当我们研究传统的器物文本时，诸如服饰、瓷器、食物等等，我们除了要去关注他们的功能传播外（包括仪式功能），更应该注重它们的美学内涵、风格以及传递的意义。

本栏目的三篇文章主要聚焦传统文化传播中的审美意蕴。例如《李子柒短视频的传统文化传播策略分析》分析了李子柒短视频通过展示中国人传统古朴的生活，构造出诗意田园的审美镜像，从而激发出人们的怀旧乡愁和对美好生活的期待。《论桐城派文论对新闻写作的借鉴意义》一文通过对桐城派文论的探讨提出新闻写作应该达到"善""真""美""利"

的写作目标。《清代服饰品中鹿纹的审美形态及文化内涵探析》则通过研究传统服饰品中动物纹样来理解不同审美形态所传递的文化内涵。

（赵立敏　衡阳师范学院副教授）

《闽南大院》朱星雨作

李子柒短视频的传统文化传播策略分析

邓　　庄　朱文静*

（衡阳师范学院，湖南衡阳，421002）

摘　要：作为时下流行的信息传播方式，短视频为传统文化的传播带来新机。李子柒短视频展示了中国人传统古朴的生活，构造出诗意田园镜像，通过在情感上激发怀旧乡愁，缓解大众的现代性焦虑，构建传统文化共同体，并借助打造个性化IP，开展裂变式传播，不断扩大影响力。

关键词：传统文化；短视频；李子柒

基金项目：湖南省社科成果评审委项目"移动互联网环境下湖湘历史文化街区的空间传播研究"（项目批准号：XSP20YBZ024）

作为当代的流量王者，短视频成为当下复苏传统文化的重要传播手段。《寻找手艺》曾被13家媒体拒绝，在B站上架后制作成短视频才为人所熟知。2016年1月《我在故宫修文物》在电视台播出时反响平平，后在B站出圈，播放量高达644万。抖音、快手等短视频平台更是掀起一阵"汉服热"和"民国风"，2020年1月，抖音发布的《2019年抖音数据报告》介绍，我国记录在册的1372个国家级非遗项目，有1275个项目目前在抖音传播，占据总数的93%，共有33.3亿次的点赞量。传统文化短视频运用新的传播形式，打破了青年一代对传统文化的刻板印象，激发大众对传统文化的学习兴趣。如央视推出的传统文化短视频《假如国宝会说话》就是以青年一代最爱的说唱形式，加上新技术的运用，以娱乐化的方式展现了博物馆里的文物。抖音制造了"谁说京剧不抖音"以及"嗯～奇妙博物馆"等话题，引导用户积极

---

* 作者简介：邓庄（1973—），男，湖南永州人，衡阳师范学院新闻与传播学院副教授、副院长、博士，研究方向：文化传播；朱文静（1999—），女，衡阳师范学院学生。

参与，鼓励用户以新形式，创造性地传播传统文化。

"李家有女，人称子柒"是李子柒在各个平台的简介。李子柒的视频主打"古"风，常以古装示人，视频中的美食和工艺都是她运用古老的工具，通过传统的工序纯手工完成。李子柒短视频描述了人们向往的田园牧歌式生活，展现着别样的东方美，散发出中国传统文化的魅力。国内粉丝评价为"娶女当娶李子柒"，外网粉丝誉为"东方美食生活家"。李子柒的国内外影响力很大，其微博粉丝数超过 2000 万，在微博最新发布的视频，播放量超过 5000 万次，点赞人数 59 万，她凭借 104 个视频在 YouTube 上有 746 万订阅者，订阅数与发布超过 14 万个视频的 CNN 相当。研究李子柒短视频，对传统文化短视频的创作具有很强的借鉴意义。

一、视听风格：展现古朴传统生活，打造诗意田园镜像

李子柒短视频作品扎根于中国传统农家的衣食住行，展现的是中国人真实古朴的传统生活。从 2016 年 9 月至 2020 年 3 月的 122 个作品来看，美食类作品 106 个，手工类作品 16 个。我国传统文化博大精深，李子柒专注自身擅长领域，主要集中在传统美食和传统手工艺进行探索，她专注于家乡的田园慢生活，通过制作传统的中华美食和传统工艺来刺激粉丝的感官体验，古雅的服饰、具有民族特色的音乐，让她的视频呈现了独特的诗与桃园，静谧、美好、释然。

"世界太复杂，请给我简单"是李子柒主要推崇的生活理念。在审美层面上得到一定升华，是每次观看李子柒作品的直观感受。李子柒的短视频像文学家笔下的世外桃源，艺术家画下的恬静的山水田园。用户在观看作品时，首先被吸引的是视频中的画面构图，这是引起观看兴趣的关键，而色彩与光线则是完成画面语言的重要组成部分。李子柒短视频的每一帧都是一幅含有中国传统审美意境的田园风光图，十分注重色彩与光线的协调与铺排，打造出诗意田园镜像。

李子柒传统文化短视频注重放大植被原本的色彩，这为视频作品提供了天然的色泽基调，这些色彩单独存在并没有太多表现力，而将它们进行搭配、组织后，其强度符合情感强度时将会展现无穷的表现力。[①] 在《辛夷花》中，

---

① 刘永昶：《关于时空、韵律与意境——从李子柒看短视频的影像美学》，《传媒观察》2020 年第 2 期。

第一个镜头为俯拍的山貌风光，景中云雾蒙蒙笼罩着墨绿的山林，而山间粉嫩的辛夷花也随着镜头的推进逐渐变得清晰，宛如影视作品中所展示的蓬莱仙境一般，转到下一镜头，随着光线的照射，烟雾逐渐消散，李子柒骑着马身穿红色披风进入树林，英姿飒爽的画面让人震撼。

图 1　李子柒作品《辛夷花》截图

这种色彩搭配也体现在李子柒制作美食的过程中，火红的番茄、翠绿的青菜、橙黄的枇杷……多样的色彩加上光线的晕染，在视频中呈现活泼、跳动的视觉享受。在蒸煮中，屋中朦胧烟雾、灶中跳动的火焰与锅中缤纷的食材在水中翻滚，大量的特写镜头叠加，让美食的色香味透过屏幕传达用户，唤起用户参与的渴望和对美食的欲望。

自然光与色彩的配合也营造出与内容匹配的氛围。如《烤全羊》视频的后半部，夜晚一家人围坐在火堆旁的场景，不仅带来了唯美的视觉体验，也展现了不同的情感体验。在拍摄中整个场景以黑色为主，顷刻间火堆点燃，照亮了夜空，视线也被这跳动的橙黄火焰抢夺。画面里夜的黑和火堆的橘黄形成强烈的色彩对比，加上绿色的庭院与主人公和家人的笑容构成了互补，构建出一个温馨和谐的场景。黑夜原本是孤单的、冷清的，但在这里火堆的光亮占据了整个画面，整个场景的情感基调也从沉重孤寂转变为温馨和释然，带动着受众心理情感的转变。

小屏阅读时代，更能展现细节的特写与中景镜头取代了纪实的长镜头成为主流，所以蒙太奇的叙事剪辑逻辑更为广泛使用。即将镜头、场面和段落进行分切与组合，对视频内容素材进行选择与重组，以使内容主次分明，达到高度的概括与集中。① 李子柒在视频中建构出一个"山水田园中遗世独立却又无所不能的国风美女"形象，其影像生产逻辑就是通过镜头的剪切、重组

---

① 　保伍：《略谈〈舌尖上的中国〉拍摄技巧》，《中国报业》2014 年第 12 期。

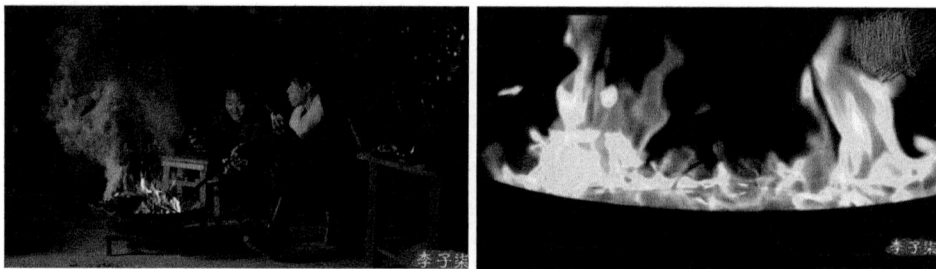

图 2　李子柒作品《烤全羊》截图

与后期的编辑，打造了一个用户理想化的镜像。

农家劳作时的脏乱、艰辛无人不知，但在李子柒传统文化短视频中用户只看到了优美、干净的田园景色和其利落、洒脱、熟练的劳作场景。李子柒视频中跳切裁剪了辛苦劳作的场景、无聊冗长的过程，只留下飘逸的动作、享受劳作的美好画面，让人产生一种错觉。

如在《组合沙发》中，李子柒砍竹的过程在实际生活中至少需要三四个小时才能够完成，而在视频中压缩成了短短 12 秒的画面，并加入对李子柒劳作时的面部特写。视频的劳作场景大都依此方式进行剪辑，只留下让用户记忆深刻的劳作部分，将李子柒砍竹时利落的动作与专注的神态展现得淋漓尽致，使用户对李子柒心生敬佩。李子柒短视频有着一致的叙事规律：采集所需的材料—处理收集的材料—制作美食或工艺过程—展示完成的作品—品尝美食或使用工艺作品。李子柒按此顺序将不同时空的镜头按照上述顺序进行剪裁，并插入陌上鲜花、风霜雨露、皓月星辰等展现美好的镜头场景用于画面转换，使整个故事的叙述更加完整流畅。这样的剪辑重组不仅缓解观众的视觉疲劳，还展现了李子柒的美好一面，折射了安逸闲适的田园生活景象，让用户心之神往。

二、情感构建：激发怀旧乡愁，构建文化共同体

在碎片化的传播时代，面对用户逐渐消退的耐心和同质化内容的泛滥，以"情"动人正演变为短视频传播的一个突破口。李子柒短视频以此为切入点，构建新的"情感结构"，引领用户的思想情绪，增强其代入感，致力于与用户达成情感共鸣。

雷蒙德·威廉斯认为，"情感结构"是一个时代的文化，是一般组织中所

有内外在因素所产生的较为独特的现存结果，具有生产性。①换言之，"情感结构"的出现并非毫无缘由且独立存在的，而是与某种文化的兴起有关，是社会某种情感共通的产物，是由用户当下所处的社会环境与流行的文化给用户所带来的感官体验。威廉斯强调，"情感结构"是一种始终处于不断发展、组织中的有机现象。简而言之，"情感结构"是群众在特定的时间和地点之中，对社会环境的一种感受，是一种独特的思考和生活方式，并随着社会的不断发展而变化。"情感结构"其实是重新构建了一个被社会思想与当下意识形态所隐藏起来的经验世界。因此，李子柒的"田园生活"更应该被视为现代社会发展进程在视频中折射出的审美幻象，其真实目的并非视频对田园生活的重现，而是在于视频背后的"情感构建"。

李子柒短视频的"情感构建"，首先在于激发怀旧的"新乡愁"，缓解人们的现代性焦虑。李子柒短视频在新媒介环境下的出现和成功，与现代人生活节奏较快、精神压力大、用户普遍具有"现代性焦虑"的症状不无关系。李子柒则以之为切入点，以自身的方式对其所处的世界做出反应，用不同的方式感受生活，并塑造一种新的情感结构，建立以崇尚古风生活、弘扬传统价值的文化潮流和新情感结构，为人们缓解"现代性焦虑"提供了新途径。

威廉斯认为，"情感结构"具有发展性，而这种属性在社会转型时期较为突显，由于社会不断地加速发展，更易激活用户内心深处隐藏的集体意识，逐渐演变为一种"怀旧的情感"。目前我国农村人口流失较为严重，大批青年一代涌向城市，在快节奏的生活下，心理压力逐渐增大，逐渐感受到压迫与焦虑，需要找到合适的情绪抒发口。在我国民众的潜意识里，童年记忆以及农村的慢节奏生活无疑是最美好的，所以现代人逐渐产生了怀旧的情绪，怀念年少时的美好，向往农村闲适的生活。而李子柒的视频运用前现代化的、去工业化的方式展现了祥和宁静的农村景象，甚至保留了长期积累的传统的生活方式与文化底蕴，勾起了用户潜意识里的集体记忆，比如李子柒视频中常常出现农作物、农家饲养的家畜、农村常见的灶台、木墩菜板与乡里之间热情的交流方式和互助行为，让现代人熟悉、羡慕与憧憬，唤起了用户内心深处隐藏的怀旧乡愁的"情感共鸣"，甚至萌生出回归农村生活的诉求。

很多用户看后在评论区留言，如："满满都是童年回忆啊！橡果还小也是

① 曾一果、时静：《从"情感按摩"到"情感结构"：现代性焦虑下的田园想象——以"李子柒短视频"为例》，《福建师范大学学报》（哲学社会科学版）2020年第2期。

这样玩，中间插棍子当螺旋玩，和小伙伴比赛谁转的久！""四川泸州，我们也叫恩桃，我老家后面就有一颗，那时候放学了就去摘，那么多年过去了，好怀念那种感觉，现在出来了，没机会了……"用户的这种怀旧乡愁是基于新旧文化、城市与乡村这两种时空的碰撞，传统文化与乡村日渐消逝而发出的感叹与渴望。李子柒传统文化短视频激发了大家渴望享受和探寻那个日益远离现实的美好世界——传统乡村生活、优美旷达的自然景色、丰富健康的农家物产、质朴纯洁的邻里关系，这又是对快节奏、高压力的现实生活的补偿，这样的怀旧乡愁和家园之思因此散发着无穷的魅力。

李子柒传统文化短视频不仅在国内受到热捧，在国外也具有一定影响力。据 Alfred 数据室研究发现，海外用户观看李子柒视频的主要原因是寻求内心的宁静，可见现代化迅猛发展已给全球带来沉重的压迫感与焦虑感，李子柒传统文化短视频中呈现的安逸、闲适的生活也得到了海外用户的"情感共鸣"。

李子柒短视频的"情感构建"，还在于"活化"传统文化，构建传统文化共同体。德国文化学者扬·阿斯曼在《文化记忆》中指出，记忆一直在不断地经历着重构，持续向前地在当下生产出不断变化的参考框架，过去的记忆在此框架中不断被重新组织，记忆不仅重构着过去，而且组织着现下和未来的经验。换言之，记忆是以当下记忆为基础，一直不断地进行着溶解与重塑。①"文化记忆"是身份认同、民族认同和国家认同的基础，而现代媒介则是实现"文化记忆"稳定性和持久性的主要手段。

短视频作为当下主要的传播利器，逐渐演变为展示和"活化"传统文化、唤起用户集体记忆的助推平台，为传统文化的传播赋能。如抖音在 2018 年起引导并鼓励用户积极创作传播传统文化相关内容，并发起传统文化相关话题挑战，有 10 个挑战话题播放量破亿，其中播放量最高的"我'变脸'比翻书还快"为 57.2 亿。抖音通过制造话题的方式鼓励用户积极参与，激活传统文化生命力，唤醒用户逐渐模糊甚至陌生的文化记忆，引发用户对我国传统文化的认同感。

抖音通过借助技术、运用特效鼓励用户参与，而李子柒则是利用短视频对已经与用户生活脱节的手工艺进行再创作，将传统手工艺"活化"。李子柒通过手工劳动和生产实践，将每个手工艺的制作过程显性化、细节化，赋予

---

① [德]扬·阿斯曼：《文化记忆：早期高级文化中的文字、回忆和政治身份》，金寿福、黄晓晨译，北京：北京大学出版社，2015 年，第 35 页。

传统手工艺以"生命"与"内涵",使用户可以充分学习传统文化知识,也可以让受众清晰了解到传统工艺的制作过程,激发用户主动参与制作的心理,从而对我国传统文化及手工艺有新的领悟。

李子柒短视频对传统手工艺生产制作过程的分解,与视频中无处不在的传统文化元素符号,如传统服饰符号、传统器具符号、传统音乐符号、语言符号(四川方言)……时刻向用户展现着传统文化的魅力与内涵,唤起了用户内心所蕴含的集体记忆和对过去生活的共同情感,更是带着观众展开了一种集体的"文化追思"。在此过程中,用户脑海所产生的过去生活的虚拟镜像与视频中所构建的熟悉的传统生活场景和构建的文化共同体相互碰撞、融合,进一步增强了用户的身份归属与认同感。

三、品牌推广:打造个性化 IP,开展裂变式传播

李子柒短视频也是媒介消费主义浪潮下商业资本和怀旧文化的合谋,走出了一条成功的自媒体品牌建设与维护之路。从内容营销角度出发,我们将高效率生产满足用户需求的新媒体作品划分为时效性内容、持续性内容、促销性内容、热点性内容、方案性内容、实战性内容等。[①] 李子柒短视频的内容主要集中在时效性、持续性、促销性三方面,内容设计顺应了消费主义逻辑。

时效性内容指在某一特定的时间段内生产出迎合主题的内容展现给用户,并维持一定的关注度,使作品内容实现效益最大化。李子柒视频大多根据季节、节气、节日的变化制作美食,遵重自然规律发展,制作美食的材料也具有时令性。如:享誉巴蜀的冬季美食"盐排骨"、雪霜过后的"酸枣"、浪漫七夕的"巧酥"、炎炎夏日的冰镇"黄桃罐头"等。

持续性内容指作品内容所包含的价值意义不会因时间受限,其带来的流量是不可估量的。李子柒作品中有千层底儿布鞋、木制洗漱台等实用性物品的制作,也有活字印刷、文房四宝、蜀绣、马奶酒、黄豆酱油、蓝染等到非遗手工艺的传承,如"文房四宝"的播放量达到 1.2 亿次以上。

促销性内容是在特定的时间段内进行促销活动产生的营销内容,如在对品牌具有特殊意义的日期和节日前后,其价值体现在加速产品促销和提升品牌形象上。2018 年,李子柒的品牌旗舰店开业后,每件商品都制作了相应的视频,主要介绍制作商品的原料及过程。如"柳州螺蛳粉""端午龙舟粽""玲

---

① 刘燕青:《新媒体平台内容营销策略分析》,《传媒观察》,2019 年第 3 期。

珑熟醉虾"等。

在传播渠道上，李子柒团队利用社交媒体进行推广和传播，并注重海外推广，扩大传播范围。多个新媒体平台联合传播是李子柒短视频获得高浏览量的重要原因。李子柒是最早的一批美食类短视频的创作者，不仅在美拍上传视频，还在优酷、爱奇艺等视频播放平台，腾讯、今日头条、网易号等综合性平台，抖音、快手等短视频平台上播送。在与微博签约后，李子柒将微博作为主要社交平台与粉丝进行互动，最终形成以微博传播为主，其他社交媒体平台为辅的传播形式。目前李子柒微博粉丝数为2419万，平均播放量为4440万；抖音粉丝数3891万，点赞数1.2亿；B站共有466.7万粉丝，获赞数为487.7万，视频播放量在200万—400万；微信公众号有92篇原创作品，每篇播放量在10万以上。另外，李子柒团队积极进行着海外推广与传播。2017年8月4日，李子柒短视频在YouTube进行注册，据Alfred数据室统计，截止到2019年12月16日，李子柒共更新101条短视频，订阅数为763万，视频播放总量约为9.8亿次。

在内容营销策略上，李子柒团队打造具有辨识度的IP品牌，利用粉丝经济提升购买力，进而形成良好的口碑传播。1.0时代是产品时代；2.0时代是品牌时代；3.0时代是IP时代。IP是天生的品牌，集合了感情、文化、个性和价值，简而言之就是营造"人设"。李子柒团队致力于打造个性化IP，采用符合自身"人设"的表达与交流方式，借助媒介有感情、有温度地与用户进行交流，拉近双方距离。

据阿里研究统计，根据将消费者划分为X时代、Y时代与Z时代（Z代表95后）的划分方法，我国Z时代占人口总数的比例的25%。Z时代的消费接受模型是感知—兴趣—沟通—购买—分享，最重要的两点为感知与沟通。感知是用户在观看作品时被内容的引爆点所吸引，对此产生兴趣，进而渴望参与互动，经过互动与沟通，用户才会愿意沉淀下来，最终形成购买变现与分享。

李子柒视频的粉丝以90后上班族为主，李子柒品牌的独特性是带有古风色彩的田园生活，"古法"美食、"古法"手工艺和"古韵"装扮是用户对李子柒品牌的直接认知，视频中的传统文化元素符号激起了用户的"文化记忆"，引发用户怀旧与乡愁的情感，视频所塑造的独立、坚强、朴实、全能的IP形象也满足了用户对当代女性的价值诉求，进而在视频评论区进行评论，发表感想。李子柒团队积极回应粉丝，在评论区发表长文案，用文字再次详细记录视频中所需的材料、过程和内心的想法与心境，针对售卖产品制作类似风格的短视频，形成"内容即广告，广告即内容"的效应。同时吸引用户组成品牌社群，如微博的"朝花夕拾""古香古食""李子柒"超话等，加强社群内多对多的横向传播，搭建多平台粉丝集聚地，形成口碑传播。为回馈用户，还在微博评论区进行抽奖等互动活动，刺激用户的转发和分享，形成裂变式的传播，提高品牌知名度。据统计，2018年8月李子柒在天猫开设品牌旗舰店，2019年8月李子柒旗舰店共有21款产品，销售总额达到了7100万，与故宫食品合作推出的苏造酱销售额高达823万元。[1]

四、结语

李子柒短视频的成功，为我国传统文化短视频的发展提供新的启发。李子柒集中在美食与手工艺领域进行精细化创作，以用户的共同情感为切入点，用优美的镜头语言传播传统文化，打造了治愈的传统田园生活，得到了广大用户的情感共鸣，在"不经意"间实现了传统文化的传播。我国的文化传播还需要更多的李子柒，让他们用自己的方式创造中华文化的无限魅力。

---

[1] 《热门人物——数说"造梦者"李子柒》，2019年9月18日，https://baijiahao.baidu.com/s?id=1645000116604289710

论桐城派文论对新闻写作的借鉴意义

阳海洪　　宋雯超*

（湖南工业大学文学与新闻传播学院，湖南株洲，412007）

摘　要：作为中国古代文论的集大成者，桐城派深谙文章写作规律，即其所总结的"义理、考据、辞章、经济"四要素，要求把鲜明的思想观点、确凿的事实材料、精练的文字表达和服务于国计民生相统一，达致"善""真""美""利"的写作目标，是一种严谨踏实的学风与文风，对当代新闻写作极富启迪价值，值得学习和借鉴。

关键词：桐城派；文论；新闻写作；借鉴意义

基金课题：湖南省社会科学成果评审委员会重点课题《湖南现代化——报刊与湖南早期现代化（1897—1919）》（XSP19ZD1020）

"桐城派"亦称"桐城古文派"，是一种地缘文化现象。它以地域命名，因为此流派的早期作家和理论家戴名世、方苞、刘大櫆、姚鼐等都是安徽桐城人，故以"桐城派"为名。"乾隆之末，桐城姚姬传先生鼐。善为古文辞，慕效其乡先辈方望溪侍郎之所为，而受法于刘君大櫆及其世父编修君范。三子既通儒硕望，姚先生治其术益精，历城周永年书昌为之语曰：'天下之文章，其在桐城乎！'由是学者多归向桐城，号'桐城派'，犹前世所称江西诗派者也。"[①] 作为清代最大的散文流派，桐城派成于康雍，盛于乾嘉，文脉绵长近300载。"清代文论以古文家为中坚，而古文家之文论又以桐城派为中坚，有

---

* 作者简介：阳海洪（1969—），湖南省冷水江市人，湖南工业大学文学与新闻传播学院教授，硕士生导师，主要研究方向为新闻史论和影视文化。宋雯超（1997—）山西大同人，湖南工业大学文学与新闻传播学院硕士研究生。

① 梧桐：《曾国藩文集》，北京：海潮出版社，2002年，第93—94页。

清一代的古文，前前后后殆无不与桐城生关系，"①在中国古代文学史上占有极其显赫地位。

桐城派推崇孔孟程朱和唐宋八大家学说，"学行继程朱之后，文章在韩欧之间"，以"义理、考据、辞章"为核心要素，认为三者兼济，乃足为善。"鼐尝谓天下学问之事，有义理、文章、考证三者之分，异趋而同为不可废。"②后又加入"经济"要素，从主题内容、材料要求、表现形式和社会效益等方面，对古文写作进行了全面阐述，树立了桐城派文论的纲领和旗帜，形成了系统化的古文理论，影响极其深远。桐城派深谙文章写作规律，其所提出的义理、考据、辞章相统一的观点，要求把鲜明的思想观点、确凿的事实材料、精练的文字表达和服务于国计民生相统一，达致"善""真""美""利"的写作目标，实是一种严谨踏实的学风与文风，对当代新闻写作极富启迪价值，值得学习和借鉴。

一、求善：桐城派的"义理"论对当代新闻写作的借鉴意义

"士志于道"，作为具有普世意义的价值规范，儒家之道是古代文人著书立说、立身行事的最高范畴。"桐城派文论，始于方苞，继之刘大魁，总其成于姚鼐，都是以程朱理学为理论基础，并自觉地把自己的诗文创作看成为此而'文以载道'的工具。"③桐城派"义理"观继承了前人的"文道"观念，"若古文则本经术而依于事物之理"，强调写作必须依据儒家经典的宗旨来叙事说理。"'义'，即《易》之所谓'言有物'也，'法'即《易》之所谓'言有序'也。义以为经而法纬之，然后为成体之文。"④文为贯道之器，但鉴于前人"文""道"两橛、"道"高于"文"的弊端，主张法从义生，义由法显，义法合一。"义是理，法是文，合起来说。义法是学习古文的途径，也是古文行文的标准。"⑤在桐城文论中，"义理"是第一位的，主要指文章的意旨、论断和褒贬要符合儒家之道，以服务于读书人经世致用的家国情怀。这与新闻写作强调记者的祈向和责任，着眼于独到的见解，通过记者精湛的业务能力和专业知识，以服务于国家建设与民生福祉，具有一致性。

① 郭绍虞：《中国文学批评史》，天津：百花文艺出版社，2008 年，第 503 页。
② （清）姚鼐：《惜抱轩诗文集》，上海：上海古籍出版社，1992 年，第 104 页。
③ 吕美生：《桐城派与程朱理学》，《理论建设》，1987 年，第 2 期。
④ 刘季高：《方苞集》，上海：上海古籍出版社，2008 年，第 58 页。
⑤ 任雪山：《论桐城派的现代回响》，合肥：安徽大学出版社，2015 年，第 297 页。

1. 明道定向

桐城派以儒家义理为核心原则，强调文为载道的工具，文统即道统，主张以"义理"统领"辞章"，"辞章"只是对"义理"的阐释与发挥。"是以观之，苟志乎古文，必先定其祈向，然后所学有以为基，匪是则勤而无所。"[1]在桐城派看来，"苟志乎古文，必先定其祈向"，文章是个体对生活世界的一种理解和把握方式，但这种个体理解和把握要放在社会结构进行呈现，明道达理，以儒家之道进行价值定向和立意引导。如此，文章方能"言有物"，即有了鲜明而深刻的思想观点。

为文之前，先定"祈向"，非常契合新闻写作之旨。新闻以事实说话，但"事实"从来不是澄澈透明的存在，而是被嵌入以经济基础为核心的社会结构之中，在各种世界观和认识论中获得呈现和表达的。在流动不居、变化纷纭的表象后面，隐藏着"阶级性"和"权力性"这个本质真实。在新闻写作中，"立场"始终是首要性和根本性问题。"一个记者在进行新闻写作时必须首先端正的动机，也是衡量一个记者政治修养的核心内容"。[2]作为党报记者，应以马克思主义之"道"定祈向，辨宗旨，始终坚持党性原则和马克思主义新闻观，牢记为党和人民服务的宗旨。在新闻写作中，将政治方向摆在第一位，在思想上政治上行动上同党中央保持高度一致，增强看齐意识，始终保持高度的政治敏锐性和政治鉴别力，将正确的舆论导向贯穿于新闻写作的全部流程之中，并延伸至新闻产品的各种形态，无论何种传播形态，无论何种报道方式，都坚持正确的立场和观点，增强政治家办报意识，批驳各种错误观点，澄清人民群众的模糊意识，以壮大和巩固主流思想舆论，弘扬社会主义核心价值观。

2. 养气修身

结合写作来谈养气，当推本于孟子。孟子在《公孙丑上》中说："我知言，我善养吾浩然正气。"孟子所谓知言养气，就是要培养一种至大至刚的正义感。在这里，"气"指的是创作主体的道德修养，"是集义所生者"。这需要创作主体锻炼自身言行，提升人格境界。如此立言行文，自然理直气壮，气势夺人。孟子养气说对儒家文论产生了深刻影响。曹丕在《典论·论文》中，"以气论文"；刘勰在《文心雕龙》中，专写《养气篇》；韩愈承继养气之论，

---

① 方苞：《方望溪全集》，北京：中国书店出版社，1991 年，第 80—81 页。
② 刘明华：《新闻写作教程》，北京：中国人民大学出版社，2002 年，第 7—8 页。

提出了"气盛宜言"说:"气,水也;言,浮物也;水大而物之浮者大小毕浮。气之与言犹是也,气盛则言之短长与声之高下者皆宜。"①韩愈倡导古文运动,以复兴儒家道统为己任。他所谓的"气",即是对儒家之道充满强烈的理论自信,因而情感充沛,文思酣畅。如此在立言、著述时,无论用词长短或声调高下,均能得宜。桐城派推崇儒家道统和唐宋古文,自然也深受养气说的影响。"文笔昌黎百世师,桐城诸老实宗之。"因而在文艺理论上主张"神气说",强调"因声求气",提出"神、理、气、味、格、律、声、色"为文章八要,"格、律、声、色"为初步形式,"神、理、气、味"才是至高境界。"积字成句,积句成章,积章成篇,合而读之,音节见矣,歌而咏之,神气出矣。"②桐城派"文""道"合一,紧扣文思与文辞,将审美心理功能作为其所推崇的儒家人格理想的载体,形成意与情、意志与审美之间彼此互渗互融的精神境界,呈现出美善相乐的中国传统文化特色。

在意识形态领域诸部门中,新闻因其直面现实,参与政治,深度影响社会发展,因而关乎个人之荣辱、企业之兴衰,甚至国运之隆替。"舆论导向正确,是党和人民之福;舆论导向错误,是党和人民之祸。"因此,新闻写作是一种责任感极强的写作,记者在任何时候都要加强思想政治修养,"养浩然之气",增强自身的正义感,"富贵不能淫,贫贱不能移,威武不能屈",自觉抵制拜金主义、享乐主义的影响,拒绝"有偿新闻""虚假新闻"。更加在于,儒家强调"养气",在于对"道统"的理论自信,在面对违背道义之事,才敢于仗义执言,为社会奠定价值规范。作为当代新闻记者,就要充满对中国特色社会主义道路自信、理论自信、制度自信和文化自信,具有高屋建瓴、真理在握之势,如此方能"气盛宜言"。在面对各种丑恶现象时,"要敢抓敢管,敢于亮剑,着眼于团结和争取大多数,有理有利有节开展舆论斗争,帮助干部群众划清是非界限、澄清模糊认识"③。

二、求真:桐城派的"考据"论对当代新闻写作的借鉴意义

有清一代,与桐城派同时兴起的,还有乾嘉学派(汉学)。乾嘉学派推

---

① 韩愈:《答李翊书》,转引自郭绍虞编:《中国历代文论选》,上海:上海古籍出版社,1979年,第152页。

② 刘大櫆:《论文偶记》,转引自郭绍虞编:《中国历代文论选》,上海:上海古籍出版社,1979年,第349页。

③ 中共中央文献研究室:《习近平关于全面建成小康社会论述摘编》,北京:中央文献出版社,2016年,第105页

崇汉儒训诂考订的治学方法，反对聚焦理气心性抽象议论的宋明理学，故又称考据学派。这与推崇程朱理学（宋学）的桐城派构成了矛盾。面对汉宋之争，桐城派并没有拘于门户之见，排斥汉学，"而是将考据方法引入了学术研究和古文创作中，并随着时代的推移和形势的变化，自觉调整了考据思想"，①兼采两家之长，力求将儒家之道奠定在厚实的学养基础之上，使古文写作达到理、学、文的结合。在桐城派看来，"考据"讲求写作材料的真实准确，在写文章时要坚持严谨规范的治学方法和实事求是的写作态度，做到有据可循、有理可依。对于新闻写作而言，事实是新闻的本源，也是新闻的存在形式。桐城派注重实证的考据方法，与以真实性为最高原则的新闻写作，途殊理一，异曲同工。

1. 考证存真

史料的真实可靠、史事的正确无误，是治学的重要前提。作为中国传统治学方法，"考据"即是根据资料来考核、证实和说明文献或历史问题。考证的核心原则是实事求是，无征不信，将观点建立在扎实的材料基础之上。"所谓十分之见，必征之古而靡不条贯，合诸道而不留余议，巨细毕究，本末兼察。若夫依于传闻以拟其是，择于众说以裁其优，出于空言以定其论，据于孤证以信其通，虽溯流可以知源，不目睹渊泉所导；循根可以达杪，不手披枝肄所歧，皆未至十分之见也。以此治经，失'不知为不知'之意，而徒增一惑，以滋识者之辨之也。"②乾嘉学派通过校勘、辨伪、辑佚、注疏、考订史实等多种手段，对浩如烟海的古代文化典籍做了去伪存真、正本清源的工作，使许多面目全非、久已散佚、真伪混杂的文献基本恢复了本来面目，树立了严谨治学、锲而不舍的学术典范。桐城派兼采汉宋，引入考据方法，即是看到了汉学言必有据、用事实说话的优长之处，可以矫正空洞无物、大而无当的文风。"夫以考证者，利以应敌，使护之者不能出一辞。"③将考证方法延伸到新闻写作中，就是要求新闻报道要依据确凿的事实材料，不凭空捏造。记者要深入新闻现场，进行调查研究，对新闻要素、事物特征、引用数据、背景材料、人物的语言状貌等等，都应该确凿有据，真实准确，符合客观实际，细节经得起核对和推敲。"任何一种哪怕是考虑最周全的杜撰，任何一种用来修饰和渲染素材的虚构的细节，都会破坏使报纸通讯有力量的主要东

---

① 李波：《汉宋之争与桐城派考据思想的转变》，《社会科学论坛》，2015年第6期。

② 张岱年：《戴震全书》，合肥：黄山书社，1995年，第373页。

③ （清）姚鼐：《惜抱轩诗文集》，上海：上海古籍出版社，1992年，第251页。

西——真实性。"①

2. 校勘互证

"校勘"指对书籍的不同版本和有关资料加以比较核对，以考订其文字的异同和正误真伪。校勘通过存真、校异和订讹等方法，以恢复古籍的真实面目为目标。存真可分"求古本之真"和"求事实之真"两种。简言之，校勘就是在不同版本、资料中，或"据此本以校彼本"；或博通群书，"择善而从"，在文本校勘、文献互证中考证儒家经典的真实性。校勘源于两汉，历经唐宋，至清代而大盛，名家辈出，形成鼎盛一时的乾嘉学派。桐城派调和汉宋，将考据、校勘之学引入宋学之中，目的是对理学思想进行校勘、考证，进行文献互证，从而将二者融合，发展出自己的新观点，以保证学术的正确。

新闻采写的本质就是信息的考证校勘过程。"孤证不信"，兼听则明。为保证新闻的全面、准确、公正、客观，记者要尽可能采访所有的新闻当事人及相关的政府部门，以获得多方面的信息。这些信息，因当事人的情感倾向、认知能力等的不同，可能如"罗生门"一样，彼此矛盾。这就需要记者"持慎重态度，不能先入为主，要深入调查，多方听取意见，得出合乎事实的结论"②。通过对不同来源的信息进行"校勘"，订正讹误，以求得真实的信息；或者援引权威部门的信息，对错误信息进行订正。如果受限于各种主客观条件，记者不能确定信息的真伪，也可借鉴校勘学的"校异"原则。所谓"校异"，即只罗列众本不同，校者不做是非判断。在新闻写作中，记者亦可罗列新闻当事人的观点，而不做价值判断，以全面、客观地呈现新闻的真实状态。

3. 释义求合

所谓"释义"指解释义理，阐明意义；解释词义或文义。考据家孜孜矻矻，皓首穷经，训诂音韵，考证名物，其目的是要准确阐释字义，以推原古理，恢复儒家经典的本来面目。桐城派推崇程朱理学，他们吸收汉学家的"考据"方法，目的也是折中义理，疏通经旨，强化创作主体的学养根基，使文章所载之"道"能够建立在深厚的学养和扎实的材料基础之上，避免空疏无当、文风羸弱的弊端，达致经世致用的目的。"以考博佐其义理，于程朱之学见之真而守之笃。"③

任何文章的写作，都离不开"材料"和"观点"两个要素。"观点"意味

---

① 沈苏儒：《对外报道业务基础》，北京：今日中国出版社，1992年，第137页。
② 习近平：《摆脱贫困》，福州：福建人民出版社，1992年，第87页。
③ 李波：《汉宋之争与桐城派考据思想的转变》，《社会科学论坛》，2015年第6期。

对"事实"的"释义"，但新闻写作采取"寓论断于事实之中"的叙述方法，通过事实还原以表达观点。"我们人人都会发表有关意见，新闻却是一种无形的意见。从文字上看去，说话的人，只要客观地、忠实地、朴素地叙述他所见所闻的事实。但因为每个叙述总是根据一定的观点，接受事实的读者也就会接受叙述中的观点。"① 新闻的"释义"是一种"无形的意见"，记者的"舌头"是隐藏在"事实"后面的。这就要求记者在新闻写作过程中，要通过"考证""校勘"等方法，保证新闻事实的真实准确。在新闻写作的过程中，也要采用客观报道的形式。同时，记者对事实进行"释义"的主观意图——对新闻事实的选择、解释和评论——必须与客观事实的性质、特征和发展规律相符合。简言之，"释义"如"盐"，"事实"如"咸"，盐之溶水，所见皆"水"，所尝皆"咸"，观点与事实的完美融合，将主观的认识转换成了客观真实的报道，因而容易被受众认同和接受，起到"用事实说话"的传播效果。切忌主题先行、强扭角度，这种硬性植入的"释义"，只会引起受众的反感，因而适得其反。

三、求美：桐城派的"辞章"论对当代新闻写作的借鉴意义

在桐城派看来，辞章是指追求文采之"美"。作为古代散文写作理论，桐城派既重视形上的儒家义理，倡导文以载道；也重视形下的写作技巧，着意探求文章的审美规律。相对而言，"义理"和"考据"属于创作主体的人格锻炼和文章写作的抽象构思，而"辞章"则是人格践履和构思的具体化。方苞的"义法"论，其"义"指"言有物"，意指文章以阐释儒家义理为内容；其"法"指"言有序"，意指文章的章法结构、思路逻辑。刘大櫆承其旨，标举"神气"说，认为"神气"为文章之"精"，音节字句为文章之"粗"。"神气"虽"精"，但缥缈难言；"音节字句"虽"粗"，但具体可见，是为"神气之迹"。寓"神气"于"音节字句"之中，方为至文。在刘氏看来，"神气"指文章所呈现出来的个性才情、气势境界等精神面貌；而字句音节则指文章的结构安排和行文节奏。沿此路径，姚鼐将"辞章"具体化为散文创作的"八要素"，对桐城派的"辞章"观进行了全面总结："凡文之体类十三，而所为文者八：曰神、理、气、味、格、律、声、色。神理气味者，文之精也；格

① 刘明华：《新闻写作教程》，北京：中国人民大学出版社，2002年，第33页。

律声色者,文之粗也。"①姚鼐的"神理气味",大意指由文章立意高远、寄旨遥深所呈现出来的气质韵味;而"格律声色",则指文章的逻辑结构、遣词用句、音韵节奏、文采辞藻等写作技法。作为对写作规律的深刻总结,姚鼐所建立的写作理论既为桐城派所遵循,也为包括新闻写作在内的文章写作提供了操作规范。

1. "神理气味"

有研究者指出,姚鼐所谓之"神理气色","'神'为'精神、风神','理'为'道理、事理','气'为'生气、气质、气势'、'味'为'韵味'"②。简言之,"神理气味"是创作主体通过"立意"所展示出来的人格高度、思维高度和美学高度的综合体现。它弥漫于词句篇章之间,声调铿锵,余音绕梁,兴味盎然,使人产生审美享受。新闻虽以提供真实信息为天职,具有认识价值。但与文学创作一样,"新闻是人类审美追求的一种活动方式",新闻写作也是按照"美的规律"生产的,同样具有美学价值。在新闻写作中,特别是深度报道和长篇通讯中,记者同样要追求"神理气味",赋予新闻写作以审美追求。通过由事物表层现象到深层本质的探索,寻求事物之间的逻辑关联,形成深刻性立意;通过云计算技术,深入挖掘分析数据,分析事物的影响、作用和意义,并前瞻事物的发展趋势,形成深远性立意;走出自我、小团体的利益关怀,面向更加广大的群体和区域,树立"民胞物与"的家国情怀,形成高远性立意;见微知著,一叶知秋,从事物的局部特征中感悟其整体状貌,从事物的个别人事现象把握社会全面、整体的发展规律,形成高妙性立意;"横看成冷侧成峰,远近高低各不同",通过角度变换、时机变换,或以旧见新,或以小见大,或虚中见实,形成新颖性、独特性立意。在新闻写作中,立意作为未来新闻报道的"蓝图",构成了思维的网络系统,是文章之"精",展示了作者的政治责任、道德修养和审美境界,后续的选材、谋篇、行文等写作行为,则是在更大尺度上将"立意"如"滚雪球"般放大,将文章之树的枝干发育生长得茂盛参天,生机盎然。

2. "格律声色"

姚鼐所言之"格律声色","'格'为'篇章的结构布局','律'为'文章的字法、句法、章法等','声'为'诵读时声音的大小、长短、快慢、刚

① 周中明:《姚鼐文选》,苏州:苏州大学出版社,2001年,第11页。
② 周丽:《有所法而后能 有所变而后大:论姚鼐"义理、考证、文章"兼长相济论》,《辽宁工业大学学报(社科版)》,2018年第3期。

柔等'，'色'为'文章的文采、辞藻'"。①在姚鼐看来，作为文章写作，其实是一种理想的语域空间的获得。写作主体在行文过程中，灵活运用写作方法，对文章的结构、节奏与修辞等进行巧妙控制，方能生成此种理想的语域空间。究其本质来说，"行文"是对立意的表达和物化，即分蘖、展开、细化的思维过程和语词化过程。这个过程，就是将文章的立意、主题结构化，或结构主题化的过程。同样，在确立好"立意"之后，新闻写作也需要将其结构化、语词化。记者要根据媒体定位、体裁要求、内容特征和介质形态，调整"格律声色"，以获得理想的语域空间。在谋篇布局上，新闻主要由标题、导语、主体、背景、结尾等组成，有"金字塔结构""倒金字塔结构""纵向结构""横向结构""点面结构"等结构形式，"章总一义，意穷成体"，要根据内容需要，灵活安排，以求起承转合，守正出奇；在句式运用上，或整或散，或长或短，参差错落，摇曳生姿；在逻辑安排上，因字成句，积句成章。思路严谨，文脉清晰；在词语运用上，新闻以客观真实为诉求目标，不能"以文害义"。词语选择以平正严实、简明扼要为目标，修辞以言能尽意，文能传神为宗旨。如此语言声韵和谐，简洁生动，文气葱郁，韵味悠然。互联网时代的来临，视频图像、网站链接、大数据、表情包，赋予新媒体更为丰富的"格律声色"表现手段，提高了网络新闻写作的表现力。

四、求利：桐城派的"经济"论对当代新闻写作的借鉴意义

桐城派推崇程朱理学在古文写作中的指导性地位，但也深感宋学空谈心性的迂阔，因而主张经世致用，要求将道德修养、学术研究与社会问题关联起来，以拯时济世。姚鼐弟子姚莹将桐城派要义概括为"义理、经济、多闻、辞章"，后期代表人物曾国藩也在"义理、考据、辞章"三要素中，增加"经济"之学，认为"义理与经济，初无两术之可分，特其施功之序详于体而略于用耳"②。桐城派将"义理"落实到"经世"层面，认为文章关乎世用，主张直面现实，切于实用，承继了儒家"内圣外王"的政治理想以及"忧乐天下"的家国情怀。"桐城派文人皆具有极其强烈的经世思想，以桐城三祖、姚门弟子以及曾国藩及其弟子们为例，他们虽处于有清一代不同的历史时期，无论经世思想之社会思潮表现出怎样的显隐起伏，他们都积极关注社会现实，

---

① 周丽：《有所法而后能　有所变而后大：论姚鼐"义理、考证、文章"兼长相济论》，《辽宁工业大学学报（社科版）》2018年第3期。

② （清）曾国藩：《足本曾文正公全集》，长春：吉林人民出版社，1995年，第1812页。

力图解决社会问题，以求达到国治民安的实效。"①新闻作为应用文科，"新闻是新近发生事实的报道"，属于"易碎品"和"快餐文化"，它总是追求"有用之用"，并且要求效果直接、现实、有效。桐城派在儒家义理中纳入经世思想，以"义"制"利"，以抑制个人私利膨胀，避免损害儒家之道；又以"利"证"义"，避免宋人空谈性理，不尚实学的弊端。"计利当计天下利"，桐城派将古文创作导向裨益于国计民生、人心世道的路径，对新闻写作富有启迪价值。

"空谈误国，实干兴邦"，将党性修养、政治责任落实到经世致用上来，就是强调新闻报道要树立大局意识，在服务中心工作中找准自身的坐标定位与切入点，坚持"实践是检验真理的唯一标准"的马克思主义原则，在广大人民群众的实践中检验中央政策的正确与否。"客里空"式的新闻，只会助长虚骄之风与官僚之气。贴近实际、贴近群众、贴近生活，写作具备深刻思想与独到见解的新闻，才是新形势下记者"经世致用"，服务大局的核心能力。为此，记者"要提高业务能力，勤学习、多锻炼，努力成为全媒型、专家型人才"②。"术业有专攻"，在全球化、数字化语境下，记者要紧跟时代潮流，加快知识更新，拓宽知识领域，学习现代传播技能，努力成为各专业领域的"行家里手"和"智库大脑"。在面对互联网时代无限信息资源的时候，"避免少知而迷、无知而乱"，能够准确把握世情、国情、党情、民情，准确把握经济社会发展中的热点、难点、焦点，树立全新的传播理念、新闻思维和报道视角，具有从众多新闻线索中发现深刻内涵并提出自己独到见解的能力，能用深厚的专业技能采写出高质量的新闻作品，讲好中国故事，为中央和各级政府提供真知灼见和决策咨询，推动经济社会发展和民生福祉的改善。

五、结语

作为中国古代文论的高峰，桐城派虽影响深远，但也伴随着极其激烈的批评。批评者认为，文无至法，桐城派的写作理论戕害个性才情，压抑了文章多种表达方式的可能性。作为封建时代的古文流派，桐城派表现出对统治力量的积极依附，"而不可能真正具有以'道统'自任的信心，也更难以

---

① 宋豪飞：《桐城派经世思想述论》，《安庆师范学院学报（社科版）》，2016年第3期。
② 中共中央宣传部新闻局：《习近平总书记党的新闻舆论工作座谈会重要讲话精神学习辅助材料》，北京：学习出版社，2016年，第8页。

在'载道'文学的旗帜下发挥个人的才性"①，因而被五四新文化人士斥之为"桐城谬种"，逐渐消沉衰亡。但正如姚鼐所说："为文章者，有所法而后能，有所变而后大。"②简言之，在姚鼐看来，写作活动是分层次的。"有所法而后能"为初级层次，"有所变而后大"为高级层次。桐城派多以教书为业，面对初入门槛的写作者，他们必须提出切实可行的写作理论，使其"有所法"，方能初窥写作门径，然后方能进入"有所变而后大"的境界。作为专业训练，新闻写作教学所面对的都是初涉行业的新生，他们期待教师能够为之提供具有操作性的写作方法。桐城派提纲挈领式地总结出"义理、考据、经济、辞章"四个核心要素，指向人类对"善真美利"的追求，与新闻写作的立场性、真实性、可读性和效益性一一对应，指导学生在新闻写作中，做到讲政治、考真实、重美感、求效益的统一，因而为新闻写作提供了具有操作性的写作规范，并为之走向"有所变而后大"奠定了坚实基础。正如新文化运动的旗手胡适所说，"但桐城派的影响，使古文做通顺了，为后来二三十年勉强应用的预备，这一点功劳是不可埋没的"。在剥离桐城派的封建思想内核和某些古板形式之后，对于新闻写作而言，桐城派依然值得重新发掘，并将之发扬光大的。

① 章培恒，骆玉明：《中国文学史·下卷》，上海：复旦大学出版社，1997年，第437页。
② （清）姚鼐：《惜抱轩诗文集》，上海：上海古籍出版社，1992年，第114页。

清代服饰品中鹿纹的审美形态及文化内涵探析

侯雨薇*

（湖南理工学院新闻传播学院，湖南岳阳，414006）

摘　要：清朝时期国家安泰，社会经济发展稳定，生产力水平提高，资本主义经济滋生。鹿纹在民族意识、文化情结、思想政治等影响下，从早期力量威猛的图腾崇拜符号逐渐演变成清朝的祥瑞符号纹样，具有"鹿鹤同春""福禄寿喜""百禄"等美好寓意，其发展演变反映了当时社会政治、经济、生产力水平及文化内涵，同时更直接地表现在其审美形态之中。本文以清代服饰及服饰品为例，选取多件载有鹿纹的清朝服饰品，从鹿纹纹样实物出发，分析其造型、色彩、组合搭配的审美形态特征，探析鹿纹的装饰方法技巧，挖掘传统文化，完善传统服饰品中动物纹样研究体系。

关键词：清代；服饰品；鹿纹；审美形态；文化内涵
基金项目：2017 年国家社科基金艺术学一般项目（17BH170）

鹿纹从远古时期出现，历经了各个不同朝代的传承与积淀，在传统服饰中的呈现方式尤为丰富，不仅有独特的审美形态，更具有深刻的文化内涵，其祥瑞符号意义在清朝达到巅峰。本文对清代服饰品中鹿纹的历史沿革进行分析研究，结合形式美法则，分析鹿纹的造型、色彩、组合搭配题材，归纳总结其审美形态特征。探索鹿纹由最初简单的图腾崇拜转化为吉祥符号的演变过程，及承载的深刻吉祥意义和背后蕴含的文化价值，梳理完善清代服饰品中动物纹使用体系的研究。

---

　　* 作者简介：侯雨薇（1994—），女，硕士研究生，湖南理工学院新闻传播学院教师，研究方向为区域文化传播与产业发展。

一、清代服饰品中鹿纹及其表现形态

清朝作为封建社会的最后一个朝代，这一时期政治上平定外来侵略，更合理的管辖周边辽阔的疆域，维护主权，使多民族国家的统治进一步强化。鹿纹在朝代更迭、进仕制度、文化交融、思想碰撞等因素的影响下，不仅在服饰品中表现形态生动自然，造型千姿百态，还形成了蕴含深远意义的吉祥寓意，实用性与适用性更广泛，可作为独立纹样出现，还与其他动植物纹样相结合衍生出新的寓意题材，在传统服饰品中被广泛运用，使鹿纹以外在的美好形象、内在的美好义涵一直持续至今①。

鹿纹，是中国远古时期就出现的图形，早在石器时代人们就在石壁上刻出了鹿的形象，在时代变化中，鹿纹作为传统吉祥纹样之一，表现形式各式各样②。在清代传统服饰品中，鹿纹造型动态生动活泼、潇洒自如，组合色彩清新大气、纷繁绚丽，具有较好的装饰效果和美好寓意。

文化思想上，随着社会生产力水平的逐步提高，商品经济的蓬勃发展，人们的价值观念有所改变，"学而优则仕"的理念逐渐弱化，对入仕做官的追求逐渐转换到经商致富，作为提高生活水平的另一途径。这一价值观念的改变，使鹿纹的内涵由"加官进禄""爵禄封侯"演变为"福禄寿喜""长寿康宁"，以此来满足此时人们对未来生活的期许。同时文化内涵、雄厚的经济基础都为传统纹样的发展提供了强大的支持，使鹿纹在传统服饰品中的运用形成了成熟的体系，扩展完善了鹿纹纹样的运用领域。

二、清代服饰品中鹿纹的审美形态特征

近年来，大量带有明显清晰鹿纹的瓦当、瓷器、银器等文物出土，为鹿纹在器物中的研究提供了有力的实物考证信息。由于鹿纹在传统服饰品中的运用相比器物使用的时期出现较晚，且出土的纺织品多难以完善保存，使专家学者对鹿纹的研究多集中于器物类，涉及服饰品类的研究相对较少。

1. 鹿纹的造型特征

清代服饰品中的鹿纹纹样由制作者赋予其外在装饰性功能，其造型特征从鹿角的分叉大小、体形特征的规则大小、鹿身的斑点形状描绘等部分进行分析。

① 侯雨薇，梁惠娥，邢乐：《"陵阳公样"中对鹿纹的审美形意及功能探析》，《丝绸》，2019年第 11 期。

② 谢菲：《古代丝织物中鹿纹研究》，《艺术与设计（理论）》，2017 年第 1 期。

表 1 清代服饰品中对鹿纹造型分析图例（笔者绘制）

名称	时期	鹿角	体形特征	鹿身斑点	实物图例	鹿身装饰	动态姿势
石青缎织八团寿字双螭纹夹褂（故宫博物院藏）	清乾隆	多叉角	自然形体鹿	椭圆形斑点			
湖色缎绣折枝花云蝠金鹿纹男帔（故宫博物院藏）	清光绪	多叉小角	自然形体鹿	椭圆形斑点			
青缎地彩绣龙纹裙袋（《卿云斋织绣艺术撷芳》）	清光绪	多叉小角	自然形体鹿	椭圆形斑点			
石青地平金绣鹿鹤百寿女褂（卿云斋织绣艺术撷芳）	清光绪	小角	自然形体鹿	椭圆形斑点			
白缎绣梅鹿纹鹿童衣局部图（故宫博物院藏）	清光绪	多叉小角	自然形体鹿	几何斑点			
蓝地刺绣二十四孝团花女袄（《卿云斋行走在丝线上的艺术》）	清代	小角	自然形体鹿	椭圆形斑点			

名称	时期	鹿角	体形特征	鹿身斑点	实物图例	鹿身装饰	动态姿势
湖色地刺绣灵禽瑞兽纹女袄（《卿云斋行走在丝线上的艺术》）	清代	多叉小角	自然形体鹿	椭圆形斑点			
横罗盘金打籽绣鹿鹤同春饰带（《云想衣裳——六位女子的衣橱故事》）	清代	多叉小角	自然形体鹿	椭圆形斑点			
白地刺绣回头鹿状元郎纹荷包（《中国设计全集.卷七.服饰类篇.配饰篇》）	清代	小角	自然形体鹿	几何斑点			
拉锁绣"仙人祝寿"挽袖（《青云霓裳中国古代织绣艺术》）	清代	灵芝花冠	自然形体鹿	几何斑点			
拉锁绣福寿荷包扇套一组（《卿云斋织绣艺术撷芳》）	清代	多叉小角	自然形体鹿	几何形态			

　　从鹿形象的动态姿势来看，多为站立式或行进式状态，鹿腿皆精细修长显得矫健有力，表1蓝地刺绣二十四孝团花女袄中的鹿纹姿势较为独特，不同于常见鹿形象的灵动机警，女袄中的鹿纹无力地趴摊在男子后背，形象憨

态可掬，晕沉恍惚的眼神十分到位，给人感同身受的晕眩感。鹿角形态主要由多叉小角、小角、灵芝花冠三种表现方式呈现，整体小巧朴素，线条流畅简洁，合适自然地与鹿头衔接。鹿纹的体形特征，如头身比例、身材形态、动态特征等基本上都对照现实生活中的鹿进行刻画。

清代将满汉文化融合一体，积极学习汉族装饰风格的同时又进行了改进创新，使鹿纹的鹿身描绘形成两种形式，即在服饰中主要为写实风格，在服饰品中以抽象风格为主。如表1中湖色缎绣折枝花云蝠金鹿纹男帔、青缎地彩绣龙纹袈裟、白缎绣梅鹿纹鹿童衣等服饰中的鹿身描绘丰富具象，湖色缎绣折枝花云蝠金鹿纹男帔（表1）中出现的双鹿鹿头向右前方同一方向仰望，鹿眼大而有神活灵活现，下眼睑睫毛长而密集栩栩如生，嘴里衔叼着收获的灵芝，双鹿鹿身描绘使用元素丰富多样，椭圆形斑点组合散落排列，短线条体现各部位肌肉走向，周身用双线条复合强调形态，鹿尾部曲线的弯绕，具有飘逸之感，鹿耳的点面转折与鹿蹄分支都进行了精致刻画。青缎地彩绣龙纹袈裟（表1）中的鹿身装饰相对来说比较简单，仅在大腿部位使用椭圆斑点组合成梅花状来装饰，脖颈至腹部圈出一长形宽条，做了以线段分隔开的装饰方式。配饰中的鹿纹，如表1中白地刺绣回头鹿状元郎纹荷包中的鹿纹，鹿耳与鹿角由双层线条勾画，眼睛椭圆细长，眼神真挚，嘴唇向外微张虎头虎脑，矮壮的四肢显得敦实憨厚，鹿身以四瓣花形状、腹部卷起的部分吉祥云纹的色块结合，鹿蹄轮廓有型沉稳实在。拉锁绣"仙人祝寿"挽袖（表1）鹿身周围少有的以单线线条组合形成块面体现浓密的毛发，鹿身内部打破常规的在腹部腿部圈出封闭形状，里面辅以点状斑点。拉锁绣福寿荷包扇套的鹿纹（表1）鹿头造型较为奇特，一笔成型的圆弧形与粗壮圆滑的鹿角无缝衔接，超出真实比例的大眼向后方凝视，脸颊左下部仿佛增加了腮红装饰，身体纹饰简单随意，简单随着身体动态形成曲滑块面。

通过对清代具有代表性的服饰品中的鹿纹动态姿势、鹿角形态、鹿纹体形特征、鹿身描绘等方面的对比分析，可以总结出服饰品中鹿纹的造型特征写实简练，鹿纹动态基本为行鹿、站鹿，鹿角写实正常，体形大多是自然形体。服饰中的鹿纹多为椭圆形写实斑点，配饰中的鹿纹由随意抽象的色块装点。

2.鹿纹的色彩特征

清朝服饰品装饰风格手法繁杂多样，各类题材搭配层出不穷，色彩风格的分配与调和比例，在不同的服饰和服饰品中，其表现方式也各有不同。

　　鹿纹色彩特征在服饰中主要以传统质朴的暖色调风格为主，明度、纯度适中。如表 2 中青缎地彩绣龙纹裌裳、石青地平金绣鹿鹤百寿女褂、蓝地刺绣二十四孝团花女袄中的鹿纹运用传统色彩配比观念，整体色彩基调古朴单纯，鹿身点缀对比强烈的深色纹饰，效果清爽明快。比较典型的湖色缎绣折枝花云蝠金鹿纹男帔（表 2），由于整体画面图案组合构成元素较多，呈现多彩斑斓的热闹气氛，构成浓烈欢快的纷繁色彩感觉。白缎绣梅鹿纹鹿童衣（表 2），暖色玫红色为底色，鹿纹由浅棕色、深棕色、深绿色等构成，色彩比例恰到好处，鹿身斑点通过内浅外深的纹样色彩跳脱出画面，增加纹样的层次，更富有变化质感。

表 2　唐代服饰品中对鹿纹色彩提取与分析图例（笔者绘制）

名称	时期	色彩基调	实物色彩图例	鹿纹色彩	鹿纹色块提取图
石青缎织八团寿字双螭纹夹褂	清乾隆	古朴单纯冷调			
湖色缎绣折枝花云蝠金鹿纹男帔	清光绪	古朴单纯暖调			
青缎地彩绣龙纹裌裳	清光绪	古朴单纯冷调			
石青地平金绣鹿鹤百寿女褂	清光绪	古朴单纯中性调			

名称	时期	色彩基调	实物色彩图例	鹿纹色彩	鹿纹色块提取图
白缎绣梅鹿纹鹿童衣局部图	清光绪	古朴单纯暖调			
蓝地刺绣二十四孝团花女袄	清代	古朴单纯中性调			
湖色地刺绣灵禽瑞兽纹女袄	清代	深沉清淡冷调			
横罗盘金打籽绣鹿鹤同春饰带	清代	古朴单纯冷调			
白地刺绣回头鹿状元郎纹荷包	清代	深沉清淡冷调			
拉锁绣"仙人祝寿"挽袖	清代	深沉清淡冷调			

续表

名称	时期	色彩基调	实物色彩图例	鹿纹色彩	鹿纹色块提取图
拉锁绣福寿荷包扇套一组	清代	抽象清新冷调			

服饰配件作为显示佩戴者情感特色的点缀饰物，其中的鹿纹色彩比外在服饰更加用意独到，重点遵循佩戴者的主观喜好，没有用色规矩条框，自由不受拘束，色彩基调以冷调为主，明度、纯度较低，风格怪诞丰富。制作匠人们通过多种搭配尝试，增加了新奇有趣的色彩组合，形成热烈绚丽的色彩配比。如白地刺绣回头鹿状元郎纹荷包、拉锁绣"仙人祝寿"挽袖（表2）中的鹿纹色彩基调深沉稳重，在浅色背景下形态明显突出，鹿身由不同深浅色块填充，通过粗线条间隔镶嵌或点缀其他斑点色彩，在鹿身划分出不同色彩处置，深浅色的使用各司其职，深色加深差异，浅色负责调和，浓烈的对比中又协调统一。拉锁绣福寿荷包扇套一组（表2）中的鹿纹，鹿身运用了草灰绿，鹿角、鹿尾为棕色，腹部装饰部分填充蓝色，大胆的配色与深棕色背景对比强烈，凸显出鹿灵活爽朗的形象特征，夸张新奇的同时显得脱俗出新，表现出创作者的独具匠心。

通过对清代服饰品中的鹿纹色彩基调、色相冷暖、明度等方面分析，梳理出鹿纹色彩特征主要有"天然质朴"和"斑斓多彩"两类，在主要遵循传统色彩准则的同时，随着创作者自身主观的喜好，进行各式各样新奇无规则的搭配方式，传统与创新抽象结合，形成众多独具特色的色彩搭配。

3. 鹿纹的组合搭配

清代服饰品的装饰纹样搭配方式繁绚多样，主要以传统吉祥寓意故事与自然界写实物象为主，元素多种多样，包括：人物、神仙、山水风景、吉祥符号、花卉植物、飞禽走兽等，通过各类元素搭配来表达创作者寄寓的美好内容。

清代服饰品中对传统故事的描述与自然物象的表现，都是在对追求外在形象的基础上达到内在精神升华，鹿纹作为吉祥寓意表达的载体象征，在画面中具有举足轻重的地位，鹿纹与不同的动植物组合也分化出许多不一样的内涵寓意。如表3中清代湖色地刺绣灵禽瑞兽纹女袄，画面中的梅花鹿、仙鹤、梅花、蝴蝶等事物，梅花开满枝头，树下的动物们相互嬉笑玩闹，合为"鹤鹿同春"，意"六合同春"。清乾隆石青缎织八团寿字双螭纹夹褂（表3），将佛手、牡丹、兰花、绣球等折枝花科和鹿纹、仙鹤、石榴一起组合，同样形成"鹿鹤同春""富贵多子"之意。清光绪湖色缎绣折枝花云蝠金鹿纹男帔（表3），衣身视觉中心绣有鹿纹，以蝙蝠、蝴蝶、八宝、花篮、海水江崖纹组合，取"多福多寿多禄"之意。

表3 清代服饰品中鹿纹的组合搭配分析图例

名称	时期	主要纹样	其他纹样	鹿纹所属题材归类	实物图例	纹样搭配图例
石青缎织八团寿字双螭纹夹褂	清乾隆	行鹿纹	仙鹤蝙蝠石榴等花卉	动物＋风景植物并重题材		
湖色缎绣折枝花云蝠金鹿纹男帔	清光绪	双行鹿纹	蝴蝶蝙蝠花篮八宝海水江崖纹	动植物题材		
青缎地彩绣龙纹裌袈	清光绪	行鹿纹	佛手花卉	动植物题材		

续表

名称	时期	主要纹样	其他纹样	鹿纹所属题材归类	实物图例	纹样搭配图例
石青地平金绣鹿鹤百寿女褂	清光绪	行鹿纹	仙鹤海水江崖纹云纹	动植物题材		
白缎绣梅鹿纹鹿童衣局部图	清光绪	行鹿纹	花卉	动植物题材		
蓝地刺绣二十四孝团花女袄	清代	卧鹿纹	人物屋宇花卉山石	动物＋人物和风景植物并重题材		
湖色地刺绣灵禽瑞兽纹女袄	清代	行鹿纹	仙鹤花卉植物	动植物题材		
横罗盘金打籽绣鹿鹤同春饰带	清代	奔鹿纹	仙鹤蝴蝶花卉植物	动植物题材		
白地刺绣回头鹿状元郎纹荷包	清代	行鹿纹	蝴蝶花卉植物	动植物题材		

名称	时期	主要纹样	其他纹样	鹿纹所属题材归类	实物图例	纹样搭配图例
拉锁绣"仙人祝寿"挽袖	清代	行鹿纹	人物蝴蝶花卉植物	动物＋人物和风景植物并重题材		
拉锁绣福寿荷包扇套一组	清代	行鹿纹	仙鹤蝙蝠春花秋月文字	动植物＋吉祥文字题材		

通过对清代具有代表性的服饰品中的鹿纹组合搭配分析，总结梳理出鹿纹的搭配除了视觉上的丰富多样，与蝙蝠、花卉、佛手、海水江崖纹、吉祥文字等的搭配也具有"六合同春""福禄寿禧""路路平安"等内在美好寓意。

三、鹿纹的文化内涵探析

中国传统吉祥的龙凤纹样，因象征皇室权力与威严的等级封建制度，而不得出现在寻常百姓的服饰品中 [1]，鹿纹同样作为内在蕴含丰富美好寓意的吉祥纹样，通过民间制作者对其谐音进行的开展创新，分化出多种文化内涵寓意，进入到一般民众的生活，以装饰纹样大量运用在服饰品中，满足人们对幸福生活的祈愿。

1. "鹿鹤同春"的象征意义

《述异记》云："鹿千年化为苍。又五百年化为白。"[2]

由此可知，在古人心中鹿是象征长寿千年的动物仙兽，尤其是三大教派也都推崇鹿能伴人长生健康，为鹿纹在之后的演变中成为吉祥纹样打下基础。

---

[1]　梁惠娥，张书华：《明代岁时节日服饰应景纹样艺术特征与影响因素》，《丝绸》，2017年第4期。

[2]　转引自刘珂艳：《元代织物中鹿纹研究》，《装饰》，2014年第3期。

在中国民间传说中记载，道教鼻祖在传教时的坐骑就是一头白鹿，鹿是仙兽，能给人带来好运。《三秦记》云："白鹿原，周平王东迁，有白鹿游于此原，以是得名，盖泰运之象。"[①]

此大意为周平王继位第二年迁都洛邑（今河南洛阳），在向东方行进途中，一只通体发光的白鹿出现在此处，传说白鹿出世便映视着君王施行仁政，勤政爱民太平和乐，人们皆认为是祥瑞之兆，纷纷祈愿世道和平无战乱，家人平安生活。民间吉祥图案中也常出现鹿与仙鹤、桐树的组合，"鹤鹿同春"又意"六合同春"，以"鹿"取"六"、"鹤"取"合"，"春"取花树、桐树、松树等，图案寓意天地四方，万物一派复苏的繁荣昌盛景象。

2."福禄寿喜"、"百禄"的象征意义

人们常把福、禄、寿组合在一起象征幸福、入仕、长寿，因"鹿"同"禄"，[②] 传统服饰品中鹿纹常被运用在福禄寿题材中，最为典型的有"福禄寿三星图"，图中寿星面露喜色笑脸盈盈，矫健行走的梅花鹿身姿挺拔眼神明亮，鹿角分支均匀显得对称和谐，鹿身健壮且四肢有力，身后还跟随一名背着包袱手持桃枝的童子，画中三物皆向右后方眺望，与右侧上空盘旋着的蝙蝠共同组合成一幅长命百岁、鸿富延绵的吉祥画面[③]。

在《诗经》中，《小雅·鹿鸣之什·天保》篇有这样的描述："天保定尔，俾尔戬穀。罄无不宜，受天百禄。降尔遐福，维日不足。"[④]

大意是在上天的庇佑下，福禄将会永久绵长。这里的"百禄"即通过"百鹿"代指，常以绘制百来只鹿表示"受天百禄"，称为"百鹿图"或"多鹿图"，明清时期众多画家都曾以鹿为题材，创作过多幅著名画作。如现藏于台北故宫博物院，清代乾隆时期艾启蒙画师所做的《百鹿图》山水画，画作中描绘塞外风光，近景中的鹿群或嬉戏打闹，或蜷卧休息，或行云奔走，一派岁月静好的和谐景象，表达了人们对事业财富的祝颂之意，希望人生坦荡顺利获得富贵与荣耀。在这些绘图和诗歌中，无论鹿是以什么样的形式出现，都是人们对于人生道路、追求美好生活的一种符号表达方式。

---

① 转引自马昌仪：《古本山海经图说》，济南：山东画报出版社，2001年，第96页。
② 吴崇明：《〈诗经〉中鹿的文化寓意及其演变》，《古典文学知识》，2008第6期。
③ 李萍，张智艳：《中国传统鹿纹的演变及其吉祥寓意分析》，《郑州轻工业学院学报（社会科学版）》，2008年第2期。
④ 王秀梅译注，《诗经》，北京：中华书局，2015年，第156页。

四、结语

传统服饰品中的鹿纹在清朝时期的发展趋于成熟，在社会经济发展、资本主义思想萌芽、文化思想学说百花齐放的时代背景中，鹿纹纹样呈现出写实简练的造型特征，装饰手法层次丰富，色彩可返璞归真可抽象多彩，皆均衡协调，多种组合搭配题材元素选择，各具吉祥文化内涵寓意，不仅对服饰品外在具有装饰功能，还能满足穿戴者追逐美好寓意的心理需求。笔者选取多件清朝载有鹿纹的代表性服饰品，分析总结鹿纹外在装饰审美形态，解读鹿纹内在深层次蕴含的文化寓意，追溯其艺术审美价值同时保护优秀传统审美装饰技法，构建传统鹿纹纹样的理论体系。

三、华夏传播逻辑

主持人语

如果不能很好地理解文化，便不能真正地理解传播。传播总是在一定的文化脉络下展开的，不同文化下的传播活动，必有其自身的文化逻辑。在跨文化传播中，研究者们常常发现一种文化休克（Culture Shock）的现象；亨廷顿所讲的文明的冲突（The clash of civilizations），根源上就是不同文化体系观念上的不同导致的冲突。中国提出的文明互鉴和对话的倡议，指明了不同文明相处和彼此激发的正确方向。但是，要真正做到不同文化和文明的融通，必须首先明确不同文化和文明的位置、出发点和落脚点，找到彼此的分岔在哪里开始。

华夏传播研究是一个饱受争议的概念，但是它又是一个能够指明我们的研究取向的概念，那就是它能够明确地表达出，必须始终有意识地将传播的根源回溯到文化根基上。中国传播学的研究，从议题、概念、方法、观念都深受西方理论的影响，这让我们的传播学研究逐渐走向系统化和规范化，但是一个不可回避的问题就是：我们能为世界学术做出什么贡献？如果没有，那我们研究有何意义。人文社会科学，总是不能像自然科学那样，从文化的意义脉络中完全抽离出来；如果真的抽离出来了，那它就已经失去了它的灵魂，得出的理论，也许就不过是一系列"放之四海而皆准"的空洞的框架而已。当然，也许其中也有灵魂，只不过那个灵魂仅仅是一种不自觉的西方文化的预设而已，它展现的是西方文化看待世界的方式。也不是说西方人看待世界有什么不对，而中国的学术研究非要跟西方对着干。我们的预设仅仅是在于：还可以努力找到另一种看待世界的不一样的文化方式。提出华夏传播逻辑的概念，其实就是为了发现一个别样的世界，或者说，我们正在努力将一种习焉不察的文化逻辑加以揭示，并以体系性的方式建构出来，使其能够为世界学术界所共同理解和把握。

设想当然是美好的，但是能否实现，则要看学术界的共同努力。实际上，我们的共同感受是：一旦将研究的触角深入到文化的根基处，就会发现传播研究才能真正超越经验层次，进入对深层文化体系的把握当中，这样的传播研究，也才会有深刻的洞察力。根据我们的预设，华夏传播逻辑不仅仅存在于经典文本当中、历史实践当中，甚至存在于我们的信仰体系、艺术思维、健康思维、故事逻辑、谶纬传播实践当中。正是这些充满着现实诉求的传播实践，才让那种经典文本和传统思想上的逻辑，获得了一系列活生生的土壤，这样的华夏传播研究也才是鲜活而充满质感的。

在本专栏中，刘丹凌教授的文章《本土化与软化：中国形象故事的文化逻辑》就始终在追寻中国形象故事的中国内容和中国内涵，并且在生活实践的意义上，讨论如何将政治诉求和国家诉求"软化"在日常生活叙事当中。刘晓程副教授的文章《"弥散"的健康：基于 16 家健康微信公众号的传播现况分析》则在一种"整体健康观"的中国医学观念的指导下，对相关的微信公众号的传播状况进行了批判的研究，显示出了中国文化的某些逻辑也可以作为理论视角加以运用。芦珊博士的《史前丝绸之路甘青地区彩陶图式传播研究》则将"图式"作为一种文化范式加以观照，并且将其放在一种跨文化适应、顺应、流变的动态过程中进行审视，展现了史前彩陶在文化"图式"支配下的动态变异过程。叶进老师的文章《谶纬传播中的"天人关系"解码》则将充满神秘色彩和仪式感的谶纬现象，置于一种"天人关系"的文化脉络中，由此观照它如何建构相关的社会秩序，并且实现着相应的社会治理功能。无论这期文章是否真的把握到了华夏传播逻辑的一鳞半爪，但是，我们相信，我们正走在一条传播学研究的康庄大道上。

（暨南大学新闻与传播学院教授 李红）

《闽南古镇》 朱星雨作

本土化与软化：中国形象故事的文化逻辑

刘丹凌 *

（西南大学新闻传媒学院，重庆，400715）

摘　要：在全球化语境下，如何借助"形象实践"讲述中国故事、塑造良好的中国形象，破解西方资本主义的"形象霸权"，发挥中国形象在国族"自我体认"与"他者体认"中的正向作用成为重要议题。中国形象故事的讲述应该遵循本土化和软化的文化逻辑：一方面，要回到"本土化"的"形象故事实践"上来——不仅要返回"形象故事实践"的中国场域，确立中国在自身形象故事塑造过程中的主体地位，而且要返回"形象实践"的中国内容和中国内涵，僭越资本主义"形象霸权"所确立的标准化形象故事体系。另一方面，要讲述公众普遍接受和认同的中国形象故事，不能全然以一种说教、灌输的姿态，强行塑造和推广自身的形象故事，而应该采取一种"软传播"战略，通过柔性的意义沟通和协商，说服、打动国内外公众，争得接受、理解和认可。

关键词：国家形象；中国故事；文化逻辑；本土化；软化

基金项目：本文系教育部人文社科研究项目"新时代国家形象的话语实践逻辑与修辞策略研究"（19YJA860011）、中央高校基本科研业务费专项资金创新团队项目《新时代公共文化服务均等化研究》（SWU1909101）阶段性成果。

在全球化语境下，理想中国形象与现实中国形象之间的错位造就了一幅相对矛盾和曲折的国家形象塑造与传播路径图，中国形象故事的表达与认知面临国际国内双重困境。就国际来看，中国已跻身世界第二大经济体，但中

---

　　* 作者简介：刘丹凌（1980—），女，湖北武汉，西南大学公共文化研究中心研究员、新闻传媒学院教授、硕导，新闻系主任。主要研究方向为视觉传播、新媒体研究等。

国形象在国际社会屡遭误解和妖魔化，其形象地位和国际舆论场的反响与经济实力不相匹配；就国内来说，中国面临着转型过程中复杂而深刻的政治经济矛盾与社会文化矛盾，传统生活方式和价值观念由于受到国内外各种思潮、阶级情感、利益关系的冲击，侵蚀着公众对政府的信任和国族体认，中国形象呈现出分化、割裂和表征不足等障碍。

如何借助"形象实践"讲述中国故事、塑造良好的中国形象，破解西方资本主义的"形象霸权"，发挥中国形象在国族"自我体认"与"他者体认"中的正向作用成为重要议题。中国形象故事的讲述应该遵循本土化和软化的文化逻辑：一方面，不能一味"迎合"西方发达国家的诉求，按照他们既有的模式、价值和标准来讲述中国形象故事；而是要回到"本土化"的"形象故事实践"上来——不仅要返回"形象故事实践"的中国场域，确立中国在自身形象故事塑造过程中的主体地位，而且要返回"形象实践"的中国内容和中国内涵，僭越资本主义"形象霸权"所确立的标准化形象故事体系。另一方面，要讲述公众普遍接受和认同的中国形象故事，不能以说教、灌输的姿态，强行塑造和推广自身的形象故事，而应该采取一种"软传播"战略，通过柔性的意义沟通和协商，说服、打动国内外公众，争得接受、理解和认可。

一、中国形象故事的双重困局

自加入 WTO 以来，中国将"走出去"提升至与"引进来"相当的战略地位。党的十七大报告明确指出："坚持对外开放的基本国策，把'引进来'和'走出去'更好地结合起来，扩大开放领域，优化开放结构，提高开放质量，完善内外联动，互利共赢、安全高效的开放型经济体系，形成经济全球化条件下参与国际经济合作和竞争的新优势。""走出去"不仅是产品输出、经济输出，更是文化输出和价值输出。因此，中国一直致力于国家文化软实力建设，在夯实自身媒介资源的同时，不断开掘可利用的其他国际媒介空间，争夺国际话语权，不失时机地讲述中国形象故事，表达和宣传自身，积极塑造良好的国家形象。纽约时报广场电子大屏幕就成为中国传播国家形象故事的重要平台，不仅《中国国家形象宣传片·人物篇》在这里播放，多个地方政府的城市形象宣传片、文化宣传片也在这里放映。

"走出去"战略的核心要义在于获得世界的理解和认可，争取发展的资源与机遇。中国国家形象故事的讲述目标亦在于获得世界的关注与认同，为中国发展创造软性条件。然而，这里的"世界"不是普遍意义上的世界，而是为西方发达国家所宰治的"世界"。中国形象故事的讲述与传播从一开始便遭遇了现代民族国家融入全球化发展框架的困境和焦虑。乔舒亚曾经谈道："中国必须明白，它的'形象'并非自己说什么就是什么，还是应该别人说了算。"[①]他没有明确指出这里的"别人"究竟是谁，但"别人"显然不是中国"自身"，而是"他者"。他也曾指出："中国如何看待自己并不重要，真正的关键在于国际社会如何看待中国。"[②]"国际社会"一词虽然掩饰了乔舒亚的真正指向，但乔舒亚的措辞和态度仍然透露了基于美国的"中心"地位来想象中国，按照美国价值和立场来考量和评判中国形象的逻辑线索。显而易见，这里的"国际社会"不是一种命运共同体结构的国际社会，而是以美国为首的资本主义霸权统领下的国际社会。因为，乔舒亚自信而骄傲地认为，美国是"一个能让你把所有的梦想变为现实的国度"[③]。

早在乔舒亚撰写《淡色中国》之前，中国就提出了和平崛起的政治理念和发展道路，但是以乔舒亚为代表的西方精英并不以为然。乔舒亚为中国设定的理想形象是"淡色中国"形象。近现代历史上，以"东亚病夫"为表征的中国形象曾一度被描摹为"黄色中国"；随着社会主义新中国的建立，"黄色中国"逐渐为具有革命激情的"红色中国"所替代——翻开美国《时代周刊》，大量关于中国形象的表述都是"红色"的。乔舒亚试图用"淡色中国"来重新标化全球化进程中的中国形象，一方面寄寓了抹去中国已有"色彩"的愿景（尤其是"红色"属性），另一方面也植入了保留中国独有价值（符合西方诉求的部分）的期许。在乔舒亚的"淡色中国"想象背后，隐藏的是西方霸权国家对于中国的矛盾态度：一方面，他们欢迎拉动世界经济增长的新鲜力量——中国的融入；另一方面，他们又畏惧社会主义中国的崛起威胁他们的既得利益和制度格局。

因此，"淡色中国"是一种西方中心主义，甚或说西方霸权视域下不切实际的想象和寄望。但这种想象和寄望却在全球化发展框架中合法化、合理化地渗入了中国的自我体认和自我规划，西方发达国家的愿景和标准也因而融入中国国家形象故事当中，它似乎为中国提供了一种缓解经济崛起带来的世

---

① ［美］乔舒亚·库珀·雷默：《中国形象：外国学者眼里的中国》，沈晓雷译，北京：社会科学文献出版社，2008年，第41页。

② ［美］乔舒亚·库珀·雷默：《中国形象：外国学者眼里的中国》，第7页。

③ ［美］乔舒亚·库珀·雷默：《中国形象：外国学者眼里的中国》，第33页。

界性焦虑的现实方略^①。正因为如此，中国政府启动了全方位的软实力建设项目：在全球建立 130 所孔子学院和 110 所孔子学堂^②，积极向外输出中华文化和中国价值；提升中国媒体的海外报道能力与全球业务量，2009 年甚至投入 450 亿人民币作为专项经费；不惜以重金制作形象宣传片并在世界主流媒体投放，包括少数民族文化、前现代化地域文化等能够激起西方世界欲望和想象的中国符码和中国元素也成为最受青睐的形象宣传触击点。

但是，中国形象在国际社会的误认、扭曲和抵制问题并未因此而全然消解或减缓，有时甚至有一定程度的恶化和激化。2011 年 3 月 2 日，在美国外交政策优先事项委员会的听证发言中，美国国务卿希拉里·克林顿（Hillary Clinton）明确指出："我们正处在一场信息战当中，而我们正在输掉这场战争……半岛电视台正在取得胜利。中国已经开通了全球性的英语和多语言电视网络。俄罗斯也已经开通了它的英语传播网络。"^③ 足见以美国为首的西方资本主义国家对于中国国家形象报以的敌视态度并没有改观。

与此同时，中国形象故事的自我描画和体认也在复杂的社会转型过程中遭遇一定的危机。尽管以国家形象故事打造为代表的软实力建设已经被纳入中国的重要发展战略，但是，"外向型"的建设思路依然居于主导地位。将国家形象故事塑造的必要性和迫切性置于国际关系视域几乎成为中国政府和中国知识界的共识，主张内生性的软实力必须转化为外生性的软实力，对外宣传优于对内宣传，以国际形象为重心的形象体系建设策略。因而形成了一种融政府、媒体、其他社会组织及个人为一体的多元国家形象表达和传播体系，以政府为主导的国内形象宣传严重不足，不同视域的中国形象自塑既相互补充、相互映射，又相互抵牾，相互竞争，同时还面临形象"他塑"的侵入和消解，主流政治视域中的中国形象故事难以获得稳定和优势的地位。其直接结果即是缺乏富于感召力、凝聚力的精神象征，危及国内公众的价值认同、文化认同和国族认同。因此，形象焦虑仍然是目前困扰中国和平发展的重要

---

① Suisheng Zhao, . The Prospect of China's Soft Power: How Sustainable? M. Li（Ed.）, *Soft Power: China's Emerging Strategy in International Politics*, Lanham, MD: Lexington, 2009, pp.247-266.

② 数据来源于国务院参事、孔子学院总部总干事、国家汉办主任许琳于 2015 年 10 月 17 日在清华国家形象论坛"讲好中国故事——'一带一路'上的国家形象"上所做的主题发言。

③ Committee for International Broadcasting, Secretary Clinton: U.S. Is Losing the Information War [DB/OL], 2011-5-5, http://www.cusib.org/cusib/2011/05/05/secretary-clinton-u-s-is-losing-the-information-war/.

瓶颈之一。

二、本土化逻辑：中国场域与中国意涵

要建设良好的中国形象，赢得全世界的普遍认可，不能一味"迎合"西方发达国家的诉求，按照他们既有的模式、价值和标准来讲述和传播中国形象故事，而是首先要回到"本土化"的"形象实践"上来。可以把中国形象故事的内容讲述与传播实践视为由一系列媒介行为构成的"形象实践"，包括中国形象故事的生产实践和传播实践。这种"形象实践"具有开放性的特征，它既涉及公众具体、丰富的生活实践，亦牵连企业的生产实践，也关联其他组织的活动实践，更关涉从基层到中央的政治实践。也即是说，中国形象故事的讲述、中国形象故事的文本变迁，以及中国形象的认知、接受是与公众的日常生活、各类社会组织的社会实践和政府的行政实践广泛勾连的，中国形象故事的塑造和传播奠基于社会现实、日常生活、文化生产和政治实践的广阔空间。

这意味着在一种"民族正义"的框架下，通过自主、持续的"形象实践"，打造符合自身实际、标出自身文化和价值、具有独特魅力和吸引力的主导性国家形象故事，积极应对、抵制和化解西方的"形象霸权"尤为重要。这种"形象实践"的"本土化"维度可以从两个向度拓展：

其一，返回"形象实践"的中国场域，确立中国在自身形象故事讲述过程中的主体地位。一方面，通过多元、持续的形象故事生产与形象故事传播建构以"自塑"为主导的"形象故事"叙述模式，从被动的形象"他塑"中摆脱出来，抵制和化解扭曲、变形、妖魔化的中国形象塑造与认知。"他塑"具有不可控性，关涉复杂的商业利益竞争和国家意识形态博弈，虚假、扭曲的形象"他塑"只能在真实、客观、持续的"自塑"过程中得到澄清和矫正。这一定程度上要求把中国形象故事的建设战略从注重"向世界说明中国"转向"向世界塑造中国"，即从过去那种偏向让世界了解、认识中国转向要世界接受、认同中国；从"迎合西方诉求"转向"表达自身价值"，即从过去那种偏向将自身形象框定于西方模式转向标出自身文化，输出自身价值。具体来说，应该超越简单、直接反映中国既有事实（比如综合国力、文化现状等）的故事表达和传播方式；通过创造性地再设计、再表征、再传播，形成富有说服力的故事化中国形象，确立其在国内外的文化和传播主导权。

另一方面，良好的国家形象故事不仅是争取国际社会理解与支持，创造

全球化语境下发展机会的重要途径；也是强化国族认同，增益共同体内凝力的有效手段。"返回"中国场域意味着将国家形象塑造的重心由外部转向内部，由国际认同转向国族认同。良好国家形象的基础是统一的、稳固的"自我体认"，但"认同并不是业已存在，超越了地点、时间、历史和文化的事物。文化认同来自某地，有着历史渊源。但是就如所有拥有历史性的事物一样，认同也经历着不断的变化。远不是在过去的某个重要历史时刻永恒固定的，认同随着历史、文化和权力的运转而不断变化。远不是回复已被搁浅、正在等待被发现的过去，一旦找到就会保全我们的自我观念永恒不变，认同是我们赋予过去的叙事以不同方式对我们进行定位的命名，及我们对我们在过去的叙事里以不同方式进行自我定位的命名"①。因此，基于文化认同的"国族认同"需要"本土化"的形象故事实践来不断建构和维持国家历史的延续性以及共同体命运的核心观念，形成和稳固共同体成员对于"他者定位"与"自我定位"的共识。

其二，返回"形象实践"的中国内容和中国内涵，僭越资本主义"形象霸权"所确立的标准化形象故事体系，比如摩登都市所展现的"现代性"、原始村落所表征的"乡愁"、中年白种男性所代表的"精英"等等；聚焦传统的、地方的、民族的形象序列，激活差异化的民族形象、公民形象、政治形象、文化形象等亚形象类型，在真实、典型、普遍的意义上建构独特的中国本土形象标识系统及其故事内涵体系。全球化带来的"解域化"也发生在文化领域，尤其是形象故事生产领域，形象故事生产与本土时间、本土空间以及本土经验的分离成为普遍现象，其背后的推手是全球资本主义及其意识形态的殖民。国家形象是物质与精神、事实与价值的表征集合体，"本土化"既关涉形象内容，也勾连形象价值。要应对和抵制中国形象的"解域化"和"标准化"，迫切需要一种返回本土内容和本土内涵的形象"再域化"努力。这意味着不能以西方发达国家的形象经验和形象好恶来选择"像化"中国形象故事的内容，比如荒蛮、神秘的前现代区域，过度现代化的新潮都市、以生态恶化为代价的经济增长、鄙视人权的政治行动、严重的贫富分化等等；而是要围绕中国实体形象来筛选和组构中国形象故事序列，比如转型中的中国社会和政治，发展中的中国经济，源远流长的中国文化，勤劳、质朴、智慧的

---

① [英]特希·兰塔能：《媒介与全球化》，章宏译，北京：中国传媒大学出版社，2013年，第91页。

普通中国人，变迁的中国乡村等等。同时，也意味着不能以西方发达国家的意识形态来安排和确立中国形象故事的内涵，而要冲破自由主义、个人主义、功利主义、消费主义等资本主义意识形态对中国形象故事实践的绑架和束缚，重返中国的文化、区域和传统，将"民族正义"的精神内核植入多元的形象表征体系，拓展以中国信仰、中国风格、中国价值为基本内涵和框架的形象生产。

三、软化逻辑：柔性表达与分层传播

从另一个维度来看，要建设公众普遍接受和认同的中国形象故事，不能以"对抗""镇压""胁迫"的姿态，强行塑造和推广自身的形象故事内容和故事表征体系，而应该采取一种"软传播"战略，也即是说，通过柔性的意义沟通和协商，说服、打动国内外公众，争得他们的接受、理解和认可。受制于传统宣传观念，中国传统主流媒体的"形象实践"长期采用"硬传播"模式，具体表现有三：一是往往仅从主流政治视域对形象故事内容（包括事实、观念和情感）进行简单的意识形态化处理，缺乏必要的文化再提炼、再整合和再象征化。过多的政治参与（主要表现为政治观念先行）导致形象的政治意义超越其现实意义，形象沦为一种自我宣告式的"独白形象"，缺乏说服力和现实支撑。二是传播视角多为自上而下抑或以泱泱大国自居的俯视，缺乏生活化和人情味，关闭了沟通和交流的通道。三是传播方式主要为宣传、说教和灌输，缺乏情感说服和文化共鸣。因此，即便拥有先进的形象故事生产技术、优秀的形象故事讲述人才、重要的形象故事传播渠道，我国的国家形象故事建设也未能取得良好的传播和认知效果。

在全球化格局和地缘政治深刻变化的背景下，我们有必要抛弃传统的"硬传播"模式，转向以柔性传播为主导的软化策略。对外，放弃针对西方形象霸权的"硬对抗"方式，采取寻求理解与融合、助推全方位合作、求同存异的"软抵抗"方略；对内，放弃"硬宣传""硬灌输"方式，转向诉诸情感共鸣和文化认同的"软传播"方略。这对中国形象故事的讲述实践提出了两个基本要求：

其一，在形象塑造中不只是简单"配置"中国元素，而是通过设计蕴含中国价值与中国精神的形象故事，凸显"典型形象""形象刺点"，创造具有视觉冲击力、情感感召力和传播影响力的魅力中国形象。比如，《舌尖上的中国》就将勤劳、朴实、和谐的中国观念和浓密的乡愁巧妙地植入各种美食故

事，制造了无数撩人的"形象刺点"。又如 2014 年 2 月 19 日，一组习近平主席的漫画形象登上国内多个门户网站的头条，搜狐网的标题是《习近平漫画形象首次公布：1 年 39 天出国访问》，新浪网的标题是《习近平漫画形象首次公布》，凤凰网的标题是《官媒首次公布习近平漫画形象》。在漫画中，习近平穿着灰色夹克和蓝色裤子，脚朝向两边站立，和蔼可亲。次日，新华网、人民网、光明网等主流媒体纷纷进行了转载报道，旋即激起了其他媒体、自媒体、海外媒体的连锁报道，使习大大的亲民形象家喻户晓。有评论认为："政要卡通形象不仅可以让政要更亲民，让政要的政治主张更容易被公众所理解，也可展示政治风气的净化、领导人的政治胸怀和政治空气的宽容活泼"①。

其二，构建多层次的中国形象故事生产与传播体系，包括传统媒体、新媒体，主流媒体、非主流媒体，专业媒体、自媒体等等，将以主流政治视域为主导，平民生活视域、精英文化视域、边缘文化视域、消费文化视域为补充的中国形象故事的生产、传播长效化、立体化、生活化，穿透国内外公众的生活世界和认知空间，激发其自觉、良好的形象认知和认同。

---

① 陶短房：《政要卡通形象是怎样炼成的》，《新京报》2014 年 2 月 20 日第 2 版。

"弥散"的健康：基于16家健康微信公众号的传播现况分析

刘晓程　　张庚蓉 *

（兰州大学新闻与传播学院，甘肃兰州，730000）

摘　要： 微信极大丰富了健康传播的渠道和形式。本文以 16 家健康微信公众号为观察对象，对其账号主体、传播议题、表现形式、显性效果、信源标注等进行分析。研究发现，健康微信公众号呈现"多元声音的'弥散'传播"状态，表现出把关不严、专业不深、系统封闭、策略单一、商业色彩浓厚等现实问题。论文从文化视角分析了微信健康传播实践背后的实用主义色彩，认为其缺少多元对话沟通，对健康文化缺乏真正的理解与传承。在此基础上，论文从观念对话、内容建设、信源管理、品牌提升等方面对微信健康传播提出了具体的改进建议。

关键词： 健康传播；微信公众号；健康信息

基金项目： 本文系教育部人文社科项目 17YJC860024、19XJA860001，以及甘肃省社科基金项目 YB002 的阶段成果。

长期以来，报纸、广播、电视等传统媒体一直是健康传播的主要渠道，它们向受众发布健康信息，传播健康观念，引领健康文化潮流。近年来，健康传播载体发生转移，新媒体激活了健康传播动力，受众不再是被动的接受者，而是能动的参与者。一大批专业性的网站、论坛、贴吧、微博、微信等提高了健康传播的实用性和有效性。本文，我们对 16 家健康类微信公众号展

---

　　* 作者简介：刘晓程（1982—），男，兰州大学新闻与传播学院副教授，研究方向：危机传播、对外传播、公共关系。张庚蓉（1996—），女，兰州大学新闻与传播学院硕士研究生，研究方向：公共关系。

开研究，对其账号主体、传播议题、表现形式、显性效果、信源标注等进行分析，从而一览微信健康传播的现状与问题，并讨论这些传播样态背后的文化影响因素，并在此基础上提出改进意见。

健康微信公众号多数是订阅号。根据订阅号主体身份可分为五大类：一类为企业主办（与健康相关的医药类企业，如生物医药技术有限公司；非医药类企业，如广告公司等）；一类为媒体主办的微信公众号（依托既有的报纸、电视、网站等）；一类为医院主办（如四川大学华西医院）；一类是政府卫生机构部门主办（如各地 12320）；一类为个人主办。课题组在微信公众号搜索栏录入"健康"，随机抽取 400 个公众号发现，企业号 294 个、政府号 47 个、媒体号 29 个、个人号 21 个、医院号 6 个。其中，企业号最多，占比 74%。

随着健康微信公众号的普及，相关研究越来越多。有研究从技术优势的视角提出，微信集文字、声音、图片、视频多种功能于一体，即时、互动，并融亲情友情于其中的传播方式，使其在健康传播领域中发挥相应功能具有先天优势。[①] 有研究从批判视角出发，认为微健康传播场域中，媒体场和学术场的资本力量相对薄弱，媒体和权威科研、医疗等机构的公众号缺位，而各类企业公众号以情感诉求为主要传播策略，披着健康的外衣逐利而来，极易造成风险放大及谣言泛滥等不良后果。[②] 还有研究进一步指出，"养生贴"泛滥是微信健康传播的顽疾，微信平台健康养生信息的泛滥与健康知识的传播活动相去甚远，与其说健康传播在微信平台的兴起，毋宁说是包装为健康信息的内容营销方式的兴起。[③] 还有研究从效果层面发现，粉丝规模、文章发布位置、话题选择、多媒体使用、趣味度等是影响健康传播效果的主要因素。其中，文章位置与多媒体使用情况分别在传播广度与传播深度方面有显著影响。这说明，传播方式和传播平台等显性因素直接决定了微信健康传播的实际效果。[④] 那么，随着微信传播生态的发展，这一传播样态有无新的变化？影响微信健康传播的文化因素有哪些？今后微信健康传播应该如何改进？本文

---

① 李文芳：《微信时代健康传播的特征与应用探讨》，《新闻大学》2014 年第 6 期。

② 熊皇：《历史观照中的微健康传播场域及治理研究》，《江西师范大学学报（哲学社会科学版）》2016 年第 6 期。

③ 李东晓：《微屏时代谁在传播健康？——对微信平台健康养生信息兴起的传播学分析》，《现代传播》2016 年第 4 期。

④ 匡文波、武晓立：《基于微信公众号的健康传播效果评价指标体系研究》，《国际新闻界》2019 年第 1 期。

希望通过对 16 家健康类微信公众号的观察，对上述问题再做一定的回应。

一、研究设计

课题组在清博指数平台查找公众号一栏录入"健康"，共计找到 60107 个公众号；在分类标准里勾选"健康"，找到 487 个号。从中选取 2018 年 3 月榜单中的前 5%，然后剔除两个关联度不大的号，共获得 22 个号，其中包括 10 个企业号、7 个个人号、5 个媒体号。为了综合研究需要，课题组选取其中的 5 个企业号、2 个个人号、2 个媒体号作为研究对象，同时再从其他（前5% 以外）号中选取 4 个医院号、3 个政府号，共计 16 个健康类微信公众号进行分析，具体样本如表 1 所示。因个人号和企业号在归类上的同质度很高，统计时对相关数据进行了合并处理。整个研究数据搜集时段为 2018 年 3 月1—20 日，共获得 1042 条信息，其中有效信息 882 条（无效信息包括心灵鸡汤、娱乐信息、生活妙招、节日祝福、纯广告等）。

表 1 16 个健康微信公众号

类型	公众号名称
企业/个人类 （7 个，524 条）	丁香医生（131 条），艾灸 5555（69 条），零点养身（91 条），养生固本健康人生（20 条），健康圈（64 条），脉脉养生（79 条），中医养生（70 条）
医院类 （4 个，43 条）	四川大学华西医院（6 条），重庆医科大学附属第一医院（19 条），协和医生说（11 条），空军军医大学西京医院（7 条）
政府类 （3 个，129 条）	重庆 12320（11 条），健康吉林 12320（58 条），全国卫生 12320（60 条）
媒体类 （2 个，186 条）	生命时报（105 条），健康时报（81 条）

二、健康微信公众号的传播现状

（一）传播议题有侧重

如图 1 所示，7 个企业/个人公号的健康信息推送总数最多（N=524），但推送内容以养生信息为主（n=265，50.6%），其次是健康知识（多为科普信息，n=259，49.4%），有关医疗新闻、医疗科技和医疗政策方面的内容则完全没有出现。

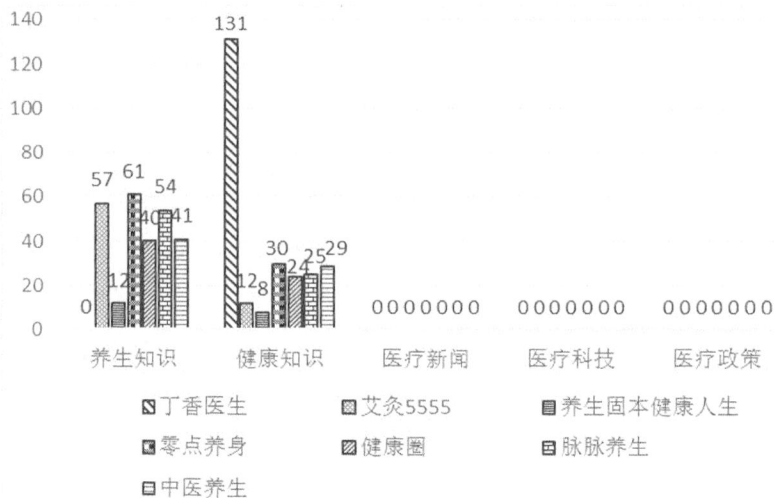

图 1 企业 / 个人号健康议题分布

如图 2 所示，4 家医院号的健康信息推送总数仅有 43 篇，比企业和个人号少得多。它们完全不推送养生知识，多以医疗新闻和健康知识为主。其中，"重庆医科大学附属第一医院"共推送 19 条，医疗新闻 16 条，占比 84.2%；"空军军医大学西京医院"共推送 7 条，医疗新闻 6 条，占比 85.7%；"四川大学华西医院"共推送 6 条，健康知识 4 条，占比 66.7%；"协和医生说"共推送 11 条，健康知识 8 条，占比 72.7%。

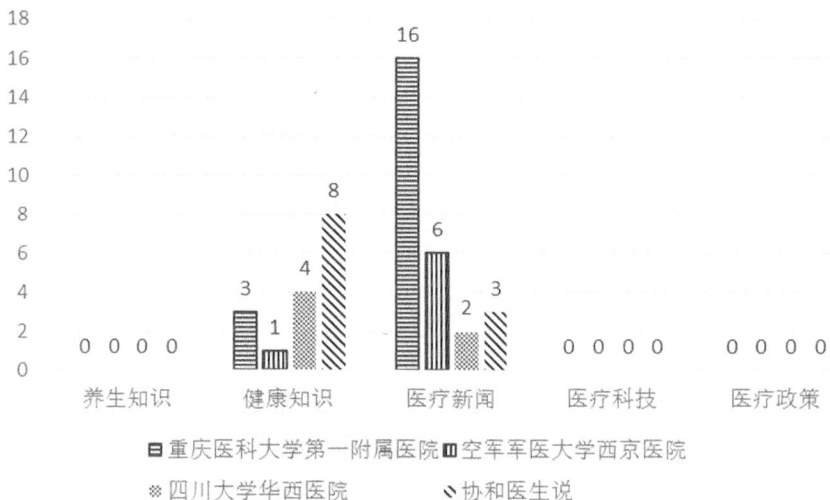

图 2 医院号健康议题分布

如图 3 所示，3 家政府号共推送 129 篇信息，大多为健康知识（n=111，86.0%），其余为医疗新闻（n=13，10.1%）、养生知识（n=3，2.3%）、医疗政策（n=2，1.6%），医疗科技信息没有涉及。

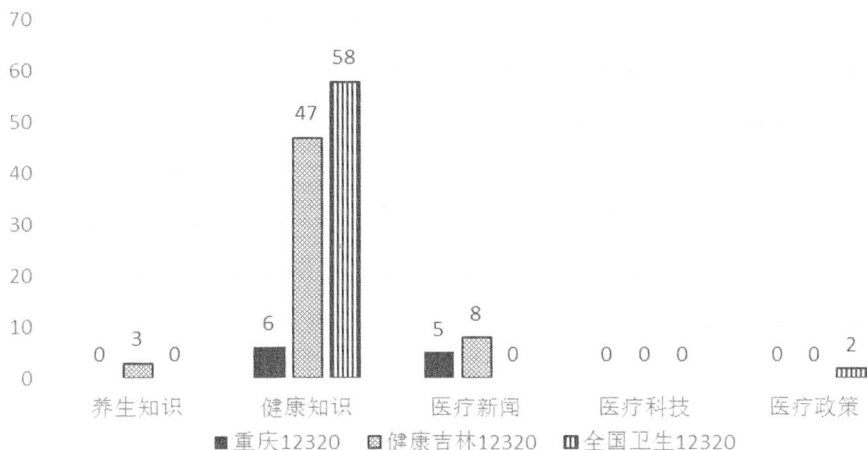

图 3　政府号健康议题分布

如图 4 所示，媒体号共推送 186 篇信息，推送议题主要以健康知识普及为主（n=149，80.1%），其余为养生知识（n=25，13.4%）、医疗新闻（n=12，6.5%），医疗政策和医疗科技信息没有涉及。

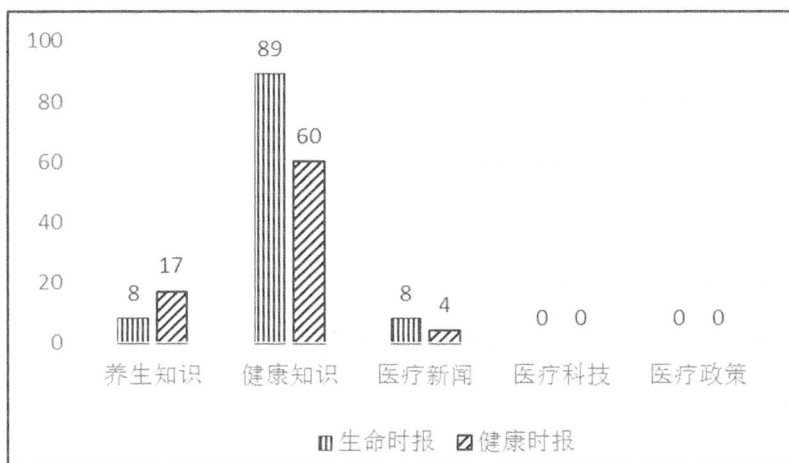

图 4　媒体号健康议题分布

综上可见，健康信息推送的内容偏好与公号定位直接有关。首先，企业 /

个人号的商业目标明确，它们偏向借助养生信息引流；其次，医院号兼具科普和宣传两大功能，它们会根据医院内部的宣传定位在内容上各有侧重；第三，政府号和媒体号尽力承担健康知识普及功能，以凸显其在相关领域的公共性；此外，不同类型公众号都未涉及医疗科技类信息，这可能反映了一个普遍现状，即对前沿行业的新科技、新发明、新创造普遍关注不足，更高层次的科学普及尚不多见。

（二）表现形式较单一

如图5所示，在16家公众号推送的有效信息（N=882）中，推文表现形式主要以文字＋图片（n=814，92.3%）为主，有较少量的视频（n=49，5.6%）、纯图片（n=11，1.2%）、音频（n=8，0.9%）等其他形式。其中，企业/个人类公号采用多种表现形式的推文数量远高于其他各类公号，它们有40条视频、3条音频、3条图片；而非企业/个人类公号仅有9条视频、5条音频、8张图片。这说明这些公号的表现形式还比较传统和单一，尤其是H5、短视频等新形式有待加强。

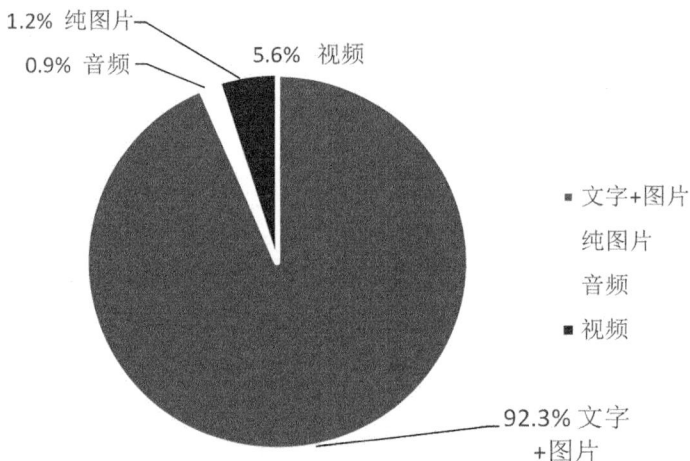

图 5 16 家公众号的传播形式分布

（三）阅读量差距明显

表2 企业／个人号阅读量

阅读量		计数	占比
	1W 以上	16	3.1%
	1W–4W	225	42.9%
	4W–7W	87	16.6%
	7W–10W	66	12.6%
	10W 以上	130	24.8%
	总计	524	100%

表3 医院号阅读量

阅读量		计数	占比
	1W 以上	34	79.1%
	1W–4W	5	11.6%
	4W–7W	0	0.0%
	7W–10W	0	0.0%
	10W 以上	4	9.3%
	总计	43	100.0%

表3 医院号阅读量

阅读量		计数	占比
	1W 以上	34	79.1%
	1W–4W	5	11.6%
	4W–7W	0	0.0%
	7W–10W	0	0.0%
	10W 以上	4	9.3%
	总计	43	100.0%

表5 媒体号阅读量

阅读量		计数	占比
	1W 以上	19	10.2%
	1W–4W	125	67.2%
	4W–7W	27	14.5%
	7W–10W	7	3.8%
	10W 以上	8	4.3%
	总计	186	100%

如表2所示，企业／个人号中，阅读量1W以上有508条，占比96.9%（N=524），且多集中在1W—4W，占比42.9%，并有130条10W+的文章，占比24.8%，阅读量在1W以下的文章数量极少，仅有16条，占比3.1%。如表3所示，医院号中，阅读量1W以上有9条，占比20.9%（N=43）；1W以下有34条，占比79.1%，且主要集中于0—4000这个范围。其中，"四川大学华西医院"虽然只推送了6条信息，但阅读量均在1W以上，且有4条达到10W+，占比66.7%。如表4所示，政府号中，阅读量均在1W以下，且均在4000以下，其中有一部分在1000以下，共63条，占比48.8%（N=129）。如表5所示，媒体号中，阅读量1W以上的共167条，占比89.8%（N=186），且阅读量多集中于1W—4W，共125条（67.2%），并有8条（4.3%）10W+的推文；1W以下的共19条（10.2%）。

综上可见，商业诉求鲜明的企业／个人号以及专业性较强的媒体号由于起步早、平台大、运营经验足，其阅读量相对较高；相对而言，政府号和医院号尚属起步阶段，加之运营经验不足，其阅读量比较低。此外，公号自身的内容质量，则是影响阅读量的根本原因，像"四川大学华西医院"尽管发布信息数量不多，但单篇阅读量却十分可观，如表6所示，其内容涉及饮食、养生、保健、疾病识别等，由于相关信息与读者关系密切，表现形式新颖、幽默（如推文中夹杂方言），以及医院专业性、科学性和权威性的背书，其阅读量大，传播效果佳。

表6 "四川大学华西医院" 10w+ 推文标题列表

日期	标题
2018 年 3 月 5 日	华西专家说，关于食物过敏这七大误区，你憋憋跑不脱！
2018 年 3 月 12 日	还在为预约不到号而焦虑？华西医院为乳房长了包包的女生们定制的粉红就诊通道来了！
2018 年 3 月 12 日	还在埋到脑壳刷手机的你 赶快来做一下华西医院骨科专家教的颈椎操
2018 年 3 月 19 日	尿结石反复发作？失眠＋食欲不振？乏力又脾气怪？华西专家说，你可能是甲状旁腺出问题了哦！

（四）信源标注仍需规范

如图6所示，在企业／个人号中，"丁香医生"全部推文均标明了信息来源；"养生固本健康人生"60%的推文有信源标注；"健康圈"9.4%的推文有信源标注；"艾灸5555""零点养身""脉脉养生""中医养生"均未标注信息来源情况。

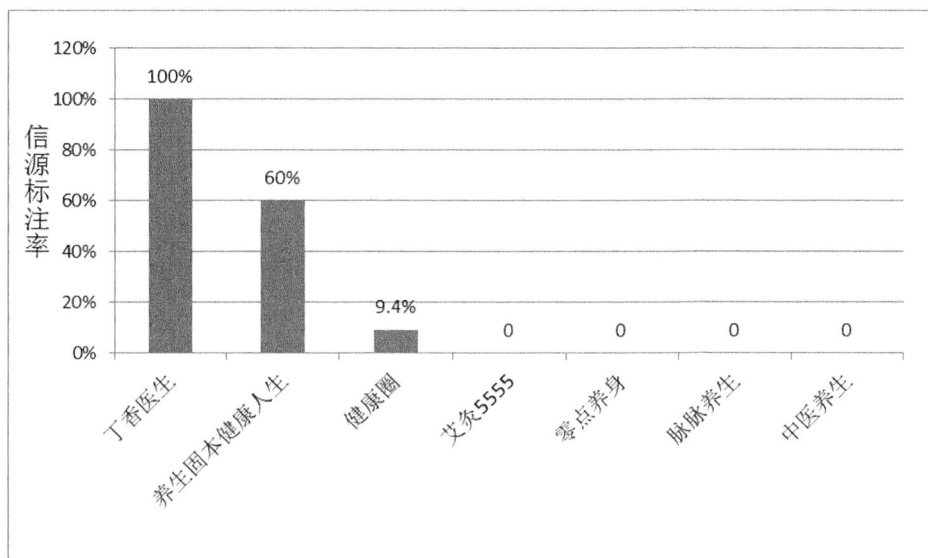

图 6 企业 / 个人号有效信息来源标注

医院、政府号中有信源标注。媒体号中，有原创、转载注明及受访专家的介绍或者文章作者的介绍，有的推送文章中附带参考资料，"健康时报"只有 5 条未标明信息来源。

综上可见，微信健康传播的信源标注情况明显有所好转。医院号因为主体较强的专业性，非常注重科普的专业性和科学性，其信源标注率高；政府、媒体号具有积极承担公共健康科普责任的定位，其信源标注率普遍高；企业 /个人类号除个别品牌化运作的公号（如"丁香医生"）外，其他公号多以吸粉引流为目的，信源标注率普遍偏低。因此，微信健康传播的信源标注，还有待进一步规范。

（五）广告设置存在差异

健康类微信公号中的广告一般分为文中广告、底部广告（推送内容文章底部推广）等。除了"丁香医生"，企业 / 个人号、媒体号均有底部广告，其中，部分企业号、媒体号还有文中广告；医院号和政府号均没有广告。如图 7 所示，5 个企业号中 3 个有文中广告，其中"艾灸 5555"6 条推文有广告，占比 8.7%（N=69，n=6）；"丁香医生"8 条推文有广告，占比 6.1%（N=131，n=8）；"零点养身"4 条推文有广告，占比 4.4 %（N=91，n=4）；"健康圈""养生固本健康人生"无推文广告。媒体号有 3 条健康书籍广告。另外本研究中排除的样本中有纯广告，因极少，对此不做探讨。

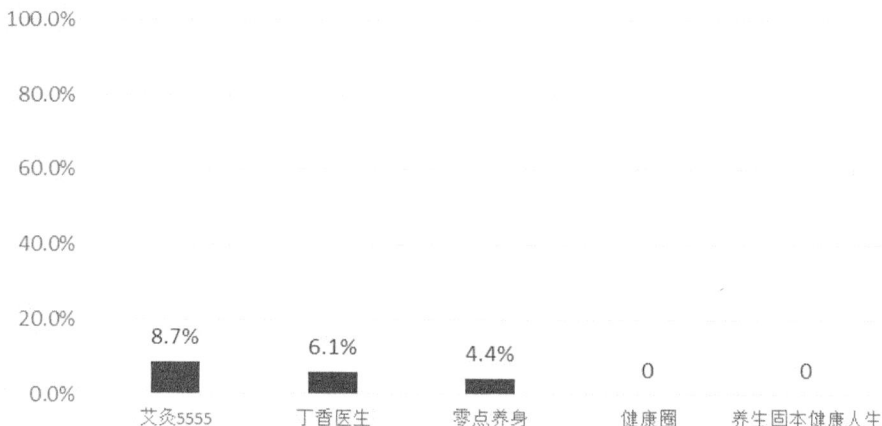

图 7 企业号广告设置情况

综上可见，由于每类公号定位不同，其设置广告情况也不同。政府号因其公共职能，它们以提高全民健康素养为目的，主要向受众普及健康知识信息，因此没有广告；医院号以为患者提供服务和作为医院的宣传平台为基本功能定位，主要提供挂号缴费等服务功能，或发布院内动态资讯等宣传信息，故此也没有广告；企业／个人号以商业利益为目的，广告是其重要的盈利渠道，因此会出现不同类型的商业广告；媒体号既有公共属性、又有商业属性，以优质的内容和庞大的粉丝群体受到广告商的青睐，因此有一定的广告。事实上，广告只是微信商业模式的一种。当前，健康微信公号有四种商业模式：除自营广告以外，还包括开通流量主、卖产品、卖书及课程（电商、知识付费）等。就本课题观察来看，企业／个人号均存在这四种模式，但媒体号则以开通流量主、卖书两种模式为主。政府号和医院号在商业开发上几乎没有。

三、健康微信公众号存在的传播问题

如上所述，微信健康传播是由不同组织主体建构而成的复杂系统。它们传播主体不同、传播内容多样、传播诉求各异，呈现出科学性、公共性、商业性并存的鲜明特征。不过，三类特性的并存并非理想的平衡关系，总体上，公共性和科学性受到压制，多数公众号向商业性"倒戈"。由此，一些健康传播的乱象继续存在。比如，一些非专业传播者（如个人号）推送信息的科学性和真实性有待确认；而一些专业传播者（如医院号和政府号）对微信健康传播的利用和开发仍在表层，缺乏新媒体传播的主动性和创新意识。为进一步了解相关情况，课题组结合线上观察（2019 年 12 月至 2020 年 3 月），总结出微信健康传播存在的如下显在问题：

（一）把关不严

社交媒体一定程度上可以消解传统把关人的中介作用，尤其是公众的自主参与可能促生更复杂、更多元的健康话语网络。[①] 但是，由于社交媒体进入门槛较低，整个网络话语鱼龙混杂，把关不严的情况在所难免。尤其是一些尚未形成品牌的企业 / 个人号，其推送以洗稿居多，经常发布无作者、无来源、无科学依据的"三无"信息；其中，养生信息是它们争相推送的重点，但这类信息常以标题党引流，辅之以各类伪健康信息，这类信息很容易造成受众盲目相信乃至盲从跟进，成为微信健康传播的一大顽疾。因缺乏把关，其传播内容的真实性就无从保证。譬如"丁香医生"团队就曾证实，微信文章《睡前吃一个，60 岁血管都通畅！医生最"恨"的水果》《每天吃它 3 颗！只需 4 周，修复血管内皮，冲走血管垃圾，三高一起降》《人到中年，血液越来越稠！这种叶子泡水喝，血栓、高血压绕道走》等均系伪健康信息。[②] 而这些文章的出处，恰好是本课题观察的"零点养生""脉脉养生"等公号。这类现象在其他企业 / 个人号中也很常见。

（二）专业不强

不少微信号表现出"专业性"不强的问题。这里的"专业性"主要体现在三个层面上：一是传播主体的专业性不强。检索相关企业号的认证主体，不乏一些计算机网络工程、化妆品有限公司等非医药类主体，即使一些医学相关账号，也多以生物科技、健康养生有限公司为主，其共同点是：认证多

---

① 宫贺：《对话何以成为可能：社交媒体情境下中国健康传播研究的路径与挑战》，《国际新闻界》2019 年第 6 期。

② 丁香医生：《101 条谣言，一次全辟掉（详解版）》，2018 年 10 月 26 日，https://zhuanlan.zhihu.com/p/47757327?utm_source=wechat_session&utm_medium=social&utm_oi=835527199623892992&from=singlemessage。

元、不专业、不权威。二是传播内容的专业性不强。一些账号提供的信息功能化、同质化严重，诸如一些定位为常规宣传的医院号，其真正的健康科普信息反而很少；而一些打着健康科普旗号的企业号则以转发、改编为主，缺乏真正的独家信息，其表浅的商业操作模式弱化了健康知识普及的专业性表达；传播性较弱的政府公号没有建立用户画像，传播受众对象不明确，信息传递无法聚焦。三是公号运营的专业性不强。公号的经营管理不到位，信息传播缺乏专业经验，微信健康传播中的传播效果、粉丝基础薄弱。因为缺乏良好的运营，信息推广及对外宣传的能力差，不能保持稳定的更新和进行良好的粉丝互动等等。譬如，因缺乏必要的宣传，政府号用户关注度低，以政府为主的优质信息被非专业传播者信源可信度低的养生信息淹没消解，政府公号推文阅读量普遍偏低，信息传播效果相对弱化。

（三）系统封闭

不少微信号还处于"内卷化"的封闭状态，尤其是一些"僵尸号"，以及一些无转发、无评论、无反馈的推文，犹如微信空间中孤立存在的"原子"，进一步加剧了微信健康信息传播的"弥散"状态。实际上，由于微信（圈层）传播技术上的封闭性，加之健康信息的专业性，健康传播的小众性，以及微信功能定位的多元性，都可能强化"弥散"状态。诸如，一些政府号和医院号多以宣传定位为主，常以政策信息和会议信息居多，知识性和文化性的内容反而很少，从而限制了其外向性的传播效果；而一些企业 / 个人号，由于过分表现出商业变现的简单目的，追求市场用户，常聚焦于某一类信息，使其传播范围变窄；除媒体号以外，大多微信号都不是专业的内容生产者，其信息生产、传播互动、公号营销等都还比较传统（甚至文字表达都不过关），仍需要进一步强化双向沟通，加强用户参与，从而真正释放微信健康传播的开放功能，增强对话性。

（四）策略单一

上述问题表现在微信运营上，就是策略单一。相对来说，尽管政府号和医院号可能具备一定的医学素养或科学素养，但由于缺乏媒介素养，不善于运用一定的传播策略（既包括 H5、短视频等新媒体传播样式，也包括活动营销、议题管理等传播策略）提高公号的竞争力和吸引力，从而影响健康传播的效率。而一些企业 / 个人号尽管擅长微信营销，制造话题，形成一定的传播聚集效应，但由于在信息的科学性和可靠性方面不能保证，因此也存在一定的传播问题。所以，在具体传播策略上，如何将健康素养（科学素养）与媒介素养（传播素养）有机结合，打造真正意义上的健康传播品牌，是诸多微信健康公号必须认真思考的问题。

（五）商业性浓

随着市场的多元化，营销理念的渗入，诞生了一大批具有商业诉求的健康类微信公众号。尽管商业本身并不是造成上述诸多问题的唯一原因，但是，一些急功近利的商业逻辑还是阻碍了健康类微信公众号的健康发展。诸如，一些公号为了吸引用户眼球，不惜生产大量操作方便的膳食、经络、起居、睡眠等养生文章，并肆意传播，至于这些信息的科学性如何，则并不被重视；一些公号急于把用户资源变现，一旦有点儿粉丝就自带广告。目前，公号粉丝达到 5000，就能开通底部广告，并凭借粉丝点击获得相应广告收入，于是，一种表浅化的商业模式就很容易诞生了：炮制大量夸张离奇的伪健康信息，以此吸引用户，并尽快将微信广告变现，有时甚至直接销售某些与健康有关的商品或服务（电商形式）。

四、健康微信公众号背后的文化因素

从文化视角审视微信健康传播，有两个因素值得我们关注。

（一）传播文化

这里的传播文化，主要是指传播主体对传播功能的理解及其运用。相比传统媒体，微信确实有其不同的特点，诸如信息传播便捷、表现形式多样、便于社交互动、强连接的同时内卷化现象严重等。就上述健康微信公众号而言，其主要还是朝向展示、传递、宣传、营销目标，在微信运营中暴露出非常明确的实用主义倾向：一些政府号（及部分医院号）以展示传播为主，他们把微信平台作为卫健工作的展示工具，但传播对象不明，缺乏公众对话，个别微信公众号甚至长期没人评论互动，成为名副其实的"僵尸号"；一些医院号尽管有很多受众，但主要以传递传播为主，他们以新闻宣传、健康普及为出发点，呈现出明显的"专业中心主义"倾向，这类公号尽管有一定的"群众基础"，但推送的内容与受众紧密度低，缺乏用户的反馈和参与；一些媒体号尽管同时兼顾新闻资讯和健康资讯，试图构造一种在线的"对话仪式"，

但真正的反馈与互动也很少，大多还是媒体内容的"微信＋"展示；一些商业／个人号，极力把用户参与作为微信健康传播的目标，但是由于其商业变现的目的太过明显，因此，对用户缺乏真正的理解和尊重，一些伪健康信息肆意传播在所难免。总之，就笔者对 16 家健康微信公众号的观察来看，微信技术上的优势和创新性并没有改变传播主体的各种功利性诉求，其背后的工具化、逐利化、商业化依然是主导文化因素。

（二）健康文化

这里的健康文化，主要是指传播主体对健康内涵的理解及其传播运用。"健康"有着丰富的文化内涵，《易经》"天行健，君子以自强不息"，这里的"健"是指意志与精神的坚强；《尚书·洪范》："五福：一曰寿；二曰富；三曰康宁……"这里"康"偏重于身体没有疾病、身体状况良好。所以古人认为，健康的本质和标准就是阴阳和谐平衡。而实现和保持这种统一状态，就构成了中国文化传统中的健康观念。[①] 当今社会模式也认为，健康是一种健全、良好的积极状态（没有身体不适，没有患病，也没有身心缺陷）。[②] 这些对健康文化的认知，直接影响个人求医治病的决策和国家卫生服务政策的制定。[③] 然而，笔者观察的健康微信公众号中，相关主体并没有形成对"健康"的共识。它们大多根据自身的传播诉求对"健康"做出了功利性的解读和运用：在政府有关机构眼里，一切卫健工作都是健康信息；在医院眼里，工作动态和新闻宣传是健康信息；在医生眼里，与疾病或治疗有关的知识才是健康信息；在媒体眼里，有新闻传播价值的信息才是重点；在商业／个人号那里，凡是能够吸粉引流"变现"的信息都是健康信息。因此，在"弥散的"健康信息中，很难看到真正的健康观念的对话和共识。健康信息很多，健康认同却很少。与此同时，一些养生信息大行其道，其中夹杂着大量的"伪健康信息"，成为微信传播的一大顽疾。

五、健康微信公众号的传播改进建议

作为一种自然生长的传播生态，微信健康传播应尊重传播主体的文化多

---

① 谭华：《论中国古代的健康观》，《四川体育科学》1995 年第 2 期。
② ［英］米尔德丽德·布拉克斯特：《健康是什么》，王一方、徐凌云译，北京：当代中国出版社，2011 年，第 29 页。
③ ［英］米尔德丽德·布拉克斯特：《健康是什么》，第 187—188 页。

样性和实用性诉求，在内部治理层面主动发力，坚持专业性、公共性、建设性的发展理念，努力使微信健康传播走向正规，进而促进微信健康传播文化的发展。具体说来，不妨在以下几个方面加以改进：

（一）引入整体健康观，鼓励不同的健康文化多元对话

近年来，健康社会学领域强调在"健康社会化"和"社会健康化"的过程中认识健康，认为"健康等于不生病"，它不是"以治病为中心"，而是以人民健康为中心，是身体、精神、社会的"完整和良好状态"，这种健康观也称为"整体健康观"[1]，其背后的健康文化超越了一般的治病救人和医患关系，从而凸显出整体性和包容性的健康文化观念。在整体健康观看来，健康管理是对人们健康状态的综合评估，它是营养、运动、心理，以及其他个人行为和生活方式的综合表现。[2] 因此，健康传播不应是某一种健康信息的独白，而是多元健康文化的交流与对话。微信健康传播是一个多种主体结构利益交织的场域，其参与传播的话语主体必须显示出自身的专业素养和公益立场，[3] 在构建公众信任的同时，形成一个个健康传播利益共同体，从而"最大化地增进公众的健康福利"。[4] 倡导整体健康观，鼓励不同主体的公共对话，让各类健康文化得以交流传播、美美与共是微信健康传播应该遵循的方向。

（二）做强内容建设，促进健康知识普及

不同于一般的互联网内容建设，"知识普及"终将是健康传播内容建设的重中之重。但是，哪些健康信息更值得生产和传播？这是所有传播者必须认真思考的问题。在既有健康文化观念的指导下，坚持科学、真实的健康传播导向，强化内容质量建设，是各类健康类微信号都亟需改进的方向。对具体公号而言，一方面要坚持"健康之本"，确保健康信息本身的科学性、权威性、知识性，努力把伪健康信息拒之门外；另一方面要尊重"科普之需"，完

---

① 唐钧，李军：《健康社会学视角下的整体健康观和健康管理》，《中国社会科学》2019 年第 8 期。

② 唐钧，李军：《健康社会学视角下的整体健康观和健康管理》，《中国社会科学》2019 年第 8 期。

③ 王亿本，罗宝勇：《美国新媒体健康传播的话语分析——以 MedlinePlus 网站为例》，《淮北师范大学学报》（哲学社会科学版）2015 年第 2 期。

④ Gary Kreps，陈怡宁，陈韬文：《科际整合与社群导向的健康传播》，《传播与社会学刊》2011 年第 17 期。

成健康知识向大众知识的话语转换，尽量采取公众喜闻乐见的方式传播健康信息，让公众喜欢看、看得懂，看完有收获；最后，还要根据具体传播环境不断优化健康传播议题，让多元复杂的健康议题真正互动起来，从而构建起广泛参与、多元对话的健康传播生态环境。

（三）科学注明出处，源头防止传播乱象

标注稿件来源和信息来源，是防止健康传播乱象的重要策略，也是改变功利化传播环境的有效抓手。对微信健康传播而言，无论哪种定位，只要信息"从何而来去往何处"能清晰明示，都是净化健康微信传播网络的有效办法。在稿件来源上，应区分原创与转载，尤其应明确首发媒体，并注明作者或审核者的基本身份，以亮明资质；在消息来源上，应强调真实性、专业性和权威性，无论采访对象身份还是一般健康知识（如关键概念、数据等），须查有实据、言之有理、真实可信，即使微信管理者（如小编）未必是相关领域的专业人士，但只要对消息来源有基本的要求，也会极大改善并提高相关内容的质量。

（四）加大专业建设，打造具有公信力的品牌

健康传播者自身的品牌建设，优先于健康知识的普及——具有良好品牌和社会信任的机构，才能有效教化大众。[①] 今后，微信健康传播是个不断专业化、品牌化的洗牌过程。无论功能定位、内容生产、传播形式有何差异，健康微信公众号都将走向"专业成就品牌"的自然律。2020 年，一场突如其来的新冠病毒肺炎疫情席卷世界，尽管相关微信健康传播与上述弥散状态非常类似，但是以"丁香医生"为代表的微信平台，始终坚持科学性、真实性、公共性、对话性的有机结合，及时、有效传播真实、权威信息，并将疫情发布、谣言防治、社会治理等公共功能有机结合，真正做到了"专业的健康表达＋有效的公共对话"的有机融合，创造了一次非同寻常的微信健康传播现象，为微信健康传播实践提供了一个重要的参考样本。

---

① 胡百精：《健康传播观念创新与范式转换——兼论新媒体时代公共传播的困境与解决方案》，《国际新闻界》2012 年第 6 期。

史前丝绸之路甘青地区彩陶图式传播研究

芦　珊[*]

（西北师范大学传媒学院，甘肃兰州，730070）

摘　要： 以彩陶文化为代表的史前中国艺术自东向西传播渗透，形成史前丝绸之路，是最早期中国艺术、文化向西拓展之路，同时成为中国传统文化与艺术的源头之一以及东西方文化交流的肇始。彩陶图式作为一种新的传播媒介，尤其以甘青地区的彩陶为例，通过图式的同化、顺应、流变形成体系，在西渐之路上，呈现出对早期西亚、中亚等艺术的拓展与反向流播、融合现象。在传播途中流变，其形式与规律，正是彩陶文化在史前丝绸之路搭建的时空坐标中对华夏文明之解读。

关键词： 史前丝绸之路；彩陶图式；流变；媒介传播

基金项目： 本文系 2020 年度甘肃省哲学社会科学规划一般项目"史前丝绸之路甘肃段彩陶图式研究"课题的阶段性成果。

丝绸之路是人类进行跨际交流的伟大实践，自古至今，延绵不绝，影响深远。丝路沿线的艺术交流作为文化的载体将物质和精神文化注入表达人类命运共同体的意识之中。追根溯源，丝路艺术的史前先例是有迹可循的，自裴文中提出"史前丝绸之路"[①] 的概念，后经李济、苏秉琦、严文明等考古专家论证成为最早期中国文化向西拓展之路。以彩陶艺术为代表的早期中国文化自东向西拓展渗透，成为东西方文化交流的肇始以及中国传统文化与艺术的源头之一。

---

[*]　作者简介：芦珊（1987—），女，西北师范大学传媒学院讲师，上海大学艺术学博士，主要研究方向：彩陶艺术、艺术学理论。

①　裴文中：《新疆之史前考古》，《中央亚细亚》（第一卷）1942 年第 1 期。

一、史前丝路之由来

瑞典考古学家安特生的"中华文化西来说"①观点开启了彩陶考古学研究，遂在甘肃省临洮县马家窑发现具有仰韶文化特征的彩陶。1960 年，李济提出"彩陶之路"②的学术概念，质疑"彩陶文化西来说"。之后，夏鼐、裴文中、苏秉琦等考古学家先后对甘青地区的马家窑、齐家、辛店、寺洼等文化进行命名与分期以及衍生关系的判定，遂使安特生的"中国文化西来说"得到纠正。在此契机下，彩陶的考古学研究挖掘出一条以甘青地区为东西两头交汇的重要传播节点，并且在甘肃境内传播的方向是自东向西的三条路线方向。通过《略论仰韶文化和马家窑文化的分期》（杨建芳）、《"彩陶之路"与早期中西文化交流》（韩建业）、《半山与马厂彩陶研究》（李水城）、《史前彩陶之路终结"中国文化西来说"》和《丝绸之路开辟的史前基础》（刘学堂）等学者的论著中涉及彩陶形制、图案分类、遗存的层位关系，为甘青地区彩陶在华夏文明西渐之路上传播、融合提供了考古学佐证。

除此之外，有学者将史前陶器作为一个过渡时期单独构建，并成了文化的"复合体"——"器用陶匏，以象天地之性"③的精神文化载体。因为，彩陶不仅包含了史前艺术的文化寓意以及中西文化交流现象，还包括文明溯源、氏族部落与人类早期共同体等。在《甘肃彩陶的源流》（严文明）、《远古神韵：中国彩陶艺术论纲》（程金城）、《生殖崇拜文化论》（赵国华）、《人文晨曦：中国彩陶的文化解读》（林少雄）、《关于史前中国一个认知体系的猜想》（王仁湘）等著作中还涉及了通过甘青地区彩陶文化氏羌族的民族学论证以及甘青彩陶特殊纹饰器型中生殖崇拜的歧义评考（如蛙纹、鱼纹）、彩陶之路传播途中东西方的拓展渗透与反向流播等等文化人类学的举例论证。

因此，彩陶图式实际是一种可追溯至新石器时期，源自史前集体无意识下的艺术表达及其特有的结构范式，在物质、文化、艺术交流过程中生发出的认知框架和情感需求搭建的艺术现象。李希霍芬提出"丝绸之路"最初的概念，其真正寓意不只是指"丝绸"的交易之路，而是以"丝路"来代表链接早期中国、中亚、西亚、欧洲、非洲等文化交融发展。新石器时期，虽未

---

① 安特生第一本研究仰韶文化的著作为《中华远古之文化》。在本书中他认为河南仰韶文化与中亚安诺文化中的艺术有很多相似点，令他不能不有同根同源的想法，且两地艺术彼此流传，也是未知。于是，安特生于 1923—1924 年赴甘肃、青海一带进行深入研究。后将其结果整理成《甘肃考古记》，主张彩陶文化由西向东传播的观点。

② 李济：《西阴村史前的遗存》，北京：清华学校研究院丛书第三种，1927 年，第 16 页。

③ 陈戌国：《礼记校注》，长沙：岳麓书社，2004 年，第 183 页。

有纯粹艺术的概念，但是彩陶纹饰的类比；彩陶形制的发展；彩陶图式自内而外的范式结构之流变，使其彩陶播散成为一种大范围的文化扩展，这与"丝绸之路"为主线导致中国与外界的经济贸易、文化交流、艺术影响、宗教传播、政治交往等人类活动路线以及文化寓意的传播高度契合，"彩陶之路"可称之为"史前丝绸之路"，是对史前丝绸之路概念具体的理解。

二、甘青地区彩陶传播路线

甘青地区地理位置狭长，文化类型丰富多彩。甘青地区彩陶泛指甘肃全省、青海东部、宁夏南部而说，以其自成体系、繁复多变的老官台、马家窑、齐家、辛店、寺洼、卡约、诺木洪、沙井文化等形成史前丝路上彩陶文化的发源地之一。彩陶图式由多种基本元素与母题，以一定规律并受限于器物属性的结构范式而组成，形成不同的艺术风格，同时，也是一种自成体系的文化图式。史前先民通过彩陶图式展现了不同的艺术风貌，既记录生存经验与基本认知，也可以寓情于景、表达情感。"纹"饰向图"式"的转变过程中，彩陶图式成为通过"式"来解读史前思维模式、时空观念、审美意识、人类信仰的一种方式。以彩陶图式为媒介的艺术传播之路上，甘肃河西走廊、甘青交界地带等路线为丝路传播开辟要道，史前与古代时期的传播意蕴不谋而合。

史前丝绸之路甘青地区彩陶的传播路线大体有两条。彩陶文化第一条西向拓展路线，大约开始于公元前 3500 年左右的仰韶文化泉护类型晚期，后至分布在甘青地区渭河、泾水流域的老官台文化。这一时期以甘肃秦安大地湾遗址出土部分彩陶为例，除了简单的红色宽带纹以及大量的彩陶钵、盆，还有一系列的刻划符，为继老官台文化之后的仰韶文化早期向西发展的路径做准备，并向甘青中部高原发展。而西北方向青海东部的民和、互助、循化，以及甘肃古浪一带，并以民和胡里家遗存、阳洼坡遗存为代表。由于自然条件的限定，该路线彩陶工艺的传统仍旧保持不变，彩陶经久不衰地发展，图式结构愈益鲜明，以马家窑文化石岭下类型为盛期。

彩陶文化第二条西向拓展路线大约始于公元前 3000 年左右马家窑文化马家窑类型形成以后。西向发展的石岭下类型，自身具有鲜明文化，由仰韶文化中分离出来，自成一派发展为马家窑文化。马家窑文化马家窑类型向北传播，从甘肃中部向青海东北部经河西走廊拓展延续，常以青海大通上孙家寨和甘肃武威塔儿湾、酒泉照壁摊等遗址为路线经过点。此条路线使得彩陶艺术风格趋于繁丽，甘青宁地区彩陶出现了新的繁荣时期。其艺术风格由简朴变为精细，形成雅致、别具一格的艺术风格，甚至彩陶发展的盛期，纹饰取材宽泛，创新，变化多样，图式复杂巧妙。

彩陶文化第二条西向拓展路线南道北支线传播方向，由马家窑文化马家窑类型拓展至青海东部的共和盆地所形成的宗日文化，主要以同德宗日一期遗存为代表。① 宗日文化遗址是马家窑文化在青海境内黄河上游分布的最远点，因其文化内涵有一定的特殊性。

可以看出，两条始于甘肃中部向青海东北部和河西走廊的长距离拓展路线，其文化贯穿从马家窑文化马家窑类型延续至半山类型、马厂类型、宗日文化、齐家文化以及四坝文化等两条主要的西渐路线，并在甘青地区为起始的两波西向路线中进行三个方位下彩陶艺术的时空定位。

三、甘青地区彩陶图式的样貌

彩陶图式是新石器时代史前人类在陶器形制上绘制的纹饰结构，这种结构是一种包含于形制、纹饰、图纹组合、韵律、色彩的三维视觉呈现，在与原始思维以及审美意识两重观念的时空框架下所搭建的心理认知结构。它不仅仅是一种包含彩陶纹饰的图像展现，而且是有关于形制、韵律、色彩的视觉、触觉、知觉等感观的统一。② 由元素、母题、结构组成的图式三要素，可确定甘青地区彩陶图式大概样貌。以较为突出的马家窑文化为例，石岭下类型彩陶图式的基本样貌为环带状的彩陶器身肩颈腹轮廓的起伏，纹饰方面则归结为二方连续，因此彩陶图式的范式结构基本定格在器物的腹部这一块。器形腹部的平展与圆鼓决定了纹饰韵律紧凑还是平缓，并且在器形腹部的三分之二处以水平方向发展的环带状为骨式，有时会以此为分界，向颈部延伸装饰性纹饰，将视觉焦点聚集在器形的上半部分。

而马家窑文化马家窑类型彩陶图式母题多为几何形纹，不少通体施纹，以漩涡纹、水波纹、同心圆纹、圆点纹等为主。其次，流行的纹饰母题还有一些独特的动物类形象，如变体蛙纹、变体鸟纹、人面纹、舞蹈纹等。这些母题取材范围广，变化多样。器内绘彩作风兴盛，母题可以繁复多变，并且常位于器内中心的圆中，或以等距相错的三点或三圆为辅助点位，相互连接，

---

① 青海省文物管理处，海南州民族博物馆：《青海同德县宗日遗址发掘简报》，《考古》1998年第5期。

② 芦珊：《图式理论分析下的彩陶纹饰探究》，《四川戏剧》2018年第12期。

形成有主次结构的多元图案。配合马家窑类型彩陶形制，纵观整个图式结构，线条纹结合修长形制的大量运用表现出更为流畅、舒缓的韵律节奏。器身与纹饰、韵律的气质般配，相得益彰。

马家窑文化半山类型图式的基本结构是纹饰与形制造型变化与重组的结果。纹饰上的线与块面有机融合，线的流畅与块面的停顿在不同纬度上发展。建立在形制与纹饰之上的半山彩陶图式，无论正视、侧视、俯视，在两者搭建的框架中体现出一种冲突的和谐感。

马家窑文化马厂类型图式则是半山类型的延续和发展，很好地利用了器形肩腹饱满的优点，将器身的四个方位有效地连接起来，结构以并列的环带状为主。在主体纹饰下方，波浪状的线条作为器身中部的装饰，使上大下小的造型在视觉上有所过渡。总体来说，程式化和逐渐简化的几何元素母题是马厂类型图式的主流，让人感受到粗中有细、刚健且庄重的艺术风格。

四、甘青地区彩陶图式的流变传播

（一）纹饰之流变传播

马家窑文化彩陶图式中的几何纹饰大多经历了由简至繁再至衰落的过程。每一种几何图式在内容上既保持着流变的大体方向，同时还要展现各类型的纹饰特征，在彩陶文化前进的浪潮中形成了繁复交错的范式。马家窑文化当中折线纹的出现，从横竖空间中打破了这一单调的呆滞感。纹饰母题的运动特质和审美基调在环状带为基本结构的辅助下完备而成中国最早的艺术语言之一。网格纹、三角纹、水波纹这些因斜线、折线而调动韵律的几何母题在几何属性及运动特质的影响下引起了史前审美的改变。自此，环带状的图式结构和搭乘韵律节拍的几何母题成为贯穿几何图式流变的主线。这两个极为简单的定性经过千百年的锤炼和完善同时成为日后彩陶图式流变传播的范式。

马家窑类型纹饰中流线型旋纹为几何图式的代表，旋纹明显沿袭石岭下类型的风格，是圆形网纹为一母题组合当中斜角相对并且内含圆点的弧边三角形演变而来。除了盆、钵、碗当中内彩的流行，瓶、瓮、壶、罐等稍显修长的器身肩部开始出现环状带的旋纹几何图式。有旋纹为单独纹饰母题的个别展现，也有旋纹为二方连续的往复循环，还有一个大旋纹搭配两小旋纹在环状叠垒的间隙处。这种几何纹样的搭配多变但不离其宗，多以流畅优美的弧线构成各式的旋动图案，即便周围布满了辅助的简化花纹，还是因为其主题的明确，旋纹得以更加突出。除此之外，在第一条西渐传播路线中彩陶除占据主体的黑彩外还出现个别红或赭彩，有的施红色或橙黄色陶衣。图案除圆点勾叶、弧线、弧边三角外，还多见网格纹和成组线条。[①]彩陶图式较之先前虽未大变，但趋于繁复细致，同石岭下类型已很接近。第二条传播路线分两类，第一类彩陶为泥质红陶，多饰黑彩，其器形、彩陶图案和风格基本同于甘肃中部马家窑类型，其彩陶图式表现还有多人舞蹈纹、二人抬物纹。第二类彩陶质地粗糙的夹粗砂褐陶，其艺术风格有的施紫红色，有鸟纹、折尖三角纹、折线纹图案，线条生硬，有学者猜测为土著因素。半山类型形成后，共和盆地仍为马家窑文化宗日类型，纹饰流变仍分两大类。

纵观千变万化图式中的一角，某一图式经过反复绘制和不断变形，强化了纹饰，逐渐程式化、凸显某种图式特征的因素，而这些因素也成为几何图式流变过程中的共性与规律性。所以，几何图式母题的组合和表现手法似乎体现了一种人为的艺术精神，史前陶匠在心中将其韵律"定型"。彩陶纹饰从严格意义上来说，不存在外表纹饰完全相同的个体，同一的是史前陶匠心灵图式的形成。从自我观察、感受外在客观事实，到把所见所闻所想描绘到器物之上，其中必然经历了自然原型为本，后天学习、经验的心灵图式的同化、顺应与重组，使物象变为心象，进而成为彩陶图式。不变的是以基本母题为内容的结构基础，不断变化的则是对内容的表现手法、构图方式上遵照着一定的艺术规律进行节奏上的支配。尤其是越往西渐的传播路上，甘青地区彩陶图式越呈现出对早期西亚、中亚等艺术的拓展与反向流播、融合现象。

（二）器形之流变传播

马家窑类型陶器是承袭石岭下形制发展而来的，仍以钵、碗、盆为主，只不过盆和钵的器形腹部较浅，喇叭口长颈的彩陶瓶增多，器形呈筒状并较长。马家窑类型彩陶已经不见三足器、圜底釜一类的器形。同时，马家窑类型还出现了侈口长颈双耳壶、短唇圆肩彩陶罐、矮柄豆等特殊器形。从这类器形上可以看出，小口瓶、细颈壶、长腹瓮以及彩陶盆、钵等造型别致，马家窑类型陶器形体总体比较隽秀修长。从这个时候起，对器形审美追求的意识已经非常明显，腹部的扩大也为相应的纹饰绘制打下了坚实的基础。半山类型彩陶常见器形有长颈壶、双耳罐、带嘴罐、卷沿盆、杯、钵等，其中单

---

① 韩建业：《"彩陶之路"与早期中西文化交流》，《考古与文物》，2013 年第 1 期。

耳大口罐、直口双耳罐、彩陶壶等最具代表性。普遍造型特点多为直口、长颈、折肩、鼓腹，而且半山类型壶与罐的造型特征最突出之处是极大限度的鼓腹，器物腹部极度膨圆，甚至近似球形。球形的主体部分再搭配折肩，敛底，再加长颈为壶，短颈为罐、瓮，同马家窑类型修长的颈瓶形成鲜明对比。马厂类型彩陶延续时间较长，分早中晚三期，风格依次递减衰落。早期主要器形为双肩耳罐、瓮、双耳壶、单耳筒形罐，到后期壶身瘦长，腹部内收明显，再搭配半圆形两肩双耳，多种弧线组合的器形浑圆舒展，造型大气巧妙。后期的器形仍以壶为主，还有单耳筒形杯、单耳折腹罐、双肩耳小罐。但制作变得粗糙，其外形消瘦，不对称，还有折腹的趋势，可能受齐家文化影响，晚期有衰退的倾向。马家窑文化继续向西推进，出现了齐家文化、辛店文化等。齐家文化常见器形为罐、壶、鬲、碗、豆、盆等，其中壶的相关造型如高领折肩篮纹壶、双耳鼓腹壶，罐的相关造型如双大耳罐和侈口高颈深腹双耳罐最负盛名。这些器形都有着发达的颈部，口沿下连接的都是耳，且双耳大小和双耳弧度的变化与颈部腹部之间的反差，对形式感有很强烈的追求。

从以上主要彩陶文化类型的具体器形来看，由于不同文化的差异，形制各异，即使是属于同一种类型，也存在着繁多的种类和细微的差别。从总体发展趋势来看，史前丝绸之路甘青地区各文化类型彩陶器形在使用功能上是由简单到复杂，由单一向多元发展。早期陶器在形制上的随意性较大，由于生产工具的不发达，工艺手法的粗糙，使得史前人类无法追求对称、平整、近圆形的造型追求，功能也是仅仅辅助、满足人类生存的实用目的。各文化类型的彩陶器也是从单纯的球体造型开始，例如所谓典型的圜底盆和钵似乎和完整球形的部分形体可以重合，当作从中截取的一部分，一半则是盆，一大半或一小半则是钵或者盘。这一方面反映出史前人类对于日用生活器的造型设计还处于初级阶段，从一开始选择球形简单的作为基本形体。陶土对于这种形体的塑造无疑具有很多优点，比如容积大易塑造，球形不易损坏，同时在审美心理上最易被人类接受。甚至器形上的圆，圆满、稳定的审美因素直至现在都影响着人们。毕达格拉斯学派就认为圆和球形是人类最早发现的美的形体。

在漫长的历史进程中，单体式的造型逐渐派生出局部的装饰或者方便实用的附件，如除腹部以外的口、足、鋬等，对器物的基本造型影响不大。在器腹横向发展过程中，出现了折腹、敞口、半球体的造型趋势，仿佛有种力量自纵向向下进行压缩，器腹的球形则扩大延伸。器物将球体造型经横向收敛继而上下方向进行拉长，颈部的出现及圈足的升高在一定范围内均属于纵向的发展。这一类腹壁向膨圆发展的代表器形有壶、罐等，尤其在马家窑文化当中居多，甚至在半山、马厂类型中，视觉范围看到壶罐的上部分与下部分的极度膨圆与收束侈口而形成了巨大的反差美感。

在整个过程中器形流变还是在传播途中继而完成从实用功能发展至对审美的不断追求。再者，因不同种族与地域文化的差异造成了器物较大的分化和类别差异，这是由不同文化对造型的标准和要求而决定的。中华史前先民在特殊的生存环境中有着独特的生活方式，器形的流变在一定程度上代表了这一时代的物质文化和精神文化的全部表征，有着鲜明的地域性和浓郁的民族风格。

（三）象形与抽象之流变传播

象形图式的抽象化流变这种现象可能在商周时期的青铜纹样上，甚至世界艺术史上反复出现，其源头可追溯至彩陶象形纹饰的流变先河。抽象流变的含义界定为史前陶匠通过对某些象生性图案做排列分析，经过不断地变形和简化，最终精简提炼，成为新的几何纹饰。纹饰虽然被简化，但仍然可以使之判断出它的源头，也就是形态已无，意韵还在的"得意忘形"。象征性的几何形纹饰用简单、规律却不失神秘的意象达到了史前艺术的顶峰阶段，甚至可以说是一个至高境界。恰恰这种不求形似，书写其神，得其意的传统自史前一直传播到了后世传统美学、哲学、绘画、书法等等。目前，彩陶纹饰的象形图式流变为抽象性的几何图形，这一说法较为流行，也有很多研究者举出实例论述。严文明先生表示赞同并附加论述了庙底沟类型的某些几何纹饰是由鸟纹演变而来的观点，并且将半坡类型与庙底沟类型以及马家窑类型的蛙纹与鸟纹联系起来，明确表示："存在着因袭相承、依次演化的脉络。开始是写实的、生动的、想象多样化的，后来都逐步走向图案化、格律化、规范化。"①

从分析半山类型的神人纹流变简化为折肢纹的过程中也可寻觅出象生简化为几何这一规律。虽然有部分学者认为，折肢纹形态是由蛙纹演变而来的，并举了大量图式来证明，笔者却不太认同这种观点。首先蛙纹与神人在形态上是有明显区别的，蛙形态的头腹相连并没有象征颈肩这一转折的曲线。神人头部虽简化为圆形，但是圆形与身体的形态似人一般像躯体上长出头部一

① 严文明：《甘肃彩陶的源流》，《文物》1978 年第 10 期。

样，并且身躯代表的竖线直通到底，而蛙形态的底部则是圆形的收尾，两者有着明显的差别。所以神人纹的流变与蛙纹流变不同，由繁到简，最后取一局部为单元格式进行流变。神人纹的形态以甘肃省临洮县出土的葫芦网格纹彩陶罐上的神人形象为代表，同心圆象征神人的头部，四肢与躯体分别以带有毛刺的直线条相交而成，整个动态犹如叉开双腿，向上展开怀抱一般。在这之后，神人纹的四肢开始出现曲折的情况，头部缩小，四肢顶端出现爪指。

　　以上几种纹饰的演化机制虽然相似，都是以具象变抽象，以几何代替象生，经历了长时间的流变，才成为我们眼前的现象。这一过程的复杂性通过传播上升到对史前人类主体审美意识层面探究方能解读。史前人类审美心理的构建是在自我心理图式的抽象经验作用后，结合不断从外界介入的自然参照物的刺激下，象形观念自身发生改变。当象形图形形成稳定的图式结构后，随着自身形式的不断发展，偏离了对象的自然属性和具体事件牵制的原有轨道，原来就通过抽象经验作用于大脑中的几何元素活跃起来，通过几何图形自身的审美属性，比如对应、重叠、平行、合并、缩简等方法辅助逐渐代替了自然的象生元素。如此这般，这个心理与行为的双重过程促使了自然参照物的象生信息在千年的进化当中逐步被淡化了，形成抽象化图式。同时，来自史前人类审美意识主体的特殊意愿的反复刺激下，象形纹饰抽象化流变又迎来一个重要的契机，那就是传播。陶器的传播在一定程度上代表了一时代的物质文化和精神文化的全部表征，有着鲜明的地域性和浓郁的民族风格。

　　这是一种饱含抽象意味下的观点，因自然本身并无几何概念，源自对自然轮廓的模仿，需要史前先民以掌握事物规律为前提，通过理性的大脑编排与过滤，经过心灵的图式再创作，换句话说就是史前陶匠有意识将写实的具象事物做抽象化处理而得到的几何图式，这一过程不仅表述了由物质生产转化成了精神生产的产物，而且在一定程度上暗含了几何图式的发生由来，是一种心理的产物。有些象生图式不断变形，转变成了新的几何图式。有的几何图式虽然概括抽象，却还是可以辨其源头，虽形体简化，但意象却在。

　　博厄斯在《原始艺术》提到怎样判断几何纹饰与具象图像的关系中论述："我们在研究工作必须努力查明各种纹样的分布情况和不同的部落对于同样的纹样是如何理解的。研究的结果，如果发现同一纹样在相当广大的地区具有同样的含义，甚至发现在一个国家的中央地区较为常见写实的纹样。而在这个国家的边远地区较为多见非写实纹样，所有纹样的含义都是相同的，就可以有充分的理由判断，非写实纹样的形式起源于写实的表现艺术。相反的，如果经过研究发现，写实的和非写实的纹样是无规律分布的，而且互相类似的纹样其含义并不一致，那就说明非写实纹样不大可能是从写实纹样发展而来，这样就应该在两种可能性之间抉择，要么就是某种纹样逐渐在整个地区传播开来，并且不同的民族独自赋予了这种纹样一定的含义——换言之，是先有纹样后有含义，要么就是那些本来是多种多样的写实形式，在某种主导地位的艺术风格的影响下，逐渐变成了相同的非写实纹样。"① 可以这么理解，因为史前彩陶艺术本身就带给观者两种层面的感受，一种是写实的单纯形式的因素，另一种本身就被赋予某种含义的抽象形式因素，后者本身就含有更高的美学价值。纹饰的起源始终是对彩陶图式含义讨论的必经之路，这就不得不深究文化类型这一系列出土的常见纹饰。人类擅长创造各类符号用以表达特定的含义，传递丰富的信息的同时，也为这一地区贡献出几何符号，后演化为几何纹饰的契机。一旦这些地区出土大量的非写实纹样，且毫无规律可言，那么这种纹饰的含义可能在产生以后才被赋予，因此是由具象的象生图像流变为抽象的几何图式过程。相反，当认同的符号具有传播信息时，那些最早的模仿因素被历史完全淘汰，这就发生了从量变到质变的过程，符号的出现也不再是模仿的对象，成为一种逻辑的抽象表达，这就是先有抽象图式并与具象的象生纹饰发生两者互通的关键。

综上所述，从彩陶图式的几种类比上，很容易找到传播的证据。甘青地区马家窑文化彩陶西渐的传播，不仅是一种艺术形式的传播，也是一种认知体系的传播，更是一种追溯至新石器时代的集体无意识下图式基因的传播。以甘青地区彩陶为中心的播散，地处史前丝绸之路上的重要节点，我们又看到了有别于其他文化类型的彩陶的大范围文化扩展，这种扩展的作用和意义，远远超过了彩陶自身。

彩陶图式在造型上富有视觉韵律感，在色彩表现上也具有极强的地域特色，从而成为当地一种经典的图式表达，同时使得彩陶本身具有更鲜明的地域和民族特色。从传播学角度分析，彩陶图式作为一种艺术基因其功能就是承载和传播符号、纹饰、图像的一种意象性器物媒介，史前先民将自我意识通过"近取诸身"的传播方式达成具象性器物媒介的共识，代表了早期文化意念的载体，对东西方交流具有非常重要意义。

---

① [美] 弗朗兹·博厄斯（Franz Boas）：《原始艺术》，贵阳：贵州人民出版社，2004年，第81页。

谶纬传播中的"天人关系"解码

叶 进[*]

（重庆邮电大学移通学院艺术传媒学院，重庆，401520）

摘 要："天人关系"既是谶纬诞生的理论依据，也是谶纬记述的主要内容，谶纬传播及传播效果的实现，都依赖于此。谶纬传播是一套理论依据和解释规则，利用、复现、建构"天人关系"达到以"天事"解释"人事"的目的。谶纬传播中的"天人关系"，是汉代知识分子将"天人关系"这一哲学命题神秘化运用的结果。总的来说，谶纬传播中的"天人关系"是借建构"天人关系"之名，行建构社会治理模式、社会秩序之实。虽说这类社会治理模式、社会秩序是虚幻的、理想化的，却直接对现实社会产生影响。

关键词：谶纬传播；"天人关系"；政治神话；谶纬世界

一、引言

谶纬，是谶与纬的合称。谶、纬的含义，谶、纬产生的时间，学界已有定论，而谶、纬的关系却有不同观点：一是认为二者不同。"儒者多称谶纬，其实谶自谶，纬自纬，非一类也。谶者，诡为隐语，预决吉凶……纬者，经之支流，衍及旁义。"[①]考据、辑佚类研究多持此种观点。二是认为二者相同，"在汉人的著述中所谓'经谶'、'图谶'实际上都包括纬书，而'谶'、'纬'也往往互称，并无区别。"[②]意义、文化研究往往偏向此种观点。第三种观点认为纬分广义、狭义，广义的纬包括狭义的纬和预言性质的谶。[③]各类典籍中

---

[*] 作者简介：叶进（1990—），男，湖北黄石人，新闻与传播硕士，重庆邮电大学移通学院艺术传媒学院助教，研究方向：华夏传播研究。

[①] 张泽兵：《谶纬叙事研究》，博士学位论文，江西师范大学文艺学，2011年，第15页。
[②] 钟肇鹏：《谶纬论略》，沈阳：辽宁教育出版社，1995年，第9页。
[③] 王小明：《近百年纬学研究综述》，《云南社会科学》2012年第6期。

确有不少谶、纬混用的情况。虽有不少学者认为谶、纬不同，但同时也认为二者能够合而为一，如"其他私相撰述，渐杂以术数之言，既不知作者为谁，因附会以神其说。迨弥传弥失，又益以妖妄之词，遂与谶合而为一……"①纬在传承过程中增加了术数、附会、妖妄之词等内容，而与谶合而为一。基于此，加之本次以谶纬传播意义研究为主，本文认为谶、纬、谶纬在内容上并无实质区别。

作为一种信息类型，谶纬"与术数占卜、神仙方技、原始宗教、儒家经说以及自然科学都有着密切的关系，而其核心则是以阴阳五行为骨架，天人感应论为主体的神秘思想"②。天人感应论，就是把将某些难以理解的自然现象、自然事物，同社会现象、社会事件或某个人结合起来，把这些现象、事物的发生或出现，当作"天"对"人"的警示。同时，"人"可以通过修德来影响"天"。谶纬传播本质上是利用、建构、复现"天人关系"塑造一套理论依据和解释规则达到以"天事"解释"人事"的目的。作为理解"天人关系"哲学命题的认知模式之一，谶纬传播中的天人感应不仅包含了人类对自然界的认知，更建构了一套社会治理模式和人类秩序。

除天人感应思想以外，谶纬还吸收了术数、阴阳五行、神仙方技、原始宗教等神秘思想，它们共同构成了谶纬传播中的"天人关系"思想。那么，谶纬传播是如何塑造"天"和"人"的？"天""人"之间如何发生关系？谶纬传播中的"天人关系"同"天人关系"这一哲学命题又有何区别？只有依靠"天人关系"哲学命题，才能透过谶纬、谶纬传播厚重的神秘主义外壳，真正了解到谶纬传播中"天人关系"的精神内涵与价值。

二、哲学命题视角与谶纬传播视角下的"天人关系"

谶纬传播中的"天人关系"源于"天人关系"哲学命题，但由于谶纬传播的特殊性，二者各有特点。立足"天人关系"，从哲学、谶纬传播两个层面展开分析，既有助于厘清两类"天人关系"的区别，还可避免因谶纬传播中的神秘主义而坠入玄空旋涡。

① 姜忠奎：《纬史论微》，黄曙辉、印晓峰点校，上海：上海书店出版社，2005年，第14页。

② 钟肇鹏：《谶纬论略》，沈阳：辽宁教育出版社，1995年，第74页。

（一）作为哲学命题的"天人关系"

1."天人关系"中的"天"

作为哲学概念，"天"的含义随着时代变化而不断丰富。周王宣称自己是"天之子""受命于天"时，"天"代表的是至高无上的权威。春秋战国时期百家争鸣，"天"的含义主要有以下几类：

表示自然状态。庄子在《秋水》这样描述"天""人"："牛马四足，是谓天；落马首，穿牛鼻，是谓人……谨守而勿失，是谓反其真。"①

表示非人力所能及的自然现象、客观规律。所谓"生死有命，富贵在天"②，即是此类。

代表至高无上的道德仲裁者。"天子为善，天能赏之；天子为暴，天能罚之。"就像一个至高无上的道德仲裁者，"天"评判着人类社会。

衡量人类行为的尺度。《墨子·天志》有言："观其行，顺天之意，谓之善意行；反天之意，谓之不善意行。"又有言："故置此以为法，立此以为仪，将以量度天下之王公大人卿大夫之仁与不仁，譬之犹分黑白也。"③墨子以"天志"作为人类行为的标准。

以邹衍为代表的阴阳家，依据阴阳五行、五德始终之说来解释自然运行、社会治乱与历史变迁，"天"又具有了政治色彩。

冯友兰在《中国哲学史》一书中总结了"五天"："物质之天""主宰之天""运命之天""自然之天"和"义理之天"④，已经较为全面地概括了"天"的哲学意义。值得注意的是，先哲们关于"天"的认知往往是多样的，如孔子既承认"天"是客观存在的，又有"运命之天"的描述。

2."天人关系"中的"人"

"人"也有多重含义。《尚书·虞书·皋陶谟》言："天聪明，自我民聪明；天明畏，自我民明威。"⑤这里的"民"即是"人"，为百姓、人民群众之意。

周公认为"以德辅天"，是说德可以感应"天"，德的主体是"人君"，因此"人"又有人君、统治者之意。

老子有言：人法地，地法天，天法道，道法自然。这里的"人"是与客

---

① 陈鼓应：《庄子今注今译·秋水》，北京：中华书局，1983年，第428—429页。
② 杨伯峻：《论语译注·颜渊》，北京：中华书局，2006年，第140页。
③ 任继愈：《墨子》，上海：上海人民出版社，1956年，第60页。详见《墨子·天志》。
④ 冯友兰：《中国哲学史》，北京：人民出版社，2004年，第35页。
⑤ 江灏、钱宗武、周秉钧：《今古文尚书全译》，贵阳：贵州人民出版社，2009年，第36页。

观世界（"天"）相对的主体性存在。

《论语·颜渊》言："颜渊问仁。子曰：克己复礼为仁。一日克己复礼，天下归仁焉。为仁由己，而由人乎哉？"①"克己复礼"是实现"仁"的方式，而达到"仁"的境界需要发挥"人"的主观能动性。

陈伯海将"人"的含义总结为三层含义：首先指实体的"人"，与客观世界"天"相对；其次指人的作为，包括人力、人工、人智、人巧、人为以及人文等意思；再次指人存在的方式及原理，通常称为"人道"，包括人性、人德、人欲、人生、人本等具体概念。②"人"的含义随着社会的发展而不断丰富、多样，总体而言，哲学命题中的"人"具有主观能动性，且地位较高。

3."天人关系"的发生

哲学命题中的"天人关系"有"天人合一""天人相分"等多种方式，这些方式的区别在于"人"在"天人关系"中处于何种位置，"人"是否可以（应该）发挥主观能动性。老子、庄子主张"人"不发挥主观能动性，顺应规律以实现"天人合一"。老子有言："人法地、地法天、天法道、道法自然。"庄子的"天人合一"思想更为明确，《庄子·山木》有言："何谓人与天一也？仲尼曰：有人，天也；有天，亦天也。人之不能有，天性也。"③又主张"天地与我并生，而万物与我为一"。而儒家主张"人"可以发挥主观能动性以实现"天人合一"。在儒家的观念中，"圣人"具有极高的地位，不仅是人类道德的最高峰，还可以以德沟通"天"，执行"天"的意志为人类社会制定社会秩序。儒家的"天人合一"不仅包括了一种世界观、伦理道德观，还包括了对社会秩序的理解与建构。

除"天人合一"外，"天人关系"的基本认知模式还有"天人感应""天人相分"。"天人感应"前面已经论述，在此就不再展开。在"天人相分"体系中，重视发挥"人"的主观能动性，主张利用"天"的客观性、规律性服务于人类社会，而不是迷信"天"。如荀子认为"天"的运行有其"常道"，"天能生物，不能辨物；地能载人，不能治人"。

---

① 杨伯峻：《论语译注·颜渊》，北京：中华书局，2006 年版，第 138 页。

② 陈伯海：《"唯天为大，唯人为灵"——"天人关系"的再思考》，《学术月刊》2009 年第 1 期。

③ 陈鼓应：《庄子今注今译·山木》，北京：中华书局，1983 年，第 518 页。

（二）谶纬传播中的"天人关系"

1.谶纬传播中的"天"

谶纬中的"天"，主要有"天""皇天""天帝""天命""天意"等表述方式，意义指向包括天象、星座、至上权威、极致的个人道德、某位神帝（天帝）、自然主宰、与"地"相对的客观存在等，如：

《易纬·乾凿度》："于是，伏羲乃仰观象于天，俯观法于地，中观万物之宜，始作八卦，以通神明之德，以类万物之情。"[1]

《易纬·乾凿度》：一者，形变之始。清轻者上而为天，浊重者下而为地。[2]

《易纬·是类谋》："文王比隆兴，始霸伐崇，作灵台，受赤雀丹书，称王制命，是天意。"

《尚书·考灵曜》：春行仁政，顺天之常，以安国也。[3]

《春秋纬·运斗枢》："皇者天，天不言，四时行焉，百物生焉；三皇垂拱无为，设言而民不违，道德玄泊，有似皇天，故称曰皇。"[4]

相比哲学命题中的"天"，可以发现二者并没有太大区别，"五天"都可以在谶纬文本中找到对应记述，如：谶纬文本中的"皇天""天帝"与"主宰之天"等同；"轻清者上而为天"与"物质之天"含义一致；"顺天之常，以安国也"、日食月食等又与"自然之天"相对应；伏羲"仰则观象于天……于是始作八卦，以通神明之德，以类万物之情"又有"义理之天"的味道；"天命""天意"即是"命运之天"。这种高度相似性，说明了"天人关系"这一哲学命题对谶纬传播的影响。

2.谶纬传播中的"人"

相较于"天"，谶纬对"人"的记述方式更复杂、更多元化，不仅有"三皇五帝""王者""人君""圣人""臣民""民""人"之类的表述（可称为"常见类"），还零星可见"蠹吏""族人""宗人""长人""赤人"之类的表述（可称为"少见类"）。其意义指向包括三皇五帝、统治者、人民群众、人类社会秩序、客观存在的主体、神仙河精等，如：

---

① [日]安居香山、中村璋八：《纬书集成》，石家庄：河北人民出版社，1994年，第5页。
② [日]安居香山、中村璋八：《纬书集成》，石家庄：河北人民出版社，1994年，第12页。
③ [日]安居香山、中村璋八：《纬书集成》，石家庄：河北人民出版社，1994年，第353页。
④ [日]安居香山、中村璋八：《纬书集成》，石家庄：河北人民出版社，1994年，第710页。

"常见类"

《易纬·萌气枢》：人君不好士，走马被文绣，犬狼食人食。① （统治者类）

《易纬·通卦验》：日中规，其晷之如度者，则岁美，人民和顺。② （人民、群众、百姓类）

《易纬·乾凿度》：道，天、地、人也。天有阴阳，地有刚柔，人有仁义。③ （客观存在的"人"类）

"少见类"

《尚书·中候·雒师谋》：吕尚出游与戌午，有赤人雄出，授吾简，丹书曰：明游吕。注曰：赤人，水神。④ （神仙类）

《易纬·稽览图》：蠹食木宝曰高，斯割下唼上之异。食心曰内，下比掩恶，适足以害民……注曰：各以蠹所居别知其吏。⑤ （蠹"吏"）

《易纬·辨终备》：大恾土蒙，群鸟却，野兽群，游人孽。⑥ （无业游"民"）

《礼·含文嘉》：族人有序，则宗人倚文正明。又言：王者于族人有次序，则天市正明。⑦ （宗族之"人"）

谶纬文本中的"人"与哲学命题上的"人"，在表述内容上既有相似、重合之处，亦有不同，而最大的不同在于：谶纬文本中的"人"带有极强的虚构、神话色彩。

3. "天人关系"的发生

在"天人感应"等神秘思想的指导下，"天""人"不仅产生了逻辑联系，还对现实世界产生了直接而深刻的影响。那么，谶纬传播中的"天人关系"是如何发生的呢？

《易纬·乾凿度》载："动于地之下，则应于天之下；动于地之中，则应于

---

① ［日］安居香山、中村璋八：《纬书集成》，石家庄：河北人民出版社，1994年，第320页。

② ［日］安居香山、中村璋八：《纬书集成》，石家庄：河北人民出版社，1994年，第204页。

③ ［日］安居香山、中村璋八：《纬书集成》，石家庄：河北人民出版社，1994年，第19页。

④ ［日］安居香山、中村璋八：《纬书集成》，石家庄：河北人民出版社，1994年，第435页。

⑤ ［日］安居香山、中村璋八：《纬书集成》，石家庄：河北人民出版社，1994年，第139页。

⑥ ［日］安居香山、中村璋八：《纬书集成》，石家庄：河北人民出版社，1994年，第185页。

⑦ ［日］安居香山、中村璋八：《纬书集成》，石家庄：河北人民出版社，1994年，第499页。

天之中；动于地之上，则应于天之上。"注文曰："天气下降以感地，故地气升动而应天也。"① 这表明，感应关系不仅存在，还具有对等性。但这则谶纬并没有回答出现"天气下降"与"地气升动"的原因，故而需要更为直接的证据来证明"天""人"关系是如何发生的。《易纬·稽览图》载："阴阳升，所谓应者，地上有阴，而天上有阳，曰应，俱阴曰阂。地上有阳，而天上有阴曰应，俱阳曰阂。"② 从此则记述来看，阴阳同时出现、阴阳协调才会形成"应"，也就是说"应"表示一种和谐状态。而《易纬·乾凿度》又载："应者，圣王为政，治平之所致。"③ "应"在这里又成了圣王善政的标志。从以上几则记述来看，谶纬传播中"天人关系"的发生亦有多种方式，而其核心在于德、善政、和谐。《易纬·坤灵图》言：圣人受命，瑞应先于河，瑞应之至圣人杀龙，龙不可杀，皆感气也。注文曰："所以符至德也。"④《易纬·坤灵图》曰："至德之萌，日月若联璧，五星若贯珠。"⑤ 可见，谶纬传播中"天人关系"对德的重视程度。

总的来说，谶纬传播中"天人关系"的发生更偏向儒家的"天人合一"观。从孔子到子思、孟子，再到宋明理学家，儒家的"德性之天"被发挥到极致，从而使"天"与"人"共具"仁义礼智"之德性而上下贯通以达"天人合一"之境界。⑥ 在谶纬传播过程中，依靠"天人关系"建构了一个谶纬世界，其中就包含了对理想政治形态的向往与实践，以及社会治理模式、社会秩序的虚构、理想化建构。

三、谶纬传播中"天人关系"解码

顾颉刚在《汉代学术史略》中认为谶纬书的出现有三种使命，其中第三种是：把所有的学问、所有的神话都归纳到"六经"的旗帜之下，使得孔子

---

① ［日］安居香山、中村璋八：《纬书集成》，石家庄：河北人民出版社，1994年，第13页。

② ［日］安居香山、中村璋八：《纬书集成》，石家庄：河北人民出版社，1994年，第126页。

③ ［日］安居香山、中村璋八：《纬书集成》，石家庄：河北人民出版社，1994年，第26页。

④ ［日］安居香山、中村璋八：《纬书集成》，石家庄：河北人民出版社，1994年，第310页。

⑤ ［日］安居香山、中村璋八：《纬书集成》，石家庄：河北人民出版社，1994年，第311页。

⑥ 杨汉民：《〈吕氏春秋〉的政治哲学研究——以天人关系为中心》，博士学位论文，苏州大学中国哲学系，2012年，第62页。

真成个教主，"六经"真成个天书，借此维持皇帝的位子。[①] 谶纬传播对现实的影响，可见一斑。

（一）政治领域：天、君、民之间的动态平衡

1. 以天之名：布衣匹夫受命为帝的策略

谶纬传播中是以感生、异表、符命、祥瑞（或灾异）等方式来建构三皇、五帝、三王、五伯、七霸乃至秦皇、汉祖等帝王形象的。如：

"三人行浴，见玄鸟堕其卵，简狄取吞之，因孕生契"。[②]

《尚书·中候》："尧即政七十载，凤凰止庭，巢阿合欢树。"[③]

《尚书·中候》："武王发渡于孟津，中流，白鱼跃入王船，王俯取鱼，长三尺，有文王字。"[④]

《春秋·演孔图》："仓颉四目，是谓并明。又舜重瞳子，是谓重明。"[⑤]

《春秋·感精符》："王者上感皇天，则鸾凤至，景星现。"[⑥]

类似记载，不一而足。塑造形象方式的多样性与综合使用，使得谶纬传播中的"人"呈现出具体化特征。

《春秋纬·演孔图》有言："天子皆五帝精，宝各有题序，以次运相据起。""五帝"指苍帝、赤帝、黄帝、白帝以及黑帝。《春秋纬·文曜钩》："太微宫有五帝座星：苍帝其名灵威仰，赤帝其名曰赤熛怒，黄帝其名曰含枢纽，白帝其名曰白招矩，黑帝其名曰汁光纪。""天"指五天帝，这与哲学视角上"天"的"至上神"含义一致，而不同之处在于谶纬传播中的"天"是具体化的。《易纬·通卦验》有言：孔子曰："太皇之先与燿合元，精五帝期。以序七神。"五帝之上有燿，之下有七神，因而谶纬传播中的"天"是一个立体的、有等级差的系统。而苍、赤、黄、白、黑五帝的职责也不尽相同：苍帝，主东方，其精为青龙，主春；赤帝，主南方，其精为朱鸟，主夏；白帝，主西

---

① 顾颉刚：《汉代学术史略》，北京：东方出版社，2005年，第118页。

② （汉）司马迁：《史记·夏本纪》，北京：中华书局，1959年，第91页。

③ [日]安居香山、中村璋八：《纬书集成》，石家庄：河北人民出版社，1994年，第404页。

④ [日]安居香山、中村璋八：《纬书集成》，石家庄：河北人民出版社，1994年，第413页。

⑤ [日]安居香山、中村璋八：《纬书集成》，石家庄：河北人民出版社，1994年，第574页。

⑥ [日]安居香山、中村璋八：《纬书集成》，石家庄：河北人民出版社，1994年，第741页。

方，其精为白虎，主秋；黑帝，主北方，其精为元武，主冬；黄帝，主中，受制王四季。虽不完全工整，却也可以看到具体化特征。

"天""人"的具体化，是在谶纬传播中形成的，"天人关系"的发生也就成了一种以信息传播与反馈为主要内容的情景剧：围绕"德"进行信息交流，以祥瑞、灾异等形式反馈交流结果，这是一个双向具体化的过程，此时的"天人关系"成为一套理论依据和解释规则。两汉时期，决断刑狱、官员升迁任免、恩赐臣民、改元、罪己、国家大事等无不依赖于此。这套理论依据和解释规则的形成，是有原因的。相较于前朝，汉初统治阶层既无可承天命的"血统"，也不掌握社会文化命脉，又屡屡出现"夫布衣匹夫安能无故而起王天下乎"①的社会质疑，因而统治阶层迫切需要能弥合这些问题的方法。在生产力不发达的社会，最简单、最有效的方法就是将之归结于神，司马迁在《史记》中也表达了类似的观点，他说："此乃传之所谓大圣乎？岂非天哉，岂非天哉！非大圣孰能当此受命而帝者乎？"②要想成为"大圣"，就要认可"天"并参与到"天人关系"这场双向具体化的道德情景剧中来。

2. 以天之名：对批判传统的怪诞式继承

以谶纬表达抗议、批判，是知识分子对批判传统的怪诞式继承与发展。在先秦典籍中，对君主、朝政的抗议、批判，或是借助于寓言故事，如"螳螂捕蝉，黄雀在后"；或是借助人性类比，如《触龙说赵太后》中的母子情与国家安危；或是仗义执言，如孟子见梁惠王时所说的"王何必曰利？亦有仁义而已亦"；或是正面批驳，如公元前213年齐人淳于越反对郡县制③等等。谶纬产生以后，抗议、批判又多了以"天"之名这一相对安全的途径，这实际上与君主专制的加强以及君权至高无上性的确立是同步。

在封建专制政体中，最高统治者的意志不容置疑，皇帝、朝政也不允许妄加评议，更没人敢公开指责其过失，即便有人不惧皇权而公开指责，其后果也是灾难性的。班固曾感叹："仲舒下吏，夏侯囚执，眭孟诛戮，李寻流放，此学者之大戒也。京房区区，不量深浅，危言刺讥，枢怨强臣，罪辜不旋踵，

---

① （汉）司马迁：《史记卷十三·三代世表第一》，北京：中华书局，1959年，第505—506页。

② （汉）司马迁：《史记卷十六·秦楚之际月表第四》，北京：中华书局，1959年，第760页。

③ 《秦始皇本纪》载：博士齐人淳于越进曰："臣闻殷、周之王千余岁，封子弟功臣，自为枝辅。今陛下有海内，而子弟为匹夫，卒有田常、六卿之臣，无辅拂，何以相救哉？"详见司马迁：《史记卷六·秦始皇本纪第六》，北京：中华书局，1959年，第254页。

亦不密以失身，悲夫！"①故而在知识分子群体中，借助谶纬塑造的"天人关系"，成了一种表达批判、抗议的相对安全形式。如：《后汉书·蔡邕列传》：又特诏问曰："比灾变互生，未知厥咎，朝廷焦心，载怀恐惧……"邕对曰："……臣伏思考诸异，皆亡国之怪也。天于大汉，殷勤不已，故屡出祆变，以当谴责，欲令人君感悟，改危即安。"②

3. 以天之名：君主与臣民的对抗与妥协

谶纬产生的目的，就是要借助"天人关系"建构皇权、政权合法性的"天命"论。对于统治阶级而言，对上，寻求朝代更迭、皇位传承的合法依据；对下，力求万民顺从、天下归一，实现传之万代的宏愿。所谓珍禽异兽献瑞、嘉树芳草以显君德，雨雪雷电警示人王之失，不仅体现了统治阶级巩固皇权、政权的政治要求，还蕴含着被统治阶级的情绪与愿望。

谶纬传播中的"天"是人格化的行为主体，它不仅是至高权威的执行者，同时还是道德仲裁者。在至高权威的执行者层面，统治阶级与被统治阶级具有一致性：统治阶级需要一个行为主体来认定其皇权、政权的合法性，被统治阶级则需要一个至高权威来"主持公道"，以限制皇权的无限扩张。虽然动机不同，但是作为至高权威代表的"天"同时满足了这两个阶级的需要。这一点在谶纬中表现为对谶纬的普遍认可与接受，即便是两大对立集团也不会直接反对谶纬本身。《后汉书·公孙述》载："帝患之，乃与述书曰：'图谶言"公孙"，即宣帝也。代汉者当涂高，君岂高之身邪？乃复以掌文为瑞，王莽何足效乎……'"③对于"公孙"的释义，刘秀采取了对抗式解读，将文本意义置换为汉宣帝而非公孙述。这意味着，刘秀并不反对"公孙"这一图谶本身。

在道德仲裁者方面，统治阶级与被统治阶级之间表现为斗争之后的相互妥协：由于统治阶级与被统治阶级的天然对立性，二者之间的斗争不可避免，而最后的结果却是统治阶层为求统治权的长久稳固而不得不"善待"被统治阶层，即重德，如下诏罪己、大赦天下、罢黜官吏、恩赐臣民、选贤举能等。《史记·文帝纪》：十一月晦，日有食之。十二月有望，日又食。上曰："朕闻

---

① （汉）班固：《汉书卷七十五·眭两夏侯京翼李传》，颜师古注，北京：中华书局，1962年，第3195页。

② （南朝·宋）宋范晔：《后汉书卷六十下·蔡邕列传第五十下》，李贤等注，北京：中华书局，1999年，第1350—1351页。

③ （南朝·宋）范晔：《后汉书卷十三·隗嚣公孙述列传第三》，李贤等注，北京：中华书局，1999年，第357—358页。

之，天生蒸民，为之置君以养治之。人主不德，布政不均，则天示之以灾，以诫不治。……天下治乱，在朕一人……朕下不能理育群生，上以累三光之明，其不德大矣。"[1] 封建帝王们在面对"天谴灾异"时，大多数、大多时候还是能够以接受的态度来应对，并采取诸多积极措施加以应对，目的在于重新塑造个人道德，试图重获天命。

4. 对理想政治形态的向往与实践

中国古代的理想政治形态是"圣王美政"，在先秦典籍中"圣王美政"指的是尧舜禹以及汤文王武王时期的政治实践。居王位、有圣德，圣王不仅要能够成为人类道德的最高峰，在位期间还要进行一系列成功的政治实践，或文明业绩。在谶纬世界里，三皇、五帝、三王、五伯、七霸及后世"人王"虽都居王位，却在"圣德"上"一代不如一代"。《孝经·钩命决》有言："三皇步，五帝趋，三王驰，五霸骛。"谶纬世界中，三皇、五帝、三王或多或少都有一点"文明业绩"，如稷的农业生产贡献、尧制定历法等，而五伯、七霸、秦皇、汉祖却鲜有这类记载。也就是说，三王以后的"人王"有王之位而无圣之德。《春秋纬·运斗枢》有言："三皇垂拱无为，设言而民不违，道德玄泊，有似皇天，故称皇。皇者中也，光也，弘也，含弘履中，开阴阳布纲，上合皇极，其施光明，指天画地，神化潜通，煌煌盛美，不可胜量。"又言："五帝修名，立功，修德成华，统调阴阳，招类使神，故称帝，帝之言谛也。"可见，谶纬世界中的"皇""帝""王""伯""霸"，并不仅仅指一类人，也指级别、等级。

在先秦典籍中，圣王常与圣人混用，但二者并不完全相同：圣王都是圣人，但圣人并不都是圣王，如孔子。谶纬世界中，孔子有非常高的地位。与人王一样，孔子乃感生（"感黑帝而生仲尼"）、有异表（《演孔图》："孔子长十尺，海口、尼首、方面，月角日准，河目龙颜。"）、得符命（孔子获麟受命）。除此之外，孔子还有"文明业绩"。《春秋·演孔图》言："得麟之后，天下血书鲁端门。曰：'趋作法，孔圣没，周姬亡，彗东出，秦政起，胡破术，书纪散，孔不绝。'"[2]

从谶纬世界的形象塑造来看，孔子应该可以归于圣王一类。然而，孔子只是"素王""玄圣"，距圣王还有一定差距，但比五伯、七霸等地位要高。

---

① （汉）司马迁：《史记卷十·孝文本纪第十》，北京：中华书局，1959年，第422页。
② ［日］安居香山、中村璋八：《纬书集成》，石家庄：河北人民出版社，1994年，第578页。

谶纬世界对此的解释是，孔子五德属水，无法代替周的木德，因而孔子无法同时兼顾王者之位与圣者之德。在谶纬世界中，孔子以"素王""玄圣"的角色为汉"作应法，为赤制"成为汉代周的理论依据和媒介。《春秋·演孔图》的记载是："孔子论经，有鸟化为书，孔子奉以告天，赤爵集书上，化为玉，刻曰：孔提命，作应法，为赤制。"①而在现实世界中，汉代以"罢黜百家独尊儒术"加以回应。由此，在谶纬世界中汉皇的王者之位与孔子圣者之德实现了统一协调，"圣王美政"这一理想政治形态也得以复现。《春秋》《孝经》等经典也成为谶纬世界中的社会秩序规范，故而《礼·稽命徵》有：父子君臣夫妇尊卑有别，凤鸟至，飞翔于明堂②之言。

（二）其他社会文化领域：以"天"为名进行社会秩序建构

两汉时期，谶纬也或多或少渗透到其他社会文化领域。在政治领域失势以后，谶纬的关注重心也从统治者、国家兴亡、朝代更迭、社会稳定等宏观层面转向对普通个人命运的关注。在这个过程中，谶纬原本相对弱势的部分得到了长足发展，如谶纬的预测功能、谶纬与养性等。

两汉时期，学谶、懂谶成为一种风尚。《后汉书》有言："光武帝既重谶纬，故时之公卿大夫，莫不善于图谶，其不言者，竟至斥为非圣无法。"③在这样的社会风气下，知识分子们的思想也受到谶纬影响，在面对某些现象、个人遭遇时，会不自觉运用谶纬思想来加以解释，如贾谊《鵩鸟赋》：

单阏之岁兮，四月孟夏，庚子日斜兮，鵩集予舍。止于坐隅兮，貌甚闲暇。异物来萃兮，私怪其故。发书占之兮，谶言其度，曰："野鸟入室兮，主人将去。"请问于鵩兮："予去何之？吉乎告我，凶言其灾。淹速之度兮，语予其期。"鵩乃叹息，举首奋翼；口不能言，请对以臆……"

作为一种鸟类，鵩鸟本身并不具备表达灾祸、不详的社会文化功能；野鸟落于房舍之内，也为常见之事，然而贾谊却借用了"卜"和"谶"来解释

---

①　[日]安居香山、中村璋八：《纬书集成》，石家庄：河北人民出版社，1994年，第578页。

②　[日]安居香山、中村璋八：《纬书集成》，石家庄：河北人民出版社，1994年，第510页。

③　吕凯：《郑玄之谶纬学》，台北：台湾商务印书馆股份有限公司，2011年，第98页。

原本常见的现象,将"野鸟入室"与"主人将去"产生了对应关系。

转入民间以后,谶纬传播及其文化体系指导着普通人以一种警示性心态考量着世界、社会和个人命运。崔曙有诗曰:"夜来双月满,曙后一星孤。"当时以为警句,及来年,曙卒,唯有一女名星星,人始悟其自谶也。[1]正是这句诗的谶纬化解释,使得"曙后星孤"成为一个表达"遗孤女"的成语流传至今。在某些场合、某些特殊时间节点,人们会采用一些"小手段"将原本不好的事情,转化为吉利、美好的事情,如"碎碎平安"。"碎碎平安"往往运用在打碎某件物品之后,目的在于"图个吉利"。打碎物品原本是件不好的事情,却能够与美好愿景产生联系,好与不好之间的转换,实际上是谶纬传播发挥作用的表现,而转换的依据则是蕴含其中的"天人关系"。那么,谶纬传播中的"天人关系"在其中是如何发挥作用的呢?回答这个问题还要回到谶纬本身。

谶纬传播以其自身的庞杂性以及影响的广度与深度,在接受者一端形成了一个可被感知的、虚幻的,但充满意义的谶纬世界,其本质则是依托谶纬中的"天人关系"进行理想化的、虚幻的社会秩序安排和社会治理模式设计的尝试。对谶纬世界的考察,可从其时间观、空间观两个方面入手。

时间观上,谶纬世界主要有以下几种塑造方式:

以年月日、岁世纪等来记述时间,如《易纬·稽览图》:"甲寅伏羲氏,至无怀氏,五万七千八百八十二年。神农五百四十年……殷四百九十六年。周八百六十七年。秦五十年。"[2]《春秋·命历序》:"自开辟至于获麟,凡三百二十七万六千岁,分为十纪,凡世七万六百年。"[3]

以天体的运行规律、位置来记述时间,如《孝经·援神契》言:"日在外衡,牵牛之处,冬至之日。"又有:"春分之日,日在中衡。"[4]

根据动物活动规律、作物生长来记述时间,如《易纬·通卦验》:"春分,

---

① 孟棨等:《本事诗·本事词》,上海:古典文学出版社,1957年,第21—22页。

② [日]安居香山、中村璋八:《纬书集成》,石家庄:河北人民出版社,1994年,第153—154页。

③ [日]安居香山、中村璋八:《纬书集成》,石家庄:河北人民出版社,1994年,第885页。

④ [日]安居香山、中村璋八:《纬书集成》,石家庄:河北人民出版社,1994年,第952页。

明庶风至，雷雨性，桃始花。"①

除以上几种类型外，还有另一种方式。《易纬·乾坤凿度》言："有太易，有太初，有太始，有太素。太易者，未见气。太初者，气之始。太始者，形之始。太素者，质之始。"②以"太初"为参照，"太易"则表示过去的时间，"太始"为将来的时间。这类时间记述方式不同于前面几种，前面几种时间可循环、可测量，后者则不可循环、也不可测量。

谶纬世界中的空间包括物质空间、心理空间和社会空间。物质空间如："昆仑者，地之中也，地下有八柱……名山大川，孔穴相通。八极之广，南北二亿三万三千五百里，东西二亿三万一千五百里。"③

心理空间"是人的情感和意识对外部世界编辑后所建构的内部空间，也是人的内心对外部世界的投射"，在谶纬世界中表现为梦境，④如："帝伐蚩尤，乃睡梦西王母遣道人，被玄狐之裘，以符授之曰：'太乙在前，天乙备后，河出符信，战则克矣。'"⑤

社会空间是人类实践活动的因和果，是各种力量与元素的杂糅、交错、变化、冲突和互动，主要强调政治、经济、权力、种族、阶层、文化等因素。⑥如：齐地处孟春之位，海岱之间，土地汙泥，流之所归，利之所聚，律中太蔟，音中宫角；秦地处仲秋之位，男懦弱，女高膝，白色秀身，音中商，其言舌举而仰，声清而扬。⑦

谶纬世界还对人、对人类社会治理模式、对人类社会秩序有直接或间接描述，如：

《孝经·左契》：不孝敬，痹在喉，寿命凶。孝悌之至，通于神明，病则致

① ［日］安居香山、中村璋八：《纬书集成》，石家庄：河北人民出版社，1994年，第228页。
② ［日］安居香山、中村璋八：《纬书集成》，石家庄：河北人民出版社，1994年，第29页。
③ ［日］安居香山、中村璋八：《纬书集成》，石家庄：河北人民出版社，1994年，第1089—1094页。
④ 方英：《文学叙事中的空间》，《宁波大学学报（人文科学版）》2016年第4期。
⑤ ［日］安居香山、中村璋八：《纬书集成》，石家庄：河北人民出版社，1994年，第1151页。
⑥ 方英：《文学叙事中的空间》，《宁波大学学报（人文科学版）》，2016年第4期。
⑦ ［日］安居香山、中村璋八：《纬书集成》，石家庄：河北人民出版社，1994年，第460页。

其忧，顾额消形。孝悌之至，通神明，则凤皇巢。①

《春秋·运斗枢》：女两舌，则兔两头；女两舌，则獖生冠也。②

总的来说，谶纬世界是这样一个世界：时间上，融合了历史时间与神话时间，既有神话的浪漫色彩，又有历史的真实性；空间上，既有现实物质世界的投影，又按照"天人关系"进行一系列创造性设置；生活于这片天地中的人及人类社会，不仅依照"天人关系"处理、维持人际关系和社会秩序，也依照"天人关系"、五德始终决定政权更迭。随着谶纬向其他社会文化领域的传播与融合，谶纬世界演变为一种社会观念，"指导"与"操纵"着"社会秩序建构"。

谶纬世界的指导作用，依托于谶纬本身的权威性。谶纬的权威性来源除了记述内容与"天"有关以外，还与谶纬的经典化有关。在谶纬传播过程中，曾经历了两次官方规范化整理：王莽颁布四十二篇谶纬和刘秀"宣布图谶于天下"。经过"官方认证"以后，谶纬成为决断刑狱、官员升迁、恩赐臣民、改元等的依据，且后世附会的谶纬文本也大都以《七经纬》为名，或假托孔子所作。由此，谶纬经典化呈现出两种途径：自上而下的经典化和自下而上的经典化。前者是以官方规定的"模板""样式"形式出现在社会大众眼前的，它"指导"着社会大众以何种方式来认知谶纬以及谶纬传播中的"天人关系"；后者则附会前者，并将谶纬、谶纬传播中的"天人关系"引向更广、更深层次，但并没有突破前者所限定的框架，只是对前者的补充与完善。谶纬世界的操纵作用，与谶纬的传播、扩散、渗透有关，具体表现在对社会文化的操纵和对人的操纵两个方面。对社会文化的"操纵"，表现在为社会文化各领域提供谶纬故事、谶纬叙事素材、谶纬思想，如史籍中的帝王形象、以四大名著为代表的文学；对人的操纵不仅表现为影响人们想什么还表现为影响人们怎么想，如"对天发誓""碎碎平安"等社会行为和社会文化，以及社会舆论等。

谶纬转入民间以后，谶纬世界中的道德标准、社会秩序无形之中化为一种社会共同经验，成为普通民众理解社会现象，协调社会关系的解释依据与

---

① [日]安居香山、中村璋八：《纬书集成》，石家庄：河北人民出版社，1994年版，第998页。

② [日]安居香山、中村璋八：《纬书集成》，石家庄：河北人民出版社，1994年版，第732页。

规则，而谶纬世界中的道德标准、社会秩序又是主要是依据儒家"德性之天"、儒家思想而建立的，故而也是儒家思想在社会文化各个方面确立主导地位的过程，只不过这个过程是在"天"的主导下进行下的，披上了神秘主义的外衣。

四、总结

"天人关系"是一个庞大的哲学命题，谶纬传播同样极其驳杂。依托"天人关系"哲学，本文尝试探讨了谶纬传播过程中"天人关系"塑造及其影响。相较于哲学史上的"天人关系"，谶纬传播过程中塑造的"天人关系"更多的带有神学色彩、偏向神秘主义。谶纬在政治和其他社会文化领域的传播与渗透过程中，在接受者一端形成了一个可感知的、充满意义的谶纬世界，它既融合了现实与想象，又纳历史与神话为一体，虚幻之中有带有现实的影子，神秘主义面纱之下又尝试着建构理想社会治理模式、社会秩序。随着谶纬文本、谶纬故事，乃至谶纬思想被运用于社会文化各个领域，这套理想的、虚构的社会治理模式、社会秩序，在现实社会文化中一次次得到复现、书写与二次创作，进而深刻影响到人们的认知方式与行为方式。人们以一种警惕的心理，注视着这个社会、世界，乃至个人的命运前途，希望能够化解掉可知的、未知的不幸与灾难。在谶纬传播过程中，依托"天人关系"这一理论体系，虚构社会治理模式、社会秩序的尝试，其核心还是在于"人"：在有限的认知范围中，人如何处理人与人、人类社会、人与自然的关系。

立足谶纬传播，探究其中的"天人关系"解读从而分析其产生的社会影响，只是谶纬研究的一小部分。在中国古代传播范围内，谶纬不仅是一种信息形态、思想资源、行为方式还是一种传播方式、文化类型等，其对中国文化的影响都值得投入时间、精力去挖掘。

四、文化创意与中华文化传播研究

主持人语

创意与人类相伴而生，深刻地改变着人类生活和思想，现代科技进步与人们日益提高的生活需求，让创意融入文化、艺术、经济等各领域，并有机结合形成了创意产业，也叫文化创意产业，延伸出文化产业、版权产业、休闲产业、体验经济、注意力经济、眼球经济等新兴产业。近二十年在国际形成以英国"创意型"、美国"版权型"、中韩"文化型"为代表的不同特色。联合国教科文组织认为文化创意产业主要包含文化产品、文化服务与智能产权三项主要内容。由此而来的文化创意概念是以文化为元素、融合多元文化、整合相关学科、利用不同载体而构建的创新性活动及其产品。文化创意虽然是由英国首先提出的现代概念，但在中国的实践已有悠久历史，譬如京剧、昆曲、武术、国画、中医药等，是中华民族特有的，具有明显的原创性和创新性特征，如今的文化创意因能够满足当代人的精神性、文化性、个性化需求而受到欢迎。人类社会是一个相互依存的共同体已成共识，"一带一路"建设正在进行，通过文化创意产品和服务传播中华优秀文化，借助互联网走出去，满足多元文化和民族文化的国际需求，潜移默化地吸引和影响年轻消费者，将是未来我们要持续研究的重要课题。

本栏目三篇文章皆是关于中华文化传播、文化创意的相关研究。其中，《哪吒题材影视剧的改编与创意研究》一文从文化创意视角对中华文化传统题材的影视剧改编进行了探讨。文中提出哪吒题材神话故事自唐代至明清，逐渐形成了稳定的伦理与宗教内涵，蕴含文化丰富具有深刻张力。20世纪，在以启蒙和革命为主导的历史语境中，展现出由传统保守的民族文化伦理内涵向革命激进现代性民族文化伦理转变的发展轨迹。进入21世纪，后革命语境为哪吒题材影视剧改编和创意提供过了广阔空间，新媒体传播手段的介入，新电影科技的开发与应用，为此题材的文化创意成功提供了有利条件。文章以时间为主线，结合时代背景分析传统文化题材的影视剧文化创意资源选择、创意路径、趋势、特点等，同时提出在文化创意产业化传播和文化创意实践等方面的短板与不足，对我国当代民族传统文化资源影视化IP开发和中华文化的网络传播有一定启示和借鉴意义。

《品牌故事与中华文化传播探究——以东阿阿胶为例》一文从营销传播视角探讨了以品牌故事传播中华文化的文化创意新途径。文章通过东阿阿胶这一典型的中国传统制药品牌作为研究对象，从其品牌故事的主题构建、传播意义、题材选择、内容组织四个方面进行文化创意分析，在营销传播的同时，颂扬了中华美德，丰富了传统文化内容。文中提出品牌故事营销传播策略，包括与时俱进的文化创意思想，目标年轻化的文化创意对象，主题一致性和内容差异性的文化创意方向，拓宽媒体渠道的文化创意方法，同时做好创意传播管理。此研究是在融媒体时代对传统与现代的关系思考，也是对文化与经济、创意的关系思考，从百年老字号品牌中挖掘中华优秀传统文化作为文化创意素材，构建品牌与消费者之间的动人品牌故事，通过品牌故事，讲好中国故事，传播中华文化，是一种有益的文化创意探索。

《中华文化短视频创意传播探究》一文从文化创意视角探讨短视频对中华文化进行数字化传播的可能性。文中提出数字创意发展背景下，短视频成为传统文化传播的重要途径，原因是由于数字化短视频丰富的推送内容、多样化的互动和社交功能，走进大众生活，引爆流量热点。短视频的运用，不仅能够创新传统文化表现形式，引领社会风气，同时还能践行社会主义核心价值观，为大众传播更多更高质量的文化内容。文中对数字文化创意的短视频形式特征、在文化传播中的优势、对中华传统文化传播所起的作用，以及在传播过程中暴露出的问题和不足进行了分析与探讨，最后提出短视频传播中华文化的创新策略，包括丰富数字文化创意内容、创意形式，提高数字传播质量和文化传播效果等，为推动中国传统文化的有效传播和打开文化创新思路提供借鉴。

文化创意研究范围极广，几篇文章难盖其全，但从中我们可以认识到文化创意与中华文化传播研究的重要价值，给我们更多启发与思考的是此研究已经不再停留于文化与传播范畴，需要与政治、经济、科技相结合，探索文化创意与传播的更多可能性，不仅有利于中华文化传播与创新，还有利于经济与科技发展。希望此栏目可以抛砖引玉，引起更多学者关注和探讨，开辟中华文化传播研究新领域。

（青岛大学新闻与传播博学院副教授 硕士生导师 耿志宏）

《磐石活水涌流》 朱星雨作

哪吒题材影视剧的改编与创意研究

王小强　曹晋源 *

（中国海洋大学文学与新闻传播学院　266100）

摘　要： 哪吒题材影视剧的改编与创意，源自哪吒题材神话故事。哪吒题材神话故事自唐代至明清，逐渐形成了稳定的伦理与宗教内涵。近代以来，随着影音媒介的引入，哪吒题材神话故事所蕴含的丰富而具有深刻张力的文化意蕴，激发了该题材的影视剧改编热潮。20 世纪，在以启蒙和革命为主导的历史语境中，哪吒题材影视剧改编在文化创意上，展现出由传统保守的民族文化伦理内涵向革命激进现代性民族文化伦理转变的发展轨迹。进入 21 世纪，后革命语境为哪吒题材影视剧改编和创意提供了广阔的空间，新媒体传播手段的介入，新电影科技的开发与应用，都使得哪吒题材影视剧改编和创意进入了一个新的历史时期。百年来哪吒题材影视剧改编和创意历程，对我国当代民族传统文化资源影视化 IP 开发有着重要的启示和意义，但是，从全球化影视产业开发的角度来考察，哪吒题材影视剧改编和创意在产业开发与产业传播等方面仍存在着一定的短板与不足。

关键词： 哪吒题材；影视剧；改编；创意

哪吒题材影视剧，即是以屏幕、银幕为放映载体，对哪吒题材经典叙事进行再演绎和改编的电影、电视、动画。在哪吒题材故事中，哪吒形象原本出自佛教经典，其梵文名为 Nalakūvara。以哪吒为主角的传统经典神话叙事，则经历了从唐至明清漫长的生发与流变过程，在这一过程中，由经书入

---

　* 作者简介：王小强，博士，中国海洋大学文学与新闻传播学院中文系副教授，主要从事文学理论、文艺批评、影视艺术研究；曹晋源，中国海洋大学文学与新闻传播学院文艺学 2019 级研究生。

小说，由佛入道的复杂的叙事演绎，使得这一神话故事在内容上饱含着伦理、宗教等诸方面文化因子的"纠葛"，因此哪吒故事经典便拥有了丰富而深刻的文化意蕴，使得哪吒题材影视有了广阔的创意改编空间。

哪吒题材的影视剧改编和创意，自 20 世纪 20 年代第一部哪吒题材电影开始，一直延续到 21 世纪的今天。百年以来，哪吒题材影视剧的改编与创意经历了多次高光时刻，出现了《哪吒梅山收七怪》（1949 年）、《哪吒》（1974年）《哪吒闹海》（1979 年）、《哪吒传奇》（2003 年）、《哪吒之魔童降世》（2019 年）等不同时代的经典作品。作为一种文化现象，哪吒题材影视剧改编和创意始终深受百年来中国政治、经济、文化发展的影响，不同时代哪吒题材影视剧作品，则成为那个时代中国政治、经济、文化发展的表征和记录。

百年来，哪吒题材影视剧改编和创意能够伴随光影传媒科技日新月异的进步而与时俱进，能够在穿越历史的商海沉浮与意识形态抒写之间经久不衰，能够在不同的历史时期创造经典并引发民众热爱和关注，这在中国影视发展史中具有独特非凡的个案色彩。在我国影视产业突飞猛进的今天，从文化产业角度对这一个案展开分析，有着突出的学术价值和产业化参考价值。

一、哪吒题材影视剧的 IP 资源考察

哪吒形象原本出自佛教经典。唐代开元年间，高僧不空译的《北方沙门天王随军护法仪轨》中言："佛言：'善哉善哉，哪吒天王，汝为降伏一切国王大臣百僚杀凌者，亦法佛相违者。'"[1] 说明哪吒乃是佛教中的护法神。哪吒童子形象，则可追溯到敦煌壁画中的毗沙门天王赴哪吒会图。在《莫高窟功德记》描述此画的文字中，不仅能读到哪吒神故事的场景，还能看出"弑父"的元素："毗沙赴会，掌请弥陀于时不来，哪吒案剑而待诛，闻请弥陀心欢喜。"[2] 宋时禅僧语录中还提到了哪吒割骨肉还双亲的情节，据《五灯会元》载："哪吒太子析肉还母，析骨还父，然后于莲花上为父母说法。"[3] 以上种种，说明在唐宋时期，哪吒的经典形象：童子身与叛逆性格已然定型，而哪吒故事的经典情节：剔骨割肉和"弑父"也有了雏形。

---

① ［日］高楠顺次郎：《大正新修大藏经》（第 21 册），台北：佛陀教育基金会出版部，1990 年，第 225 页。

② 郭俊叶：《托塔天王与哪吒——兼谈敦煌毗沙门天王赴哪吒会图》，《敦煌研究》2008 年第 3 期。

③ 普济：《五灯会元》，北京：中华书局，1984 年，第 74—120 页。

　　元明时期，哪吒的主体形象发生了变化，哪吒的故事也更为丰富曲折。在《三教源流搜神大全》中，哪吒是玉帝座下大罗金仙，脱胎降生在李靖家，闹东海，降石叽，割肉还父，后由世尊"折荷菱为骨，藕为肉，系为胫，叶为衣而生之"。①《三教源流搜神大全》中的哪吒不仅从佛教神转身变化为道教神，又增添了莲藕身的形象，以及闹东海等故事情节，这些变化影响到了《西游记》和《封神演义》。在《西游记》中，哪吒"弑父"的情节得到了极大的强调："这太子三朝儿就下海净身闯祸……天王知道，恐生后患，欲杀之。哪吒奋怒，将刀在手，割肉还母，剔骨还父，还了父精母血，一点灵魂，径到西方极乐世界告佛……佛慧眼一看，知是哪吒之魂……念动起死回生真言，哪吒遂得了性命……后来要杀天王，报那剔骨之仇。"②

　　《封神演义》在继续强调哪吒父子矛盾的基础上，又融合汤武革命的故事。小说中第十二回，作者描写哪吒的出世："这位神圣下世，出在陈塘关，乃姜子牙先行官是也。"③，突出了哪吒先天的革命事业，又借姜子牙之口，道出哪吒犯一千七百杀戒的命定。并且，《封神演义》更加地把"弑父"情节描述得惊心动魄，在第十四回中，李靖烧掉哪吒行宫，惹得哪吒重生后找李靖报仇："哪吒力大无穷，三五合把李靖杀得马仰人翻，力尽筋输，汗流浃背。李靖只得望东南避走。哪吒大叫曰：'李靖休想今番饶你！不杀你决不空回！'"④

　　经过对哪吒题材影视剧IP资源的梳理，我们可以发现，由唐宋至明清，哪吒形象和哪吒故事有着非常复杂的演变，但无论如何变化，总围绕着两个常量：一是哪吒的主体形象，二是哪吒"弑父"的叛逆情节，其余变量皆由此敷衍而生。而这两个常量，经过长时段的、不同叙事文本的改编，本身就蕴含着丰富的话语言说空间，这才使得哪吒经典能成为IP"宝藏"。

　　首先，我们来考察哪吒的主体形象。哪吒经历了由佛入道的转变，尤其这转变发生在宋明时期，体现了"三教合流"的趋势："哪吒由印度的护法神，演化为道教灵珠子转世的英雄神。哪吒神演化的过程，实际是中国传统文化对外来宗教文化的吸收、融合和创新过程。也可以说，哪吒演化的过程，是儒释道三家思想融合的缩影。其中有佛教对道教的吸取与融合，更有道教对

---

　　①　章培恒：《封神演义前言》，许仲琳，李云翔：《封神演义》，南京：江苏古籍出版社，1991年，第12页。

　　②　吴承恩：《西游记》，北京：人民文学出版社，1980年，第973页。

　　③　许仲琳《封神演义（上）》，西安：太白文艺出版社，2000年，第111页。

　　④　许仲琳《封神演义（上）》，西安：太白文艺出版社，2000年，第134页。

佛教的吸取与融合，又有儒家思想的运用。"①《西游记》中外道内佛的太子哪吒，《封神演义》中仍有印度佛教因子的灵珠子，都彰显了中国文化对域外文化的包容与吸收，都表现了各家宗教思想、宗教话语彼此同一贯通的关系，如此肥沃的文化实践空间，自然为日后哪吒题材影视剧的改编开辟了适宜的土壤。

其次，哪吒剔骨弑父这一能指，也有着独特的文化意义。儒家强调父为子纲：父为阳，子为阴，哪吒弑父的行为在重视人伦人性的儒家眼中与禽兽无别。即便对道教而言，哪吒任我、叛逆的行为，也算不上是"通照人事"，达不到无我的要求。因此，哪吒析骨析肉以及弑父的举动，在古代无异于一场对伦理和道德的冲击，起到了解放思想的作用。宋元以降，哪吒剔骨弑父的情节被反复渲染、改造、夸大，并且因着这其中反父权、反权威的话语，被文人们进一步将哪吒融进汤武革命叙事中，赋予其政治色彩。

因为以上常量与变量的相互作用，使得哪吒形象和哪吒故事成了传统文化特别的一部分，其内含的伦理、道德、宗教、政治话语的纠葛，存有的古典文化语境中顺应与背离之间的张力，带来了丰富的创意空间。近代以来，西学东渐进程中影视传媒的兴起及西方现代思潮的冲击，促进了这一创意空间的释放。

1905 年，中国第一部电影《定军山》在北京"大观楼影戏园"上映，代表着媒介叙事形式的更新。1927 年，顾无为导演的《封神榜之哪吒闹海》和李泽源导演的《哪吒出世》相继上映，虽然故事框架仍遵循《封神演义》，但是迈出了哪吒题材影视改编哪吒经典 IP 的第一步，这也是哪吒形象和哪吒故事在荧幕上的最初形态。值得注意的是，由于对视听信息的认知能力是所有教育程度的人都有的，这使得哪吒题材影视先天在传播上就比口头与文本媒介更具普适性，因而也会为哪吒经典的创意产品培养更多的受众。

与此同时出现的，还有电影行业建立之初的商业竞争浪潮："1926 年至 1931 年间的'古装片'、'武侠片'和'神怪片'三种创作时尚的相继勃兴。这是中国电影史上的第一次大规模的商业电影浪潮。"②早期的哪吒题材影视剧便诞生于这场浪潮之中。

除了媒介技术上的进步，思想潮流也有更迭。近代以后，特别是五四以

---

①　刘文刚：《哪吒神形象演化考论》，《宗教学研究》2009 年第 3 期。
②　弘石：《第一次浪潮——默片期中国商业电影现象述评》，《当代电影》1995 第 2 期。

来，西学东渐，各种思潮交汇对话，给予了哪吒题材影视广泛的价值选择空间。除了科学、民主思想深入人心："围绕着意识形态统治权的斗争，出现了自由主义、马克思主义与新传统主义（主要是现代新儒家）三个思想流派。这三种势力的起伏消长既反映了中国社会急剧变迁的特征，也决定了此后好几代中国人的命运。"① 以白雨编剧的秦腔历史神话剧《哪吒闹海》为例，此剧更突出哪吒的反抗精神，强调龙王统治的封建本质，很明显受到马克思主义和革命叙事潮流的影响。

可以肯定的是，在西学东渐带来的价值观震荡与冲击中，哪吒经典 IP 资源所拥有的丰富话语意蕴和广阔的文化实践空间，借助新型影视媒介的力量，在改编与创意中得到了创造性的开掘和发展。在 20 世纪复杂的历史语境中，哪吒题材 IP 影视开发，在商业利益追求和革命意识形态表达两种不同的价值选择中不断游走，并在相互影响与借鉴中生成极富时代意味的电影文本。而新世纪的来临，则又给这一 IP 提供了不同以往的创意灵感："革命"已然远离，人们生活在商业社会的日常里，女性、亲情、家庭、个体自由等人伦价值回归民众日常关注，哪吒题材影视剧的改编和创意以"逆崇高"的方式宣告了新历史阶段的到来。

二、20 世纪哪吒题材影视剧改编的创意路径与价值选择

哪吒题材影视剧的 IP 资源开发，在 20 世纪 20 年代末期便已发端，但在接下来的 40 余年内，哪吒题材影视剧产量稀少。而 20 世纪的最后 30 年，哪吒题材影视不仅产量可观，并且出现了较多佳作。

20 世纪 20 年代至 70 年代可考的哪吒题材影视剧有：1927 年的《封神榜之哪吒闹海》和《哪吒出世》，及 1949 年的《哪吒梅山收七怪》。1927 年的两部电影，是中国电影第一次商业浪潮的产物，属于神怪片的类型，可贵之处在于为影视剧哪吒经典的叙事能力进行了探索，但艺术形式创新不足。1949 年的《哪吒梅山收七怪》是一部香港商业片，由于香港特殊的政治背景和地理位置，这部片延续的是中国电影第一次商业浪潮的发展线索，走的是神怪、武侠通俗类型片套路，在那个商业片还不成熟的年代，《哪吒梅山收七怪》选择对哪吒经典进行英雄叙事偏向的改编，并在影像风格上追求一种富

---

① 陈少明等：《近代中国思想史略论》，广州：广东人民出版社，1999 年，第 9 页。

有东方韵味的奇幻景象。①

70 年代以后，有 1973 年的《梅山收七怪》和 1974 年张彻执导的《哪吒》。其中《哪吒》由当时香江才子倪匡编剧，但《哪吒》的亮点并不在情节，而在张彻对于哪吒析骨还父、析肉还母情节的处理，是以哪吒剖腹剜肠来表现的，极度具有镜头冲击感。片尾父子矛盾的演绎，也充满了张彻特有的阳刚美学。这是首部充满作者感的哪吒题材影视，虽然故事改编落入俗套，但在视听调度的形式上却颇有创新之举。

70 年代最出彩的作品，应是 1979 年向中华人民共和国成立 30 周年献礼的《哪吒闹海》，此片被评为迄今为止中国动画电影的高峰之一。《哪吒闹海》在改编与创意的路径中，找到了民族美术与传统经典文本结合这一成功方法，不仅获得了百花奖最佳动画电影奖，还成了第一部成功参展戛纳的华语动画电影。作为《哪吒闹海》的美术总设计，张仃一直强调向民族美术学习，在《哪吒闹海》的人物设计上"遵循两条原则：一、尊重剧本的风格……二、一定要有民族特色。在人物设计过程中，我广泛地参考了一些历史资料，如敦煌、永乐宫的壁画和民间年画、版画等等；同时也注意神话故事的内容以及美术片的特点，不能让历史框住"②。

《哪吒闹海》对民族艺术的运用是相当见功底、见创意水平的。首先，是对于敦煌艺术的运用：敦煌壁画飞天的飘逸姿态和"飘带云纹"淋漓尽致地体现在影片 27 分钟天女飞行轻举于天庭之时；敦煌壁画中的夸张手法被用于表现哪吒的天生神力；敦煌壁画中暖色系和冷色系的对比技巧被使用去渲染影片场景的层次感。其次，是对戏曲艺术的应用：在戏曲音乐的处理上，"其背景音乐多运用中国传统民乐——琵琶、古琴、笛子、扬琴、二胡、古筝、唢呐的独奏或合奏，都具有浓厚的民族韵味"③。在扮相与动作的设计上，用脸谱艺术去表现人物正邪忠奸，用京剧的身段动作去展现人物的个性和运动，比如敖丙以赤发白脸的凶神造型和霸道得意的舞台台步登场，就是在表现他的张扬个性。最后，是对年画艺术的借鉴。"《哪吒闹海》中，哪吒的造型借鉴了民间年画中的童娃的造型：大圆脸，杏核眼……哪吒的师傅太乙真人的

　　① 曾严彬：《新世纪中国魔幻电影的类型化探析》，《浙江传媒学院学报》2017 年第 1 期。
　　② 张仃：《关于动画片〈哪吒闹海〉的一点感想》，雷子人编：《张仃文集》，济南：山东美术出版社，2011 年，第 68 页。
　　③ 李骏：《中国动画电影中的戏曲元素研究——以〈大闹天宫〉〈哪吒传奇〉等为例》，《湖北职业技术学院学报》2009 年第 4 期。

造型，也是根据民间年画以及民间百姓对神仙老者的描述设计的。"①

《哪吒闹海》在立意上力求创新，牢牢抓住革命浪漫精神，对经典进行了创造性的改写。《哪吒闹海》的叙事最有创意的地方，便是把《封神演义》原有的汤武革命叙事替换为了现代革命叙事，并且把革命故事巧妙地浓缩在仅仅 59 分钟的短片中，其策略便是：1. 隐去伐纣背景，将矛盾场景集中在陈塘关，矛盾起源解释为龙王横行霸道、欺压人民，这样一来哪吒对龙王势力的反抗，便是出于正义而非天命；2. 强化太乙真人和哪吒的革命形象，对李靖进行否定性描摹：太乙真人甫一出场便强调自己的侠义，而哪吒更是路见不平，拔刀相助，相反李靖却唯唯诺诺，还试图维护腐朽政权的统治，这三个关键人物对应的是革命小说中固定的三种角色：革命导师、革命青年与青年试图摆脱的封建家长；3. 将哪吒自刎的场面由四海龙王擒困李靖夫妇之时，变为在四海龙王水淹陈塘关之际，滔天洪浪，苍生涂炭，父亲暧昧不语，此时哪吒自刎的动机就是为拯救黎民苍生而刎，哪吒自刎的符号意义是对反动政权和封建专权的控诉，而非单纯为了"不累双亲"。通过对矛盾冲突、人物设定和矛盾解决场景的微妙改变，《哪吒闹海》完成了 1 小时现代政治革命类史诗叙事。

《哪吒闹海》还实现了哪吒题材影视的成功传播，一定程度上代表了早期哪吒题材影视的传播效果和传播策略："1980 年，《哪吒闹海》为第一部在戛纳电影节参展的华语动画电影，在电影节期间做特别放映。该片 1983 年获菲律宾第二届马尼拉国际电影节特别奖，1988 年获法国第七届布尔波拉斯文化俱乐部青年国际动画电影节评委奖、宽银幕长动画片奖。上海美术电影制片厂还将《哪吒闹海》制成影音光碟，销往内外。这些荣耀足以在国际上掀起'哪吒热'。"② 我们可以看出这个时期的哪吒主题影视传播，是以"参展电影节获奖 + 制作 CD 售向海内外"这个模式为主的。

作为影视媒介第一个成功改编哪吒经典的范本，《哪吒闹海》牢牢抓住了哪吒经典 IP 中哪吒主体形象和哪吒析骨还父这两个常量，借鉴《封神演义》的革命叙事策略，赋予哪吒主体现代革命青年的形象，让析骨还父的矛盾冲突点转移为与封建的斗争，实现了哪吒故事的微创新。《哪吒闹海》还将哪吒经典与民族艺术进行创造性的融合——前一种是叙事、人物方向的创意，后

---

① 汪开庆、陈玉莲：《民族艺术形式对动画角色造型的影响》，《民族艺术研究》2011 年第 3 期。

② 王平：《中国古代白话小说传播研究》，济南：山东教育出版社，2016 年，第 147 页。

一种是融合民族艺术的创意，形式上回归传统，内容上对原有的文化内涵进行挖掘并依据时代精神做出有偏向性的改编，并且在传播上也获得了非常大的成功。21世纪哪吒经典的再创造之路基本就是沿着这两条线索发展的。

而20世纪八九十年代的哪吒题材影视剧中，令人注目的有1986年电视剧《西游记》和1999年电视剧《莲花童子哪吒》，前一部按小说《西游记》剧情拍摄，后一部改编自小说《封神演义》。1986年《西游记》之经典自不必说，其中一前一后扮演哪吒的演员都是当时戏曲界的明星，一招一式都有武旦功底，颇具民族艺术色彩。1999年电视剧《莲花童子哪吒》则在《封神演义》的情节上进行了一定层次上的改编，比如突出了哪吒和母亲动人的母子情，比如将灵珠子的形象可爱化，赋予他孩子的单纯和正义感，而不再是小说中命犯杀戒并有些蛮横的哪吒。

整体而言，20世纪哪吒题材影视剧在对哪吒经典IP的改编与创新上有开创之功。特别是20世纪后30年的作品，不仅立意大胆，形式充满民族风格，内容改编顺应时代话语的变迁，从中诞生了《哪吒闹海》这样堪称优秀的哪吒题材影视作品。20世纪哪吒题材影视在创意和传播方面的成功范式，启迪了21世纪哪吒题材影视的改编与创新。

三、21世纪以来哪吒题材影视剧创意与改编的新趋向与特点

21世纪哪吒题材影视剧的改编和创意，是在对20世纪哪吒题材影视剧改编和创意的继承与超越中进行的。21世纪哪吒题材影视剧的改编和创意，一方面显示出一以贯之的民族化路径的延续，另一方面又展示出"后革命"语境对影视剧文化价值生成的渐进性影响。在叙事内容上，对于哪吒IP资源的两个常量——哪吒主体形象和析骨弑父情节的改编，愈来愈新颖大胆；在影视剧中，女性形象越来越突出，个体价值选择和追求受到更多的重视，亲情人伦逐渐向传统回归。在艺术形式上，对民族艺术融合得越来越有创意，传播模式也越发创新。

21世纪之初，2001年TVB出品的《封神榜》被内地引进，这部剧最具创新之处，便是令女性形象不再失语：哪吒的母亲殷十娘被塑造为一个既能征战沙场，又教子有方的女性，是对哪吒的成长起到关键作用的角色。此剧前半部又名"爱子情深"，殷十娘雨中教子，为子牺牲，恰好对应的是父亲的缺位，以往父子人伦的探讨被替换为对母子人伦的渲染。而此剧另一个创新点，是将拥有"天命""正义"光环的哪吒降为一个问题少年，他需要殷十

娘含辛茹苦的教导，他需要跌宕的成长，如此，他才能成为一个"忠义乾坤"的英雄。哪吒形象的改造和殷十娘角色的突出，使得这个版本的哪吒故事被改编为忠孝仁义的伦理剧和豪杰英雄的成长史，拥有了双重魅力。

21世纪第一个十年产出的哪吒题材影视中，如果说 TVB《封神榜》在内容的创意上突出了母子人伦的创新，那么 2003 年央视动画《哪吒传奇》则是在融合民族艺术的道路上侧重将哪吒经典少儿化。在民族风格的探索上，一方面是糅合上古时代神话，比如将夸父逐日、三足乌和哪吒战石叽救苍生的情节联系起来，让主题更为宏大的同时，增添了教化色彩；一方面是运用民族美术去设计人物造型："从对中国水墨人物清新隽永风格的继承，到对'笔断意不断'的东方文化意境的实践，以至人物衣袖饰带的长短、衣物图饰的繁简；从民族乐器在本片音乐中的独到应用，乃至以一鼓之击作为渲染剧情的巧妙音效"①。基于以上，《哪吒传奇》又侧重对哪吒少年英雄形象的刻画，以符合当时青少年的审美去造型：额前一撮小刘海，一对绿色耳坠配粉丝飘带，还有一只小猪熊做宠物；同时，不仅用特效去表现哪吒乖萌帅气外表下的天生神力，创作团队还有意识在哪吒身上展现中华民族精神：自强不息、勇者无畏、爱好和平。这样一来，就使民族精神和民族美学以青少年可以接受的方式在哪吒故事中体现，为哪吒经典吸引了大量的青少年受众。

继《哪吒闹海》后，《哪吒传奇》也在传播上取得了显著的成绩："2004年《哪吒传奇》图书卖出 80 万套，累计销量 800 余万册！图书 130 多种，有玩具、音像授权、玩具拼图等。"②不仅如此，《哪吒传奇》的海外传播还突破了仅靠海外当地影展展映的限制，得以成功出口东盟国家，在其主流电视台播出。"图书销售＋玩具周边＋出口海外电视台"，这是《哪吒传奇》为代表的，达到了相当效果的传播模式。

此后 10 余年，哪吒题材影视发展迅猛，在改编和创意上呈多元化趋势：有继续在奇幻特效上突破的，如 2007 年《封神榜之凤鸣岐山》和 2009 年《封神榜之武王伐纣》；有追求轻松幽默风格的，如《传奇·幻想殷商》；还有由国外改编拍摄的，如日本动漫《仙界传·封神演义》。此时段的哪吒题材影视更多地有了大制作、大场面，但改编水准和创意仍然缺乏大的突破。

---

① 褚朔纯：《民族风格的有益尝试——大型动画片〈哪吒传奇〉民族风格浅析》，《中国电视》2003 年第 9 期。

② 李南，孙哲：《写在〈水漫金山〉播出时——访〈哪吒传奇〉〈美猴王〉〈水漫金山〉动画总导演陈家奇》，《成都大学学报》（社会科学版）2012 第 4 期。

　　2019 年上映的《哪吒之魔童降世》，以解构、超越和"逆崇高"的方式对哪吒经典进行"创造性修正"，看似荒诞，实则贴合了当下的时代精神，并且在制作技术上也有突破，所以成了哪吒题材影视的又一高峰。

　　首先，《哪吒之魔童降世》在民族艺术运用方面较之以往有突破之处。此片在坚持场景的民族风格的同时，别致地突出传统文物的造型艺术："看守哪吒的两个呆头呆脑的结界兽，它们的造型很像四川广汉三星堆中的'青铜鸟兽'与'戴金面罩青铜人头像'；殷夫人生哪吒时，太乙真人在外面喝酒所用的酒坛形象类似'涡纹彩陶罐'……哪吒的生辰宴会，乐队中使用的有传统民族乐器'铙'，饮酒用的器皿形状是'觚'和'爵'；收住哪吒和敖丙魂魄的是'青瓷莲花尊'的原型等。"① 此外，《哪吒之魔童降世》对民族音乐的应用也有创新之处。创作团队请来 90 后音乐天才朱芸编负责影片的配乐，他使用中西音乐结合的方式，以中国传统音乐特别是二胡、唢呐的演奏为主，不少片段的配乐有一种《小刀会序曲》的磅礴之感，西方音乐则是配以电吉他、管弦乐演奏。

　　其次，是以超越和"逆崇高"的方法去翻新经典。叙事上转移主题，将由《封神演义》到《哪吒闹海》中的革命叙事、"弑父"冲突消解：由《哪吒闹海》中反压迫反权威反封建的高呼，到《封神榜》中豪杰物语和孝义伦理的展现，再到《哪吒传奇》中少年英雄对民族精神的实践，最后是《哪吒之魔童降世》对实现个体解放和打破偏见的肯定。主题的转移，相应的是叙事的创新：如果说《哪吒闹海》借鉴的是传统戏曲叙事结构，《哪吒传奇》运用的是多线并行的成长叙事，那么《哪吒之魔童降世》则更多是拼贴式的故事结构。好莱坞的三幕式结构和"最后一分钟营救"策略保证了此片的叙事节奏和整体故事的完整，又吸收了港片的幽默桥段作为叙事的润滑剂。

　　不仅如此，《哪吒之魔童降世》对以往哪吒经典的人物形象关系和人伦价值也有令人耳目一新的颠覆。特别是哪吒的集体主义英雄主体形象，被玩笑式地解构为个体主义：《哪吒闹海》中的白衣飘飘、《莲花童子》中的灵气纯真，被一个画着烟熏妆的插袋小孩取代，他一脸吊儿郎当，满嘴"我是小妖怪，逍遥又自在，杀人不眨眼，吃人不放盐"。太乙真人也由革命导师变为一个骑着飞猪、操着四川普通话的胖子。人物关系方面，也不复以往的二元对

---

① 张敏：《〈哪吒之魔童降世〉：以传统民间资源构建文艺"人民性"》，《电影文学》2019年第 23 期。

立：哪吒和敖丙，原是正邪不两立，在此片中却类似于太极双鱼："将《封神演义》原著中的灵珠子设定，改为混元珠，从《哪吒闹海》的主角哪吒、反派敖丙，变成《魔童》'哪吒—敖丙'双雄结构。"[1]

至于哪吒题材影视曾经着意表现的析骨弑父的人伦冲突，被此片以现代式的充满爱意的人伦家庭化解。哪吒的母亲殷十娘在《封神榜》和《哪吒传奇》的形象基础上，更有提升，她更符合现代职业女强人的设定，能独立征战，个性十足，又富有事业追求，对哪吒的教育也更像现在强调的"快乐教育"。而哪吒父亲李靖的形象则是"翻天覆地"的改动，原本在家庭教育中缺位的李靖，成了给予孩子充分关心、并且愿意为孩子牺牲自己性命的好父亲，这正是当代完满原生家庭在电影的投射。而成长在这样充满爱的家庭中，哪吒从小受到的束缚是很少的，李靖对他的教导也是"你是谁，只有你自己说了才算"，因此《哪吒之魔童降世》中主体的理想价值诉求，就由追求和平、平等的理想世界，理所当然地变更为"我命由我不由天"。

在语言方面，尤其是人物对白、独白的语言方面，《哪吒之魔童降世》也实现了对传统经典的"逆崇高"。哪吒的独白中，"茅房去拉屎，想起忘带纸"俗气十足又引人发笑，"生活你全是泪，没死就得活受罪"则是小孩装大人看破世事，相当诙谐。人物的对白则多插科打诨，生活气息十足，基本摆脱了《哪吒闹海》的戏曲式对白或《封神榜》的正剧式对白，从语言上让仙人和护法神"跌入凡尘"。

最后，《哪吒之魔童降世》的制作技术尤为令人称道。《哪吒闹海》是由手工绘制每一帧的画面，《哪吒传奇》的前期制作则是一笔笔在 PS 上实现人物动作和斗法激光的特效，而《哪吒之魔童降世》作为中国影视史上第一部IMAX 动画电影，自然在特效上下了苦功夫："成片中特效镜头 1318 个，占比高达 80%，参与特效制作的公司多达 20 家，仅'江山社稷图中四个人抢笔'的场景草图就做了两个月，总耗时 4 个月。"[2]大量的 CG 和动作捕捉技术，一步步地合成、渲染，使得电影的特效与民族艺术形式更完美地融合。

哪吒题材影视如何在互联网时代达到广泛的传播，破 50 亿票房的《哪吒之魔童降世》给出了答案。影片先以超前点映的形式与观众见面，以优质的

---

① 彭慧媛、李柯颖：《1961—2019 民族动画中哪吒银幕形象的嬗变》，《电影新作》2019年第 6 期。

② 李妍：《导演饺子：做〈哪吒〉没别的，就是死磕》，《新京报》，2019 年 7 月 26 日，第C02 版。

内容和创意引得各路影评人和观众在社交媒体上不断给出好评。而后，影片的点映在正式上映前五天结束，留足了口碑发酵的时间。在正式上映后，好评和票房不断攀升，片方利用微博热搜，频频制造诸如"哪吒到底怎么念"的方言梗、哪吒"烟熏妆"的妆容梗等话题，激发观众和网友参与同人创作和话题讨论的热情，随着关注、参与和讨论的持续增加和观众的持续支持，影片票房持续走高，大众也因此认识了传统经典再创造的魅力。

《哪吒之魔童降世》传播效果如此之成功的原因无外乎两点：出色的宣发团队和新媒体的妥善运用。具体说来，影片的传播过程中，最亮眼的就是它将游戏元素融入于传播实践当中，像游戏一样带给参与者愉悦的沉浸体验：影片先是以点映提供充分的受众空间，官方和"自来水"形成良好的互动关系，然后激发受众的参与热情，创造全国方言读"哪吒"和同人创作的乐趣，为受众提供社交化资本，形成更具目的性的传播动力。①

综上，21世纪哪吒题材影视不仅有故事内容的创新，也有影视形式的进步。故事内容上，首先是主题立意越来越新颖，叙事氛围越来越轻松诙谐，突破了以往的革命叙事框架，不断借鉴美日影视的叙事模式；其次在对人物的改编上，对哪吒主体形象的刻画越来越注重他的性格成长曲线，并且由于女性在创作团队中人数和地位的提升（《哪吒之魔童降世》导演饺子曾透露创作团队大多都是女生）和时代的日益开放，殷夫人在哪吒题材影视中的形象和作用也得到大大的改进，李靖的父亲形象也越发柔和，曾经相恨相憎的父子关系，也慢慢改变为彼此关心爱护的父子人伦。影视形式上，注重吸收戏曲、壁画等传统艺术的同时，又博采众长，借鉴建筑艺术、文物艺术，并且因为传媒技术的更新，将传统与现代，艺术与技术结合得越来越自然。与此同时，对不断更迭的传播策略、传播媒介的创新利用，使得哪吒题材影视传播得越来越广泛。这一切，都使得哪吒经典在当代焕发出更为强大的生命力。

四、哪吒题材影视剧改编与创意的价值与思考

百年来，哪吒题材影视剧的改编与创意经久不衰，穿越时代的沧桑变化，哪吒题材影视剧改编和创意，产生了一批既能赓续民族文化血脉，又能展现不同时代氛围和意蕴的经典影视作品。因此，无论从产业化角度来看，还是

---

① 武文：《传播游戏理论对国产动漫电影推广的启示——以〈哪吒之魔童降世〉为例》，《东南传播》2019年第11期。

从文化传播的角度来考察，百年来哪吒题材影视剧的改编与创意，都对我们今天民族传统文化资源影视化 IP 开发有着重要的启示和意义。

从 IP 资源文创开发的个案来说，哪吒题材影视剧的改编与创意无疑具有典型性。哪吒题材影视剧改编与创意延续近百年，支撑其 IP 资源开发的根本因子，在于民族文化和民族精神的绵延和传承。哪吒题材神话故事本身充满了包括儒释道传统文化内涵在内的复杂的文化张力空间，这使得这一 IP 资源在开发过程中，一方面可以采取传统、保守的态度来赓续民族传统文化与伦理，另一方面又可以采取颠覆和解构的激进姿态于批判否定中重建民族文化与伦理。从 20 世纪 20 年代到 21 世纪的今天，哪吒题材影视剧作品中展现出的民族文化表征，正是这样一个由保守到激进，再由激进逐渐回归保守的轮回进程，这也导致了百年来哪吒题材影视剧在叙事上尽管形态各异，但在精神内核上却展现出百年来民族传统文化伦理展开突围与赓续的努力与挣扎。

哪吒经典 IP 资源哺育了哪吒题材影视，而哪吒题材影视又对哪吒形象和哪吒经典故事进行了创新的改编、有创造力的呈现以及更具有普适性的传播，两者的互动构成了传统经典"文化的循环"或者说是再生产的过程，对民族文化传承有极大的帮助，这也许是哪吒 IP 影视开发在文化实践上最重要的意义。

除了文化实践上的意义外，哪吒题材影视对哪吒 IP 的改编也有着独特的审美意义，《哪吒闹海》《封神榜》和《哪吒之魔童降世》等作品都体现出各自的时代精神，探索出了极具表现力的民族艺术风格，并且表现出了独特的审美风格：有的具有崇高雄浑的风格境界，有的则营造出戏谑诙谐的气息，还有的具有浪漫、童话的色彩。不同作品的美感给予观众不同的审美体验，又都带给人以想象的自由，使观众得以领略传统经典的魅力。

百年来，哪吒题材影视剧的改编和创意尽管创造了辉煌，生产出多部经典作品，然而该 IP 资源的开发仍有其不足。首先，哪吒题材影视剧的创作和传播仍然缺乏跨文化语境的魅力。就创作、改编来说，目前仅有《哪吒闹海》赢得了海内外共同的赞誉，而其他作品则受文化差异所扰得不到国外观众的欣赏。就传播来说，首先面对高语境文化向低语境文化传递意义的困难：哪吒题材影视剧的创意毕竟根植于汪洋浩博的中国传统文化，与北美等低语境文化隔着一层语境差异的墙。其次，海外宣发方面经验不足、资金短缺等问题阻碍哪吒题材影视剧的传播。因此，哪吒题材影视剧要实现哪吒经典的跨文化创作与改编，则需要借鉴《功夫熊猫》《花木兰》等好莱坞改编我国传统经典的成功之作，学习他们如何在故事层面营造出共同的意义空间，打破语境、文化的藩篱；在宣发方面加大资金投入，借鉴《卧虎藏龙》的成功范式，吸引国外片商巨头或主流电视台的注意，提升发行量和播出量。最后，哪吒IP资源的开发还未形成产业效应，这需要在以往成功经验的基础上，推动创意产业和影视产业升级，放大人才的聚集效应和产业规模效应，为哪吒题材影视的创意之路打下更坚实的基础。

品牌故事与中华文化传播探究

——以东阿阿胶为例

耿志宏　　张红帆*

（青岛大学新闻与传播学院，山东青岛，266071）

摘　要：品牌故事是塑造品牌形象、品牌营销传播的利器。以故事塑品牌，需要从品牌故事的构建和传播两方面入手。通过研究东阿阿胶品牌故事的构建与传播，发现品牌故事的创作需要重点考虑故事主题、故事意义、故事题材和故事内容四个方面。根据受众需求和新媒体的变化，企业要及时转换故事的构建、讲述和传播方式，深入挖掘中华优秀传统文化，积极融入新媒体语境传播品牌故事，既要保持品牌故事主题的一致性，还要内容不断创新，形式与时俱进，以提升品牌形象，在新时代焕发新生；进而通过品牌故事进行文化创意，传播当地文化与中华文化。

关键词：品牌故事；新媒体营销传播；东阿阿胶；中华文化

在信息和媒体资源空前丰富的今天，如何吸引人们的注意力成为衡量传播效率的关键，"注意力经济"时代在商业资本和媒体的裹挟下悄然而至，不少老企业的品牌故事因"老化无趣"而被渐渐淡忘。如今融媒体广告在营销传播环境中只讲求功效的传统广告和部分互联网广告已经失去竞争力，而那些"走心"的、"有意味"、"有料"的品牌故事广告往往能吸引受众宝贵的注

---

　*　作者简介：耿志宏（1970—），女，山东省青岛市人，青岛大学新闻与传播学院副教授，院长助理，广告学系主任，硕士生导师，研究方向：创意与文化传播，品牌传播。张红帆（1995—），女，山东省聊城市人，青岛大学新闻与传播学院硕士研究生，研究方向为创意与文化传播。

意力，甚至成为热议话题和社会宠儿，受到越来越多传播学和营销学等领域研究者的关注。

阿胶源于山东东阿镇，有近三千年的历史，自汉唐就有作为皇室贡品的记载。阿胶的药用始见于湖南长沙马王堆汉墓出土的古医帛书《五十二病方》。明朝著名医药学家李时珍在《本草纲目》中将阿胶称为"圣药"，与人参、鹿茸并称中药三宝。本文研究的东阿阿胶品牌属于东阿阿胶股份有限公司，隶属于央企华润集团，是国内最大和最具影响力的阿胶及系列产品品牌，享誉海内外，自然也肩负着特殊的社会历史使命。东阿阿胶在不同的发展时期有不同的品牌故事，众多的品牌故事有其共性又各具特点，有的比较有影响力，有的却鲜为人知，这种差异不仅与品牌故事的构建有关，也与企业对于品牌故事的传播有关。本文将以中国传统品牌为例，通过对叙事理论与品牌故事关系的研究，以及对新媒体时代传播环境变化的分析，以发现东阿阿胶品牌故事的构建和传播过程中存在的问题，试图探索品牌故事的文化创意和传播策略，以抛砖引玉，引发对蕴含中华文化的品牌故事构建与营销传播的讨论和思考。

一、叙事理论与品牌故事的关系

在研究东阿阿胶品牌故事营销传播之前，有必要首先研究品牌故事的理论基础，即叙事理论。故事是一种使用口语表达或文本语言生产意义的象征体系，它根据角色的设置、情节的主线和转折来铺陈事件发展的时间序列及过渡，在结构上包含开始、中场、结局三个要素。[①] 而叙事是叙述者带着既有观点讲故事的过程，是关于故事的书写 、口语和视觉上的表述。[②] 故事的主题就是叙事者的核心表达观点，故事的主题只有一个，而表达和表现方式却可以有很多，这也就是同一个故事因为叙事方式不同而产生的不同叙事，叙事有很多的表现形式如小说、诗歌、歌曲、影像、新闻、广告等等。

在生活中，叙事能帮助人们感知和理解这个世界。因为故事天生带有吸引注意的特质，有起承转合的情节和成为传奇的佳话，易于记忆和传播。因而故事被大量运用在说理的过程中。例如演讲之前，故事往往容易吸引观众的心绪，更容易使演讲者顺畅地带出自己的理论而打动观众；作家写文章时

---

① Jerome Bruner., 1990, "Life as narrative", *Social Research*, Vol.54, No. 1, 1987, pp.11-32.

② Dan Padgett, Douglas Allen. Communicating Experiences: A Narrative Approach to Creating Service Brand Image[J]. *Journal of Advertising*, 1997, 26, pp:49-62.

也会在作品中穿插故事，以帮助读者更好地理解其想要表达的意境；企业管理者也经常通过企业创始人或者企业成长史的动人故事来激励员工努力工作，这在世界百强品牌建设中并不鲜见。

曾有这样的一个实验：使用1000个词汇向被访对象介绍一个人，分别用简历法和故事法，实验结果表明，用故事法介绍的认知率、好感率分别高达80%和70%，而用简历法介绍的认知率、好感率只有35%和31%。[①]人在社会化过程中离不开对于生活细节故事的不断编码和解码，故事独特的记忆点能使人们在接受和理解外界事物上变得更加容易。重要的是，人们不仅通过故事了解世界，更会对于故事附加自己的感情而产生情感联系，并形成新故事，因此，前面提到的广告等叙事形式在日常生活中能帮助人们建立自己与社会的关系。

在营销学领域，"故事营销"也成为营销学家越来越关注的问题。在企业营销中管理是重要的一环，而叙事的方法在管理过程中能起到温和而有效的作用，因而不少营销学家和广告学学者开始研究消费者的消费行为、心理和品牌故事之间的关系。例如美国劳伦斯·维森特的《传奇品牌：诠释叙事魅力，打造制胜市场战略》中提出："传奇品牌炼造精彩故事与神话，其恒久魅力催生了巨大消费群体和骄人的市场。它们精于运用客户关系缔造品牌神话，吸引忠实客户群体，引人注目，创造巨额利润。"

在现实中，不乏品牌故事塑造品牌的成功案例。譬如，奢侈品品牌香奈儿，以其掌门人香奈儿女士的艰辛创业历史为题材的品牌故事，不仅体现了香奈儿品牌内涵，即女性的高雅与坚韧，更是给品牌赋予了人格化的气息，令无数女性消费者动容。肯德基创始人在退休后推销自己的炸鸡配方，被拒绝1009次后才被消费者接受，88岁时品牌大获成功的励志故事激励了很多在职场奋斗的人。好的品牌故事往往能打动人心，只有那些"攻心为上"的故事更容易直击用户内心，从而得到更好的营销传播效果。

品牌故事与普通广告相比是一种事半功倍的企业或品牌形象传播形式，显得更为高明。因为人类的情感是共通的，所以一个传奇、生动、有趣的品牌故事常常能让品牌自己说话，把品牌从冰冷的物质世界带到一个生动的情感领域，让她充满生命活力。品牌故事最大的价值就是能使企业与消费者进

---

① 彭传新：《品牌叙事理论研究：品牌故事的建构和传播》，博士学位论文，湖北：武汉大学，2011年。

行高效沟通，"大众独白的时代已经结束，多元化的交流模式开始出现在今天的社会舞台上，而品牌故事就是多元化沟通最有效的引航者。"①

随着研究的深入，越来越多的学者关注品牌故事对品牌的影响，但很多研究者注重的是品牌故事对于树立一个品牌形象的作用，而未将品牌故事的影响力贯穿到品牌塑造的所有阶段。品牌塑造指的是品牌的建立、发展和管理的一系列战略行为，贯穿于一个品牌发展的动态全过程。品牌塑造是一个系统长期的工程，品牌个性和品牌文化的打造都是品牌塑造的核心工作内容。

对于一个品牌来说，其成长的路程是由无数个故事积累而成的，这些故事可能包括品牌创始人的传奇、品牌的历史发展沿革以及与消费者互动的感人故事。而品牌最终打动消费者的不仅仅是产品，更多的是通过故事与消费者达成情感的共鸣，从而将品牌铭记于心。因此对于企业来说，重要的不仅是制造好产品的能力，同样重要的是塑造品牌，并通过"讲故事"这一高效的途径宣传自己的品牌，在品牌塑造和发展的各阶段都能用品牌故事说话，形成品牌独有的文化记忆，在消费者心目中存留文化印记，从而长期形成独特的品牌文化。

二、品牌故事对企业营销传播的影响

品牌是一种综合象征和无形资产，包括品牌属性、名称、包装、价格、历史、信誉、广告方式等的总和。品牌是消费者对于某商品产生的主观印象与精神契合，并使得消费者在选择该商品时产生对某品牌的购买偏好。菲利普·科特勒认为：品牌是企业最持久也是最强有力的资产。品牌在企业发展中处于核心战略地位，然而，如何树立起企业的品牌形象？品牌外在的名称、标志、价格等可以被人为确认，而品牌在消费者心中无形的价值却很难把控。

曾经有很多企业凭借雄厚的财力物力，运用炒作、广告轰炸、大规模的公益赞助等进行品牌个性和品牌文化的塑造，通过这种短暂优势来刺激和吸引消费者的购买冲动，但这样做有时可能导致品牌的迅速衰落，因为其过度宣传，给消费者过高期待，平平的质量会让消费者大失所望，甚至产生反感。因此，相对于无形的品牌来说，用"润物细无声"的品牌故事来打动消费者，更有利于品牌形象在消费者心中的滋长，利于促进品牌营销传播和长远发展。

---

① [德] 沃尔夫冈·谢弗（Wolfgang chaefer），[德] J.P. 库尔文（J.P. Kuehlwein）：《品牌思维：世界一线品牌的 7 大不败奥秘》，苏州：古吴轩出版社，2017 年，第 43—44 页。

品牌与消费者之间的关系是通过无数关联连接在一起的，两者之间关联越多越密切，品牌在消费者心目中的分量就会越重。"讲故事"这种塑造品牌的方式能带来两种关联：第一种是与消费者个人的关联，人们在理解品牌故事的过程中可以将自己置身于故事中，这是很多好的品牌故事会让人感动落泪或者激动不已的原因；第二种是更深层次的关联，这是一种回归到商业目标的关联，也就是消费者在理解了品牌故事之后将其"内化"，对自己的行为做出判断而进行消费或做出其他改变，比如对品牌有强烈好感或者改观，对她的信任与支持。所以，对于企业来说，品牌就意味着价值和信任，品牌是企业竞争优势的保障和有力手段，成功的品牌能唤起形象、消费和承诺而充满魅力。

品牌叙事作为品牌的外在表现形式，能巧妙地将品牌所要表达的品牌背景、品牌核心价值理念和品牌情感与故事连接起来，使消费者的价值观、人生观、世界观自此和相应的品牌产品产生关联。与价格战、广告战等营销方式相比，通过"品牌故事"来塑造品牌形象是性价比最高的一种营销传播途径。讲述品牌故事所需的投入一般比其他类型的广告少，但其效果往往能深入人心，且能持久地作用于一个品牌，形成稳固的品牌消费群。事实证明，品牌故事有利于企业的品牌定位，有利于促进品牌和消费者之间的关系，有利于宣传品牌的核心价值和文化，而实现这一切的成本都基本低于其他的广告形式。

三、"以故事塑品牌"的东阿阿胶品牌建设之路

（一）东阿阿胶品牌故事的构建分析

品牌故事构建主要注重四方面：即故事主题、故事意义、故事题材和故事内容。其中，故事主题和意义是对品牌价值的体现与升华，故事题材和内容是吸引消费者并与品牌产生关联的关键。

1. 主题恒定的品牌故事构建

故事主题是对故事内容的核心提炼，更是品牌核心价值观的体现，可以让消费者清晰地识别并记住品牌的个性和利益点，是区别于其他品牌最为显著的特征。东阿阿胶作为百年老字号在发展过程中既要迎合不同时期消费者的需求，还要给消费者留下连续性和同一性印象，需要其品牌故事创作主题保持相对恒定。因此，东阿阿胶出现在大众视野下的各类型广告的品牌故事

主题基本保持稳定和集中，以"滋补、养颜、补血"为主题，在品牌故事中蕴含健康、养生和美丽的故事寓意，这符合大多数消费者的普遍需求，容易与消费者产生心理链接，从而引导消费者的购买行为。

2. 颂扬中华美德的品牌故事构建

从消费者角度来看，一个品牌故事传递的不仅仅是企业产品信息，更多的是品牌价值观和故事给自己的启示。中华文化是中华儿女在长期共同生产生活实践中产生和创造出来的体现中华民族特点的物质和精神财富总和，历经五千年的演变，博大精深，是我们民族的根和流传基因。因此，东阿阿胶品牌故事深挖历史文脉，以"历史"和"匠人精神"进行品牌文化创意，其品牌意义与积极向好的中华文化价值观相联结，挖掘体现自信、幸福、努力等中华美德和人生态度，不仅传播东阿阿胶品牌故事，也颂扬了中华美德，被人们津津乐道。

3. 题材丰富的品牌故事构建

品牌故事的创意主题一般要保持一致性和延续性，但品牌故事的题材可以丰富而多样，譬如创始人的传奇、品牌的发展历史、与消费者的感人故事等。譬如，把创始人的个人事迹当作品牌故事题材的有：阿里巴巴的马云，京东的刘强东和苹果公司的乔布斯；也可以像很多传统品牌一样从历史中挖掘丰富题材，比如同仁堂、京都念慈菴等；也有一些品牌把自己和代言人之间的故事当作题材；还有将天人合一的哲学思想融入其中，如农夫山泉的广告语"我们不生产水，只是大自然的搬运工"，令人回味无穷。东阿阿胶一直偏向于从历史中寻找题材，借助中国古代著名皇帝、才子、医药专家、美女服用阿胶补血益气的故事，主要来源包括很多中华传统文化中的民间传说、民间故事、经典名著等，给东阿阿胶历史背书。

4. 激发历史文化记忆的品牌故事内容

品牌故事创意不同于其他的文化创意设计，企业在创作自己品牌故事时，一定要注意品牌故事的传奇性，注重故事的起承转合，增加故事的记忆点，这样才能吸引消费者阅读品牌故事，进一步了解品牌文化。为了强调男女都能通过服用阿胶来滋补，东阿阿胶搬出了三大阵营的"代言人团队"：第一组，"成功男士代言人"，有中国历史上的政治名人，如李世民、曹植和乾隆，东阿当地兴盛曹植文化，曹植与阿胶仿佛本就有关系，再加上善文的他有过关于阿胶"授我仙药，神皇所造"的赞誉，曹植成了众多代言人中的"佼佼者"；除了曹植故事之外，也有李世民征战沙场时以阿胶护体，从而开创大唐盛世的故事；乾隆一盏阿胶常伴左右，成为历史上最长寿的皇上，被民间传广为流传。第二组，"著名专家代言人"，中国历史上的医学、文化名流，他们是陶弘景、孙思邈、李时珍。阿胶最早记载于《神农本草经》，位列上品，称其久服轻身益气，李时珍《本草纲目》"代言"的广告深入人心。第三组："富贵美女代言人"，她们是武则天、杨贵妃、虢国夫人，武则天是中国历史上唯一风华绝代又叱咤风云的女皇帝，因以阿胶滋补，因而精力充沛，治国有方；杨贵妃"暗服阿胶不肯道，却说生来为君容"，与一代帝王演绎最动情的爱情故事；虢国夫人"东莱阿胶日三盏，蓄足日媚误君王"。这些家喻户晓的中国历史人物与品牌关联的故事，给东阿阿胶如助神力，其独到的中药保健品的品牌价值在消费者心中占有了重要地位，同时也传播了博大精深的中华医药文化，备受各界赞誉。

除了真实存在的历史人物，在历史剧中利用人物和情节线索来讲述品牌故事、传播品牌理念也是东阿阿胶成功的营销方式。例如2012年大火的中华清宫剧《甄嬛传》，这部剧不仅靠着精巧的故事构思、强大的演员阵容、精心的服装设计等，成为当年最受欢迎的电视剧作品之一，也让东阿阿胶的话题热度冲上高峰，进一步提高了东阿阿胶的知名度和美誉度。剧中东阿阿胶的出现虽然是一种植入广告，但它完美地与剧中的故事情节、人物设定相结合，并且高度还原了历史，成为剧情中一段抹不去的故事，显得自然而不生硬。譬如在御药房里，温太医为了提升自己的医术，经常翻看医书，旁边摆放着明显的炼胶图或炼胶书；太医将东阿阿胶入药给妃嫔开药送药；常常把"益气补血用东阿阿胶即可见效"挂在嘴边的温太医，在给惠贵人诊脉后说"用东阿阿胶炖了羊肉来吃，最补气血"；甄嬛见皇帝朝政繁忙，担心龙体欠安，炖了东阿阿胶给皇上补气，甄嬛呈上精致的景泰蓝罐子，说："这东阿阿胶，臣妾配了党参炖的，皇上且尝一尝，补气宁神最好了"；众妃嫔在节庆期间将东阿阿胶当作礼品互赠。在中国历史上，不管是文献记载还是民间流传，人人皆知阿胶就是贡胶，作为御用之物出现在后宫中合情合理，也符合剧中人物情节的发展走向，很容易让观众在无意识、无防备的条件下接受东阿阿胶利用虚拟人物所传播的品牌故事。

《甄嬛传》播出之后，新浪微博发起了关于"是否应该删减《甄嬛传》中某品牌阿胶的植入广告"的投票活动，其中认为"可以不删减，我觉得挺好"的网友占37.3%，可以适当删减一部分占35.7%，而觉得"应全部删除，太影响剧情"的占27%。不仅如此，在《甄嬛传》播出后，东阿阿胶的股票从在 3 月 30 日的每股 40.32 元，上升到至 4 月 12 日的每股 41.89 元收盘，呈上涨趋势。这些数据说明，虽然剧中多次出现与东阿阿胶相关的道具，"东阿阿胶"也多次被提及，但是并未在很大程度上引起观众的反感，反而对东阿阿胶品牌产生了更好的品牌塑造作用。而后续利用互联网新媒体的话题跟进，加剧了对此品牌的关注和品牌故事的回味。

在如今的"注意力经济"时代，打造品牌故事的记忆点变得更加困难，再加上消费者媒介素养的逐渐提高，强硬的品牌故事宣传会被消费者屏蔽，因此品牌故事的构建需要"软"下来，将内容"融"入人心，做到润物细无声，让人们在潜意识里接受品牌故事，这种通过挖掘相关历史文化符号打造品牌故事记忆点的方法比普通广告的效果更好，消费者对于品牌的记忆会更加深刻。

成功的品牌故事内容一般包含：真实、情感、共识和承诺等几大要素。东阿阿胶的很多品牌故事是以中华历史人物为角色、中华优秀传统文化为内容，涵盖所有要素。虽然历史久远，但一些流传至今的文物、古诗词、著作作为"证据"令人信服，给消费者一种真实感；从古至今，人们对于健康和美丽的追求从未被放弃，这种情感令消费者与历史人物之间以及与品牌核心价值观之间产生了理想的共鸣，达成共识；故事中服用阿胶的历史人物都因阿胶而受益，功效显著，这无形中给消费者以承诺：在千年之前所造的阿胶都能有如此滋补的效果，那么如今采用高科技萃取技术所制成的阿胶，效果岂不会更好？

（二）品牌故事营销传播策略

1. 品牌定位根植于中华文化

近年东阿阿胶定位在"滋补国宝"，已经发展形成产业链，不仅有阿胶相关的保健品、食品，在产业链的拓宽上，东阿阿胶以"养一头闭环的驴"为概念发展全产业链驴业养殖。东阿阿胶建立了二十个毛驴药材养殖示范基地，重建了中华驴产业，不仅解决了驴皮资源紧张的问题，还利用驴肉、驴奶、驴血、驴胎盘进行了全产业链开发，不仅无数的养殖户受益，东阿阿胶股份有限公司总裁秦玉峰也因此与屠呦呦等一起被选为"2015 年度中国中医药新闻人物"，他的获奖理由是"推动东阿阿胶传播中医药文化，带动中医药健康产业蓬勃发展，更有着一份'反哺产业、涵养产业、繁荣产业'的责任和胸怀"。通过驴业养殖，东阿阿胶充分提升了自身的社会责任大企业的形象。

东阿阿胶不仅拓展中医药产业链，而且渐渐发展文化产业，比如建成1400 平方米的东阿阿胶博物馆，馆外环境优美如园林，管内分为十一个展厅，由古代和现代两部分组成。古代部分利用众多珍藏的古物，将东阿阿胶几千年的发展历史向参观者娓娓道来，现代部分通过对高科技研发技术实验室的直接展示，以及各种东阿阿胶系列产品的演变历史，书写了东阿阿胶的现代奋斗历程。整个博物馆集中体现了"融古今智慧，创健康人生"的构思，这也是东阿阿胶集团企业理念的展现。因此，东阿阿胶集团已不再是从前单纯制造和销售阿胶的企业，此时需要对自身进行重新定位，立足阿胶这一千年瑰宝而生产制作系列养生保健产品和服务的综合性企业，打造成为弘扬中华传统养生文化和中医药文化的品牌企业。

加强文化创意，开展文创产品开发。在品牌文化创意传播中，除了挖掘中华传统文化素材，还要寻找更新鲜好玩的吸引年轻人，比如设计一些与故事情节紧密结合的关于驴的可爱形象，或者以"养一头闭环的驴"为主题的故事，来表达东阿阿胶的全产业的核心布局。另外，对于已经建造好的阿胶博物馆以及东阿县当地的阿胶文化旅游项目，也应该不断挖掘历史文脉的同时创作当代新故事，比如在博物馆中利用多媒体来展现现代阿胶的生产工艺已经达到的先进水平，借助新技术为人们的健康护航等为东阿阿胶增添新的背书，同时保持其"滋补、美颜、补血"的主题。

2. 目标用户年轻化，转变话语方式

东阿阿胶的目标用户以往是中老年的女性、身体欠佳和产后的女性为主。但如今由于工作压力大，生活节奏快等原因，不少年轻人无论男女也会出现气血不足、体寒乏力等亚健康状态，因此，东阿阿胶的目标用户也应转向年轻化，多向年轻人传播中华医药常识和品牌故事，这要求企业在传播过程中积极转变交流方式，采取年轻用户所习惯的互联网话语风格。

"滋补国宝，东阿阿胶"的广告语虽然已经深入人心，但与近年来疯长几十倍价格相一致的是作为"国宝"的东阿阿胶一贯的高姿态，未能积极融入web3.0 时代以"参与和互动"为主要特征的新媒体环境，没有及时用新媒体时代的话语方式与消费者进行沟通，在质量上死板地强调"四斤驴皮仅仅产一斤阿胶"的看似"实在"的故事，难让消费者知晓其"灵魂"，即流传千年的独特工艺和高科技萃取技术，以至于 2018 年 2 月在微博和知乎出现了关于"阿胶就是水煮驴皮"的讨论，对负面信息反应过慢，没有处理好这次危机，导致股价大跌的严重后果。在整件事情的发展过程中，东阿阿胶官方负责人即使出来辟谣，也只是总裁秦玉峰在 3 月借十三届全国人大一次会议间隙，接受某传统媒体记者的独家专访，就有关阿胶、中医药发展创新等热点话题进行了回应，没有参与这一场在社会媒体平台上消费者由于认知不明而产生的"讨伐"交流。很显然，这场回应的传播范围并不广，而且严重滞后，未能在新媒体环境中产生足以消除谣言的影响。其实关于此类事件，只要相关负责人站出来用或严肃或活泼的方式跟社会媒体、消费者积极沟通，通过公关手段，将关于阿胶的合理解释利用互联网快速全面传播，表明"秘方"和"高科技萃取"对于东阿阿胶的重要性，讲述东阿阿胶的故事，不仅会让这场品牌危机化解，甚至可能产生更好的品牌宣传效应。

在融入新媒体话语方式讲述品牌故事的文化创意方面，故宫博物院的做法值得借鉴。自从 2014 年 8 月 1 日，故宫文创用官方微信公众号"故宫淘宝"推送了一篇题为"雍正：感觉自己萌萌哒"的文章，将《雍正行乐图》通过数字技术制作为动画版，阅读量超 80 万次，故宫文创开始用诙谐幽默的新媒体叙事风格，利用皇家人物故事、故宫文物来传播故宫故事。故宫文创通过情感化的表达来讲述自己的品牌故事，比如《朕生平不负人》《朕这里有本秘籍》等文章，拉近了人们与高高在上的皇帝和威严的故宫之间的距离，其创作的形象也非常可爱圆润，一改文物周边的死板形象，深受消费者喜爱，使得其产品的整体销售超过 10 亿元。由此可见，在新媒体时代，积极融入新媒体的话语方式，并且利用好社交媒体来讲述品牌故事，对于品牌的营销传播来说能起到事半功倍的促进作用。

3. 品牌故事主题的一致性与内容的差异性相结合

企业在讲故事时，需要遵循一定的叙事方式和传播原则，让品牌故事叙事的效果最大化。首先，品牌故事的主题表达要遵循一致性原则。品牌从创建之初就反复诉说的故事，日久天长就会潜移默化地成为品牌核心故事。无论是哪种故事，东阿阿胶都坚持基本一致的主题进行宣传，那就是：滋补、美容、养颜。众多故事串联起来形成了一种"从古至今"的合力。

品牌故事的讲述也要遵循差异性，不仅要寻找自己与其他品牌之间的差异，在品牌的不同塑造阶段和对待不同的消费者以及媒体时，要与时俱进，用不同的方式来"讲故事"。品牌故事的讲述过程，最好也要坚持简洁性原则，用一条符合逻辑的故事主线简明扼要地表达故事，减少消费者的思考时间，而多留一些想象空间。

东阿阿胶的品牌故事除了主题一致，题材的选用上往往会别出心裁，与其他传统中药制品保持差异化，在内容上利用一些生动的表达方式来展现阿胶传承千年的魅力，塑造品牌的效果很是成功。遗憾的是，在东阿阿胶近几年推出的一系列诸如"桃花姬阿胶糕""蓝帽子阿胶枣"以及"阿胶博物馆养生之旅"等产品中，未曾看到深入人心的品牌故事，有的只是简单的产品介绍类型的广告，出现了品牌故事传播和品牌形象维护的断层。因此，东阿阿胶应在品牌故事的题材上进行创新，挖掘除了历史人物之外的故事。比如以中华文化为依托的自身不断创新的精神为故事题材，继续传递东阿阿胶在新时代的新故事。因为"地方品牌是城市和区域的无形资产，成功的地方品牌建设可以提升区域、行业或城市的整体认同感，是城市发展的战略性环节"。[①] 所以，东阿本地也可以借助东阿阿胶品牌故事，挖掘和传播当地文化，扩大影响力。《本草纲目》记载："今郓州亦能作之，以阿县城北井水作煮者为真。其井官禁，真胶极难得，货者多伪。其胶以乌驴皮得阿井水煎成乃佳尔。"以阿井之水制成的阿胶叫东阿阿胶，不然则成为驴皮胶、驴胶，又加上东阿水质好，在当地又有一定的名气，东阿阿胶可以挖掘东阿古井和东阿优质水资源的故事，让消费者对于阿胶的珍贵有更深刻的理解，拓展品牌产品种类和范围，促进当地文创和旅游发展。

4. 拓宽媒体渠道，整合品牌营销传播

在媒体和信息资源极大丰富的今天，品牌需要以消费者为中心进行整合营销传播和创意传播，以品牌营销为目的的各种形式的沟通互动。在新媒体环境下，讲好品牌故事要整合所能利用的各种媒介资源，因地制宜、借势、造势，用不同媒体适合的表现方式来传播品牌故事。在讲述品牌故事的过程中，借鉴整合营销传播和创意传播理论，整合企业和媒体各种有利因素来进行品牌故事的传播。品牌面对不同的用户，以各种媒体"用一个声音说话"的同时，也要用不同的"版本"来讲好品牌故事的文化创意，提高品牌对消费者吸引力和忠诚度。

调查发现，目前东阿阿胶的广告仍然重点投放于电视和纸质等传统媒体上，但面对新媒体环境和市场竞争中，年轻消费者对于阿胶的需求日益上升，这部分群体的媒介使用习惯主要在移动端，因此，东阿阿胶需要更多地利用新媒体平台进行品牌故事的传播。首先，可以在一、二线城市，通过分众传媒的广泛影响力来铺设楼宇广告，影响具有消费潜力的年轻人；其次，继续

---

① 耿志宏：《重视品牌传播 提升城市形象》，《青岛日报》第 4 版理论周刊，2017.07.16。

利用电视媒体宣传自身经典品牌故事，保证品牌在人们视线中的曝光率；然后，在互联网媒体中，充分利用社交性媒体的便利性，在微信等社交媒体以软文的形式，以娓娓道来的方式打动年轻消费者；还有，在社交性和商业营销强的平台投放品牌故事视频广告，譬如抖音、快手、拼多多等短视频、营销平台，在"新国潮"中，东阿阿胶可以与短视频平台上优质国风内容合作，将自己的产品和文化理念融入传播中华优秀传统文化的作品中，通过这种方式与年轻人进行沟通，是争取更多的年轻消费者和在新媒体中对品牌故事进行"软性"宣传的高效手段。

5. 做好品牌创意传播管理，提高营销传播效率

人们的生活空间正越来越多地移向数字空间中，数字传播成为品牌故事传播的主要形式，需要加强管理。这里我们可以借鉴陈刚教授《创意传播管理》提出的创意传播管理（CCM），他认为创意传播的核心要素是沟通元，寻找沟通元则是创意的起点。依托沟通元，运用多种形式，触发数字生活空间的生活者，不断分享和协同创意，共同不断创造有关企业产品和品牌的积极的有影响力的内容。具体说就是通过有创意的品牌故事，吸引消费者参与到企业生产与销售过程中，进行互动，让企业及时了解消费者所需，进行产品调整，让消费者与企业协同创意，赢得消费者的赞誉，提高消费者忠诚度，对品牌文化创意与传播有十分重要的意义。

在品牌传播的过程中，重要的因素就是人。优秀的企业需要优秀的管理、销售、组织、传播等方面的人才，与消费者直接沟通的人员素养，可以体现品牌是否具有"人情味"。在大数据盛行时代，人们与冰冷的机器和数据打交道已经习以为常，曾经以人际传播为主要渠道的交流和沟通却变得异常珍贵，这种互动将成为品牌传播的主流。许多品牌的成功案例给我们启示：企业的服务可以成为其核心竞争力，所谓优质服务的背后就是企业员工耐心的沟通、真诚的交流、体贴的关心，这种沟通和交流不仅是服务型行业需要具备的，任何需要与消费者直接沟通的企业都需要注重这一点。所以，需要建立传播管理部门，让员工明白企业是主体，并成为"生活服务者"，与消费者达成协同创意的默契才能共赢。

在以用户深度参与和互动为特点的 Web3.0 时代，企业更要注重与消费者的沟通和交流，让更多人有参与品牌协同互动的获得感。东阿阿胶这样以销售保健产品为主的品牌需要借助三微一端的平台来进行社交化运作，利用社交平台裂变式传播的便利性与用户进行沟通。比如在微信平台，东阿阿胶的

官方微信公众号应该建立一个在线客服来解答用户的问题，或是建立一些微博社区来让用户与用户之间进行交流和讨论，只有这样，东阿阿胶才更有可能接触到用户反馈的第一手资料，方便测算品牌故事传播效果。另外。还要积极转变话语方式，以新鲜的沟通方式来讲述早已深入人心却又有些被淡忘的品牌故事，在未来的 5G 时代利用好新媒体传播优势激发出新的活力。

结论

东阿阿胶多年致力于民族品牌文化建设，成为中国传统制药企业的代表，近 10 年品牌价值递增近 8 倍，10 次入围"中国 500 最具价值品牌排行榜"，2019 年位列第 183 位，这离不开其品牌文化建设与科学管理。在人们生活水平不断高、更加关注健康的今天，中华传统医药品牌有着广阔的发展前景，为人们生活得更加健康、美好而保驾护航。在不断完善品牌文化建设中，品牌故事不仅经济高效，还有利于品牌定位，有利于促进品牌和消费者之间建立良好的关联，有利于宣传品牌的核心价值和文化，尤其是有利于塑造中华传统医药品牌，甚至会带动地方区域文化建设和旅游产业。在新媒体时代，尤其是老字号品牌更需要挖掘中华优秀传统文化，与品牌和消费者之间构建动人的品牌故事，讲好品牌故事的同时，也在讲好中国故事，传播中华文化。积极融入新媒体的环境，用新媒体的话语方式与消费者沟通互动，让品牌故事得以更好地、更广地、更长远地传播，以树立更加鲜明的、蕴含中华文化的品牌形象。

中华文化短视频创意传播探究

韩坤妮[*]

（青岛大学新闻与传播学院，山东青岛　266071）

摘　要：数字创意发展背景下，短视频成为传统文化传播的重要途径，同时也为传统文化传播领域带来了新气象。它以其丰富的推送内容、多样化的互动和社交功能，受到了广大用户的欢迎。短视频的运用，不仅能够创新传统文化表现形式，引领社会数字文化风气，同时还能践行社会主义核心价值观，为大众传播更多更高质量的文化内容。但当下短视频在传播过程中逐渐暴露出的文化内容深度不够、形式有待创新、制作水平有限、媒体融合有待加强等问题，极大影响了中华传统文化的传播，对此，需要在短视频创作时坚持"内容为王"，深入挖掘中华传统文化的内涵与价值观，积极倡导和发布传递正能量文化作品，创新视频表现形式，提升视频质量，打造有思想、有温度、有品质的短视频精品力作，为中华传统文化的传播创造良好条件。

关键词：新媒体；短视频；文化传播

当前，数字文化创意已经作为一种产业领域在不断完善与发展，为文化产业等相关领域提供了新的推动力量。其中，短视频作为数字文化创意的成果之一，以其时长短、内容形式丰富的特色迅速获得各大平台及用户的青睐。这一形式的出现，不仅带动了视频行业的崛起，而且也为传播传统文化创造了广阔平台。短视频近年来快速兴起，根据 CNNIC 发布的第 45 次《中国互联网络发展状况统计报告》，截至 2020 年 3 月，我国网络视频（含短视频）用户规模达 8.50 亿，较 2018 年底增长 1.26 亿，占网民整体的 94.1%；其中

---

　　* 作者简介：韩坤妮（1986—）女，山东省青岛市人，青岛大学新闻与传播学院讲师，研究方向为影视与传媒，跨文化传播。

短视频用户规模达 7.73 亿，占网民整体的 85.6%。网络娱乐内容品质提升，用户规模迅速增长。网络视频（含短视频）已成为仅次于即时通信的第二大互联网应用类型[①]。因此，在数字文化创意背景下，探索短视频对传统文化的传播具有重要意义。

一、数字文化创意短视频特征

数字文化创意在当前移动互联网时代，已经成为人们关注度较高的话题之一，抖音、快手、火山小视频等短视频平台逐渐映入大众眼帘，成为大众消遣娱乐的手段之一。而短视频之所以被如此命名，首先是因为此类视频录制时长较短，一般限制在五分钟以内，然后其传播渠道十分广泛，短视频既可以在腾讯视频、爱奇艺、QQ 浏览器中播放，还可以发布到趣头条、百度头条中。相对于长视频，短视频更适合碎片化的传播方式，内容篇幅短小但主题鲜明，并能充分抓住受众心理，吸引受众点击播放，从而达到其广泛传播的目的。因此，短视频在当代具有以下几个特征。

（一）内容推送精准化，受众黏合度高

短视频平台的视频内容丰富、形式多样，极大满足了用户广泛的心理需求。其中，结合信息技术为用户呈现出的视频内容，更能吸引社会用户的眼球。以抖音短视频为例，官方在设计抖音短视频时，使用网络信息技术为用户提供丰富的资源，并采用了算法形式，根据用户的观看喜好来为其精准设计推送内容。比如抖音上会根据用户浏览视频的类型分析用户关注的信息与兴趣所在，专门筛选此类型视频为用户推荐视频内容，确保用户打开抖音界面时便能随意浏览到自己感兴趣的内容与信息，从而提高用户使用软件的频率和时长[②]。

（二）互动功能多样化，用户参与度高

随着经济飞速发展，大众生活节奏加快，利用碎片时间阅读短文与观看短视频的习惯成为常态，其中短视频以其互动功能多样化的特点引起了社会

---

① CNNIC：《第 45 次中国互联网络发展状况统计报告》.http://cnnic.cn/hlwfzyj/hlwxzbg/hlwtjbg/202004/P020200428399188064169.pdf，2020 年 4 月。

② 何卓颖：《智媒时代短视频对中国传统艺术文化的传播探究》，《新闻世界》，202 年第 6 期。

大众的关注。比如央视新闻新媒体推出了《主播说联播》栏目，以时长一分钟左右的短视频向社会大众解说当下热门时政话题，语言风格轻松幽默，受到了广泛关注与好评。通过收看栏目，平台用户不仅可以及时接收到如反欺诈等科普类的社会热点新闻消息，同时还可以学习到新闻短视频中发布的诸如中医养生、农业生产与养殖等生活生产技能，并将其运用到实际生活中，为生活生产质量提速增强。而短视频中发布的健身教学、娱乐教学等内容，用户可反复观看并学习视频中教授的方法，还可在评论中向其他用户请教相关的问题。这些不同种类的短视频栏目促进了用户短视频的动手操作能力，使更多栏目受众向视频内容的生产者转化，在业余时间独立拍摄短视频上传平台，向大众分享自己的学习心得，从而达到与短视频互动的效果，提升其参与度。

（三）社交功能智能化，用户体验性强

当下越来越多的智能技术被应用到教育、娱乐等领域，逐渐渗透于社会大众的工作、生活和学习之中，为人们提供了丰富的智能技术体验，这一现象是技术促进社会进步的结果。其中，各类短视频 APP 正是依靠多重智能技术综合发展起来的新型智能平台。以抖音平台为例，用户只需注册登录，便可在抖音上关注自己的亲朋好友，了解其生活动态，这一平台为社会大众创造了新的社交领域。另外，抖音中的"跳广场舞""饮食教学"等内容用户可以邀请亲朋好友一起录制，通过日常生活的呈现，增进双方交流，这一功能受到了许多抖音用户的喜爱，增强了用户体验。

二、短视频传播传统文化的优势

新媒体技术为中华传统文化的传播提供了互联网发展空间。作为新媒体，短视频已经在全社会掀起应用浪潮，抖音、快手、大鱼号等短视频平台成为人们使用率最高的软件平台。利用短视频这一平台传播传统文化，不仅能够依托信息技术和移动设备实现对中国饮食文化、艺术文化、建筑文化、旅游文化等文化内容的快速记录和保存，还能通过抖音、快手等短视频平台大胆突破创新文化形式，向社会大众传递文化正能量，构建浓厚的城市文化氛围①。

① 朱坚定：《抖音短视频在我国传统文化传播中的应用》，《视听纵横》，2020 年第 2 期。

（一）视频制作创新传播

融媒体时代，受众转变为传播主体的特征更加凸显。短视频之所以能在短短三年内吸引众多用户并得以壮大发展，原因有多方面，其中之一便是短视频制作简单，用户参与性强。只要拥有智能设备和软件，用户也能录制，每个人都能成为视频拍摄的创作者，用以记录美好生活。还有一个重要优势便是视频制作方面具有精炼的特点。短视频的最大特色是"短"，每部作品的时长少则 15 秒多则 5 分钟。用户可利用工作之余将自己喜欢的《三毛传》《杨绛传》等名人传记进行创意剪辑，以及将家乡的"泼水节""寒食节"等民俗节庆与文化习俗统统记录到视频中，通过分享与传播，实现了"传统内容我表达"的内容生产，也使自身完成了从受众到作者、从传统文化爱好者到传统文化传播者的转化。正是如此，短视频的用户的参与与互动促进了短视频的制作内容与制作方式，从而进一步扩大传统文化短视频的传播范围、促进了短视频的传播效果。

短视频的创作形式用其娱乐化的特征，为人们带来趣味性强的传统文化内容。以央视的《经典咏流传》节目为例，该节目是传统文化娱乐化表达的经典案例。节目在融媒体平台播出后，歌曲片段经过微博、微信等社交平台进行二次传播或二次创作后传播，使其受众群体逐步扩大，并在固定受众群体中产生新的影响和对节目内涵的新的理解。由此可见，基于经典节目内容，用创新制作形式进行再创作与再传播，不仅深化了节目内容中想要传递出的传统文化内涵与价值观，其趣味性与娱乐化形式更吸引了广泛受众点赞转发，使人们从中更能体会到中华优秀传统文化中古人恬静和谐的处世之道与催人奋进的精神力量，再次感叹中华传统文化的魅力。

（二）视频内容创新生产

传统文化短视频的内容根据不同受众群体的个性化需求，结合短视频的文本特点及传播特点进行中华优秀传统文化内容的创新生产研究，需遵循短视频逻辑，将传统文化的内容进行细化分类，分别探寻内容生产的路径。

一方面，在文化经典和传统艺术分类中，以抖音短视频为例，视频中推出的京剧变脸特效、皮影动画特效等内容，为社会广大用户短视频娱乐提供了新鲜内容，促使用户竞相模仿录制，既满足了用户对新鲜刺激感的需求，同时也让中华民族传统艺术得到了有效传播。另一方面，在传统美食文化分类中，以受众广泛的李子柒抖音短视频为例，根据统计，李子柒拥有 700 多万粉丝，总视频播放量接近 10 亿次，其中，最火的视频有 4000 万的点击量，访问数最少的视频也有 198 万次之多，被央媒点名表扬：讲好了中国文化。上述例子说明抖音在内的众多短视频平台具备传播传统文化内容的外在优势，而对中华优秀传统文化的细化分类为短视频的内容创新生产奠定了基础。

（三）视频手法营造亮点

短视频在对不同主题的表现手法上，虽不表达完整的故事，却能在有限的时长内营造吸引人们注意、唤起情感共鸣的亮点。这些亮点可以产生于新奇特的事物、有视觉刺激的画面，或轻松搞笑的情节，也可以来源于传统 IP 的改编、经典内容的创新，或文艺审美的提升。这对传统文化和短视频的整合传播具有积极的作用。

作为短视频的一种形式，视频博客被视为短视频下半场的焦点。视频博客即 Video Blog，缩写为"Vlog"，是一种视频日记的形式，2012 年在 Youtube 视频网站上出现并兴起，自 2018 年以来在中国呈现出爆发趋势，业内因此将 2018 年称之为"Vlog 元年"。有学者指出，Vlog 是在技术融合的基础上通过对传受双方角色的重塑、以人格化叙事替代传统播报式传播，实现对传统新闻与传统文化内容视频传播手法上的颠覆[1]。在传统文化内容与短视频的整合上，优质 Vlog 也成为重要的视频叙事与表现手法。如记录杭州博物馆的年轻馆员日常工作的 Vlog，以主人公的"手"为视角，展示出博物馆人每日进行的文物修复、文物保护、文物保存等工作内容，不仅满足了受众对于博物馆工作的求知与好奇，并传递出传统文化内容的新切面，拉近了博物馆工作人员与公众的距离，这些鲜活的人物形象与平凡真实的故事收到了良好传播效果。

（四）视频传播渠道多元

短视频传播的平台主体不仅有新浪、搜狐、网易这样的门户网站，还有包括腾讯、百度等互联网传播平台，而抖音、一条、二更与 B 站等短视频平台更是中华优秀传统文化创新生产与传播的生力军。相对于传统纸媒与电视广播传播形式单一、没有交互功能等缺点，新媒体传播渠道更适应社会大众

---

① 吴果中，陈婷：《视频博客：两会报道最具创新性的应用》，《新闻战线》2019 年第 10 期。

的现实需求，也更能有效传播传统文化。社交平台的普及与发展令信息交流变得即时有效，文化信息交流与互动也变得频繁便捷。

以抖音短视频平台为例，截至 2020 年 4 月，抖音国内月活近 5 亿，并继续保持高速增长。在文化传播方面，抖音的 # 嗯，奇妙博物馆 # 短短 3 天的播放量超过 4.27 亿，而《第一届文物戏精大会》的总体播放量达到 1.18 亿，是大英博物馆 2016 年全年参观人数的 184 倍。由此可见，抖音已成为重新点燃传统文化能量的新媒体平台，也是传播中华优秀传统文化的重要阵地。

三、短视频在传统文化传播中的作用

在短视频发展迅速的今天，越来越多的人学会利用移动短视频来记录美好生活，保存美好记忆，可见短视频作为影像传播方式已经成为一种趋势和潮流。在数字文化创意视角下，发挥短视频技术所具备的信息传播多重优势，用短视频来传播中华传统文化内涵与价值观，并将传统文化渗透于社会大众的工作、生活及其他方方面面，构建良好社会风气[①]，取得良好的传播效果。

（一）有利于创新中华传统文化表现形式

在移动互联网时代，人们在社交媒体平台参与互动的方式多种多样，作为传播主体的内容创作者可在形式多元化的短视频中融入传统文化元素，帮助社会更好地传播传统文化，弘扬时代正能量。以抖音短视频为例，抖音创作者积极创新传统文化传播形式，将传统文化内容以视频讲解、动漫对话、故事讲述以及习俗展示等方式为社会大众呈现，可在潜移默化中达到文化传播的作用。同时，抖音短视频中还有直播环节，抖音创作者利用视频直播形式为社会大众分享不同地区的饮食文化、风俗习惯等文化内容，从而吸引受众关注传统文化，也能够促进传统文化的传播。

作为短视频的众多类型之一，纪实短视频的特色不仅是其真实、可信的"事实"内容，还有其篇幅"短"小的叙事时长，符合受众碎片化阅读观看的习惯等，吸引了广大用户对纪实短视频的喜爱。作为纪实短视频的爱好者与创作者，人们记录自己感兴趣的传统文化内容，并不断创新传统文化的传播形式。以《早餐中国》纪录片为例，就是以短视频的形式叙述故事、介绍习俗，同时在纪录片与短视频融合中通过现场采访和对不同故事主人公的介绍，

---

① 郝玉佩：《短视频时代的传统文化传播与受众心理分析》，《中国广播》，2019 年第 9 期。

将当地的风俗习惯、文化特色等内容生动形象地向大众呈现出来，增加了纪实短视频的真实性与亲民性。

（二）有利于深化中华优秀传统文化内涵与价值观的内容

2017 年 1 月 25 日，中共中央办公厅、国务院办公厅印发了《关于实施中华优秀传统文化传承发展工程的意见》（以下简称《意见》），《意见》指出了实施中华优秀传统文化传承发展工程的主要内容："传承发展中华优秀传统文化，就要大力弘扬讲仁爱、重民本、守诚信、崇正义、尚和合、求大同等核心思想理念；就要大力弘扬自强不息、敬业乐群、扶危济困、见义勇为、孝老爱亲等中华传统美德；就要大力弘扬有利于促进社会和谐、鼓励人们向上向善的思想文化内容[1]"，把弘扬和传承中华传统优秀文化推上了新的历史高度。这里指出的"思想""美德""精神"可被视作中华优秀传统文化的核心内容，如能在立足弘扬传统文化的基础上，把握好经典传承与通俗化表达的"度"，并在思想沉淀与形式创新中找准平衡与突破，这是短视频对这些核心内容进行创新创作并有效传播的重要命题。

中华优秀传统文化的内容经常给人严肃、沉闷的刻板印象，使其逐步流失了年轻受众。

融媒体时代，将短视频与中华优秀传统文化内容进行有效整合传播，才能打破传统文化与新媒体间的隔阂，打破碎片化娱乐化的冲击，始终保持"内容为王"、传递中华传统文化精神内核与价值观。因此，短视频是中华传统文化传播的一把利器，在当代既面临着挑战，同时又将迎来新的机遇。

（三）有利于引领社会数字文化良好风气

在以往信息传播并不发达的时代，人们传播传统文化主要通过电视广播、报纸期刊等形式，虽然宣传力度较大，但成效甚微。而在信息技术普及的现代社会，抖音等短视频形式的出现，不仅能突破时间空间限制，将世界各地的多元文化汇集到短视频内容中，丰富文化形式，同时将传统文化融入短视频中，还能够为社会大众提供新的文化教育平台，净化短视频中的不良信息侵扰，从而引领数字文化创意视野下的良好文化风气。

---

[1] 中共中央办公厅，国务院办公厅：《关于实施中华优秀传统文化传承发展工程的意见》，《人民日报》，2017-01-26（06）。

纪实短视频作为传统文化内容的载体，这一形式是符合时代发展要求的，也反映出互联网环境下中华传统文化融媒体传播的趋势。同时，纪实类短视频主要依托新媒体互联网平台，创作内容经过实地考察，以真实的文化为背景；创作形式逐渐趋于成熟，台网联动的传播模式运用更加熟练，为广大受众提供了优秀传统文化内容和精良制作质量的网络纪实文化影片，并在广泛的受众群体中传播，有利于营造良好的网络文化氛围。

（四）有助于建构城市文化形象

城市文化形象是当前社会主义文化事业建设中的重要内容，短视频也为城市文化形象的构建注入了新的能量，带来了现实机遇。景点录制、小吃街等内容通过剪辑在短视频中呈现，不仅能够展现城市的包容性与发展盛况，而且还能打造美食文化、建筑文化、旅游文化以及社会文化等多元化城市形象。另外，短视频中还能发布地方城市最新文化元素与文化活动，宣传文化品牌，吸引民众到城市中体验文化氛围，体验城市文化形象①。

四、短视频传播传统文化过程中的问题

近年来，随着科学技术领域不断扩大，我国互联网行业得到迅猛发展，成为经济发展与社会进步中的重要部分。互联网在发展过程中，衍生出了一系列新的自媒体平台，其中移动短视频自媒体平台发展势头越来越猛，成为人们获取知识和其他信息的重要途径。然而事物都有两面性，短视频平台在发展过程中也存在诸多问题，尤其是在传播传统文化方面面临文化内容深度不够、形式有待创新、制作水平有限、媒体融合有待加强等问题，极大影响了中华传统文化的广泛传播，同时也限制了短视频等自媒体平台的长效发展。

（一）文化内涵欠缺，监管力度不足

短视频平台自出现以来，受到社会用户的广泛欢迎，很大程度丰富了大众生活、工作方式，但是由于平台中的内容较为杂乱，质量良莠不齐，使得传统文化在这一平台中出现内容深度和广度不够的问题，成为短视频传播传统文化效果不尽人意的重要因素之一。

---

① 付海钲，戎融：《浅析新媒体时代基于传统文化传播的短视频创作以公益文化系列短视频为例》，《中国新闻传播研究》，2019年第8期。

短视频作为一种新的信息载体，是一把双刃剑。快手、火山小视频等直播与短视频平台就曾因传播涉未成年人低俗不良信息等，而被国家网信办责令全面进行整改。习近平总书记曾在文章《加快推动媒体融合发展 构建全媒体传播格局》中提出了重要论断："无论什么形式的媒体，无论网上还是网下，无论大屏还是小屏，都没有法外之地、舆论飞地。主管部门要履行好监管责任，依法加强新兴媒体管理，使我们的网络空间更加清朗①。"短视频是传播中华优秀传统文化的重要阵地，如何用好短视频这把双刃剑，创作优秀内容，是每一个文化传播者需要思考的问题，也是当下亟待研究的课题。

（二）形式雷同单一，制作水准欠佳

当下短视频传播形式具有同质化现象，一定程度阻碍了传统文化在短视频中的有效传播。一方面，当用户对于某一类视频浏览较多时，平台便会自动推荐与之相似的视频类型。而且某一类视频突然爆红，在平台中便会出现大量类似视频，使得视频模仿相似度一时间成为社会大众热议的话题。另一方面，视频拍摄常局限于周围日常以及翻拍其他同类作品，创新程度不足，使得观众对视频内容容易产生视觉疲劳，久而久之，便会产生厌倦情绪，影响视频文化传播效果②。

同时，社会大众利用短视频传播传统文化过程中存在技术不高、水平不够专业的问题，直接影响了传统文化的传播效果。由于制作短视频的主体多为业余爱好者，缺乏专业视频制作经验，对于内容叙事、后期剪辑等细节操作不够专业，导致视频中的文化内容缺乏层次和灵感，导致文化内容量不断缩小，一定程度阻碍了传统文化的渗透。

（三）媒体融合范围有限，整合营销亟待提高

当下，电视和社交媒体联姻已经成为常态，媒体融合已进入深度发展的阶段。文化类电视节目的创新需要把有关传统文化的原创性、权威性的内容与新媒体传播方式进行有机整合，酒香也怕巷子深，只有强势IP却不会运用新媒体手段营销的电视节目注定道阻且长。《中国诗词大会》是央视首档全民参与的诗词节目，节目以"赏中华诗词、寻文化基因、品生活之美"为基本

---

① 习近平总书记在十九届中央政治局第十二次集体学习时的讲话，新华社，2019年1月25日。

② 刘建朋：《抖音短视频平台的传统文化传播研究》，《新闻研究导刊》，2019年第15期。

宗旨，力求带动全民重温古诗词之美，汲取中华传统文化之精髓。截至2020年，该节目已成功播出了五季，受到全民追捧，掀起一股"文化热"与"诗词热"的潮流。然而，传统文化类节目的媒体融合却仍然局限于台网融合的模式下，局限在电视台与视频网站播出的范围内，缺乏对于社交媒体平台的运用，流失了庞大粉丝群体可以为节目带来的更大传播效应。因此，对于传播传统文化的节目来说，质量是根本，营销是关键。对于《中国诗词大会》这档优质文化节目来说，其坐拥数量庞大、忠实度极高的粉丝群，节目应加强台网融合，引入更为丰富的社交平台传播营销手段，学会利用社会化传播进行议题设置，引领话题，才能够扩展传播范围、扩大受众群体，从而提升文化节目的影响力和渗透力。只有将中华传统文化内容与新媒体传播方式、营销手段深度融合，才能使这些中国诗词的爱好者不仅仅停留在节目粉丝的层面，而向着中国传统文化的传承者、传播者，甚至代言人大步迈进。因此，如何将中华传统文化跟短视频进行整合传播、深化融合范围，在理论和实践上都亟待深入探究。

五、短视频传播中华文化的创新策略

短视频作为一种新型媒体传播方式，具有传播速度快、传播范围广以及影响力强的特点，要想将其与传统文化深度整合，为社会大众呈现更多传统文化作品，需要短视频的传播主体理解传统文化的价值观与内涵，运用多重创作形式对不同的传统文化进行设计与安排，充分发挥短视频平台的优势，总结数字文化创意视野下短视频对传播中华传统文化的具体策略。

（一）丰富数字文化创意内容，传播优秀传统文化

快节奏的工作和生活方式使得社会大众更倾向于快餐文化，而对于传统文化内容的兴趣与关注度均有所下降。因此，探寻新媒体与传统文化内容的有效整合传播，始终保持"内容为王"、传递中华传统文化精神内核与价值观成为亟待思考的问题。

跨界融合是数字创意文化的新业态。以抖音的《第一届文物戏精大会》为例，这款融合了"博物馆""文物"内容、总长1分58秒的H5在发布后的5小时内迅速刷屏微信朋友圈并被多平台同步发布，一时间引发网友热烈转赞与讨论，"文物"话题引爆全网。这一案例取得了良好的传播效力，可视为2017年12月以来两档博物馆跨界纪实类节目《国家宝藏》和《如果国宝

会说话》影响力的延伸。无论是在跨界融合、内容表达、话题延伸还是媒介运用上，都为博物馆文化的现代传播提供了更多行之有效的建议和未来发展的可能性。

（二）创新多元化表现形式，吸引不同受众群体

传统文化依托短视频形式进行传播，需立足社会大众品位需求，创新文化多元表现形式。

在"中华优秀传统文化 + 短视频"的整合传播表现路径中，动画就是其中一种大众喜闻乐见的艺术表现形式，尤其深受孩子们喜爱，中华优秀传统文化教育更是需要从娃娃抓起。通过动画讲述传统文化故事，不仅顺应了传播技术的发展趋势，也符合当下受众碎片化阅读与观看的习惯。一方面，将过去经典的传统 IP"孙悟空""哪吒"为主人公的动画长片，改编为适应新媒体平台播出的短视频形式，受众更为广泛，传播效果更好。另一方面，以 80 集《中华传统文化故事》短视频为例，每集 10 分钟，依托中华传统文化发展故事情节、建立人物形象，用幽默风趣的讲述方法呈现出来，延伸出一系列传统文化故事，使孩子们在轻松愉快的氛围中认识中国历史、了解传统文化，并对之产生浓厚兴趣。

（三）提高数字传播质量，加大内容监管力度

制作技术的革新助力短视频内容质量升级，无人机航拍技术日益成熟，3D、VR、数字动画等技术手段纷纷被应用到短视频的内容创作中，大大提高了短视频的可观赏性。短视频越来越受到社会大众的广泛关注，越来越多的人参与到短视频录制与直播平台中，为有效确保视频的制作效果及质量，一方面，短视频平台可定期发布视频教学、直播教学流程，向社会大众免费提供不同移动设备的视频制作方式，确保文化视频质量有所提升。另一方面，平台或官方用户可通过发起话题与视频比赛活动，选拔高质量的传统文化视频并推送，可提升平台与用户间、用户与用户间的互动交流，并提升用户审美，启发创意灵感，促进视频制作质量的提升，为视频中的文化内容做好技术支持。

信息化时代，短视频应用作为信息平台，在某种意义上承担着信息筛选和控制的"把关人"职责。特别是当前，短视频平台的用户属性逐步呈现出"年轻化趋势"，更需要平台做好内容监管，为青少年营造良好的网络环境与

文化氛围。2018 年 6 月发布的《网络安全情况调研报告》指出，短视频和音乐已经成为青少年娱乐休闲生活的新方式，20% 的青少年表示"几乎总是"在看短视频，近 10% 的青少年表示"每天看几次"[①]。以抖音为代表的短视频平台在当代青少年生活中扮演着越来越重要的角色，更应主动履行社会责任的担当意识。

（四）推动媒体深度融合，提高文化传播效果

2020 年 6 月 30 日下午，习近平主持召开中央全面深化改革委员会第十四次会议，会议审议通过了《关于加快推进媒体深度融合发展的指导意见》（以下简称《意见》）等文件，并在会议中强调"推动媒体融合向纵深发展：要建立以内容建设为根本、先进技术为支撑、创新管理为保障的全媒体传播体系，牢牢占据舆论引导、思想引领、文化传承、服务人民的传播制高点"[②]。《意见》明确了媒体融合的发展方向，也为媒体融合传播过程中的问题应对提供了指导方向。长、短视频融合创新发展，以优质内容为核心竞争力，是未来传统文化纪录片媒体融合的重要趋势。虽然当下碎片式阅读与观影习惯已成为常态，但短视频的形式下依然要有深度的内容，依然要以"内容为王"。

传统文化纪录片与短视频的融合，自 2012 年凤凰视频举办首届微视频纪录片活动受到业界广泛认可后，各大视频网站纷纷效仿，大力发展微视频纪录片产业。一时间，微视频纪录片的出现引起社会大众高度关注，使其成为以纪实为核心特点的新型文化传播方式，使得网络文化市场逐渐呈现出欣欣向荣的景象。在微纪录片的形式下也要深挖内容，释放长纪录片内容的内涵与价值。以微纪录片《如果国宝会说话》为例，此类节目主要以国宝故事为内容展开，穿越古今，探访先贤，讲述国宝背后的传奇故事和曲折经历，将中华文化一一向大众呈现，拓宽了融合方式和范围，创新了融合方式，为微纪录片的发展开辟新的道路。移动时代推动了短视频的发展，未来短视频内容的创新生产会是长短并行的发展趋势，呈现各自的文化内容与深度，满足用户的多元需求，提高文化传播效果。

---

① 中国社会科学院社会学研究所，中国青少年互联网使用及网络安全情况调研报告．http://www.199it.com/archives/731753.html，2018 年 6 月。

② 习近平主持召开中央全面深化改革委员会第十四次会议时的讲话，新华社，2020 年 6 月 30 日。

结语

近几年，随着科学技术的迅猛发展，短视频形式逐渐走入千家万户，成为万千大众的娱乐、生活工具，同时也使得传统文化的传承与发展也有了新的传播渠道与发展方向。在文化全球化发展趋势下，将短视频与传统文化相结合已经变成一种趋势，创作者对传统文化的内涵与价值观进行挖掘，并创作短视频，为文化传播注入了新鲜活水，无论从文化传播效率还是传播范围来看，短视频在文化传播中无疑占有绝对优势，并拥有非常大的发展潜力，是短视频实现良好转型的机遇。因此，需要学界与业界人士共同积极探索二者融合的新方向，创新新方式，为传统文化的传承以及短视频的发展提供有效借鉴。通过短视频的传播形式助力媒体深度融合，让传统文化逐步趋向内容数字化、形式多样化、受众群体年轻化方向扩展，吸引社会民众尤其是青少年对传统文化的关注与热爱，从而激发国民重新认识传统文化的积极性，运用丰富的信息技术手段、开阔的视角，以接地气的表述、适合全媒体传播的方式讲好新时代的中国故事，推动中国传统文化的有效传播。

五、中华品牌传播

主持人语

厦门大学是我的母校，我也是厦门大学的兼职教授。适逢谢清果主编相邀，让我为《中华文化与传播研究》主持一个专栏，很乐意为母院的发展尽绵薄之力。英国作家道格拉斯曾说："透过广告，可以发现一个国家的理想。"美国几乎所有强势的品牌，每一个都代表了美国主流文化价值观的某一维度。举例来说，可口可乐代表着美国文化中的"乐天主义"精神。全球品牌的广告在各国主流媒体的黄金时段播出，影响着全球消费者的生活。广告是各国文化价值观的一面镜子。在古代丝绸之路贸易中，欧洲和中、西亚商人携带大量金银、珠宝、药物、奇禽异兽、香料、竹布等商品来中国或在沿途出售，他们购买中国的缎匹、绣彩、金锦、丝绸、茶叶、瓷器、药材等商品。丝绸之路是以商品为载体的文化交流。在"一带一路"倡议下，沿线各国的商品将再次互通有无，国际品牌进入中国市场，中华老字号如何做好国内市场的品牌传播？中国品牌走出国门，如何做好海外市场的品牌传播？"中华品牌传播"专栏旨在研究中华品牌在国内与国际市场的传播理论与实践。本期约稿中，武汉大学廖秉宜、张玉研究了TikTok在海外市场的运营策略及存在的主要问题，由此提出其海外市场运营的策略优化建议。该文可为中国互联网品牌出海提供借鉴。北京工商大学张慧子以"李子柒YouTube视频"和纪录片《美国工厂》为例，通过跨文化传播中"自塑"和"他塑"的对比分析，探寻中国文化产业对外传播的有效形式和数字载体。北方民族大学陈玲以上海美术电影制片厂为例，探讨国产动漫的品牌传播问题，并提出一些建设性的思考。暨南大学林升梁和福建师范大学的乔丽君、李园对狭义发展广告学知识谱系进行研究，他们以"生态"为核心，研究广告传播与人类、自然和社会可持续发展之间的互动关系，主要解决三大矛盾：民族品牌和世界品牌之间差距拉大的矛盾、发达地区和不发达地区之间广告发展不平衡加剧的矛盾、广告经济效益和公共利益之间冲突激化的矛盾。厦门医学院许琦是加拿大华裔，她于2019年以孔子学院新汉学计划访问学者的身份与我（导师）合作，最终决定回国工作。许琦是中医学方面的学者，对传统文化怀有深厚的情感，她的文章根据中医五行相生相克规律，对控烟广告进行研究，我认为这一方法也可以应用到商业广告和品牌传播中。她的跨学科尝试是值得鼓励的。

（中国人民大学新闻与传播学院教授 林升栋）

《只留清气满乾坤》朱星雨作

五行辨情对控烟广告的启示

许　琦　林升栋[*]

（厦门医学院，福建厦门，361023；中国人民大学新闻学院，北京，100872）

摘　要：目前控烟的形势还很严峻，戒烟的复发率高。控烟广告中应用的情感说服多在于"恐"：强调吸烟的危害性而引起烟民的害怕心理。中医情感治疗，始于《内经》，本文依据中医五行归属，探索喜、怒、忧、思、恐的相生以及相克关系对当前控烟广告可能存在的成功或失败的逻辑规律。本研究认为烟民难摆脱吸烟的主要情感常见有"喜"（属火）实，"喜"虚或"思"（属土）虚。根据中医五行相生相克规律，"恐"（属水）对于火实有平衡的效果，但对于火虚或土虚无平衡作用。五行辨情是针对不同烟民的吸烟动机来辨证施治，可望成功说服烟民戒烟。以几个有代表性的西方戒烟广告为例，用中医思维来修改版本及表现戒烟广告，可望达到更好的广告效应。

关键词：控烟；广告；情感；五情；五行

基金项目：本文系孔子学院"新汉学计划"访问学者阶段性成果。

一、目前控烟的局面

每年中国约有 100 万人死于与吸烟相关的疾病。[①] 中国疾病预防控制中心发布的《2015 中国成人烟草调查报告》指出我国当前吸烟率为 27.7%，按此推算，吸烟人口 3.16 亿，比五年前增长了 1500 万，吸烟者每天平均吸

---

　　* 作者简介：许琦（1974—），女，厦门医学院康复教研室讲师，中西医结合临床博士，临床物理治疗博士（DPT），研究方向：传统文化与现代康复结合；林升栋（1976—），男，中国人民大学新闻与传播学院教授，研究方向：广告学。
　　① Liu B Q，"Emerging tobacco hazards in China: 1. Retrospective proportional mortality study of one million deaths，"*BMJ*，(Clinical research ed.)，vol. 317, 1998, pp. 1411-1422.

烟 15.2 支，比 5 年前增加了 1 支。^①可见目前控烟形势还很严峻。胡少芝分析了临床 311 例干预戒烟患者，发现半年后复吸率 50.48%，一年后复吸率 70.41%，并认为再好的戒烟方法也难达到真正戒断，而戒烟者的坚强决心和恒心是关键。^②可见对戒烟者的情感辅导可能起到关键作用。

当前控烟广告主题可分成以下几种：疾病与死亡的主题；危及他人的主题；外貌性信息主题；吸烟者的不良生活环境；拒绝吸烟的模范人物；市场战略主题；贩卖疾病与死亡的主题；与多重变量主题。^③其中运用到的情感诉求，大多是在唤起烟民对吸烟后果的恐惧来进行宣传和说服。

二、五行辨情应用在吸烟动机与控烟可能性的分析

（一）中华传统文化中的五行辨情

中华文化中传统的说服路径开放多元，价值观往往隐藏在情境之中。^④而情感往往是积极或消极动机背后的驱动力。情感影响着人们的行为。本文依据五行生克制衡的医理，探索中医的五种五行情感，对控烟广告情感说服中的可能成功或失败的逻辑规律。

中医《内经》认为情感的产生是以五脏精气活动为基础的。情志是脏腑外在功能活动的表现。如《素问·阴阳应象大论》中写到"人有五脏化五气，以生喜怒悲忧恐。"除此之外，《内经》还根据情的不同特性进行了阴阳五行的划分，将之与五脏分别配属："心志为喜属火，肝志为怒属木，脾志为思属土，肺志为忧属金，肾志为恐属水。"根据五行相生关系，情志相互转化（相生）的模式是：喜（火）生思（土），思（土）生悲（金），悲（金）生恐（水），恐（水）生怒（木），怒（木）生喜（火）。根据五行相克的关系，情志互相制约（相克）的模式是：喜（火）克悲（金），悲（金）克怒（木），怒（木）克思（土），思（土）克恐（水），恐（水）克喜（火）。如《内经素问·阴阳应象大论》曰："怒伤肝，悲胜怒"；"喜伤心，恐胜喜"；"思伤脾，

① 中国疾病预防控制中心：《2015 中国成人烟草调查报告》，北京：中国疾病预防控制中心，2015 年。
② 胡少芝：《临床干预戒烟失败原因分析及对策》，《特别健康》，2013 年第 11 期。
③ 张芝云：《面向中国青少年的控烟广告主题研究》，博士学位论文，厦门：厦门大学，2012 年。
④ 宣长春，林升栋：《管窥中西方传统说服的原型及其内在逻辑》，《学术研究》，2019 年第 6 期。

怒胜思";"忧伤肺，喜胜忧";"恐伤肾，思胜恐"。著名金元时期医学家张子和在《儒门事亲》中写道:"悲可以制怒，以怆恻苦楚之言感之;喜可以治悲，以谑浪戏狎之言娱之;恐可以治喜，以恐惧死亡之言怖之;怒可以制思，以污辱欺罔之事触之;思可以治恐，以虑彼志此之言奇之。凡此五者，必诡诈谲怪，无所不至，然后可以动人耳目，易人听视。"然而历史记载的以及目前的中医情感治疗，多仅局限着重于情志相胜(相克)关系。本文认为五行之间的动态关系是相生相克互相依存的，五行间生、克、乘、侮的规律应当同时在情志疗法里得到彰显和应用。五行情感相生相克的关系见图1

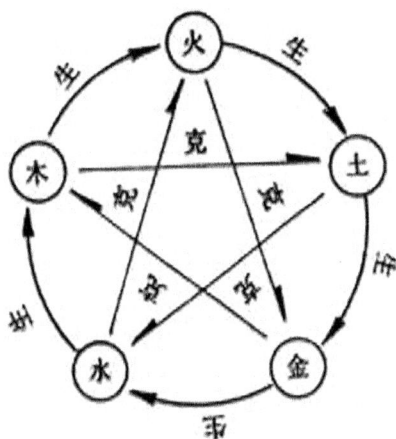

图 1　五行情感相生相克图

（二）五行辨情应用在吸烟动机与控烟可能性的分析

烟民吸烟的动机并非一致，其间涉及不同的主要情感或心境。情感可归属于五行。这里值得一提的是不同行的情感都有生理和病理之分，如属于木的一行是怒，病理状态下可解释为生气，而生理正常状态下可以解释为奋发向上，因为木的特性是生长生发舒畅。五行之间存在相生相克的规律，中医认为"实则泻之，虚则补之"，依据五行的制衡规律或补或泻，维护稳态的五行平衡，恢复到各行的生理状态，即可处于健康和谐的状态。

五行情感相胜疗法是利用相克的规律来平衡五行，这是常见的中医情感疗法。然而，除相克关系之外，还有五行中的相生规律，即母行生子行。如火(子)过虚，木(母)可以补火(子);相乘规律，即指五行中的某一行对被克的一行克制太过，由于主克的一方太强或被克的一方过弱所致。如火(喜)过旺，就会金乘(忧)，此时加强"忧"对五行的平衡就显得重要了;

相侮规律：即指五行中的某一行太弱，被克的一行会反过来会克可以克制它的一行。如土（思）过弱，就会被水（恐）所侮，因此此时泻"恐"对五行的平衡就显得重要了。

下面表格将用五行辨情，即根据中医里五行规律来表现戒烟广告涉及的情感。

表 1：五行辨情应用在吸烟动机与控烟可能性的分析

五行辨情	"喜"为实症 吸烟带来额外的喜乐感		"喜"为虚症 缺乏喜乐、得意、舒服的情感		"思"为虚症 缺乏思考的心境／情感	
表现的吸烟动机	追求刺激，放纵（动机单纯的新烟民；年轻烟民）		1 希望满足解放，认同等社会心理（女性青年）2 希望满足社交认同需求（中国男青年）3. 希望满足"酷""我行我素"的形象（中国男青年）4. 心情压抑，少有喜悦放松心情（工作压力大的年轻人）5. 难逃戒断症状，希望满足成瘾的欢喜感觉（瘾君子）		思绪混乱，难进行思考，吸烟帮助镇静，进入沉思（科研工作者，作家）	
根据五行辨情的表现，根据五行生克的原则，来平衡五行	泻火（喜）实则泻之	教育提高自律性，压倒放纵、寻求刺激的想法。假想广告举例：美丽的水晶之所以比玻璃美丽，在于它的内部质点规律排列而周期重复……自律性将带给你戒烟成功，健康和美丽……点评：自律性是需要培养的，烟民需要鼓励	补火（喜）虚则补之	设法用其他方式来代替烟瘾的喜乐感：如外出运动，听音乐或吃戒烟糖。假象广告举例：榜样戒烟成功后，存了一大笔钱，捐给希望小学，学生们包围着他，充满喜乐……烟民工作压力大，回家后刚想抽烟，妻子微笑地把烟熄灭，随之带他一起出去打羽毛球，充满和谐和欢笑……点评：榜样和亲人的鼓励给烟民带来满足，以此代替诉诸烟草	补火（喜）火生土	同"喜"虚症里的补"火"。心情喜乐放松帮助思考。假象广告举例：一作家在烟雾缭绕中写作。其妻子把烟熄灭，拿出刚买的一个很棒的音响，放着轻音乐，静静地坐在屋子的另外一角，陪伴着他写作，充满喜乐

五行辨情	"喜"为实症 吸烟带来额外的喜乐感		"喜"为虚症 缺乏喜乐、得意、舒服的情感	"思"为虚症 缺乏思考的心境/情感	
	泻木（怒）抑制木生火	关心烟民是否由于发怒引起放纵、刺激心情而吸烟——解开烟民的发怒心结，或引导其他正确的泻怒方式如大声歌唱。假象广告举例：年轻人经常受到上司的责备而生气，开始常去酒吧抽烟。有一天他看到了冥想/禅坐的广告，可以带来喜乐和平安。在义工帮助下从此他脱离了黑暗乌烟瘴气的酒吧，进入了光明喜乐的禅堂。点评：向西方学习普及社区的冥想训练。可以应用在需要的烟民上	补木（奋发）木生火	引导努力从正面积极的方面来赢得社会的认同（如用榜样形象控烟，促进效仿）。假象广告举例：黄磊戒烟成功是为了证明自己可以做到。他与孟非打赌21天戒烟，结果孟非成功戒烟了；另外一老烟民的孩子与他打赌，孩子若学习成绩进步，他就戒烟，他的妻子打赌，若他戒烟，她做一个月的家务，结果家人的诺言做到了，烟民也成功戒了。点评：大家要鼓励烟民奋发向上，战胜自己	泻木（怒）抑制木克土	同"喜"实症里的泻"木"，抑制因为"怒"难以冷静思考。假象广告举例：一中年人在单位里发怒。回到家后想不开而抽烟。其妻子看到后，约他一起出来到公园散步谈心，平息怒气，寻找解决问题的方案。烟民因此忘记了吸烟。点评：亲人朋友引导烟民正确思考

续表

五行辨情	"喜"为实症 吸烟带来额外的喜乐感		"喜"为虚症 缺乏喜乐、得意、舒服的情感		"思"为虚症 缺乏思考的心境/情感
补水 (恐) 水克火	增加烟民的害怕恐惧心理（如吸烟危害健康，吸烟相貌变丑，口带烟味等）可以抑制吸烟诉诸喜乐感。 此类广告很常见，这里就不举例了	泻水 (恐) 抑制 水克火	关心烟民是否自卑，缺乏关爱。害怕不被社会认可——解开烟民的潜在害怕或压抑的心结，鼓励烟民的自信心。 假象广告举例：人群聚会有人分烟，一人不想抽，又害怕不合群。这时候一模特出来举起热水杯中的养生茶，说中年男人坚持做自己。 点评：倡导社会认为不吸烟并非不合群	泻水 (恐) 防土 弱水侮	同"喜"虚症里的泻"水"；当思绪混乱，思考力减弱时容易产生害怕心理。 假象广告举例：开题报告时间就要到了，研究生对思路头绪不清，害怕做不好，在使劲抽烟。学长过来熄了烟，帮忙做思维导图。 点评：有时抽烟是因为担心某事。请帮助关心他们
补金 (忧) 预防火乘金	增加对吸烟危害的忧患（如二手烟，金钱，家庭，坏孩子形象等），可以预防因为追求烟瘾的喜乐而减弱了忧患意识 此类广告常见，这里就不举例了	泻金 (忧) 防火 弱金侮	关心烟民是否忧虑自身形象或地位，生活压力，戒断症状等。 假象广告举例：一烟民当心自己在宴会上不被关注，抽烟摆酷。一朋友过来邀请他跳舞，并提出无烟建议。 点评：有时烟民只是为了关注，请关爱他们	补金 (忧) 土生金	同"喜"实症里的补"金"。 当思绪混乱，思考力减弱，很可能会缺乏忧患意识。 有可能因此减少了对吸烟危害的忧患，增加此忧患的广告常见，这里就不举例了

注：本表为作者自制。

三、五行辨情应用在控烟广告的案例分析

（一）案例分析 1 二手烟的危害

西方广告：表现家长吸烟对小孩的影响。小孩与吸烟的家长坐在一起，第一帧画面小女孩说：是的，我吸烟，但只是当我父亲在的时候。第二帧画面小男孩说：什么时候我第一次吸烟，我不记得，这个得问我的爸爸。给观众带来"恐"及"忧"的情感。

五行辨情：烟民看上去心情压抑，缺乏喜感，属于喜虚，五行辨情为火虚，木生火。

该控烟广告可能失败的原因：烟民的吸烟动机为喜虚，而该广告并没有引导烟民解决这个情感失衡问题。恐（水）或忧（金）并不能生喜（火）。就算烟民知道吸烟有种种害处，也还是想用烟来缓和自己的心情。

设想可能成功的控烟广告：补木（奋发向上）生火，平衡火（喜）虚。孩子以自身为榜样，鼓励家长戒烟。孩子与吸烟的家长坐在一起。第一帧画面孩子说：爸爸，如果我努力锻炼，争取参加学校的足球竞赛队，您可以一周不抽烟吗？第二帧画面：孩子参加了学校足球竞赛队，爸爸很开心地把烟全交出来，打算开始戒烟了。①

图 2、3：二手烟的危害广告

---

① 莎莉牌炸鸡 [EB/OL].http://cdn.ettoday.net/dalemen/post/21269.2016-11-23-2020-08-04.

（二）案例分析2：吸烟的危害

西方广告：在日历上，每个日期都是被烟燃烧成的孔。意味着吸烟把美好日子给毁了。给观众带来"恐"的情感。

五行辨情：假设一位科研工作者日夜忙于实验室里，看到日历上满满当当的日程安排，想借吸烟帮助镇静来更好进入沉思状态。此时的烟民思维不安和混乱属于思虚，即土虚。

该控烟广告可能失败的原因：烟民的吸烟动机为土虚，而该广告并没有引导烟民解决这个情感失衡问题。恐（水）并不能生思（土）。就算烟民知道吸烟有种种害处，也还是想用烟来理清自己的思绪。

设想可能成功的控烟广告：补火（喜）生土（思），平衡思（土）虚。在日历上，每个日期都是被烟燃烧成的孔。随后一个画面出现另外一个日历，每个日期旁边有彩色的图案，如外出跑步、和小孩打球、和妻子散步等。让烟民意识到生活当中还有很多其他的方式可以帮助自己舒缓镇静，喜乐安宁，随后进入更好的工作状态。

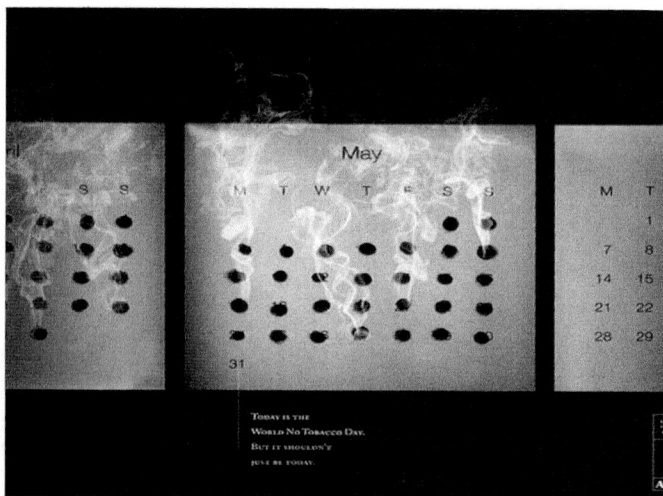

图 4 今天是世界无烟日 ①

① 瀚源广告.[EB/OL].http://blog.sina.cn/s/blog_c4ea7c070101i71b.html.2013-03-08-2020-08-14/

四、五行辨情管理与西方情绪失衡管理的简要比较

五情辨情的逻辑是网状关系环形的。从上文可以看出，烟民所涉及的情感是多方面的，每行情感之间是互动的，且都有自己的角色在维护健康平衡状态。相比之下西方的情绪管理是线性的，情绪关注效价方向（积极/消极）和唤起水平（强/弱），情绪管理就是让人消除消极情绪，进入积极的情绪状态，而且积极的程度越高越好。①

西方针对主要的情绪失衡进行管理，或等到其他情绪有明显病变，再开始进行第二条线性治疗。而中医思维的情绪管理不仅具有类似西方直接对抗的线性治疗（相克），更重要的是还能够深究其缘起（相生），并关注其后续（相乘、相侮），最终达到治病求因，以及防病治病。

五情辨情的优势在于将吸烟的主要动机特点归属于五行中的一行，因此可以清晰地显示其情感失衡的网状规律的变化，有的放矢地进行辨证施治。由此我们也可以分析出以西方思维为主的当前以"恐"诉求为主的戒烟广告为什么失败。并且从五行辨情分析中，我们还可以看到关心烟民，鼓励烟民在五情五行平衡当中的地位丝毫不亚于告诉烟民吸烟的危害。甚至能对土虚或火虚证的烟民起到关键性作用。而此主题恰是当前戒烟广告中少有出现的。

习近平同志指出："中医药学凝聚着深邃的哲学智慧和中华民族几千年的健康养生理念及其实践经验，是中国古代科学的瑰宝，也是打开中华文明宝库的钥匙，更是中华文化伟大复兴的先行者。"②可以预见中医的五行辨情能提高未来的控烟广告的针对性和有效性。让我们更有效而合理地重视烟民的五行情感动态平衡，将其纳入控烟广告设计的考虑，甚至纳入戒烟的常规指导，到达真正的戒断。

---

① ［美］理查德·格里格，菲利普·津巴多：《心理学与生活（第19版）》，王垒译，北京：人民邮电出版社，2014年，第382—392页。

② 曹洪欣：《中医药是打开中华文明宝库的钥匙》，《人民日报》2015年3月25日，第20版。

短视频媒体 TikTok 海外市场运营及启示

廖秉宜　张　玉*

（武汉大学新闻与传播学院，湖北武汉，430072；伊利集团液态奶事业部，北京，100015）

摘　要：近年来，中国头部社交媒体品牌积极出海运营，尤其以短视频媒体 TikTok 海外市场运营最为成功。中国社交媒体海外市场运营面临跨文化的新语境，必须要适应对象国的文化习俗、法律法规与伦理规范等，以消除因地域文化差异而造成的文化隔阂与法律政策规制风险。本文重点分析 TikTok 在海外市场的运营策略及存在的主要问题，由此提出其海外市场运营的策略优化建议，并分析了 TikTok 海外市场运营经验对中国社交媒体品牌出海的启示。

关键词：TikTok；抖音海外版；短视频媒体；社交媒体；海外市场运营

基金项目：本文系国家社会科学基金一般项目"中国互联网广告监管制度研究"（16BXW087）、教育部人文社会科学重点研究基地重大项目"传媒智能化背景下中国传媒和广告产业竞争力研究"（16JJD860002）、武汉大学人文社会科学青年学者学术发展计划学术团队项目"智能营销传播研究"（413100035）阶段性成果。

近年来，中国互联网企业快速发展，涌现出了一批在国内甚至在国际上有影响的社交媒体品牌，抖音及其海外版 TikTok 就是其代表之一。对于中国互联网企业而言，国内市场的深耕与开拓是其重要的发展战略。一些头部社交媒体品牌已经开始积极开拓海外市场，扩大其全球用户规模和海外经济收

---

*　作者简介：廖秉宜（1978—），男，湖北潜江人，武汉大学媒体发展研究中心研究员，武汉大学新闻与传播学院副教授，武汉大学珞珈青年学者。张玉（1997—），女，宁夏人，伊利集团液态奶事业部市场管培生。

益。当前，中国社交媒体品牌出海成为产业发展的必然趋势。在全球市场经营运作中，中国社交媒体企业会面临不同国家和地区的文化差异和由此产生的心理层面上的距离感，如何应对跨文化障碍成为其拓展海外市场需要考量的重要因素。TikTok 作为字节跳动公司在海外市场的短视频社交媒体，在海外市场成长迅速。TikTok 海外市场运营的成功经验和风险应对为中国社交媒体企业拓展海外市场提供了重要的经验启示。本文重点分析 TikTok 在海外市场的运营策略及存在的主要问题，由此提出其海外市场运营的策略优化建议，并分析 TikTok 海外市场运营经验对中国互联网企业出海的启示。

一、TikTok 海外市场运营策略分析

（一）内容策略：爆款引流，本土化深耕

在最初的海外市场推广阶段，考虑到海外用户对这款全新的短视频社交媒体软件可能出现玩法上的不适应等问题，TikTok 引入了抖音在国内较为火爆的且具备简单、易模仿、易复制、具备魔性特征的趣味性内容。比如，在抖音上家喻户晓的海草舞、琼瑶经典电视剧《还珠格格》中经过剪辑处理的鬼畜音乐表演片段等内容。TikTok 的官方号会将这类内容置顶到热门，作为海外用户模仿学习的"教科书"，一方面可以让他们在观看和模仿中逐渐熟悉这款 App 的玩法，另一方面也可以在体验中感受这款 App 的趣味性。经过这样的引导，逐渐培养海外用户创造出属于自己的有趣的独特内容。通过这种方式，利用内容本身与海外用户建立关系，引导他们通过视听体验来自主发掘产品的乐趣，有助于让海外用户逐渐从 TikTok 的陌生者到追随者，最终转化为参与者。

内容型产品出海的难关在于解决跨文化语境下产生的文化隔膜。如果单纯复制国内成功的运营方式，这些内容类产品在异国他乡发展势必会产生"水土不服"。针对这一问题，TikTok 运营团队实施人才国际化战略，他们在全球范围内招揽具有跨文化成长背景且熟悉当地本土文化的综合型人才。通过他们创造与当地文化特色相关的内容，进而有针对性地开拓新市场。例如，在印度，TikTok 在孟买成立了百人以上规模的本地内容研发团队，他们的主要工作内容就是发掘当地的文化流行趋势，通过营销策划将这些带有本地特色的内容开发为能够激励用户产生创作热情的素材。目前，TikTok 在印度拥

有 2 亿用户，其中月活跃用户达到 1.2 亿。[①]出色的本地化运营让 TikTok 迅速融入当地文化。

所谓本土化的内容运营，就是要靠运营团队去发掘某个市场的地方文化特色，开发出适合本地用户的线上活动和挑战，精细化地运营这些活动。TikTok 结合具有本土化特色内容的运营展现了 TikTok 的趣味性，因地制宜的运营策略最大程度地减少了 TikTok 作为外来品可能会与当地用户产生的文化隔膜。

（二）产品策略：功能齐全，文化风格自成一派

1. 产品文化

随着国内经典搞笑内容被植入 TikTok 中，平台上也出现了大量外国用户模仿经典片段的全新内容。通过同样形式的模仿、复制、变异传播后产生的沙雕效果，为观众和用户带来非同一般的趣味体验，这种文化被称为"Meme"。英国著名科普作家、生物学家理查德·道金斯在《自私的基因》一书中最早定义了这个概念："在诸如语言、观念、信仰、行为方式等的传递过程中与基因在生物进化过程中所起的作用相类似的那个东西。"在《牛津英语词典》里，Meme 被定义为："文化的基本单元，以非遗传的方法，尤其是模仿而流传。"在互联网时代，它被认为是以复制和模仿为传播元素的文化，这也逐渐演化成 TikTok 的内核。

乔纳·伯杰（Jonah Berger）所著的《疯传：让你的产品、思想、行为像病毒一样入侵》中，曾提出 STEPPS 法则，并以此来解释一个被口耳相传的产品背后的本质原理。笔者基于此来分析 TikTok 成为爆款的基本逻辑：首先是基于经典和热点话题再创作的视频内容成为诱因，这样的视频内容搞笑而有趣，具有娱乐性，刺激了用户的好奇心，进而调动用户欢愉的情绪。又因视频内容简单且易模仿，用户的自主表达欲被唤起，其所创作的内容在平台上形成自己的社交货币，一方面满足了更多观看者的休闲娱乐需求，另一方面参与者的自我展现和被需要感也得到了满足，这样的社交货币就具备了实用价值。越来越多的观看者转变为参与者，从众效应的作用在其中慢慢凸显。平台利用此效应，结合技术手段，让内容更具备可观赏性，从而更好地被模

---

① 石飞月：《TikTok 在印度月活跃用户达到 1.2 亿》，2019 年 6 月 14 日，https://baijiahao.baidu.com/s?id=1636326611122615974&wfr=spider&for=pc，2020 年 8 月 1 日。

仿和创作。平台的公共性得以构建。基于此，TikTok 将自己定义为"全球创作交流平台"，向大家讲述了一个关于内容创作的故事。如此循环，形成了 TikTok 自己的以 Meme 为核心的文化体系。

2. 产品设计

在产品的视觉呈现上，TikTok 去掉多余的封面，用户打开就可以看到视频内容，缩短了用户选择的决策路径，符合 Z 世代群体喜欢即时反应，热衷简单直接的特点。而视频内容的垂直化呈现更加符合用户的手机阅读习惯，赋予视频内容强烈的冲击力，它将人物和空间的距离拉近，更具备真实性和亲切性。这种用户和视频中的场景或人物只有一屏之隔的感觉创造了一种现场互动参与的真实体验感。而其他用户的关注点赞、评论留言等内容也带给拍摄用户强烈的愉悦感和满足感，满足了 Z 世代人群对于展现、表达自我的强烈渴望。最后，TikTok 大胆地选择以主题标签为分类方式来展现内容，将其作为真实的、功能性的组织存在。努力把自己打造成一个以内容创作为主要方向、有趣搞笑为主要风格、"Meme"为主要文化的交流社区。

3. 推送机制

TikTok 利用 AI 算法来进行智能化的内容推荐，其主要逻辑是根据用户、内容、兴趣三个要素进行用户与信息的匹配：平台方首先会基于年龄、性别、历史浏览痕迹等属性进行用户画像。然后通过算法技术将用户浏览的历史内容进行分类，其中，这个算法的本质就是一个拟合用户对内容满意度的函数，它以用户的行为，即 App 页面上的关注、转发、评论、点赞以及后台记录的视频播完率等为主要依据，根据用户参与成本由大到小赋予行为不同程度的权重。通过这样的流程，平台大致可以判断出每一个用户的喜好。最终，平台会在巨大的内容流量池中筛选用户更加感兴趣的内容，推荐给用户，如此循环。这是一个以用户和个性化内容为中心的推荐平台。在客户端，主要体现在当用户打开 TikTok 页面时，它显示的不是好友的动态或者是商家广告，而是一个"For You"的界面，这是一个为每一位用户量身定制的内容页面。

"传统的社交媒体仍以社交关系为核心，而 TikTok 则放弃了社交关系，把机器算法放到了中心。"[①] 用户不是通过彼此喜欢什么而互相交流并形成社交关系，而是通过分享自己喜欢的内容，交流探讨并形成以共同兴趣点为基

---

① 《抖音海外版 TikTok 是如何改写世界的》，The New York Times，https://www.nytimes.com/2019/03/10/style/what-is-tik-tok.html?searchResultPosition=1，2019 年 3 月 10 日。

础的社交关系。

（三）推广策略：精准施策，线上线下齐发力

1. 收购海外市场竞品

TikTok 于 2017 年 8 月诞生，在这之前，其母公司字节跳动已经在海外开展了同类产品的并购和控股业务，大举进军海外市场，企图利用资本为 TikTok 铺平道路。2016 年至 2017 年，字节跳动分别收购、控股了印度、印尼、美国和法国的内容聚合类应用、短视频类应用和音乐分享相关的一些企业。2017 年底，字节跳动高价收购美国短视频平台 Musical.ly，从字面上看，这无疑是一场亏本的买卖，但是从字节跳动长远的战略角度出发，这是合理的举措，其在目标群体和产品功能方面的定位与 TikTok 有高度的一致性，且 Musical.ly 在全球日活用户超过 2000 万人，在北美同类 App 市场上位居前列。TikTok 开拓东南亚市场和欧美市场，面临巨大的跨文化障碍和国际竞争挑战，通过并购战略，TikTok 能够快速获得原有市场资源和用户资源，从而加速 TikTok 在海外市场的发展。

2. 创新线上线下推广

TikTok 作为一款全新的短视频社交媒体，需要了解海外用户群体的社交媒体使用习惯和受欢迎的社交媒体平台，借力既有的平台来消除与用户群体之间的隔阂。例如，美国全球社交媒体平台 Instagram 也瞄准全球年轻用户群体，其平台用户五成左右为 30 岁以下用户，与 TikTok 有较高的相似度，利用 Instagram 平台增加 TikTok 的曝光率，无疑会俘获大量目标用户群体。很多率先看到广告后使用的人群也成为 TikTok 的用户，从而帮助 TikTok 实现滚雪球式的用户增长。在 Facebook 上，TikTok 针对不同国家建立了账号并更新多种活动，吸引区域用户参与。在 YouTube 上，TikTok 一方面在各大博主和网红的视频开始前投放了大量广告，利用他们的人气与流量引起广大粉丝的注意；另一方面，运营团队通过寻找那些原本在 YouTube 上受欢迎的网红逐步迁移到 TikTok 平台的举措，促进拉新渠道的拓宽。运营团队力求通过与博主合作，帮助 TikTok 产品特色最大程度地曝光。

除了在线上持续造势以外，TikTok 还在线下开展了一系列的挑战活动，吸引不同区域市场的网红参与，扩大影响力。2017 年底，TikTok 合作电子音乐节 DWP，赢得了大量的用户关注和参与，也被当地媒体评价为最新潮流的"风向标"。在 TikTok 于印度尼西亚雅加达成立一周年之际，TikTok 官方

邀请了来自印度尼西亚和世界各地的 150 位创作者并举办了嘉年华庆典，这些创作者有机会相互进行交流思想并展示他们的才华，并在 TikTok 上进行传播，大大提升了 TikTok 在当地的影响力。

（四）用户策略：酷爽体验，解锁内容 UGC

1. 基于"使用与满足"的用户体验

数据显示，TikTok 有超过 5 亿的活跃用户，其中 60% 的 TikTok 月活跃用户在 16—24 岁之间。[①]他们被称为 Z 世代人群。他们渴望变化，打破传统，创造迥异的娱乐方式。

Z 世代人群需要通过某种方式在残酷现实的缝隙中来实现自我内心释放的憧憬与渴望。快节奏的生活，来自工作与学业方面的竞争压力让他们在理想和现实之间盘旋和挣扎。使用与满足理论把受众看作有特定需求的个人，把他们的媒介接触活动看作基于特定需求动机来使用媒介，从而使这些需求得到满足。对于 Z 世代人群来说，他们习惯快速反应、直接表达、热爱创造，讨厌刻板的规则，喜欢真实的交流互动，反感过硬的品牌广告。TikTok 上的视频多来自生活中有创意、有想法的素人制作并上传，内容多为萌宠搞笑类，有很强的治愈性，能够帮助用户放松心情。他们通过视频与大千世界上的同类人进行交流，寻找生活的慰藉。TikTok 上传内容的门槛比较低，越来越多的用户愿意尝试上传自己的作品，他们也会在平台上交流学习，通过彼此之间的交流满足求知欲。此外，TikTok 也是一款音乐短视频，而音乐本身就有帮助人们放松心情的作用。

2. 基于"狂欢"的用户自我表达

巴赫金认为，狂欢的生活是在现实世界的对岸设立一个倒置的世界，这是大众的自由世界，没有阶级、财产、年龄、身份、性别的划分。这是平民百姓暂时通向乌托邦的道路。TikTok 自定义为强调原始与创造性自我表达的平台，他们希望用户成为生活故事的讲述者，基于 TikTok 的算法机制，任何用户创作的视频都有可能被平台推荐给更多的用户，也就是说每个用户的作品都有同样的被播放的机会，他们在这样的虚拟社交媒体平台上暂时打破了现实社会中阶层、贫富的界限，建立了一个平等、自由且欢愉的平台。在这

---

① 《YouTube、TikTok 等海外四大社媒平台用户画像及营销优劣势》，http://www.199it.com/archives/962551.html，2019 年 11 月 7 日。

里，人们平等交流，无障碍沟通，他们可以在这个"乌托邦"里用创作来尽情地释放自我，表达个性。相比 Instagram 强烈的社会关系和 Twitter 过载的新闻信息，用户在 TikTok 上获得了更多信息传播的自主权，相对平等与自由的传播机制被建立，信息传播的趣味化也随之提升。TikTok 在上市短短一年后便覆盖了全球 150 多个国家和地区，月活跃用户过亿，并在泰国、柬埔寨等东南亚国家多次登顶当地的应用分发榜单的佳绩，与精准且有效的用户运营法则密切相关。TikTok 让平台只扮演"全球创作与交流平台"的角色，将主要精力和重点放在激发用户创作上，用户可以在平台上与志同道合的朋友相互交流、激发创作的灵感，最终通过口碑传播实现用户的增长。

二、TikTok 海外市场运营存在的问题

（一）平台内容同质化问题

TikTok 的内容推荐方式是基于 AI 算法的去中心化的内容推荐，即根据用户在平台上的浏览痕迹进行行为分析，向用户推荐对方可能喜欢的内容。这样的推荐模式虽然极具个性化，能够在一定程度上符合用户的喜好。然而，用户的喜好在一段时间内是恒定的，这就会导致平台向用户推荐的内容会逐渐单一化，从而导致用户黏性下降。另外，TikTok 以具备模仿特色的"Meme"文化盛行，前期的盛行会为平台带来大量的流量与关注度，并帮助 TikTok 形成独特的产品风格。但是随着一些火热视频内容被广泛的模仿，平台上的内容便会日渐趋于集中且同质化。模仿居多而新内容变少，也会导致平台的活力不足。因此，平台需要不断采取激励性的措施鼓励内容创新，并着重孵化风格迥异的平台达人，支持其发布具有原创性的内容。企业内部也需要规模化地聘请资深的视频内容策划创意人，主动发起具有创新性和挑战性的内容，给予平台用户更多启发，从而缓解平台内容的单一化现象，实现内容娱乐多样化、趣味化的嬗变。

（二）青少年保护缺乏问题

TikTok 作为一款以年轻群体为核心目标的视频内容社交媒体软件，吸引了大量青少年群体的热爱。平台对发布内容的质量和类型的监管力度目前还不够，存在大量可能会误导青少年群体健康成长的内容。"在我国台湾地区的中小学的校园里，随处可见来自 TikTok 的爱心手势舞等内容，在 TikTok

上，甚至出现了类似学生在课堂中背着上课老师、蹲在课桌椅上跳舞的视频内容。"[1]2019 年 4 月，印度马德拉斯高等法院以"对儿童有害"为由发布临时命令，要求印度中央政府下令禁止下载应用软件 TikTok。马德拉斯高等法院认为："TikTok 上色情内容猖獗，极端行为盛行的背后，是'鼓励色情，贬低文化'，在青少年中传播'文化退化'。"[2] 在印度尼西亚、孟加拉国、马来西亚等国，TikTok 也曾因平台上存在色情、低俗的内容而被要求下架。

TikTok 的内容偏向趣味性和娱乐性，而青少年还没有完全建立起成熟的世界观、人生观和价值观，他们的鉴别能力和自制力都较弱，很容易被新奇有趣的内容吸引并效仿，如果接触到大量不良内容则会产生极大的负面影响。目前，TikTok 也加强了平台内容监管，如 2019 年 3 月，TikTok 调整了儿童隐私保护条款，决定删除 13 岁以下注册用户的账号及其内容。同时，TikTok 重新开发儿童友好型 App，低龄用户在获得父母的许可下并上传当地政府为他们编发的 ID 后，即可使用儿童专属 App，该版本限制了完整应用程序中的大部分功能，但仍允许未成年用户观看专为其打造的视频内容。

（三）政府的恶性制裁

随着 TikTok 加大海外市场布局，一些问题也随之而来。一方面由于平台本身在内容审核方面不够完善出现一些问题，遭到当地政府或法院的行政处罚和法律限制；另一方面则是由于长期以来欧美等西方国家戴着"有色眼镜"审视中国产品，以政治"阴谋论"为由，渲染"中国威胁论"并借机开展极端保护主义，给 TikTok 在海外的发展制造重重困难。例如，美国智库彼得森国际经济研究所网站曾刊登了一篇名为《中国社交媒体在海外日渐流行，给西方带来新风险》的文章，作者写道："中国短视频应用 TikTok 2018 年大举进军西方市场后，'甚至在美国军队中流行了起来'。这些应用会像绝大多数美国社交应用一样，收集大量用户数据，带来很多安全问题，美国和欧盟当局对此没有给予足够重视。"[3]2019 年 11 月 7 日，美国参议院讨论了 TikTok 对美国国家安全和公民隐私存在泄漏和侵犯的重大风险。这些莫须有的"罪名"会在 TikTok 发展的过程中形成诸多阻碍，比如法律官司和严格的政府审

① 施沛琳：《短视频社交平台与台湾地区青少年网络流行文化初探——以 TikTok 为例》，《电影评介》2018 年第 18 期。
② 王爽：《抖音海外版在印度遭遇"文化退化"拷问》，《中外管理》2019 年第 5 期。
③ 张冬瑾：《中国短视频出海之困局》，《中国报业》2019 年第 5 期。

查等。如何处理与当地政府之间的关系，有效应对政府的极端保护主义也是TikTok亟待解决的问题。

三、TikTok 海外市场运营的策略优化

（一）坚持开放合作的态度

TikTok需要秉持开放合作的态度，积极谋求当地政府和企业的合作与支持，对于其拓展海外市场至关重要。

在印度尼西亚市场，TikTok与该国政府相关部门展开了一系列合作活动，主要针对互联网素养、网络内容安全、儿童保护和在线安全等内容展开教育和宣传。这样一方面利用平台和资源优势帮助当地政府有效地解决民生问题并缓解某些社会乱象，另一方面通过此类公益活动不断提升TikTok在全球良好的平台形象和品牌影响力，同时也可以达到激励用户不断创作优质内容的目的。

2018年11月，习近平总书记在上海进口博览会上倡导各个国家应该开放融通，拓展互惠合作空间。只有坚持开放合作，才能实现互利共赢。TikTok作为中国领先的社交媒体品牌，需要坚持开放、合作的态度，积极与当地政府部门和企业建立合作机制，资源互换，互惠互利。

（二）优化内容审核机制

随着TikTok海外市场的不断拓展和短视频内容数据的海量激增，短视频内容的管理成为平台发展的难题之一。由于TikTok偏向趣味和娱乐的产品定位，导致其内容界限的高度模糊化。一些用户为了博得关注，选择制作并上传偏恶俗、打色情擦边球等内容，这些已经引起了一些国家政府部门的重视甚至抵制。

不良内容会对用户，尤其是青少年价值观的培养、价值取向等方面产生不利影响，也会对平台形象的构建产生副作用，不利于平台可持续发展。因此，TikTok必须优化人工智能内容审核的技术手段，并结合人工内容审核，双管齐下，对平台内容进行严格的审核。如明确视频内容文案禁忌词汇，并根据不同国家的文化特色，拓宽其与低俗意义相关的俚语、俗语等词汇，利用AI技术通过检测和过滤将相关视频内容挑选出来，再通过人工二次审核具体内容。对屡次发布恶性视频内容的用户采取警告、封号等惩罚措施，确保平台内容的良性循环。

（三）注意版权风险

TikTok 作为娱乐性短视频内容社交平台，对平台版权的控制与管理是其运营和治理能力的重要体现，也是其平台内容生态呈良性循环的基础。版权乱象将会造成抄袭、同质化内容严重等问题，这一方面会严重挫伤平台内容创作者的创造力和积极性，另一方面也会导致企业面临与音乐、素材提供类企业之间的法律纠纷，进而使平台的运营面临巨大风险。目前，TikTok 主要面临以下两个方面的版权风险：一是 TikTok 与各类背景音乐及素材提供方之间的版权纠纷，音乐是 TikTok 内容创作中的重要元素，若没有音乐作为支撑，TikTok 就失去了趣味的灵魂。因此，平台方不仅要获得音乐类企业和独立音乐创作人的版权授权，还在用途上与其达成明确协议，避免因使用方式和渠道的差异引起法律纠纷。二是 TikTok 平台达人原创内容的版权风险，一方面是创作人有可能为了娱乐效果或者追求展现形式上的创新，截取其他视频网站上的片段或改编名人视频，这在一定程度上都有可能引起内容版权纠纷。平台需要对此做清晰的规定以明确平台用户对可能出现的版权纠纷的责任承担办法。

创作者个人的原创内容也应受到保护。由于平台上的多数内容为普通大众上传，他们在一般情况下缺少维权意识和合适的维权法律途径，这就会导致一些非常富有创意的素人作品被其他用户引用或者模仿，对原创者造成侵权伤害，也会打击用户原创的积极性，不利于平台发展。因此，TikTok 海外市场运营团队也需要制定平台用户原创内容保护办法，如开通原创视频作者保护申请功能等来实现对优质原创内容的保护等。

四、对中国社交媒体海外市场拓展的启示

（一）积极布局海外市场

对于中国头部社交媒体平台企业而言，拓展海外市场成为增加用户规模和经济收益的重要路径。社交媒体产品一般首先在国内市场研发推出并积累用户，成为国内领先的社交媒体品牌，在此基础上，平台企业将国内经验复制并结合国外市场特点，积极向海外市场拓展，能够快速获得市场成功，TikTok 的成功运营即是如此。抖音在国内就是一款十分受到用户喜爱的社交媒体品牌，在抖音上有大量的 UGC 短视频，更有一些爆款，尽管不同国家民众心理存在差异，但是也存在共通性，如求新、求奇、求异、求名心理等。正是利用了这种共性心理，TikTok 将国内运营成功的短视频移植到国外，并鼓励当地用户创作本地风格特色的短视频，取得了巨大成功。

中国社交媒体品牌海外市场拓展，可以与中国手机企业构建战略合作。目前，中国手机企业也在积极开拓海外市场，如华为、小米、VIVO、OPPO等，这些手机企业在东南亚、欧洲市场等已经占据较大的市场份额，但是中国手机企业往往更多依赖国外的社交媒体应用，如 Google、Facebook、Twitter、Instagram 等，当这些国外应用软件受到本国法律限制或商业竞争因素考虑不与中国手机企业合作时，将会面临巨大的市场风险，这也是华为当前由于美国政府制裁面临的挑战之一，即缺乏中国企业主导的全球互联网应用生态。因而，构建中国互联网企业社交媒体品牌与中国手机品牌之间的战略合作，已经成为中国社交媒体国际化发展和中国手机品牌国际化发展的战略必需。中国社交媒体品牌海外市场用户规模扩大和竞争力提升也会为中国品牌加速国际化提供强大的社交媒体助力。

（二）强大的资本为杠杆

中国互联网企业的社交媒体品牌海外市场运营需要大量的资本投入，目前中国互联网企业海外市场拓展比较成功的企业大多是在美国和中国上市的互联网企业。TikTok 母公司字节跳动公司虽然目前还没有上市，但是在融资能力方面也非常强。字节跳动将融资视作其日常运营、研发、海外拓展等方面的发展动力，自 2012 年 4 月开始至 2018 年，其先后 6 次融资，市值逾 750 亿美元。

大量资本的注入助力字节跳动公司成长为中国互联网行业的独角兽，同时也让其拥有打开海外市场的钥匙。2017 年初，字节跳动收购了陷入困境的美国视频分享应用 Flipagram。2017 年 11 月，投资猎豹移动旗下的直播平台 Live.me 等。通过大量的收购和控股海外相关企业，中国社交媒体企业能够快速进入全球市场，跨越文化障碍和市场障碍，减少学习成本。

（三）优质的产品为基石

只有好的社交媒体产品才能给用户带来优质体验。例如，在 2017 年 TikTok 海外上市之前，其"孪生兄弟"抖音已经在国内上线运营超过一年。在这一年时间里，抖音经过了专注功能开发、确立产品基调、专注传播运营、促进用户增长和加强监管、构建和谐社区等主要发展阶段，同时进行了 10 次以上产品的更新迭代。抖音在国内已经形成了完整且精细化的产品和用户运营模式及优质的产品技术架构。截至 2018 年年中，抖音已经创下了日活用户 1.5 亿，月活用户突破 3 亿的成绩，成为年轻用户最喜爱的短视频社交媒体平台。可见，TikTok 海外市场面世之前已经是一个功能稳定、结构成熟、体验流畅的社交媒体品牌，有了国内成功的经验，TikTok 将国内的运营模式结合对象国的文化差异进行复制，取得了巨大成功。不论是从界面设计、后台算法程序还是用户定位等方面，TikTok 都可以直接复制"抖音模式"。

社交媒体运营团队需要精益求精，与时俱进地更新产品，使之功能完善并符合全球用户的需求。新的社交产品和社交形式会不断出现，社交媒体企业需要敏锐地洞察新的社交媒体形态对其可能构成的威胁。社交媒体产品的好坏决定其全球市场发展的成败，但是好的社交媒体产品是不断进化的，而非一成不变。如字节跳动"小步快跑，敏捷开发"的风格，完成了两款产品的蜕变和落地生根。社交媒体产品是社交媒体平台与用户交流的艺术，平台要非常重视社交媒体产品的开发与迭代，坚持以用户思维设计研发、优化社交媒体产品。

（四）有价值的品牌为助推器

品牌战略是展现社交媒体平台形象，构建话语体系的重要途径。一方面，TikTok 传播的中华经典曲目、经典影视作品片段和中国传统技艺的演示等内容在国外掀起了一阵中华热，助力中国在国际上的国家品牌形象构建，更有助于海外用户更加了解中国，从而降低了国外对中国产品歧视性的排斥。另一方面，抖音"记录美好生活"的标语，表达了对真实生活的敬畏，体现了抖音的品牌意识，这将有助于提升用户体验，帮助他们产生兴趣和想法，激发他们的参与热情，进而帮助其快速提升品牌知名度，在海外成功构建 TikTok 的品牌话语体系。

随着短视频类社交媒体的风口来临，越来越多的同类产品涌向市场，但是产品功能等方面却有着同质化严重的现象，在这种情况下，只有利用品牌构建帮助完成产品和市场定位，才能从同类林立的市场中区别出来，进而把产品"定位"在消费者脑海中。对于中国互联网企业而言，开展品牌国际化战略，将有助于中国互联网企业塑造国际形象，并利用品牌价值引起的晕轮效应与国外消费者产生深度的关联。

国漫品牌化传播研究

——以上海美术电影制片厂为例

陈 玲*

（北方民族大学设计艺术学院，宁夏银川，750021）

摘 要： 当下影视媒体艺术形式已经成为国家间文化交流的加速介质，尤其是动漫艺术早已成为一些国家的外交手段。动漫品牌传播不仅实现了国家间的文化交流，更取得了经济的互惠。在国际市场，美国、日本动漫品牌占据中国市场大部分份额时，中国动漫品牌的国内、外市场还存在着巨大的空间。国漫在制作技术水平和故事感染力提升的同时，依然存在不能很好适应产业化发展的大环境，尤其近两年上海美术电影制片厂多次出现维权上诉案，优秀的国漫，却面临传播方面的尴尬局面，问题归结，还是在于国漫品牌化建设和传播方面的问题。

关键词： 中国动漫；品牌化；传播；美术电影制片厂

基金项目： 本文系 2018 北方民族大学中央高校基本科研业务费专项资金资助项目"地域文化符号的影像表达研究"（编号：2018XYYSY01）成果

中国动漫在文化性和商业性两者之间能否兼得，取决于学术创作研究和商业实践能否共融。就目前以高校、美影厂、研究院为代表的学术创作研究者们，始终坚守着艺术流派、创作风格的研究，但却无法摆脱计划经济时代的后遗症，[①] 在商业运作方面缺乏对等的收益。而以动漫公司和企业为代表的

---

* 作者简介：陈玲（1982—），女，宁夏青铜峡人，北方民族大学设计艺术学院讲师，艺术学硕士，主要从事数字动画、动漫产业研究。

① 盘剑：《"美术片""美影厂"与"中国学派"》，《当代动画》2018 年第 10 期。

商业实践者们，借助影视消费热潮而谋取暂时性票房或者实体产业广告，他们采取大量海外代工方式，确实培养了不少制作精良的制作团队，但也使得一些国漫作品失去了特有的中国民族风格。

虽近几年国漫领域产出了双收效果的作品，《大圣归来》《白蛇缘起》《哪吒之魔童降世》等。但比较国外动漫作品来说，单票房收益上，2019 年一部国漫最高 50 亿人民币，与国外普遍 10 亿美元收益还是存在差距，加上美国、日本动漫完备的品牌化商业运作模式，和完备的产业规范体系，在动漫衍生领域几乎是国漫无法比较的。同时由于中国民众娱乐消费能力的不断上涨，吸引了好莱坞大制作，疯狂的开发中国文化有关的作品《花木兰》《功夫熊猫》等，并且这些国家也通过吸引华人新导演，进驻到创作团队，不断进行中国市场的开发与占有，这些外在中国元素，内在不同的价值观对于中国青少年儿童文化的构建起到了不小的影响。虽中国文化的自信建设，有了显著的成效，更多国人以消费中国文化特色产品为时尚，但从国漫品牌的代表——上海美术电影制片厂中"黑猫警长""葫芦娃"等形象的维权案，也反映出产业化趋势下，国漫品牌化建设的不足。

动漫品牌有别其他产品品牌，动漫品牌包含企业品牌、动漫形象品牌。动漫品牌所涵盖的产品，首先是动画、漫画、游戏、绘本故事等内容产品，其次是基于这些内容所衍生的一系列可衍生的产品。故动漫品牌受制于内容，尤其是角色形象最为突出。不同于日本以漫画品牌为源头的模式、美国工业化的动漫品牌模式运作。[①]中国动漫并没有形成范式产业模式，有种百花齐放的感觉。本次研究希望能够从文化性与商业性融合的角度，通过角色形象的品牌故事化、品牌联合运营趋势化、知识产权保护法规完备化、自媒体粉丝文化参与式，国漫创作人才培养体系系统化等方面进行国漫品牌建设与传播的探讨。

一、角色形象的品牌故事化

（一）动漫受众认同的是故事，但消费的大部分是角色

认同与消费其实能够反映出动漫作品，是否同时具备文化性和商业性。动漫品牌产品的初步就是内容，内容产业是最会讲故事的，动漫通过形象、

---

① 汤晓颖：《激活品牌化模式的美国动漫衍生品开发》，《包装工程》2016 年第 8 期。

音乐等编码，使消费者产生对动漫符号的记忆。优秀动漫的故事可以使受众产生深度的情感共鸣，在渴望与动漫中的角色进行深度情感互动时，情感会驱动消费者的行为，使其购买基于该内容中的某些角色相关衍生产品，以达到或满足自己内心的需求。① 居于全球受欢迎程度前列的皮卡丘、米奇等优秀的动漫 IP 品牌，不难看出角色是和受众产生互动与共鸣的根本。迪斯尼帝国在品牌运营方面就采取各种回炉方式，使老动画明星焕发新光彩，带动新动画角色闪亮登场，既满足了消费者的怀旧治愈心理，又扩大了品牌的代际社会基础。

动漫品牌从角色开始。人们会去消费"黑猫警长"，而不是消费"上海美术电影制片厂"。即认可企业品牌，消费动漫形象品牌衍生产品。人们选择消费动漫作品，多是期望与作品中的角色产生深度情感互动，能够住在人们心里的恰恰是角色。所以我们看到迪士尼、皮克斯、梦工厂他们树立一个又一个的形象品牌，都围绕着主角品牌，他们会形成角色家族或者团队式的角色群。漫威作品中手办制作精良，价格不菲，当人们选择购买蜘蛛侠后，不会阻碍他们消费钢铁侠。漫威作品巧妙地将一系列的角色放在系列影片中，让他们产生互动，这就更增加消费者选择该品牌相关的角色品牌产品，形成角色品牌间的正向迁移。

保证角色信念或者使命的恒定。基于角色形象的故事不断更新，角色信念的恒定可保证品牌形象的一致性。亚太首席执行官唐锐涛曾比喻广告的作业目标是将"老鼠变成米老鼠"。② 其实赋予角色故事的过程就是编码品牌信息的过程。动漫文化需要通过角色引导观众产生对于品牌编码的一致性认同，所以要保证角色性格的明晰及信念的恒定，才能达成编码与解码的一致性。比如柯南、哆啦A梦、宝可梦、米奇等角色品牌形象的内心信念不变。近期上海美术电影制片厂推出了一系列的表情包，以及角色互联网带货现象，着实让传统的观众惊了一下，仔细查看原来这些没有恒定性格特征的动漫角色内容重现，确实是美影厂所制。动画艺术诞生百年，至今能够在受众心里占据一定地位的米奇等形象，一定有着恒定的角色信念及性格，如果角色没有恒定的角色性格记忆，内容的更新很可能会造就没有底线的衍生，破坏品牌力。要使对于角色 IP 品牌的受众忠诚度不会动摇，一定要把握住内容开发的

---

① 汪涛、彭传新等：《讲故事 塑品牌：建构和传播 故事的品牌叙事理论》，《管理世界》，2011 年第 3 期。

② 王佳炜、陈雅舒：《老字号品牌传播的故事化与社会化》，《青年记者》，2017 年第 5 期。

陌生化与熟悉化的尺度。

（二）从动画的特性出发，进行动画故事的构建

基于角色构建故事。由于不同国家文化的差异性影响，使得讲故事的方式有所不同，但是动漫故事构建方式又有其特殊性。梳理国内、外动漫作品我们总结一些规律，中国人的讲故事方式，习惯从宏观到微观，举个有趣的例子："从前有座山、山里有座庙、庙里有个老和尚……"宏观的场景关系，玄幻的意境是否能为角色的表演而服务，是否能使受众产生符号记忆并反复的购买产品呢？比较美国、日本商业动漫，在讲故事的时候入手点却先是角色，再是场景，最后发生的事情是什么，（Who—where—What）这样的一个流程。我们再分析一下上海美影厂，曾屡获国际国内大奖的优秀作品，《骄傲的将军》《三个和尚》《大闹天宫》等，这些作品却非常符合动漫故事的构建规律，片中都是围绕着具有鲜明个性的角色、在某些场景、发生的一些小故事。再分析近两年《白蛇缘起》《哪吒之魔童降世》《大圣归来》《大鱼海棠》等等在产业化电影创作规律当下，都有清晰的角色轮廓。先树立一个性格鲜明的角色，然后给角色环境或者道具，再后来就是发生了什么故事。

以周知文本为基础的创新。坚持"民族性、多样性"作为上海美术电影制片厂的八字方针，一方面产生了在国际上屡获大奖的被称为中国学派的作品，另一方面促成了一些多元作品的创造力。上海美术电影制片厂的老前辈们坚持对于剪纸、皮影、水墨画等这些在中国具有深厚文化基础和广泛受众的艺术形式进行动画创作。尤其是《大闹天宫》的纪录片中为我们展现了当时万氏兄弟为创作此片先后找到京剧、绘画的艺术家探讨角色的设定，对于孙悟空造型先后邀请了张光宇、严定宪先生设定，最终经过多稿修改，成功设定了符合动漫规律的孙悟空形象，这也是中国文学作品中的孙悟空形象首次在影视屏幕上视觉化的设定，至今这个具有京剧脸谱的孙悟空形象依然影响后来的创作。其中坚持"民族性"，成为中国动漫创作者的标榜，文化的积淀离不开民族性的智慧。仔细分析国漫中耳熟能详的作品的共同特征，都是出自经典的改编，也就是在有一定基础的前置文本之上。然而为什么中国的经典却不能像美国、日本，动漫的品牌能够传承100年，关键就在于商业性的问题。

故事构建时，需考虑商业的衍生性。以实例为证：变形金刚本身就可以做成玩具、漫威角色都有属于其个性的道具和装备、宝可梦是任天堂游戏中

的精灵、哆啦A梦的大口袋能取出任何神奇的道具、熊出没中光头强的道具的销量，绝对的高于人形形象本身，并且以上角色发布了大量官方图库。从百度图库搜索上海美术电影制片厂，大部分角色没有进行形象的二次官方图库开发，及独立的商标等使用规范设计，很多人形角色既没有道具、宠物，也没有变形。单从动画艺术性上去欣赏作品，受众很难下手进行复购他的衍生品。

（三）命名角色　强化品牌　更新故事　树立信念

内容的命名方式。关于国漫的一些理论研究过于泛泛而谈，急需微观化的研究指导实践。国内很少有动漫理论研究能够具体到角色pose剪影、故事的构建、作品名称的命名等方面。作品命名规律上既要遵从地域文化习惯（不同文化采取不同的文字编码方式），也要考虑动画作品的商业特性。通过大量作品分析得出日本动漫作品命名方式多是"属性＋名字"，[①] 如《名侦探柯南》、《灌篮高手》《龙猫》等。美国动漫作品的命名方式直接与形象品牌挂钩，如《蜘蛛侠》《钢铁侠》《coco》《花木兰》等。中国动漫作品通常命名的方式是"动名词"，如《熊出没》《白蛇缘起》《大圣归来》《大闹天宫》《哪吒闹海》，单从命名角度来看，国漫的品牌化意识的建立，确实可以从名称下手。上海美影厂曾屡获国际大奖的作品《三个和尚》《骄傲的将军》《葫芦兄弟》的命名方式是不是也能给我们一些启示。

更新基于老角色的故事内容。更新也并非一定要不断创新新的角色，而是基于老角色进行新内容开展，实现角色符号的再现及其相关产品的复购率。日本关口贡先生作为Hello Kitty多年的的运营管理者，他在近期学术会议中提到几点对于中国动漫创作的建议。其中特别强调在创作形象时，并不是越多越新就好，而是要集中力量不断就某个旧的形象，为他营造更多可能性，研讨会中他展示了Hello Kitty的历年的海报设计，以及依据热点事件营销的案例，通过热点活动策划，有效提升该形象相关产品的销售额度。反观上海美术电影制片厂的创作原则是"不模仿别人、不重复自己"，老一辈创作者坚守的价值观念，在艺术作品欣赏的角度来说，鼓励创新，创作经典，如：《雪孩子》《舒克贝塔》《黑猫警长》都是优秀的动漫艺术作品，集数有限。但如果坚守"不重复自己"，这或许与动漫作品所要遵从的商业规律——"符号的

---

① 宋磊：《卡通形象营销学》，上海：华东师范大学出版社，2014年，第57页。

不断再现"①有所违背，美、日动漫商业收入依赖的就是基于老角色的不断推陈出新，使动漫消费成为一种符号的消费。

二、品牌联合运作的趋势化

动漫品牌联营实体、零售等行业。动漫品牌可以使很多实体产品情感体验可视化，所以很多实体行业采取品牌的形象化，或者通过使用授权形象，以达到产品与受众间的友好互动，如：天猫、京东、奥飞、小米等。新业态模式的融合已经是遍地开花，零售业名创优品、优衣库等时尚快销服饰、电子、家居类产品，都借助动漫进行产品的销售提升。有数据统计，相比没有动漫形象的产品，有动漫形象的产品销售量会大于前者。近期我们能够看到国内定位于女孩的动漫形象叶罗丽，频频出现在房地产、儿童教育品牌的宣传中，叶罗丽这种具备中国美学特征的玩具娃娃与实体行业的对接，势必会吸引更多的女孩以及他们的家人关注到相关行业，在经济的收益方面又是双赢。上海美术电影制片厂，孙悟空、黑猫警长联合肯德基等品牌联营，给无数 80 后观众怀旧的机会，也扩大了其品牌的下一代用户群体。

动漫营销、营销动漫。动漫既起到营销产品的目的，也提升品牌形象自身的价值。与美国、日本的动漫产业有不同的是，中国很多动漫的产生，确实为了产品的销售而制作动漫作品。奥飞最早是制作玩具的公司，通过影视剧提升了悠悠球的销量，最终不断扩大电视动画的制作规模，并收购了喜洋洋等知名的动漫 IP 形象。国家扶持动漫产业发展部际联席会议专家委员会委员向勇提出："创意设计业和动漫游戏业可以通过专利、商标、版权、形象、故事、符号等非物质生产要素，投入到传统农业、现代制造业和生活服务业，通过"转物为心"和"化心于物"的巧创新策略，实现内容创意的全产业链经营。"②，如果只看到当前的一些短暂的授权费用，而拒绝一些优质产品对于动漫形象的反营销，会使原有形象的影响力逐步缩减。③上海美术电影制片厂作为国漫品牌的标榜，可以放宽胸怀，免费授权一部分形象为国家品牌产品服务，同时更新角色品牌衍生品，或许是激活经典的一种有效手段。

通过品牌联营模式，可以提高角色形象的曝光度，延长其生命周期。任

① 赵毅衡：《符号学原理与推演》，南京：南京大学出版社，2011 年，第 203 页。
② 向勇：《转型期我国文化产业发展模式研究》，《东岳论丛》，2016 年第 2 期。
③ 屈立丰：《理解上海美术电影制片厂"民族化"动画的另一种路径》，《成都大学学报》2014 年第 6 期。

何品牌都有其生命周期，所以迪士尼曾经模仿洗化用品进行了四轮经营的模式，即每四年要对老作品进行回炉，白雪公主就是其中一例。①上海美术电影制片厂的老角色进行新用户的积淀，通过肯德基、儿童牛奶等实体行业的带动，也起到了延长黑猫警长角色周期的效果，值得继续推广。如果能继续把黑猫警长和儿童密码锁等产品相融，那么不仅可能很有效地提升智能锁的销售，还强化了黑猫警长的属性；《天书奇谭》的师傅要是出现在儿童文具的书写本和橡皮中，是不是孩子们会通过探索神奇喜欢上学习用具，还认识了《天书奇谭》里面的角色。国内功夫动漫采取的动漫形象零授权费的方式值得借鉴，他们在产品销售额度提升后从收益额中划拨百分比。比起早期那种在产品还没有销售前就进行动漫授权，很多企业被拒之门外，尤其对于中小企业在没有产品收益前，就要支付高额的授权费。联营实际上是一种互惠模式，联营可以有效拉长角色形象品牌的生命周期。

三、知识产权保护法规完备化

动漫行业人员法务意识的提高，以及国家关于动漫 IP 品牌保护的界定还需完善。具体的就是基于角色的版权问题，包含版权申报、版权授权细则、版权法规等问题上，从美国、日本关于动漫形象品牌的全面保护政策来看，美国迪士尼从著作权、形象名称、形象商标以及完备的专门为动漫版权而设置的机构；日本主要通过著作权、形象外观专利、商标法来为原创动漫保驾护航。②如哆啦A梦在推广中有一套非常系统的动漫形象使用手册，包括海报里面或者 PPT 页面里面出现的角色，细致到不能拆分使用等等细节要求。

版权申报：版权局的著作权、商标局的商标、专利局的外观专利，都可对动漫品牌化传播保驾护航。中国动漫版权保护从创作者的角度应该做到"三位一体"。其一：对于初期绘本、故事脚本、手稿等向国家版权局提出著作权登记申请；其二：基于卡通角色形象要进行二次设计，并进行全门类的商标注册；其三：要进行角色形象（最好是三维）外观专利的申请；如果以上三者都能够明确做到，并形成明确系统的角色形象授权使用规范手册，那么版权维护就较全面了。

---

①　陈玲、林升栋：《跨文化传播视野下宁夏动漫角色品牌的建设》，《民族艺林》2017 年第 5 期。

②　王莹，孔令臻：《完善我国动漫版权司法保护的路径研究》，《山东农业工程学院学报》，2017 年第 3 期。

版权与授权：内容创作者及创作单位要有规范的版权授权手册。近年来央视、腾讯、上海美术电影制片厂都陆续出现过大小不等版权纠纷案件，主要表现为版权归属问题、形象未经授权擅自使用、海报引用等案件。判决结果也是模糊不清，一方面体现出国家对于动漫领域版权法的规范化还需完善，另一方面表现出原创作者或者企业对于如何进行作品的保护，没有具体的操作意识。在华谊兄弟和上海电影制片厂的"黑猫警长"等版权维权判决结果来看，上海美术电影制片厂的相关人员，存在对于 IP 版权保护法律规范的模糊，不能够判断"合理引用"而败诉。此前还出现过个人告上海美影厂的案件，创作人员对于职务内创作和职务外创作很多都不够明晰。

四、自媒体时代粉丝参与式传播

流量与品牌。传统时期人们获取对品牌的认可会通过电视报道、专业影评等方式判断品牌信用。当下 5G 时代自媒体，粉丝们获取对品牌产品的评价，主要是通过社交媒体平台：知乎、B 站、抖音，甚至淘宝评价等方式获得。那么研究粉丝参与式传播就非常重要。粉丝消费主要体现在他们与动漫品牌中的某个角色产生的深度情感互动欲望而驱使购买行为，并且自发形成社交群，进行作品的分享，以达到相互的身份认同。而动漫品牌可以使很多动漫形象实体化，实现了动漫品牌符号的反复再现，使情感体验可视化，粉丝们通过购买实体产品满足内心的深度情感互动。通常消费方式表现为：获得更多角色形象相关信息、集邮式购买、社群分享体验等。具体案例：粉丝有怀旧心理，会选择购买已经拥有的不同款产品、通过购买成套系的产品实现内心的完美追求；通过 B 站等社群平台，实现视频发布、弹幕方式获得更多的认同感和身份确认的分享。

粉丝需求趋势，导向内容更新。动漫作品的内容要超前或者符合粉丝当下的内心需求。日本《灌篮高手》、美国漫威系列、中国《十万个冷笑话》这些作品都是典型的改编自漫画的动画作品，他们共同特点就是通过漫画的更新及粉丝的反馈进行新内容的作品。有妖气一直以来坚持以漫画为先，如：《非人哉》通过四个漫画与粉丝互动，并通过众筹等方式，使粉丝全程参与到内容的制作。① 奥飞出品的《乐迪小飞侠》虽然以送快递为主要事件，但是他

① 邓琳：《爆款作品与品牌化运作——试论中国动漫产业的融合与变革》，《出版广角》2019 年第 2 期。

却能将快递送往全球各个不同风土人情的国家，满足了当下国人的旅行愿望，而孩子们通过购买超级小飞侠使其成为自己向往生活的"替身"。[1]上海美术电影制片厂中《黑猫警长》《葫芦娃》《舒克贝塔》等作品也要考虑粉丝的需求趋势。比如舒克贝塔很好的角色形象，但是如果始终让舒克贝塔开飞机、开坦克，那就不符合当下消费者所处的时代背景，原始舒克、贝塔的受众已近中年，他希望他的孩子能看到怎样的舒克、贝塔？比起飞机、坦克，宇宙和人工智能可能是当下孩子最喜欢了解的。

受众要能感受到动漫品牌真实存在。动漫品牌不同于其他产品品牌的一点是，动漫品牌很多是靠动漫明星，无须代言，品牌形象就是自己的代言人，粉丝对品牌的忠诚度主要看动漫角色被赋予了什么样的精神核心和信念，可控性比较强，很容易实现与粉丝的情感互动。但是一定要做到使动漫明星足够真实存在，粉丝可以体验他就在身边的感受，日本皮卡丘、熊本熊、迪士尼主题公园、美国队长、钢铁侠等这些动漫品牌形象，都有与真人比例相适应的模型或者人偶。即便是虚拟的形象洛天依也通过新技术实现了真人的对话和同台。美影厂的形象至今还停留在屏幕或者缩小比例的玩具中，没有全国普及性的真人偶进行宣传或者与粉丝互动。

五、国漫人才培养　从理论到实践　从人文与产业

国漫人才是国漫品牌建设的未来。2020年6月由于疫情原因，各大高校毕业设计推成了在线展，广美学生《落凡尘》又让国漫爱好者燃起来内心的期望。央美、清华、中传等高校盛宴般的作品展，体现出国家近十年对中国动漫扶持的成果，国漫创作人才的文化性上已经交出了满意的答卷，但是在国内更多开办动画专业的高校需要形成更具体的参考，尤其是在动漫人才如何进行作品商业性开发的模块比较缺失。2018年教育部高等学校动画、数字媒体专业教学指导委员会，为国家动漫人才的培养制定了标准，而且集国内南、北各著名高校为一体的学术支持团队、丰富的教学科研成果示范，为普通高校的动画专业建设提供了导航，动漫人才的培养规范化指日可待。

国漫人才培养微观化的理论体系建构。中国动漫品牌需要产生一些微观具体的理论研究指导实践，出版一些有效的理论研究来指导创作实践使之成为标准依据。在6月19日刚结束的线上"中国学派"动画艺术本体研究研讨

---

① 宋磊：《当动漫与旅游牵手》，中国旅游出版社，2019年，第9—17页。

会，国家社科基金的重大课题主持人，浙江大学盘剑教授提出"动漫作品内容创作问题，很大的问题在于动画理论体系建设的问题，动画艺术若作为独立的艺术，缺乏理论体系的支撑。"而在研讨会中，也表现出动画实践者和动画理论研究者还存在许多观点分歧，百家争鸣对于学术研究有促进作用，但是在现实的动漫人才培养方面，普遍存在缺乏有效指导实践的标准理论教材。为了适合动漫人才培养，指导实践，国内高校老师一般都是采取翻译教材、结合传统民族文化相关书籍进行教学。期望国家有关部门能够给予动画实践类人才出版理论教材的支持，教材和专著的核定不能按照纯理论的方式核定，因为动画有关书籍中必须存在大量的图解。

国漫人才培养实践性及版权领域内容的完善。美国迪士尼为什么能做到在动画的文化性和商业性的完美结合，离不开美国加州艺术学院中那些多年在迪士尼实践元老们亲自授课。中国动漫也曾经出现过一段好的人才推进培养的时期，那就是美影厂有一批实践者走入了课堂，为吉林动画学院、北京电影学院等进行教学活动。上海美术电影制片厂的动画品牌除了走商业路径的研究，其实还可以对于中国动漫人才设立访学研究基地，出版一些详细的图文教材，将1955年特伟先生提出"探民族形式之路，敲喜剧风格之门"这些行业普遍达成共识和自觉追求的一些理论呈现出来。此外，相关人才培养中，应该要加入关于动漫品牌版权相关知识，提高创作者本身的知识版权意识。5G网络的普遍使用，将大大提升付费的内容产业发展，知识付费的观念，已成为不可阻挡的趋势，从制作工具的正版化，到制作产品的版权授权规范化，以及版权维护的法律法规方面都会起到促进作用。对于创作研究人才若具备知识产权保护的实践能力，或将减少项目的损失，并逐步构建和完善中国动漫产业。

结语

优秀的国漫无论通过高清转化回炉方式，还是基于知名角色进行新内容的开发，都要符合当下的受众审美需求和追求欲望。此外，从角色入手，让受众记住的是角色，消费的是与角色之间的情感互动。把关于国漫品牌的研究更具体化，从图库色设计、角色形象的二次设计及商标注册、衍生产品使用规范手册、品牌授权规范模式等具体环节进行完善的理论体系构建，来指导创作实践研究。文化性和商业性就像国漫发展的两条腿，只有两方面都兼顾到，才不会再次出现如《哪吒之魔童降世》衍生环节和海外传播遇冷的尴尬境界，同时美术电影制片厂所留下的经典也能再次焕发新的光彩。

狭义发展广告学知识谱系刍议

林升梁　　乔丽君　　李园*

（暨南大学新闻与传播学院，广东广州，510632）

摘　要：消费社会的生态文明已经日益倾斜，消费意识中的生态观念呼声越来越高。在此背景下，建立发展广告学被提上议事日程，成为广告学的重要分支。狭义上的发展广告学以"生态"为核心，研究广告传播与人类、自然和社会可持续发展之间的互动关系，主要解决三大矛盾：民族品牌和世界品牌之间差距拉大的矛盾、发达地区和不发达地区之间广告发展不平衡加剧的矛盾、广告经济效益和公共利益之间冲突激化的矛盾。

关键词：发展传播学；发展广告学；三大矛盾

一、广告：生态社会的顽疾？

改革开放 40 多年，中国广告从叫卖为主到流行时尚，从单一产品售卖到产业规模形成，从中国名牌到世界品牌，从产业链下游到上游，从制造到创造，广告伴随着中国企业的不断壮大而不断发展，伴随着中国产品的不断丰富而不断走入千家万户，从老人到中年人到青年人到牙牙学语的小孩，或多或少都会记得一些广告语。40 多年来的广告传播，不仅折射出商业经济的发展历史，也反映出社会价值观念的时代变迁。

毫无疑问，广告传播是中国现代社会经济发展的幕后推手。消费革命极大程度上改变了人们的生活方式，改变了政治对社会的垄断地位，人们在消费革命中获得了更多的自由度，同时也面临一系列风险。

＊ 作者简介：林升梁（1977—），男，福建莆田人，暨南大学新闻与传播学院教授、硕导；乔丽君，福建师范大学传播学院硕士研究生；李园，福建师范大学传播学院硕士研究生。

当年周总理提出"四个现代化——工业现代化、农业现代化、科学技术现代化和国防现代化"的目标，为"文革"后中国政治符码的转换奠定了基础。政治家强调物质和生产，执行的却是商人。商人可以告诉你吃什么，穿什么，住什么房子，开什么车子，告诉你"人头马一开，好事自然来"。所以说，如果把好生活作为人生观来鼓吹的话，商人必然是这种话语的最终垄断者。①

政治转向带来了始料不及的后果，中国政治家从制定人生观的角色中淡出，被商人取代。从 20 世纪中叶往前推，全部人类历史都是为生存而挣扎的历史，但今天这样的生活状况不存在了，温饱问题解决了，我们忽然觉得空虚无聊。怎样填补生活意义的真空，成了一个大问题。当代社会有两股力量在填补这个空白：一是商人，他们一方面在推动消费，另一方面在营造以消费为核心的人生观。而后一种工作，光靠商人是不行的，还需要理论家出场。②

正如我们看到汽车的发明和普及，并不顾及源源不断祭献给它的成千上万的死伤者一样，工业社会已经发明了适合于集体膜拜它所造出的残酷神灵的仪式。③资本主义国家，广告的传播机制使消费与生产越来越对立：一方面，技术专家设法使商品生产标准化、系列化；另一方面，商家尽量使这些大规模生产的商品独特化，使商品带上被炫耀的与炫耀性的形象。因此，广告人肩负着两项工业职能：一是在经济上实行大众化这种客观职能；二是把平凡商品升华为稀世珍宝这种主观的点石成金的职能。④在广告的影响下，个人只能暗自指望显示差距，刻意追求特别昂贵或古怪的产品，以炫耀自己的身份。那些自称在广告煽动面前不动心的消费者，每天从广告中享受社会的关怀，消费者有多大购买力，这个社会就对他有多少关怀。⑤当某种商品由于广告流行起来时，我们只要买上一件，就同所生活的社会"连接"起来。

在社会转型期，现代人越来越呈现出消费选择的茫然性。广告通过其独特的言说方式，为茫然焦虑中的人们"指引"了方向。⑥在中国独特的现代化

① 郑也夫：《后物欲时代的来临》，上海：世纪出版集团 & 上海人民出版社，2007 年，第 7 页。
② 郑也夫：《后物欲时代的来临》，上海：世纪出版集团 & 上海人民出版社，2007 年，第 9 页。
③ [法]热拉尔·拉尼奥：《广告社会学》，林文译，北京：商务印书馆，1998 年，第 112 页。
④ [法]热拉尔·拉尼奥：《广告社会学》，林文译，北京：商务印书馆，1998 年，第 97 页。
⑤ [法]热拉尔·拉尼奥：《广告社会学》，林文译，北京：商务印书馆，1998 年，第 104 页。
⑥ 刘泓：《广告社会学》，武汉：武汉大学出版社，2006 年，第 95 页。

进程中，社会阶层的不断分化、社会保障体系的落后、集体无信仰等，与广告不断互动，形成一系列难解的问题，也考验着中国人的智慧。

同时，伴随着现代工业的大发展，人类以空前的规模和速度毁坏赖以生存的环境。大自然的报复促使人类猛醒，绿色需求便逐步由潜在转化为现实。消费需求的满足，转向物质、精神、生态等多层价值并重。① 近年来，人类赖以生存的地球受到日益严重的破坏，并直接威胁到人类自身生命安全和发展。美国著名的盖洛普民意测验发现，目前，绝大多数人认为环境保护比经济增长更具战略意义。② 这已不仅是发达国家急需解决的问题，同样是发展中国家迫切需要面对的问题。

我们今天已经看到，消费社会的生态文明已经日益倾斜，消费意识中的生态观念呼声越来越高。在此背景下，建立发展广告学被提上议事日程，成为广告学的重要分支。概念是建构理论的基石。③ 人们认识事物是从概念开始的，清晰的概念界定可以提供多方对话、赢得共识的平台。美国传播学者E.M. 罗杰斯曾经说过："任何涉入一条新的河流的人都想知道这里的水来自何方，它为什么这样流淌。"④ 狭义发展广告学的起源要追溯到美国的发展传播学。发展传播学（Development Communication）研究大众传播与国家发展之间的关系，这种关系主要体现在发展中国家如何利用大众传播实现工业化与现代化、摆脱贫困、走向富裕。然而，发展传播学在实际应用中遇到难解的问题：发展中国家很难对抗发达国家的"媒介帝国主义"与"意识形态的霸权主义"，结果是大众传播与国家发展的关系很难处于良性循环状态。这个硬伤使发展传播学的主导模式最终走向死胡同。⑤

鉴于发展传播学在实际应用中的碰壁状况，许多学者认为发展传播学已经被证明无法适用于第三世界，发展传播学画过一条由盛而衰的抛物线，如流星过天空，"终于走到了它的尽头"。⑥ 发展传播学陷入了理论与实践的双重困境之中。发展传播学之所以在某种程度上陷入了困境，从根本上说是因

① 王晓英：《绿色广告：理念、意蕴与执行》，《武汉科技学院学报》2007 年第 9 期。

② 谢筱冬、唐长安：《公益广告与企业的"绿色营销"》，《湖南科技学院学报》，2006 年第 10 期。

③ [美] 劳伦斯·纽曼著：《社会研究方法》，郝大海译，北京：中国人民大学出版社，2007 年，第 59 页。

④ 许正林：《欧洲传播思想史》，上海：上海三联书店，2005 年，序。

⑤ 徐晖明：《我国发展传播学研究状况》，《当代传播》，2003 年第 2 期。

⑥ 支庭荣：《由盛转衰的发展传播学》，《新闻大学》，1996 年第 4 期。

为它在理论和实践上还没有找到一条真正的符合发展中国家的道路。这条道路既要求充分发挥传播媒介在发展中国家的作用，又能充分保障发展中国家与发达国家的平等权。总之，发展中国家在现代化进程中尚未找到符合自己国情的发展传播学道路。① 尽管发展传播学陷入了一定程度的困境，但对于中国狭义上的发展广告学而言，仍具备启示意义。

二、发展广告学缘起

1. 滥觞

发展广告学发端于中国。从 2010 年开始，由北京大学新闻与传播学院陈刚教授连续三次主持"广告前沿发展论坛"（分别在上海外国语大学新闻传播学院、福建师范大学传播学院、东北师范大学人文学院举办），明确提出"发展广告学"的概念和主张。2011 年第 2 期《广告研究》期刊开辟"发展广告学"专栏，刊登了陈刚、姚曦和初广志教授的 3 篇论文，成为发展广告学研究成果的最初体现。② 2012 年，由陈刚教授主导的"发展广告学论坛"确立了制度、资本、市场、公众四个维度的研究框架，构成了发展广告学广义上的概念定义。

2012 年，新闻学与传播学的一级学科下新增了两个二级学科：广播电视与新媒体，广告与媒介经济，加上原来的新闻学和传播学，共有四个二级学科。笔者认为，从学科隶属性看，发展广告学是广告学的一个分支，它借鉴发展传播学的命名，实质上是西方广告学在中国的本土化。发展广告学首先产生于中国独特的市场环境，服务于中国的营销传播实践，承担着促进中国经济发展与社会和谐，助推中国品牌走向世界的使命。③

2. 定义

在"大广告学"体系建设中，要多角度理解广告学科的知识内涵，才能充分理解发展广告学的内涵。从学和术角度划分，除了综合性广告基础学科（广告学概论、广告原理与方法、中外广告史等）和按照 5W 模式划分的纵向学科（广告主、广告创意与文案、广告效果、广告媒介经营与管理、广告受众等），还需要建设按照广告各个领域划分的横向交叉学科（广告心理学、广告美学、广告法学、广告社会学、广告教育学、广告统计学、文化广告学、

---

① 杨海涛：《发展传播学的困境及其在我国的本土化思路》，《新闻界》，2004 年第 5 期。
② 陈刚：《又是人间四月天》，《广告研究》，2012 年第 2 期。
③ 初广志：《关于发展广告学研究的思考》，《广告研究》，2011 年第 2 期。

发展广告学等）。从历史广告学、理论广告学和应用广告学角度划分，理论广告学与上述按照广告各个领域划分的横向交叉学科相类似，应用广告学与上述按照 5W 模式划分的纵向学科相类似。从宏观广告学和微观广告学角度划分，宏观广告学包括宏观广告理论（广告心理学、广告美学、广告社会学、广告教育学、广告统计学、文化广告学、发展广告学等）、宏观广告政策（广告法学等）、宏观行业广告统计和宏观广告计量模型，微观广告学以特定的单个或多个经济单位（单个或多个企业）作为研究对象，其所涉及的 5W 模式经济活动研究，都可称为微观广告学。

从以上表述我们看到，发展广告学属于按照广告各个领域划分的横向交叉学科的范畴，属于理论广告学的范畴，属于宏观广告学的范畴。我们认为，狭义上的发展广告学研究的是广告传播与人类、自然和社会可持续发展之间的互动关系，"生态"是发展广告学的核心内涵。

由于发展广告学是新兴学科，研究领域还存在诸多争议。中国传媒大学初广志教授认为，当前发展广告学研究所应关注的领域是：中国独特的广告环境、广告与经济的关系、广告与社会的关系、广告产业、企业、消费者、广告媒体、广告学的核心概念。[①]

武汉大学姚曦教授认为，"发展广告学"相关的三个领域是：首先，发展中国家广告面临的重大理论和实践课题；其次，研究世界政治、经济、文化要从广告与社会的互动关系角度入手；最后，世界经济和文化发展不平衡中广告所发挥的作用问题探讨。[②]

笔者认为，围绕"生态"主题，狭义上的发展广告学终极目标不是追求广告主、广告代理公司、广告媒体、广告受众在内的广告市场中多角关系整体经济利益的最大化，而是研究广告传播与人类、自然和社会可持续发展之间的互动关系，主要解决三大矛盾：民族品牌和世界品牌之间差距拉大的矛盾、发达地区和不发达地区之间广告发展不平衡加剧的矛盾、广告经济效益和公共利益之间冲突激化的矛盾。这就把发展广告学和其他广告学分支区别开来，尤其是把发展广告学和广告社会学区别开来，前者主要研究广告传播与人类、自然和社会可持续发展之间的互动关系，后者主要研究广告传播对社会的影响。因此，发展广告学的狭义定义（下文提到的"发展广告学"均

---

① 初广志：《关于发展广告学研究的思考》，《广告研究》，2011 年第 2 期。
② 姚曦：《发展广告学——广告学研究视域的扩张》，《广告研究》，2011 年第 2 期。

为狭义定义）是有必要的，它厘清了概念上的模糊，防止把发展广告学概念无所不包、无限扩展，从而沦落为广告学的代名词。

3. 现状

发展广告学是现代广告业为适应社会可持续发展的需要而产生的必然结果。当今社会，各种社会力量相互制约，这就使得全球广告逐步走向规范化和标准化，那么以"生态"为主题的发展广告学就必将成为全球广告的主要走向。

2004年，世界广告大会在中国召开，大会的口号是：广告——和平与发展。针对人类文明已经严重倾斜的情况，必须改变以往单纯以经济增长为根本目标的社会发展模式，这几乎已成为全球各民族的一种共识。广告——和平与发展，正是世界广告行业对这种共识的回应，也是对"发展广告学"概念的回应。"发展广告学"包含以下几个要点："发展广告学"要以可持续发展和人的全面发展为目标，站在人类的高度，重新健全人类的理性精神；"发展广告学"要以先进的人文精神引领消费者，倡导正确的消费文化，促进自然生态环境和社会生态环境的平衡发展；"发展广告学"应注重民族文化信息的运用和传播，能正确辩证地把握文化表现中的正负影响，促进民族品牌走向世界。①

尽管发展广告学还是一个很不成熟的研究领域，对概念的厘清和架构的塑造还需要诸多学者的共同参与，但与其坐等成熟，不如先跨一步。我们看到，中国正在从"广告大国"向"广告强国"方向迈进，中国广告业正在进行结构性调整，广告的许多领域已经在世界范围内产生广泛影响并一定程度上领先，广告学术研究必须与时俱进。发展广告学的提出，可以使中国广告研究搁置"批判"争议，尽快走向发展。②

三、发展广告学研究的主要问题与对策

（一）发展广告学研究的主要问题

1. 民族品牌和世界品牌之间差距拉大的矛盾

品牌对于国家利益十分重要，一个国家经济实力的强弱取决于名牌的多

---

① 饶德江：《生态广告刍议》，《当代传播》，2003年第5期。
② 陈刚：《发展广告学》，《广告研究》，2011年第2期。

少。1995 年，美国《财富》杂志首次将所有产业领域的公司按综合实力进行排名，[①]中国企业也开始将"进入世界 500 强"作为自己的奋斗目标。2001 年12 月 11 日我国正式加入世界贸易组织（WTO），成为其第 143 个成员。融入世界经济的步伐开始加速，国家重点扶持六家集团公司，冲击"世界 500 强"。接着各省市纷纷扶持企业，"进入世界 500 强"成为民族共识，企业无不以此为奋斗依归。[②]

2004 年，由世界品牌实验室（WBL）发布的《世界最具影响力的 100 个品牌》中，海尔成为首个也是唯一一个入选的中国本土品牌，全球营业收入突破 1000 亿元，排名第 95。改革开放以来，中国企业创造出了相当多的民族品牌，在中国比西方发达国家已经落后了近半个世纪的现实下，中国民族企业在这样短的时间内奋起直追，基本上完成了对洋品牌的模仿、借鉴，对民族品牌的认识、挖掘、独立创新的实践过程，难能可贵。但是中外品牌价值仍然相距甚远。例如，同为饮料品牌，2010 年品牌中国 1000 强评估的"王老吉"品牌价值为 27.85 亿元人民币，约合 4 亿美元左右，而世界著名品牌可口可乐的价值高达 687 亿美元。即便是此次品牌中国 1000 强榜首的中国移动，价值 1349.88 亿元（约合 200 亿美元），与世界一流品牌也存在着不小的差距。这些差距都说明，我国民族品牌要想真正走向世界，还有很长的路要走。[③]英国品牌评估机构发布"2019 全球最有价值的 100 大科技品牌"榜单，尽管中国有 22 个品牌上榜，但前五名依旧均是美国品牌。100 个上榜品牌的总价值为 18030 亿美元，其中美国品牌总价值 11390 亿美元，占 63.2%。[④]

（1）民族品牌和世界品牌诚信度距离拉大

近年来，随着市场经济的逐步深化，中国市场上的商品越来越多，而许多民族品牌却渐渐销声匿迹，取而代之的是外国品牌在中国的大行其道。以中国乳业为例，2008 年的三鹿危机，三鹿集团是第一家，其后此事件涉及的品牌扩大化，包括伊利、蒙牛、光明、圣元及雅士利在内的更多制造商的奶制品被检测出也含有三聚氰胺。该事件重创中国乳制品民族品牌信誉，多个国家禁止了中国乳制品进口，给中国乳制品行业带来了前所未有的冲击，也

① 代志鹏：《透析世界 500 强》，《承德民族师专学报》2007 年第 2 期。
② 吴晓波：《激荡三十年》，北京：中信出版社，2008 年，第 320 页。
③ 品牌中国网：《我国自主品牌与世界品牌尚差距》，http://www.shandongbusiness.gov.cn/index/content/sid/121230.html，2010-09-21。
④ 财经新鲜事：2019 全球最有价值的 100 大科技品牌榜单 https://baijiahao.baidu.com/s?id=1637747565904490004&wfr=spider&for=pc，2019-06-30。

给其他行业带来了深远的负面影响。① 为了降低成本，当前不管是餐饮、月饼、饮用水、方便面、面粉、蔬菜、水果、食用油、果冻、大米、胶囊等各个与民生密切相关的行业，毒素无处不在，商业基本道德底线不断遭到突破，百姓对民族品牌的期望从开始的热切到如今的冷却，对国外品牌的无比信赖与对民族品牌的无比失望形成鲜明对比。在这种语境下，民族品牌如何谈得上缩小与国际品牌的差距？而作为品牌推助器的广告传播，如何让消费者相信广告成就品牌的力量？

（2）从"中国制造"到"中国创造"距离拉大

随着世界经济一体化程度的加深，我们发现，在国内外商场里，"made in China"的标签随处可见。中国成为世界工厂，产品物美价廉。但是，与德国制造给人以"质量好"，日本制造给人以"技术领先"相比，中国制造的产品被标上了"廉价"，实际上成了"盗版"和"大路货"的代名词。更为严重的是，在高新技术领域，多数中国民族品牌没有掌握核心技术，模仿是最惯用的手法。由于习惯于产业链的下游行走，我们生产出十二亿件衬衣才能换回一架喷气式客机。"中国创造"就是在此背景下提出，旨在提高民族品牌的技术研发，做出真正拥有自主知识产权的产品。然而，现实是中国创造的民族品牌极少，从"中国制造"到"中国创造"距离不断拉大，一方面，加入WTO后，大量外资涌入中国，通过各种兼并，如零售业、服务业等，使民族品牌的市场份额急剧下降，另一方面，跨国公司凭借自身技术的先发优势，已在我国若干行业，如汽车业、制造业、IT业等占据大量的市场份额，导致我国面临核心技术产业逐渐失去控制的危险。民族品牌在夹缝中求生存，不仅在技术含量低的行业中被资本雄厚的跨国企业挤兑，也在技术含量高的行业中被掌握核心技术的跨国公司边缘化。"中国制造"在向"中国创造"转变过程中困难重重、险象环生。

（3）从"品牌大国"到"品牌强国"距离拉大

在当今世界一体化的时代背景下，知名品牌数量的多寡俨然成为衡量一个国家经济实力的重要指标。资料显示，众多商品中，90%以上的名牌属于发达国家和地区；尽管发达国家和地区的品牌数量占全球品牌总量不到3%，销售额却占到50%左右。② 中国许多行业的产量在世界上是第一位的，但是

---

① 王建安、张安成：《"三聚氰胺风波"引发的思考》，《中国牛业科学》2009年第35期。
② 王京生：《我国离世界名牌有多远》，《珠江经济》2001年第3期。

中国还没有诞生像国外那样的世界级品牌，如汽车行业的奔驰、宝马，碳酸饮料行业的可口可乐和百事可乐。中国的许多品牌更多是贴牌意义上的生产，以耐克鞋为例，一双耐克鞋贴牌生产毛利仅0.55美元，而到达美国市场售价可达15美元，贴上耐克标签返回中国售卖，更是卖到500元以上。具有讽刺意味的是，如今公众一看见外国品牌就伸大拇指，一看见民族品牌就打问号。中国许多企业把资金投入到股票、房地产等行业进行炒作，忽视对自身实业的扩大再生产和品牌传播，随着原材料和劳动力成本上涨，资金链趋于紧张的这些企业无法依靠更先进的技术保持竞争优势，也无法依靠更好的品牌建设来保持利润。债务缠身的温州企业家因付不起工资而关停工厂的事情时有发生，众多企业步履维艰。

2. 发达地区和不发达地区之间广告发展不平衡加剧的矛盾

（1）东部和西部之间广告发展不平衡加剧

我国广告的地区差异明显，从东部和西部之间广告发展看，东部与西部的广告差异巨大，呈现出东强西弱的格局；东部地区由于经济较西部发达，其广告市场的发育程度，以及广告从业人员的市场观念都领先于西部；东部地区广告中，全国性的品牌和形象广告比重较大，国外品牌也倾向于在东部媒体上做广告；西部地区的企业和产品不具有市场竞争力，在西部各个地区大的商业网点上销售的品牌产品95%，有的甚至99%以上都是外地产品；西部地区的企业和产品在国家级的媒体上的品牌曝光率极低，甚至是在当地媒体上，也没有多少自己的品牌在开展有效的广告活动。① 西部地区的产品在挤压下渐渐消失，东部地区的产品逐渐占据市场，结果导致东部和西部广告发展之间越来越不平衡，形成了广告越繁荣，西部产品越灭绝的两难局面。

（2）城市和农村之间广告发展不平衡加剧②

从城市和农村之间广告发展看，城市和农村的广告差异巨大，呈现出城强农弱的格局。一方面，中国农村地区广告经营管理体制仍实行地市党报的自营模式，政企不分，唯我独尊，大多数广告是坐等客户送上门的。另一方面，农村地区广告媒体以传单和墙体广告为主，尽管也有地市报纸、电视广告，但大多局限在本地售卖，且说教明显，内容粗糙，易令人反感。随着我国农村很多青壮年携妻带子全家同行，纷纷加入"进城农民工"的行列，人

① 曹斐：《西部广告业发展问题及对策研究》，硕士学位论文，厦门大学，2006年，第1页。
② 张晓晨、乔丽君：《农村与城市广告的现状及其差距》，《市场周刊（理论研究）》2013年第7期。

口老龄化程度的加剧和家庭规模的日趋小型化使农村"空巢"老人越来越多，农村留守的，大都是"空巢"的孤寡老人。在这种情况下，城市和农村之间广告发展不平衡就有了加剧的趋势。

（3）富人和穷人之间广告发展不平衡加剧

广告本应为广大民众服务，但是事与愿违。以房地产广告为例，尽管我国房地产行业看起来欣欣向荣，如雨后春笋般涌现，但普通大众买不起房是不争的事实。富人可以坐拥十几套房子，很多穷人只能"望房兴叹"。而房地产广告中所宣称的"帝国豪都""世袭之尊""终身荣耀"等，彰显财富拥有者的地位。但面向普通大众的平价房子又极为缺乏，不断刺激着许多买不起房或者长期充当房奴的苦恼者敏感的神经。我国大城市的房价与收入比已经达到了 10 : 1 以上，而联合国倡导的理想标准是 3 : 1 以内，警戒线是世界银行的 5 : 1。①

3.广告经济效益和公共利益之间冲突激化的矛盾

（1）广告真实与广告虚假之间的矛盾激化

真实原本是广告的第一要义，真实是广告的生命，诚信是广告业的灵魂，然而现实中虚假广告触目惊心。鉴于虚假广告的严重危害，《人民日报》在2011 年 11 月 1 日第 16 版以"雷人的'楼盘文化'"为标题整版罗列了房地产开发商"耸人听闻"的虚假广告：②

地段篇

地段偏僻——告别闹市喧嚣，独享静谧人生

周边嘈杂——坐拥城市繁华，感受摩登时代

荒山秃岭——与大自然亲密接触

刚有规划——轨道交通在即

零星班车——无缝接驳 CBD

挨着铁道——便利交通，四通八达

地势很低——私家领地，冬暖夏凉

价格奇高——奢华生活，贵族气息

规划篇

规划不好——小资情调，折射后现代生活

---

① 杨亮：《房地产炫富广告与居高不下的房价》，《光明日报·民主与团结周刊》，2007 年 5 月 25 日，第 9 版。

② 末名：《雷人的"楼盘文化"》，《人民日报》，2011 年 11 月 1 日，第 16 版。

户型很烂——个性化设计，稀缺绝版户型

弄个圆顶——巴洛克风情

搞个楼尖——哥特式风格

前后楼快挨上了——邻里亲近，和谐温馨

弄个喷水池——英伦风情，北欧享受

门口有保安——私人管家，尊贵生活

配套篇

挨着臭水沟——绝版水岸风光

挖了小池塘——临湖而居，演绎浪漫风情

周围荒草地——超大绿化，无限绿意

旁边小土包——依山而居，享受山里人的清新

有家信用社——坐拥中央商务区

有个居委会——核心地标，紧邻中心政务区

有家小学校——浓郁人文学术氛围，让你的孩子赢在起跑线上

有家小诊所——零距离就医，拥抱健康

有五平方米超市——便利生活，触手可及

有个垃圾站——人性化环境管理

虚假广告的盛行产生了"破窗效应"。1969 年，美国斯坦福大学心理学家菲利普·辛巴杜（Philip Zimbardo）进行了一个实验，他把两辆一模一样的汽车顶棚都打开，其中一辆停在治安较好的社区，而另一辆停在治安相对不好的社区，当天后者就丢失了。菲利普·辛巴杜故意敲碎前者的车窗玻璃，几个小时之后它也不见了。政治学家威尔逊和犯罪学家凯琳在该实验的基础上提出了"破窗效应"概念，他们认为：如果不及时维修破旧的房子窗玻璃，就可能产生示范效应，更多的窗玻璃会被打烂。久而久之，环境就会越来越坏，犯罪猖獗。同理，一个很干净的地方，人们不好意思丢垃圾，但是一旦出现垃圾，人们就会毫不犹豫地堆砌，丝毫不觉得羞愧。

官场经济对市场经济的腐蚀导致"破窗效应"，混淆了广告真实和广告虚假的界限，使广告成为"语言腐败"的代名词。随着消费者购买广告中宣传的"绿色产品"次数的增加，就会发现自己上当受骗了。消费者对该种"绿色产品"的不信任感增强，购买次数会明显减少，继而对市场中的所有绿色广告均持怀疑态度，"信任"资源逐步枯竭，结果所有广告都陷入受抵制的境

地。^①目前，很多人跑到国外买蜂胶、奶粉、保健品，就是上述"破窗效应"的后果。

（2）广告促销与环境保护之间的矛盾激化

与所有的工业化国家一样，我国的环境污染问题是与现代化相伴而生的。改革开放以前，环境污染问题仅局限于部分城市地区，污染程度也不高。随着改革开放进程的加快，我国环境污染问题日益严重，从地域范围看呈现出三个特点：由局部城市向全国城市蔓延、由城市向农村蔓延、由市区向郊区蔓延。

据统计，中国每年产生垃圾 30 亿吨，约需要 2 万平方米耕地用于堆放垃圾。大量塑料袋、废金属等有毒物质直接填埋或遗留土壤中，难以降解严重腐蚀土地，农作物减产，甚至绝产。中国半数以上城市陷入垃圾露天围城的困境，仅"城市垃圾"的年产量就近 1.5 亿吨，严重影响城市美观，同时污染大气、水和土壤，对城镇居民健康构成严重威胁。^②以牙刷和牙膏为例，北京口腔医院监制的中学生牙刷，如果按广告中宣称的那样 3 个月换一把，北京市每年仅丢掉的牙刷重量就达 436.8 吨，还不包括一次性牙刷。净含量 120克装的"高露洁"牙膏，以每月使用一支算，单北京市一年丢弃的包装纸和牙膏皮就达 1112.4 吨。^③

除了垃圾污染外，到目前为止已经威胁人类生存的环境污染问题主要有：全球气候变暖、酸雨、淡水资源危机、能源短缺、森林资源锐减、土地沙漠化、物种加速灭绝、有毒食品和化学品污染等众多方面。这些问题无不与广告促销息息相关，广告鼓励人们无休止消费，然而，14 亿中国人如何能像外国人那样过度消费，每个人都配备一辆汽车？恐怕地球都无法承受。环境恶化问题经历多年累积，似乎已经积重难返。几乎每个中国人都深陷其中、深受其害。

（3）广告"能指"与"所指"之间的矛盾激化^④

"能指"和"所指"都是索绪尔创作的语言学术语。索绪尔认为，任何语言符号是由"能指"和"所指"构成的，"能指"指语言的声音形象，"所指"

① 王皓、哈彦峰：《绿色广告效果研究》，《新闻界》2007 年第 4 期。
② 搜搜百科：《垃圾污染》，http://baike.soso.com/v259509.htm，2012-07-26。
③ 搜搜百科：《城市垃圾》，http://baike.soso.com/v37220.htm?ch=ch.bk.innerlink，2012-07-26。
④ 李园：《广告"能指"和"所指"之间的矛盾分析》，《辽宁工程技术大学学报（社会科学版面）》2014 年第 7 期。

指语言所反映的事物的概念。从表面上看，"能指"和"所指"是任意的，如玫瑰花，"能指"是花本身（物体、图片或文字），"所指"是爱情。在广告中，"能指"是商品本身，"所指"是广告所要表达的商品内涵，如雪津啤酒，"能指"是雪津啤酒本身（物体、图片或文字），"所指"是广告中宣称的真情的味道。"能指"和"所指"结合之后才赋予符号真正的意义，而广告通过不断传播，使"能指"和"所指"牢牢焊接在一起。

资本无限扩张的本性，要求广告超越"能指"的商品本身消费，转变为满足"所指"的欲望消费。在鲍德里亚的论述中，符号价值俨然成为消费社会的终极价值，使用价值和交换价值在它面前黯然失色。在符号价值得以实现时，衡量它的是它们所带来的声誉以及它们展现的社会地位与权力。[①] 当"所指"开始漂浮，享乐主义盛行、炫富行为凸显，中国社会的伦理道德开始沦丧，雷锋精神消逝，仇富心态弥漫，广告不断脱离商品的"能指"，其暗示的"所指"世界无时无刻向人们展示着什么才是现代生活，无疑加剧了"能指"和"所指"之间的裂痕。

（二）解决问题的几点思考

1.缩小民族品牌和世界品牌之间的差距[②]

首先，民族品牌和民族企业要有民族精神，认清形势，诚信为本，奋发图强。要居安思危，具有品牌意识和品牌危机感，静心提升品牌修养，防止哪里赚钱投哪里的浮躁心态。要与国际接轨，积极学习国外先进技术和管理经验，尤其是在高科技行业尽快投入资金发展壮大自身的研发力量。要争取在每个产业链的中上游树立起自己的民族品牌和民族企业。只有提高核心技术和核心竞争力，提高产业工人的素质，提高劳动生产率和降低成本，民族品牌和民族企业才能创造出拥有自己知识产权的品牌和价值。

其次，在宏观上，政府需要扶持民族品牌和民族企业。最主要是借鉴国外经验，尽快通过和实施《反垄断法》制定外资兼并的安全港政策。国外发达国家都有严格的法律法规防止恶性兼并。政府需要积极发挥宏观调控的导向作用，搭建平台，充分发挥产业集群的优势，通过团队力量，才能与国外名牌相抗衡。政府需要对民族产业给予真正意义上的优惠待遇，制定各种法

① 石义彬：《单向度、超真实、内爆——批判视野中的当代西方传播思想研究》，武汉：武汉大学出版社，2011年，第253—254页。
② 乔丽君：《品牌大国和品牌强国的差距分析》，《南阳理工学院学报》2014年第1期。

律法规保护和宣传本国民族企业，促进民族企业的发展。

最后，在社会层面上我们要提倡支持民族品牌和民族企业的发展，通过舆论引导促进民族产业的发展。我们要汇聚各方专家，共商民族品牌发展大计，积极为民族企业出谋献策，通过发布自己的"中国品牌100强"，吸引更多媒体、专家、民众关注民族品牌和民族企业。只有形成多方联动共建的品牌培育体系和建设机制，我们才能逐步从经济大国走向品牌强国。

2.兼顾发达地区和不发达地区之间广告发展

首先，以西部大开发的"第二战役"为契机，西部地区各省市自治区应积极制定和调整适合广告产业发展的各种策略。以"资本"整合广告市场，加快西部地区引进外资和吸引各类"外埠"广告企业进入的速度。要充分发挥西部地区民族元素，在广告传播中利用当地的资源优势，与东部广告区隔开来。要正视西部广告业的落后和发展中存在的问题，从政策上、法律上和资本上盘活广告业。[①]

其次，加快新农村改造步伐，给予农民耕地种树养殖等更多的农业优惠，吸引进城农民工回归农村。农民是农副产品的生产者，要调动农民利用广告传播实现自身商品买卖并获得利润。开办各种培训班，教育农民利用新媒体传播商品信息，如微博助手经常帮忙转发农民积压的农产品，海南的香蕉、新疆的西红柿、湖南的柑橘、陕西的苹果、内蒙古的马铃薯等都先后出现了因滞销产生的"微博救急"并得到很好的消解。帮助农民树立广告传播服务于人民大众的思想。[②]

最后，广告要宣传人人平等的观念，尽量避免特权意识和阶级意识。国家应进一步规范暴利行业，为穷人提供各种致富途径，扶助穷人尽快走出贫困的泥潭。各个行业要多发展奢侈品牌的低价产品，让穷人也能尽量多地享受高端品牌，培养他们的自信心和平衡感。要想办法把奢侈品牌分解成小包装，如小包装洗发水、洗涤剂、茶叶、阿司匹林、番茄酱等，让穷人也买得起奢侈品牌。要想办法给予穷人购买大宗奢侈商品分期付款的政策，在服务上应一视同仁，防止成为身份认同的标志。

3.淡化广告经济效益和公共利益之间冲突

首先，要远离"破窗效应"的临界点。"破窗效应"告诉我们，虚假广告

① 曹斐：《西部广告业发展问题及对策研究》，硕士学位论文，厦门大学，2006年，第23—25页。
② 陈欢：《农村传媒生态视野下的"三农"广告传播研究》，《新闻界》2009年第6期。

造成的广告生态环境恶化，最终将导致整个广告生态环境的坍塌，消费者最后什么都不相信。因此，要建立严格的监察制度把虚假广告控制到最低，远离"破窗效应"的临界点。① 我国现行《广告法》虽然只有49条，且60%的条款涉及广告的真实性，但整部《广告法》对什么是虚假广告却没有明确的概念，也没有具体的认定标准，对虚假广告的惩罚力度很低，实际操作难度大，"依法治虚"首先要"有法可依"，因此，完善《广告法》是当务之急。②

其次，转变将现代化狭隘地理解为经济增长、简单理解为GDP增长的偏见。仅仅经济的现代化，会带来一系列严重的社会问题。发展广告学认为，广告在促销产品的同时，需要承担一定的社会责任，广告要提倡环保意识和公益意识。广告传播要突出宣传适度消费、爱护环境、保护自然等主题。央视广告部主任夏洪波在2005年首先提出"绿色广告收入"概念，③ 我们要督促中国广告协会发布《绿色广告收入年度报告》，建立相应的奖惩机制，为广告主提供消费者反馈的行业信息，促进广告主不断改进产品的生态功能。

最后，规范广告市场中广告主、广告公司和媒体三大主体的生态关系，立法提升广告公司的地位。在当前中国广告市场生态环境中，媒体处于高度垄断的绝对强势地位。④ 在韩国、印度、新西兰等国家，广告代理制（15%—20%）是由国家立法并制定相应细则执行保障的。低价挖取广告客户的现象在中国屡禁不止，与广告代理制没有国家立法有关。⑤ 在这种情况下中国广告代理制形同虚设，媒体经常越过广告公司直接与广告主接触，广告公司在博弈中始终处于弱势的一方，导致广告公司低经营效益和低专业水平的恶性的循环。其结果是广告体现广告主的意志，这些广告主本身就是精英阶层的代表，广告中渗透着特权意识，广告公司的专业服务能力无法得到提升，严重影响着广告主、广告公司和媒体三大主体的生态关系，导致广告市场的混乱和无序。而没有强有力的广告产业支持，民族品牌是不可能走向世界的。⑥

① 宋若涛：《"破窗效应"与构建绿色广告环境》，《新闻爱好者》2011年第10期。
② 陈培爱、林升梁：《〈广告法〉十大问题及对策》，《广告大观》2006年第6期。
③ 张双全：《绿色GDP与绿色广告收入》，《青年记者》2006年第8期。
④ 徐静、丁建辉：《论和谐广告传播生态环境的构建》，《中国广告》2007第7期。
⑤ 张小平：《大陆广告生态的拯救》，《广告人》2003年第3期。
⑥ 陈刚、单丽晶、阮珂、周冰、王力：《对中国广告代理制目前存在问题及其原因的思考》，《广告研究》2006年第1期。

四、结语

通过以上梳理，我们看到发展广告学在中国诞生和成长的迫切必要性。最后，我想用一个寓言故事作为本文的尾声：

一个地方发现了金矿，一个投资商投资了矿场，雇佣 100 个工人淘金，每年获利 1000 万。投资商把获利的 50% 作为工资下发给工人，50% 投资再生产。工人年均收入 5 万。每位工人平均每年用 1 万租房子、4 万成家立业。工人消费能力较好，出现各种需求：吃饭、约会、房子等等，投资商盖房子租给工人，一些精明的工人也瞅准机会，开饭店，雇服务员，办电影院，就业机会增加了。几年后，这个地方出现了 100 个家庭，就有了很多小孩，出现了教育需求，有人来办学校。有钱人多了，就出现很多商店。50 年过后，当地矿产挖完了，这里成为一个 10 万人的繁荣城市。

另外一个地方同样发现了金矿，另一个投资商投资了矿场，同样雇佣 100 个工人淘金，每年也获利 1000 万。投资商只把获利的 10% 作为工资下发给工人，90% 投资再生产。工人年均收入 1 万。这些钱只够勉强解决温饱问题，工人没钱租房子，没钱成家立业，只能住窝棚。不出几年，当地矿产挖完了，投资商赚了大笔钱，盖了别墅，但周围都是穷人，投资商的孩子无法继续在当地繁衍，因为这里没有其他产业，基础设施完全不到位，治安很不好，到处都是骗子。于是，投资商携带巨款和一家老小逃走了。[①]

这就是美国和拉美的过去和现在，我们将会怎样？

---

① 未名：《一个金矿的两个故事》，http://www.xwcaogen.com/forum.php?mod=viewthread&tid=1137，2008-11-07。

文化认同视阈下数字影像跨文化传播的"自塑"与"他塑"策略研究

——以"李子柒 YouTube 视频"和纪录片《美国工厂》为例

张慧子 *

（北京工商大学传媒与设计学院，北京，102488）

摘　要： 李子柒自制影像在海外视频平台 YouTube 上走红，以民俗美食和中国乡村日常劳作为主题，每集长度多在 10 分钟以内，最多一条视频播放量达到 6000 多万，其账号获得来自全世界 700 多万人的关注。由 Netflix 公司投资制作的纪录片《美国工厂》讲述的是中国企业家曹德旺在美国投资开办工厂并雇佣当地劳动力创业改革的故事，2019 年上映，2020 年 2 月获得第 92 届奥斯卡金像奖最佳纪录片奖，引发中美两国主流媒体的关注。本文以两种不同类型的数字影像作品为研究对象，通过跨文化传播中"自塑"和"他塑"的对比分析，归纳其作为成功案例背后的文化认同结构、共情符号和协商符号、互动仪式市场中的有效传播，进一步探寻中国文化对外传播的有效形式和数字载体。

关键词： 文化认同；自塑；他塑；共情符号；协商符号

基金项目： 本文系国家社科基金青年项目"文化认同视阈下形象宣传片中的国家形象自塑策略研究"（19CXW021）阶段性成果。

伴随着移动互联网的发展和 5G 网络技术的全球推广，数字影像的全球

　＊　作者简介：张慧子（1984—），女，河南开封人，北京工商大学传媒与设计学院副教授，研究方向：跨文化影像传播，数字传播伦理与法规。

化传播成为一种趋势，在跨文化传播中承载着更多可以探索的空间和载体形式。YouTube 作为全球最大的视频社交平台，承载着专业用户生产内容和普通用户生产内容，在国际传播格局中的影响力越来越大。"李子柒 Liziqi"账号自 2017 年以来在海外广受欢迎，截止到 2020 年 6 月 22 日，该账号有 1100 万位订阅者，其中 2019 年中国农历新年的一条视频"年货小零食特辑"（A Special Program on New Year Snacks）播放量高达 6000 多万人次，显示出多元传播主体在跨文化传播中有效输出的新生力量和"润物细无声"的认同感召力，这为中国故事的海外传播提供了新的思路和视角，即国家形象的"自塑"主体可以从官方过渡到民间，塑造内容可以从宏大叙事的成果过渡到普通个体充满仪式感的美好生活。与此同时，由 Netflix 公司出品的纪录片《美国工厂》耗时三年于 2019 年 8 月 21 日在美国上映，该片讲述的是在美国中西部俄亥俄州的代顿市，坐落着曾经辉煌一时的美国通用汽车公司的生产线，2008 年 12 月受全球经济危机影响福特工厂宣布关闭。代顿当地有 2000 多个家庭失去了工作，2015 年中国企业家曹德旺在通用汽车工厂旧址投资 5 亿美金修建了福耀玻璃工厂，提供 2000 多个就业机会，雇佣美国工人，生产汽车玻璃。在这个过程中发生的中美的文化冲突、企业管理冲突、工业模式差异等一系列的故事。该片由两位美国导演和两位中方制片人共同完成，一上映就获得了北美主流媒体的讨论和纪录片专业大奖。

这两个故事分别来自"自我塑造"和"他者塑造"的视角，对于中国文化、中国企业、中国人和中国故事的全球化传播策略研究是一个对比契机。本文将站在文化认同结构的角度去分析：跨文化传播的过程中"自塑"和"他塑"对于共情符号和协商符号的使用、互动仪式市场中的有效传播等层面差异和共性，"自我传播"和"他者言说"的优势和劣势，进一步探讨在国际传播格局中如何讲好中国故事，传播好中国声音。

一、文化在认同建构中的角色

克里福德·格尔茨曾说："文化是人群公开的可接近的文本，是铭刻在社会生活中的时间和空间及其真正本质上的象征节目。"[①] 在《文化认同与全球性进程》一书中，乔纳森将文化在"认同建构与解构的过程中扮演的角色"分

---

① [美] 乔纳森·弗里德曼：《文化认同与全球性过程》，郭建如译，北京：商务印书馆，2004 年，第 103 页。

为以下三种类型。

（一）人类学描述的"客观性"

第一种类型的文化是作为社会分析的文化，是指社会行动的有目的地组织起来的全部节目的一个社会系统的具体特征。这可能包括方言、姿势、生产和消费的风格到宗教行为、认同的象征与社会价值。李子柒视频在默片的情况下获得了大量全球粉丝，很大原因在于其视频拍摄对象是"花开有声"自然景物和人类生存所必需的"饮食以节"一日三餐的制作，展示出人与自然环境的和谐相处、人与景物的美好相融、人与人的温暖与爱，人与自我相处的积极态度。

（二）族群归属的"识别性"

第二种类型的文化，是指族群内成员对自己的识别，这种认同结构是建立在语言、血缘和遗传的共同性上，与它可能在其中被发现的社会条件无关。当个体在日渐成长的民族社会的不断扩大着的职业可能性中找到了新的和有报酬的认同时，出现了经济成功会严重削弱族群认同的明显趋势。此类型文化对认同功能的限制，主要适用于民族性的或全球性的再生产过程。比如《美国工人》中展现出的美国工人从不满自身待遇到"工会投票进入工厂"的失败，他们通过与中国管理层的冲突、互动协商发现在其原有文化中被"摒弃"的品质"吃苦耐劳"，与"罢工""工人权益最大化"相比较，如果要保住这份工作，就需要放弃原有的"工会进入企业"认同，为了报酬获取达成新的"认同"或者妥协。

（三）意识形态的"政治性"

第三种类型的文化指作为总体的生活过程，包括物质再生产的组织者的文化。它将文化认同与文化上所界定的对"文明"的抵制结合起来。强调文化资本的归属、服务对象和社会价值，是对现有资本主义政治经济文化霸权的一种反思。这一观点在《美国工厂》中较多呈现，但是在李子柒视频中几乎看不到。《美国工厂》的导演赖克特与伯格纳尔曾拍摄了40分钟纪录短片《最后一辆卡车：通用工厂的倒闭》（The Last Truck: Closing of a GM Plant, 2009，HBO 出品）。该片获当年奥斯卡最佳纪录片提名。而《美国工厂》就像是《最后一辆卡车：通用工厂的倒闭》的续集，在通用工厂的最后一幕，变成了《美国工厂》的第一幕。这部纪录片所展现的不仅仅是中美两种文化的冲突，实质是走向衰败的美国蓝领工人与全球化企业投资人之间的冲突和矛盾。从形象塑造的角度，创作者更倾向于展现美国工人的命运探索和未来走向，在这一过程中，中国文化、中国企业、中国工人群体形象都是一个大背景，一种时代所提供的参照物。

表 1 文化认同的三种结构 [①]

传统主义结构		现代主义结构		后现代主义结构	
文明	文化	文明	自然＝文化	文明	自然＝文化
抽象	具体的、社会范畴，自然的范畴，"具体思想"	理性和发展作为主要原则	荒蛮或野蛮状态；非理性、为传统所束缚	精英的，资产阶级的文化、生产／压制	解放了的原始的东西、"欲望"的领域，基于力比多的创造力的文化
原子化、个体化、原初纽带的消解	个体认同依赖于更大的团体，至少是团体的道德图式	作为建立在个人自由的规范的自我实现的基础上的资产阶级文化的文化	传统文化等于自然状态，个人纽带支配传统文化；社会也为过去支配	被国家、制度与个人所控制	缺乏控制，充分的表达自由
有目的地组织起来的存在的解体	人类存在的结构化的有意义的组合	意义在于运动自身（如在进步中一样），在于不受约束的自我实现的未来	意义作为对世界所做的宗教性的迷信的理解，是非理性的	作为社会秩序的自我-超我控制的弗洛伊德模型；作为支配性价值的理性，形式支配内容	个体边界模糊，内容支配形式，活动边界被"他人的欲望"模糊和支配，非理性的或反理性的价值取向

----

① 作者根据 [美] 乔纳森·弗里德曼：《文化认同与全球性过程》，郭建如译，北京：商务印书馆，2004 年，第 121 到 135 页整理归纳。

续表

传统主义结构		现代主义结构		后现代主义结构	
文明	文化	文明	自然 = 文化	文明	自然 = 文化
"现代主义"是持续地发展或自我创造过程中消灭了过去的连续性	被传统束缚着的社会过程，以稳固下来的价值为基础的已成陈规的心态	理性实践的思想运用于生活的所有相互独立的活动中，和民主及通过发展达到的自我实现的目标一样	具体的、青少年期的精神状态、拼贴，从事于陈规性的再生产	个人的（社会的）自我发展、成功、竞争和"地位获得"的心态	关注与他人交流的心态，心智与身体融合的自我，个体与他的环境融为一体，多元与多样
—	—	作为培养新的复杂性和变化能力的现代性	—	抽象的、主导者抽象角色系统；文化主导着形式和形式关系、理性和结构，即控制	具体的、建立在总体主义关系基础上的社会性；人和物质自然的具体方面，世界的原初特性，这些都是文化构造与认同创造的主题

二、文化认同的三种结构

正如乔纳森[①]所言：文化认同有一个特定结构，它建立在处于中心的自我与被界定成自然、传统文化、野蛮人、力比多的边陲，遥远的边陲和我们内部的边陲之间的对立上。认同危机就在于我们内部的边陲化的事物的表面掀起了波浪，外部的边陲化的事物的迫近，在此情景下迫切需要采取最广泛意义上寻找"意义"与寻"根"的行动。

文化认同包括传统主义、现代主义、后现代主义三种认同结构，不同结构对于自然、文明和文化的不同态度（如表 1 所示）。具体到数字影像作品，由于不同国家的社会发展阶段不同，经济发展水平、政治制度、生活方式都有较大的差异，那么在跨文化传播的过程中，"自塑"和"他塑"是否在同一个结构空间维度就尤其重要。数字影像作品的生产者对于文明、文化、自然的认知会影响其共情叙事表达和符号使用，进而通过视觉符号和语言符号表

① [美]乔纳森·弗里德曼：《文化认同与全球性过程》，郭建如译，北京：商务印书馆，2004 年，第 128 页。

现出来，编码和解码的误差，会带来"认同"的障碍。

（一）李子柒的"自塑"符合"后现代主义认同结构"

李子柒视频之所以受到全球受众的追捧和关注，站在认同结构维度的视角，可以理解为"后现代主义结构"中受众普遍站在"作为自然的文化"这一视角进行解读，它释放了原始的创造力，基于力比多"生存欲望和美好向往"的创造力文化。中国具有几千年的农耕文化，长期以来人们对于中国农村社会的认知是"贫穷""落后""疾病"和"饥饿"，但是李子柒视频给世界受众展现了一个"山水田园""山青水秀""亲近自然""双手创造美好"这样一个农耕文明。结合"现代主义结构"中的文化认同解读，符合传统文化等于自然状态；从"传统主义结构"看，文化是具体的、社会范畴、自然范畴的。所以说，李子柒的视频不管来自哪个社会制度、生活习俗、文化认同结构中的受众，都可以站在自身的角度去最大化解读视频中的文明、自然与文化。某种意义上，因为其摒弃了第三种类型文化的"意识形态的政治性"，所以最大化获取了受众，这便是民间自媒体人在国际传播舞台上最有力的竞争优势。

站在文化认同结构视角，"自我传播"的李子柒对中国民俗文化的全球传播更多使用一种"自然"状态的视觉符号，构建出不同文化结构都可以接受和认可的数字影像，如神秘东方的"仙境"世界，这里需要进一步调研其受众中海外华人所占比例才能判断其对受众的影响力。但不管是对内"凝聚力"还是对外"同构力"，都给中国故事的国际化传播提供了有效路径。

（二）《美国工厂》的"他塑"符合"现代主义认同结构"

在现代主义认同结构中，一切商业文明中的运行逻辑在这里产生效果。《美国工厂》所强化的就是一种商业逻辑。虽然表面上是文化冲突、当地劳工组织和中国企业管理层的理念冲突，但是站在文化认同逻辑的视角看，这种文化的融入是反群体"可识别性"的，原因在于工人失业需要获得物质保障，而这种物质保障让他们必须放弃原有的企业文化和社会生活方式，比如工作时间和休息时间的比例，比如干活的速度和容错率。视频中强调了安装汽车玻璃的工人最终被机器人取代，这是现代化中技术的要素不可逆转替代了体力工人的劳动。

《美国工厂》中的文化认同实则是对现代性的认同，对文明的认同。现代主义用歌德的术语界定成以财富、知识、经验等形式进行自我积累的连续过程。这部纪录片之所以受到整个西方世界从艺术层面、获奖层面的集体认可，不仅仅是因为大家聚焦于文化冲突，聚焦于世界工人的境遇；站在现代主义的认同结构视角，我们发现这是基于对生存模式的重新认知，是西方世界生活下的人们面对各种经济危机、经济增长放缓、大量失业率背景下人们对中国经济模式的思考，对中国企业的接纳，对中国投资的渴求。商品是文化的载体，文化是商品的附加值。

"他者言说"的《美国工厂》这部纪录片，更多站在认同的现代主义结构视角，用相对理性、客观、冷静的视角记录下了中国投资人、管理层和美国劳工之间的群体差异、文化冲突、协商谈判以及协同努力达成共赢的故事。这部影片的创作者说希望作品"能够成为两种文化互相理解的一座桥梁，希望两国民众通过电影看到双方其实有更多共同之处，不管他们所处的背景有多不同，但他们其实是一体的"[①]。

由于技术力量对全球经济格局的重构，同时数字影像需要依托于技术力量进行全球化传播，只有在技术普及的基础上才能降低准入门槛和传播受众的广度。如果在乔纳森·弗里德曼的"现代认同空间'极'结构"的基础上增加"技术"这一维度，会出现什么效果呢？笔者将用三维空间图说明这个问题。

（三）现代认同空间的"三维"结构

这里三维结构的模型是将"传统主义"（左）和"尚古主义"（右）放在横坐标的两端，将"后现代主义"（下）和"现代主义"（上）放在纵坐标的两端。同时增加空间轴技术坐标"群体识别性"（近）和"技术主义"（远）。如图所示：

---

① 刘阳：《希望它成为中美民众互相了解的一座桥梁——访〈美国工厂〉导演》，新华社（华盛顿）：2019年10月8日电。

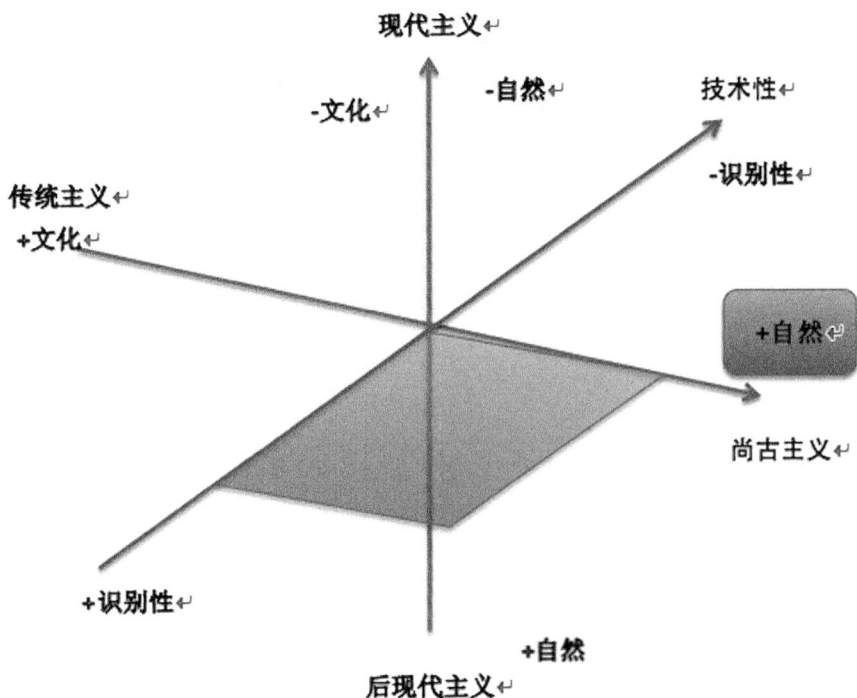

站在人类学的角度理解自然的客观性，对照上表文化结构和文化类型，判断这是一种尚古主义。而后现代主义由于是对现代主义的批判和反思，所以也站在了"自然"这一端，技术的发展加速了社会群体经济实力的分化，那么正如文化类型二所说：经济成功会严重削弱族群归属性，显然技术主义和族群识别处于空间轴的两端。对照上图，我们会发现李子柒视频处于"右—前—下"的空间场域之中，而《美国工厂》更侧重于技术主义、现代主义和传统主义，所以在三维空间之中处于"左—后—上"的空间场域。

这再次印证了一点：数字影像作品在跨文化传播过程中，"自我传播"和"他者言说"居于不同的文化类型和文化认同的空间结构里，成功的"自塑"和"他塑"并不在一个空间维度。将技术所带来的经济成就放入空间坐标，群体内部成员愿意聆听经济成功的故事，而群体外部成员更愿意看到"族群识别性"这一面，即弱化科技力量的展示，这一观点还需要更多数字影像案例的对比实验研究加以论证，本文只提出一种理论可能。

三、跨文化传播中"自塑"和"他塑"的符号表达

数字影像是国家形象建构的集中呈现和权力话语生产的实践。如何在"自

塑"和"他塑"国家形象过程中占据主动，寻找文化认同是基础，扩大认同是方向，在认同的基础上实现"自塑"对"他塑"的统辖和引导是关键。在对比李子柒 YouTube 视频和纪录片《美国工厂》的过程中，笔者发现"自塑"和"他塑"在符号表达层面有差异："自塑"较多使用共情符号，而"他塑"较多使用协商符号。

表 2　李子柒 YouTube 视频的共情符号分析

共情符号	以年货小零食特辑为例 发布时间 2019 年 1 月 31 日 播放量 6004.9 万次	YouTube 网友留言 3.9 万人次 83 万人次点赞 选取有代表性的归类
审美符号	零食制作：色彩、配乐、构图、装饰、家居布置等	看了你的视频我今天把自己的房间打扫干净了（英文翻译成中文）
自然符号	橘子、柚子采摘、小狗、山景、树木、鸟鸣等	这就是我做梦都想要的生活！每次看你的视频都是一种心灵的治愈。虽然在疫情之中，但却对美好生活充满希望，期望早日重回大自然。（中文、英文都有）
人性符号	人与自然和谐；人与动物友好；人与人亲密和爱	感觉她好勤劳！她太可爱了，感觉她奶奶也一定非常可爱！（英文）

（一）自塑的共情符号：审美符号、自然符号、人性符号

共情是理解和分享他人情感状态和情景①，是两个以上的人在信息交流活动中互相之间产生了一种情感上和精神上的共鸣和延展，并且对信息内容的认知和理解有大致相同或相近的互动现象②。丹尼尔·贝尔认为文化是符号化经验的表达③。现代社会的各种符号的力量，不仅仅只是来自讯息创作者技术上的鉴赏力，更是来自人类追寻意义的需要，来自人类对于文化过程的需要④。意义的外形能够让一个符号具有表意的作用,除了外延涉及的东西之外，

---

① Cohen D，Strayer. "Empathy in Conduct-disordered and Comparison Youth. Developmental Psychology"，vol.32，no2，1996.pp.988-998.

② 邵鹏：《论纪录片"他塑"中国形象的共情叙事和共情传播》，《现代传播》2020 年第 4 期。

③ [美] 丹·席勒：《信息拜物教：批判与结构》，北京：社会科学文献出版社，2008 年，第 24 页。

④ [美] 苏特·杰哈利：《广告符码：消费社会中的政治经济学和拜物现象》，马珊珊 译，北京：中国人民大学出版社，2004 年，第 190 页。

它也能够传达其他暗指的、含蓄的意义。这些意义的形式也是社会知识的形式，它们来源于社会实践、制度的知识、信仰与各种合法的东西；它们散播在社会的各个角落；设定好人们将以什么样的占社会地位的意义模式来理解这个世界。

首先，李子柒视频中所展现的是中国现代社会的年轻人重返乡村，与祖辈生活在一起的山水田园生活，靠自己的双手创造出一件件的器物，用自然环境中产出的果实承载这一日三餐，这一切都能带来现代社会价值认同中的"与自然和谐共处"，抚慰着在经济浪潮中"金钱压倒一切""金钱购买一切"的追逐中感到疲累的人们。

第二，李子柒视频对于国人而言是自我形象塑造和传播，对于内容而言也是对外国际传播，对于非华人受众而言却一种"他者"的言说。一方面由于商业视频需要实现受众最大化原则，点击量和广告收益最大化。那么放在全球化社交视频平台上李子柒选择了默片的形式，配合音乐，更多出现中国南部乡村的自然景观，配色、构图、布景，这是一种经过技术处理的审美符号，视频中有小桥流水人家，青山环绕骏马，鸡鸣鸟唱犬吠，配合季节就地取材、传统节日推陈出新的美食等自然符号，与奶奶相依为命做饭给家人吃的全世界通用的"家庭和美"和"爱"的人性价值。而这些共情符号都是在不需要语言沟通的情况下，只需要带入视觉影像符号即可让受众感知和体会。

第三，李子柒的视频画面唯美，"饮食以节"唤醒人们对生活的热爱和憧憬，"花开有声"让人在平淡的生活中感受到自然和心灵的美。少用语言，多默片形式，因为"话语"结构言多必失、翻译也会带来误解，尤其是在10分钟左右的时间让受众明白这种文化差异非常具有挑战性。但是审美符号、自然符号和人性符号的共情效果都不需要"他者言说"和"自我表述"，视觉符号传播是远远早于语言本身的，人物共情效果好。受众会按照自己已有的生活经验去解读，不需要文字的引导，少量的说明就足够了。

（二）他塑的协商符号：语言符号、文化符号、价值符号

按照罗兰·巴尔特（Roland Barthes）在《神话学》①一书中所说，外延指的是语言这个层次，而内涵则是深化层次。在意义的建构过程里，许多不同

---

① Barthes，R. .Mythologies，London：Penguin，1973. P37.

的要素统一起来，如"参照系统""仪式 / 展示""内涵"等概念，就是符码^①（Code）。一个符码是经验的储藏地，传者与受众都能从共情符号中取得素材，参与"共情意义"的建构。但是如果双方缺少共情的基础和背景积累，那么就可以采取协商符号来表达。

首先，协商中的语言符号。在《美国工厂》中，由于纪录片自身特点，他塑的主体主要采用了语言符号、文化符号和价值符号。刚开始两位美国导演只想要跟踪拍摄美国工人的处境，后来发现双方沟通需要了解中方员工、管理层的想法，才能如实还原呈现纪录片本色，于是邀请两位中方制片人。纪录片的特点也是中英文混杂，在采访中国员工的时候用中文，采访美国员工的时候用英文，同时配合中英文字幕的翻译，这种语言符号很好地体现了纪录片描绘的对象是一个文化交融、冲突、协商、沟通、共赢的过程。吉利安·戴尔说符码是"一整套的规则或一种为传播者和接收者共知的解释性机制，它能赋予某种意义或内容给某个符号"^②。霍尔认为媒介必须通过讯息的制码生产出"有意义"的话语，而其过程是在多种因素包括知识构架、生产关系与技术基础等的塑造下完成的。

第二，协商中的文化符号。对于协商符号的解读，不仅需要使用聚合的（paradigmatic）结构（即使用文本以外的资源），而且还需要使用组合的（text）结构（即纯粹对文本的内在解读）来解释对象。在《美国工厂》中，如工会进入工厂的投票仪式，如工人罢工公开与企业管理层有组织地对抗，如工厂竣工典礼上议员致辞和投资方期待的差异，年纪大的工人租房子住，离异的工人给孩子买鞋穿，这些问题都是西方视角下的生存文化、政治文化、企业管理文化等，站在中国人的角度是不能理解的。因为中国和美国的工资待遇差异，工作环境差异和与资方谈判的话语权经验差异，种种差异的制度化呈现一方面透过小人物的日常生活，另一方面通过比如"Vote"这样的字母牌来展示。

第三，协商中的价值符号。《美国工厂》对于中国人而言是外国人在讲述中国商人在美国的故事，对于内容而言也是他者的言说，对于西方受众而言确是一种自己人的解读。从叙事的角度、从思维结构、从对受众接受度的把握、从讲故事的模式、从互动叙事的表达、从冲突和不完美的体现，思维

---

① ［美］苏特·杰哈利：《广告符码：消费社会中的政治经济学和拜物现象》，马珊珊 译，北京：中国人民大学出版社，2004 年，第 155 页。

② Dyer，G. .Advertising as Communication，London：Methuen，1982 P131.

模式都是美国化的，或者说是西方的。《纽约时报》称该片通过"讲述复杂的、扣人心弦的、时代的、形式优美的洲际故事，考察了美国劳工的过去、现在和可能的未来"①；加拿大严肃影评杂志 Cinema Scope 则将这部纪录片称为"美国近十年来最精彩的纪录片之一"。对于北美而言，这部纪录片取得了巨大的成功，屡屡获奖，更容易获得多方人士的讨论。这里并不一定是认同，但是充分的关注和讨论有利于冲突的化解和协商。协商过程中达成共识，在差异化的文化互动过程中，达成共识便是一种进步，限定于在不同空间维度的意义都朝着两个房间的中心点移动，并且打开门让对方看到自己的意义空间建构的价值布局。

对比李子柒 YouTube 视频的"自塑"和《美国工厂》的"他塑"，我们发现，对外传播过程中，前者更适合使用自然符号和人性符号，不管是为了原有生活群体空间上离散后在情感上的纽带连接，还是为了文明认知思维冲突上的互相谅解，都能实现较好的传播效果。面对"他塑"，其呈现的他者的价值符号和文化符号有待于进一步讨论。

四、互动仪式中的有效传播

在跨文化传播的数字影像作品中，不管是自塑还是他塑，不管是共情符号还是协商符号，都存在创作者和受众之间的互动。而互动仪式策略正是实现有效传播的关键所在。"互动仪式"来自戈夫曼②，是指一种表达意义性的程序化活动。这类活动对群体生活或团结性来说具有重要意义。如涂尔干早就提出，宗教仪式具有整合作用。在传统社会，人们的活动是高度仪式性的，但在现代社会，则是低度仪式性的。仪式类型的不同，所反映出的群体成员类型和群体意识也不同。柯林斯提出：互动仪式的核心机制是相互关注和情感连带。他认为仪式是一种互相专注的情感和关注机制，它形成了一种瞬间共有的实在，因而会形成群体团结和群体成员身份的符号。数字影像的传播，在传播者和受众之间一样存在着类似的互动仪式。受众通过传者的视觉符号、语言符号叙事结构来注入情感和关注，解读数字影像背后的意义。

---

① 邵鹏：《论纪录片"他塑"中国形象的共情叙事和共情传播》，《现代传播》2020 年第 4 期。

② ［美］兰德尔·柯林斯：《互动仪式链》，林聚任等译，北京：商务印书馆，2009 年，第 3—7 页。

（一）视觉符号中的互动仪式

《美国工厂》的拍摄者史蒂文·博格纳尔和朱莉亚·莱克特是两位专业的纪录片导演，他们都是代顿当地人，长期关注当地劳动者和制造业等议题，之前由 HBO 出资拍摄过一部代顿通用汽车工厂关闭的纪录片《最后一辆卡车：关闭一家通用汽车工厂》。美国影评人大卫·埃德尔斯汀 David Edelstein 在《纽约时报》旗下的网站 Vulture 发文表示，片中很难让人忽视的信息是，中国工人身材苗条，姿势优美，笑容满面，而美国工人体态臃肿，萎靡不振。而且，美国工人经常抱怨，当他们不得不在高温环境里工作 10 分钟时，他们就会毫无掩饰地表现出疲惫 ①。除此之外，纪录片出现了通用汽车关闭工厂后代顿萧条的城市环境和福耀入驻后的繁荣生气进行对比，从一个消防报警器的安装位置到厂房大门的设计更改，福耀雇佣的美国高级管理人不理解投资人曹德旺为何要在意这些细节，但是中方管理层同样不理解"为何如此简单的小事竟然要改来改去，太浪费钱了"，希望"做事之前能够充分思考"。

诸如此类的细节符号，所展现的是双方在冲突和协商的过程中互相理解对方的立场，差异中寻找共性：比如对家庭的爱与付出，对团队协作的渴望，但是关于劳工利益保障、每天工作几个小时、如何给付工资，大家在沟通协商中达成谅解，明白对方为什么会和自己有截然不同的态度。这不是共情的叙事和传播，而是一种在冲突中寻找对方和我方立场论据支撑的协商过程。

李子柒 YouTube 视频中所用的视觉互动符号更多，比如人与器物之间的互动，人与动物（小狗、马）之间的互动，人与人（奶奶、邻居）之间的互动，通过影像符号、构图配色、场景布置一一展现出来。受众在观看的过程中能够想到自己的一日三餐，自己的亲人和朋友，自己的宠物，自己所处的自然环境和风景。那么这就达成了互动仪式。高度的互相关注，跟高度的情感连带：通过身体的协调一致、相互唤起参与者的神经系统结合在一起，从而形成了与认知符号相关联的成员身份感；也为每个参加者带来情感能量，使他们感到有信心、热情和愿望去做出展现生活美好和生命活力的事情。

（二）语言符号中的互动仪式

语言会话同样也是一种仪式。会话同人们在一起唱歌一样，有共同关注

---

① David Edelstein, "Exclusive: The Obamas' Netflix doc 'American Factory' to launch nationwide social-impacttour"https://www.fastcompany.com/90396477/exclusive-netflix-obamas-american-factory-launch-nationwide-social-impact-tour, 08-29-2019.

的话题，并共同创造了一种会话的实在，具有共同的情感。柯林斯认为，互动仪式过程中，情感能量是一种重要的驱动力。如《美国工厂》中在 2016 年 10 月 7 日举办完庆典之后，美国工人见到中国企业家曹德旺表达自己的感激之情，邀请他"来家里做客一起吃美国烧烤 BBQ"。美国工人邀请中国人去家里烧烤，像朋友一样相处。但是随着工会是否能够进入福耀代顿工厂的问题矛盾日益明确化，美国工人对中国投资人和管理层的互动不再像刚开始获得工作那么友善。这里美国工人的情感能量在发生变化。从最初的感激、期待转变为失望、牢骚、苦闷，进而组织罢工，投票决定，然后被辞退后继续站在工厂门口举牌抗议。

中国改革开放四十年，经济发展取得了巨大的进步，这也让中国企业文化形成了"生产力等同于幸福"这样一种认知。但是这一观点在美国工人的价值观中很难奏效，中方投资人希望失业工人对于企业提供的就业机会感到幸福并心存感激，但是美国工人却希望获得更多的报酬和更少的劳动时间、强度。美国影评人也在反思自己的文化"我们给了孩子太多的鼓励和自尊，美国人太喜欢被奉承，无法接受中国工友直接指出自己工作中的问题"[1]，"这部纪录片教会我们如何向中国文化学习"。这些细节在纪录片中都是通过语言会话的形式完成，虽然中国人用中文，美国人用英语，配合中英文字幕，两种文化背景的受众观看毫无障碍。成功的互动仪式不仅要有共同的关注点，而且要建立群体共生的积极情感，这种积极情感是需要有一样的价值认同和文化背景，这也是"他塑"中的难点所在。

（三）互动仪式市场中的有效传播

在互动仪式的市场资源中，包括情感能量和文化 / 符号资本这两个方面。组成文化资本的资源包括对以往交谈记忆、语言风格、特殊类型的知识或专长、决策的特权以及接受荣誉的权利。每个人将与谁、以何种仪式强度进行互动，取决于他们所具有的机会，以及他们能够互相提供什么，来吸引对方加入互动仪式。这涉及双方的资源、地位、交换等因素，因而人们的互动具有市场性特征。李子柒 YouTube 视频的国际化传播对中国文化的日常接触和理解是一个很好的渠道和平台。

---

[1]　David Edelstein, "Exclusive: The Obamas' Netflix doc 'American Factory' to launch nationwide social-impacttour"https://www.fastcompany.com/90396477/exclusive-netflix-obamas-american-factory-launch-nationwide-social-impact-tour, 08-29-2019.

在自塑领域，结合文化类型、文化认同的三种结构、空间维度，有效传播路径更建议使用共情传播：审美符号、自然符号和人性符号。而对于他塑领域的作品，我们需要区分对待他者作为主体传播的意图和文化认同空间维度。如《美国工厂》中的两位导演来自代顿当地，他们对工会进入工厂的态度是支持的，但却没有在纪录片中直接表达出来，只是通过双方的协商沟通：语言符号、文化符号、价值符号等表现出来。

在互动中，人们对时间、能量、符号资本和其他他们能应用的资源进行估计，然后选择那些能够最大限度地增进他们情感利益的方式。随着中国经济的向外输出，不管是"一带一路"国家，还是欧洲、美洲等国家，其民众和市场工人对中国企业都有迫切的现实生存需求，他们需要了解在不同文化背景下的现实工作处境中应如何沟通，是否有互动仪式的范本参照。站在互动仪式市场的角度也解释了《美国工厂》的有效传播动力。

在全球化场景和社交网络发达的今天，国家形象塑造的话语权从由西方国家掌控到网络多元主体互动机制开启，给中国价值观及文化传播带来新的挑战与机遇。如何建构数字影像的表征体系，通过专业用户生产内容来讲好中国故事，传播好中国声音，不仅关乎国家形象的外部认知，更关乎中国人的民族自信根基"文化自信"的树立。如何在全球化背景下保持文化的自主性，如何让价值的、伦理的、日常生活世界的连续性按照自身的逻辑展开，需要多元的传播主体加入数字影像创作的行列中，讲好中国故事，传播好中国声音。

六、"后疫情时代"文化传播的品牌之维

主持人语

　　2020 年注定是不平凡的一年，新冠肺炎疫情在全球的爆发蔓延，严重扰乱了人们正常的生产生活，被世界卫生组织列为"国际关注的突发公共卫生事件"。受疫情影响，人们在现实的物理世界里通过"保持社交距离、关闭公共场所、有序复工复产"等一系列措施，展开了与疫情的正面抗争；同时，在由信息构成的虚拟空间中，伴随疫情所出现的"冗余、虚假、有害"等信息的过度传播，又构成了"信息疫情（Infodemic）"，造成焦虑、恐慌、混乱等安全隐患，甚至升级为国际政治、经济和文化间的博弈，导致"国际舆论场中，彰显中国立场的正义声音偏小偏弱"①，影响了中国的对外国家形象。在此背景下，一些原有国际传播中的矛盾变得更为凸显，甚至被激化和被利用。如"有媒体借个别产品质量问题抹黑中国，对中国疫情防控武断指责……"②如何回应当前被

---

　　①　龚炯：《国际舆论场"中国声音"须强起来》，《环球时报》，2020 年 04 月 28 日。
　　②　安艳峰：《以事实推进国际防疫合作，甩锅抹黑污名化不得人心》，https://www.sohu.com/a/388436621_99914864，2020-4-16.

"污名化、误读"等种种难题，塑造良好的国家形象？这不但是政界亟待解决的难题，亦是文化学者义不容辞的社会责任，也急需反思和突围。

本期三位学者分别从"工业文化、工艺美术和国家级非物质文化遗产"视角展开的研究，或可为我们回应上述问题提供一些启发。陈新平教授认为中国当前"工业文化建设与传播的不力，导致中国品牌在国际上的排行偏低，中国制造甚至一度被贴上廉价山寨的标签"，因此，他从"传播主体、传播内容和传播渠道"的三重视角对工业文化传播体系建设做了翔实的分析，肯定了工业文化建设和传播在打造中国品牌，实现中国制造由大变强的过程中，具有举足轻重的作用；黄辉副教授借用"品牌伞"的概念，探讨我国传统工艺美术文化传播的创新之策，该策略可为品牌的重塑与传播，实现从"Made in China"到"China Made"的转变提供有效的参考；阮馨仪的论文以国家级非物质文化遗产"台湾歌仔戏"为研究对象，结合自己田野调查的结果，剖析台湾歌仔戏的文化意义，并进一步解析其作为地域品牌标识的代表，活态传承至今的文化构成和传播肌理。

从"品牌意识的建构"到"品牌创新路径的探索"再到"品牌独特个性的表达"，三位学者从品牌维度展开的探讨，既有利于深入探讨"独具中国特色"的品牌文化，也为解决"后疫情时代"国家所面临的形象难题，提供了具体路径的思考。

（安徽师范大学新闻与传播学院教授 吴来安）

《雪乡》朱星雨作

讲好中国工业故事 提升国家工业形象

——工业文化传播体系建设的三维度论

陈新平 *

（合肥工业大学文法学院，安徽合肥，230009）

摘　要： 工业文化传播体系建设是一项系统工程，传播主体、传播内容和传播渠道是其基础。构建工业文化传播体系，"政产学研用"等传播主体要协同作为，党和政府从宏观层面决定传播的方向和格调，行业从中观层面发挥纽带作用，组织、协调本行业企业和社会力量共同参与，企业从微观层面将工业文化渗透到企业、产品并辐射到全社会，媒体和学校等社会组织及受众拓展传播的广度和深度；传播内容上，彰显工匠精神、劳模精神和企业家精神，突出原创、质优、绿色、人本的中国工业新形象；传播渠道上，立足工业自身开发、面向社会拓展，充分发挥大众传媒优势，强化融合传播，形成全媒体立体化传播格局，从而讲好中国工业故事，提升国家工业形象。

关键词： 工业文化；工业精神；工业形象；工业文化传播

基金项目： 本文系安徽高校人文社会科学研究重大项目"工业文化传播体系建构研究"（SK2019ZD73）阶段性成果

一、引言

改革开放以来中国工业化迅速推进，2010 年以来一直是世界制造业第一大国，同时还是世界上唯一拥有联合国产业分类中全部工业门类的国家。然

---

* 作者简介：陈新平（1962—），男，安徽庐江人，合肥工业大学，教授，研究方向：新闻与传播。

而，我国 40 余年走过其他国家 200 多年的工业化历程，"压缩式工业化"①进程中，"重硬轻软"现象突出，工业文化建设与传播不力，以致全球最大的品牌咨询公司 Interbrand 发布的《2019 全球最佳品牌》排行榜上，中国仅有"华为"入围，名列第 74 位②，中国制造甚至在一些国际市场一度被贴上"廉价山寨"的标签。重塑国家工业形象，推动中国制造向中国创造转变、中国速度向中国质量转变、中国产品向中国品牌转变，实现中国制造由大变强，亟待补齐工业文化建设与传播的短板。2016 年 12 月工信部、财政部联合发出《关于推进工业文化发展的指导意见》，2017 年 10 月党的十九大报告对中国工业文化发展提出了一系列新要求，工业文化建设进入新阶段。但是，工业文化传播尚未及时、有效跟进，传播机制、传播体系尚未形成，甚至连谁传播、传播什么、从哪传播等一些基本问题，政产学界目前认识还不甚清晰，这将直接制约工业文化发展。"兴文化、展形象"③，是工业文化发展必须统筹兼顾的；文化重在传播，只有传播，文化才得以弘扬，进而在"增强制造业技术创新能力，推动制造业质量变革、效率变革、动力变革"④进程中有效发挥其柔性支撑作用。鉴于此，本文基于传播学视角，从工业文化的传播主体、传播内容和传播渠道三个维度对工业文化传播体系建设略做探讨。

二、传播主体："政产学研用"协同作为

工业文化谁来传播，这是工业文化传播体系建设需要解决的首要问题。面对这一问题，我们须明确工业文化传播是一种特定领域的传播，它是国家、行业、企业、媒体和学校等社会组织及个体等不同主体，借助制度、物质和行为等中介，通过人际传播、群体传播、组织传播和大众传播等传播方式，对工业文化信息进行传递、接受及反馈的过程。这一传播过程涉及面远不止工业领域，它需要"政产学研用"等不同主体协同作为，分别从宏观、中观和微观等层面着力推进，共同构建起多层次、宽领域的工业文化传播格局。

---

① 金碚：《中国制造 2025》，北京：中信出版集团，2015 年，第 88 页。
② Interbrand："Best Global Brands 2019"，http://www.interbrand.com，2019-10-16。
③ 张洋：《习近平在全国宣传思想工作会议上强调举旗帜聚民心育新人兴文化展形象更好完成新形势下宣传思想工作使命任务》，《人民日报》2018 年 8 月 23 日，第 1 版。
④ 新华社：《习近平向 2019 世界制造业大会致贺信》，《人民日报》2019 年 9 月 21 日，第 1 版。

（一）党和政府是工业文化传播的主导，从宏观层面决定传播的方向和格调

党和政府在工业文化传播中的主导作用，表现在其制定的一系列工业发展方针、政策，通过组织传播和大众传播，将国家工业文化的核心理念、主流价值观、国家工业精神和工业形象向业内外和国内外广泛传播，具有权威性与影响力；其制定的国家工业发展规划、工业管理规制、工业标准和审定的行业标准等作为工业制度文化的一部分，传播中具有特殊的公信力；其确立的工业项目及其建设成果，直观、形象地展示工业文化，组织开展的各类制造业会议、博览会、交易会、职业技能竞赛和劳动模范表彰等工业文化活动，具有强大的传播力和引导力。特别是国务院发布的《中国制造 2025》提出"加大中国品牌宣传推广力度，树立中国制造品牌良好形象""培育创新文化和中国特色制造文化"，党的十九大报告中强调的"创新文化""企业家精神""劳模精神""工匠精神""文化软实力""质量强国"等，为工业文化传播划定了重点、确立了传播的方向和主旋律，其指导作用和影响力是巨大、深远的。

党和政府的主导作用还体现在传播行动中。党和国家机关，特别是各级宣传部、网信办、文明办，工信、新闻出版广电、文化和旅游、教育等国家机关和工会、共青团、妇联等机构都有条件发挥各自的职能，从不同侧面组织开展形式多样的工业文化传播活动。国家领导人和各级党政领导也是工业文化的传播者和工业形象的代言人。作为中国故事的"主讲人"，习近平出访国外常打出高铁、核电等"国家名片"，国内考察时走进 C919 大型客机展示样机驾驶室、登上"雪龙"号科考船等向世界展示中国工业文化自信。李克强总理出席第七届中德经济合作论坛时，将一把 6 根铝合金组成的"鲁班锁"赠给德国总理默克尔，借机向世界传播鲁班精神。

党和国家领导人做出了表率，相比之下，地方和有关部门领导传播工业文化的意识还较淡薄，遵循传播规律、把握传播"时、度、效"的水平还不高，有的出席会议、宣读讲话稿和工业企业走走之后就不知可为了。更为突出的问题是，目前除了工信部设立工业文化发展中心着力发掘、培育和传播中国工业文化，其他相关部门少有谋划，大多是随机开展一些应景式的宣传活动，并且相互之间缺少联动协调机制。诸如此类不重视传播、不会传播、传播不力等问题，直接影响党和政府传播工业文化主导作用的发挥。工业化

社会须高度重视工业文化传播，党和政府须统领全局、统筹规划，全面提高各级相关部门的传播意识与传播水平，努力造就自觉、主动、高效传播的新局面。

（二）行业是工业文化传播的中坚，从中观层面发挥纽带作用

工业领域行业组织是行业成员与政府之间的沟通者和协调者，承上启下、广泛联通，具有熟悉行业、贴近企业和广泛联系社会的优势，在工业文化传播中能成为中坚力量。行业组织参与制定与宣传政策法规、行业规划、行业标准和技术规范，开展人才培训、新产品展览展示、国际交流合作，组织交流、研讨、咨询、理论和实践研究等，这都是传播工业文化的有效方式，并在一定程度和一定范围内带动工业企业和社会各界参与工业文化传播。中国企业联合会近年开展的全国企业家活动日、中国 500 强企业高峰论坛、全国企业管理创新大会、全国企业文化年会等重点项目和品牌活动产生了广泛的社会影响[①]。然而，我们也应清醒地看到，目前我国工业领域行业组织总体发展不够、活力不足，还不能很好地适应制造业强国建设及工业文化传播的要求；一些行业组织职能定位不清晰、内部治理不规范，热衷于创收、评奖、联谊，没有很好地发挥应有的作用。当下迫切需要补齐行业组织建设的短板，引导其致力于工业文化传播。

首先，要解决行业组织总体相对不足的问题。国家统计局发布的数据显示，2019 年末全国 41 个工业大类行业有工业企业 37.28 万余家，中国企业联合会、中国企业家协会等为数不多的全国性和地方性行业组织短期内是无法面向如此众多企业有效开展工业文化传播活动的，亟须健全行业组织。

其次，要全面加强行业组织自身能力建设。行业组织必须职能明确、富有活力，能高效服务工业企业，自觉承担社会责任，发挥价值引领和文化担当作用，不仅要组织、带动本行业企业传播工业文化，还要动员社会力量参与工业文化传播，在开展对外文化交流、文化贸易促进活动，参与相关国际规则和技术标准制定等方面也要努力作为，从而推动中国工业文化走出去。

（三）企业是工业文化传播的主力，从微观层面深入地将工业文化渗透

---

① 工业和信息化部工业文化发展中心：《"第四届中国工业文化高峰论坛"系列报道：朱宏任常务副会长致辞》，http://www.miit-icdc.org/n777211/n777346/c996166/content.html，2019 年 4 月 25 日。

到企业、产品并辐射到全社会

企业是工业肌体的细胞，企业文化与工业文化互为支撑，企业最有条件担当工业文化传播的主力。尽管工业企业类别众多、各有个性，但绝大多数企业的发展战略目标、经营理念、核心价值观和行为规范等不会偏离社会主流价值观和国家工业文化精神的，其建设与宣传企业文化的过程一定程度上就是工业文化传播的过程。同时，企业的工业文化传播并不局限于企业内部，企业组织、管理者和员工在社会交往中也会自觉或不自觉地以不同方式向社会传播工业文化，尤其是产品设计、制造和包装等环节能直接将工业文化有机地融入其中，实现面向社会的更广泛传播。

企业文化建设和工业文化传播不仅需要企业管理者顺应社会发展、立足长远、切合实际做好顶层设计，更需要广大员工积极作为。员工是工业文化创造和传播的有生力量，特别是劳动模范、技术能手是工业文化传播的骨干。劳动模范、技术能手不仅在内部传播企业文化方面能发挥重要的作用，面向社会开展工业文化传播时也具有独特的影响力。同时，产品是工业文化的重要载体，广大员工匠心打造的产品所凝聚的工业文化，伴随开放的市场可将工业文化传播拓展到更广阔的天地，并能产生"润物细无声"的传播效果。

"企业是工业文化的载体和落脚点，也是工业文化建设的核心力量。企业开展工业文化建设的能力水平，决定了国家工业文化的整体水平。"[①]同样，企业也是工业文化传播的核心力量，其传播的能力与水平，决定了国家工业文化传播的程度与效果。中国工业文化传播，需要千千万万的企业各显其能，共同发力。

（四）媒体和学校等社会组织及受众是工业文化传播的生力军，能有效拓展传播的广度和深度。

工业社会，人们的工作与生活无不直接或间接地与工业产品相关联，社会各界都以不同的方式参与工业文化建设与传播。工业文化已不只是"工业人"的文化，工业文化传播也不只是工业领域的传播，它是一种社会传播，社会各界同是传播主体，媒体、文化机构、科研院所、学校等社会组织及受众都能发挥生力军作用。

大众媒体开展工业文化传播是职责所在，这不仅是国家加速工业化进程、

---

① 付向核：《日本工业文化培育与企业国际化之路》，《中国工业评论》2018年第1期。

建设制造业强国的需要，也是工业社会广大受众的需要，还是自身生存发展的需要。改革开放以来，我国各级各类媒体为国家工业发展营造了良好的舆论氛围，但是，工业化社会如何强化工业文化传播，依然是各类大众传播机构须正视的问题。目前，报刊、广播电视电影和网络的工业文化传播大多停留在工业发展动态报道层面，专题报道、深度报道明显不足，聚焦不够、开掘不深；图书出版中单个企业或特定行业的发展历程与经验总结较多，系统梳理、提炼工业文化的专著仅有《工业文化》《富强竞赛——工业文化与国家兴衰》等屈指可数的几本，工业题材文学作品的影响力还不及蒋子龙的《乔厂长上任记》所代表的那个时代，"和中国工业迅速崛起的势头相比，文学艺术的反映远远滞后"①；新媒体传播追求新奇、时尚、趣味，但却没有很好开掘并用新技术表现工业文化元素，其传播优势尚未得到彰显。面对诸如此类的问题，大众传播机构有必要重新确立工业文化传播的地位，恢复新闻单位原有的工交或工业部室，建立专门采编队伍；加强策划、精心选题，拓宽工业文化传播领域；激励采编人员深入工业一线采写鲜活、生动，有广度、有深度、有温度、有态度的报道；发挥专业优势，利用传统媒体和新媒体做好融合传播。与此同时，文联等人民团体和各类艺术家协会要动员、组织作家、艺术家创作出令人喜闻乐见的优秀作品，科研院所要汇聚专家、学者的智慧形成厚重的理论成果，从而让工业文化传播更具影响力和引导力。

学校的根本任务是培养社会主义事业建设者和接班人，传播工业文化是其应尽的职责。学校教育融入工业文化，能让学生走上社会前便能理解、掌握、运用工业文化并参与建设，其作用是其他主体所不可替代的。世界制造业强国都高度重视学校的工业文化传播，瑞士幼儿园第一课就是认识祖辈开拓家园的镰刀、斧头等工具，让孩子们知道妈妈用什么工具烙饼、爸爸用什么工具打家具；德国初中地理课本中围绕学生的衣食住行介绍相关产业的发展、知名企业的布局和技术的发展历程②。目前我国中小学生课内外很少接触和感知工业历史、工业技术、工业生产、工业人物和工业精神；职业学校和工科高校也不重视工业文化传播，重理论轻实践、重技能轻文化的现象依然突出。早在2010年，时任教育部副部长的鲁昕就提出"把工业文化融入职业

---

① 刘长欣、陶明霞：《中国文学：如何迈向"工业时代"？》，《南方日报》2018年2月5日，第13版。

② 骆沙：《工业文化教育应从小抓起》，《中国青年报》2010年10月18日，第11版。

学校，做到产业文化进教育、工业文化进校园、企业文化进课堂"①的目标，至今看来，这"三进"仍有很长的路要走。

受众是新媒体格局下工业文化传播不可或缺的一支强有力的队伍。自媒体时代，受众个体可以依据自己的兴趣爱好获取与发布信息，并且借助微博、微信等平台的关注、转发、评论等多种形式，快速实现一对一、一对多、多对一、多对多等网状传播。自媒体传播的便捷性、自主性和交互性，使工业领域的受众和社会各界受众在传播工业文化方面大有可为，特别是军工、汽车、钟表等各类工业制造品的发烧友、"大Ｖ""网红"具有各自的传播优势，他们的传播影响力不可低估。问题是自媒体工业文化传播尚未引起重视，目前基本处于随机、自发状态，党和政府、工业企业及主流媒体的引导亟待加强。北方网组织天津网民志愿者走进渤海钻探第一钻井公司、曲阜市网信办组织网民走近工业一线等活动都是值得推广之举。

三、传播内容：彰显工业精神与工业形象

工业文化传播的内容，是工业文化传播体系建设需要解决的核心问题。工业文化是由国家工业文化、工业行业文化和工业企业文化等多层次构成的，其内涵包括物质文化、制度文化与精神文化等。面对如此丰富的内容，国家、行业、企业和社会机构等不同主体开展工业文化传播的内容选择各有侧重是自然的，但长期各行其是、缺少聚焦、忽视重点，中国工业精神、国家工业形象等核心内容没能很好提炼与广泛传播，这在一定程度上导致我国工业文化碎片化、国家工业形象模糊甚至被污名化。工业精神、工业形象，是工业文化最本质、最重要的因素，明确将其作为传播的重点内容，是工业文化传播体系建设的需要；同时，这也是引导不同主体共同聚焦发力、提升工业文化传播效果，改变我国工业文化建设现状和重塑国家工业形象的需要。

（一）聚焦"三种精神"，着力倡导当代中国工业文化的核心价值观念

提起发达工业国家的工业文化，人们很容易联想到美国的创新、德国的严谨、日本的敬业、瑞士的匠心和英国的规范等各具特色的工业精神，而中国的工业精神是什么，有的认为是"敢为人先的开拓精神、重视科技的创新精神、开放吸纳的进取精神、脚踏实地的务实精神、为国分忧的兼济精神、

---

① 余祖光：《工作价值观教育的创新与实践》，北京：海洋出版社，2010年，"序"第1页。

勇往直前的奋进精神等"①；有的认为是筚路蓝缕的创业精神、精益求精的专
业精神、日新月异的创新精神、物勒工名的担当精神和千金一诺的诚信精神
（契约精神）②；政府文件则基于我国在推进工业化进程中孕育了大庆、"两弹
一星"、载人航天等工业文化典型，认为"形成了自力更生、艰苦奋斗、无私
奉献、爱国敬业等中国特色的工业精神"③。众说纷纭、莫衷一是，这正表明
中国工业精神至今没有得到很好的总结与提炼。这种状况的形成，客观上是
由于我国传统文化是以农业文化为根底，工业化进程起步晚、底子薄，工业
文化根基薄弱，并且又经历了从计划经济到市场经济的转变，工业文化的价
值取向也在变化之中，新时代中国特色的工业精神还在形成过程中，中国工
业精神标识提炼有一定的难度；主观上也因为多年来我国工业文化研究与传
播重视不够。长此以往，不仅不利于工业文化发展，还会影响文化自信。习
近平总书记 2018 年 8 月在全国宣传思想工作会议上的讲话强调："要把优秀
传统文化的精神标识提炼出来、展示出来，把优秀传统文化中具有当代价值、
世界意义的文化精髓提炼出来、展示出来。"④ 提炼与展示中国工业精神，已
是新时代的迫切要求。

首先，提炼与展示中国工业精神，要聚焦"工业人"精神和核心价值观。
工业精神分布在国家、行业、企业等不同层面，渗透在物质、制度等不同方
面，凝聚在工业主体、工业运行和工业客体等不同对象身上，但最集中体现
在"工业人"的价值观及其行为中。综观中国"工业人"的价值观及其行为，
发现工匠精神、劳模精神和企业家精神是其最耀眼的亮点，他们用心血与汗
水铸就的这"三种精神"，是工业精神的精粹和核心要素，也是工业文化传播
的聚焦点和着力点。工匠精神讲究的是专业敬业、耐心专注、精益求精、追
求极致，劳模精神贵在忠于职守、甘于奉献、拼搏进取、追求卓越，企业家
精神重在开拓创新、勇于担当、敢于竞争、诚信协作。"三种精神"的内涵虽
不尽相同，但其实质是相通的，爱岗敬业、创新创造、精益求精、诚信合作

① 张心昊、王振良、王士立：《唐山工业文化初论》，《唐山学院学报》2005 年第 2 期。
② 冯飞：《推动我国工业文化发展的思考》，http://www.miit-icdc.org/_d276857626.htm，2015 年 11 月 3 日。
③ 工业和信息化部、财政部：《工业和信息化部财政部关于推进工业文化发展的指导意见》，http://www.miit.gov.cn/n1146285/n1146352/n3054355/n3057292/n3057299/c5454604/content.html，2017 年 1 月 6 日。
④ 张洋：《习近平在全国宣传思想工作会议上强调举旗帜聚民心育新人兴文化展形象更好完成新形势下宣传思想工作使命任务》，《人民日报》2018 年 8 月 23 日，第 1 版。

是其共同的品质。工业文化传播中,我们既要根据不同传播内容、传播渠道和传播对象突出"三种精神"中的某一种精神,又要体现其共同的品质,力求个性与共性统一、具体与抽象结合。这样聚焦"工业人"的精神世界,不仅有利于生动、形象地展示工业精神,也有利于理性、精当地提炼工业精神;不仅使工业精神变得可亲可感,也使敬业、创新、合作、诚信等当代中国工业文化核心价值观得以弘扬,由此可有效发挥传播的引领和导向作用,增进各界的文化认同,形成更广泛的工业文化共识。

其次,提炼与展示中国工业精神,要立足中国工业发展实际,突出当代工业文化。工业精神不是一成不变的,随着社会的发展和工业化进程的深化,不同时期其内涵也是变化的,特别是劳模精神和企业家精神的时代性和中国特色更明显,因此,要用发展的眼光关注工业历史、着眼中国现实。我国农业社会、计划经济时代形成的大量工业文化遗产和工业精神具有重要的文化价值,特别是大庆、"两弹一星"等工业典型所表现出的自力更生、艰苦奋斗、无私奉献和爱国敬业等中国特色的工业精神更为珍贵,值得发扬光大。但是,时值中国特色社会主义新时代和工业4.0时代,社会的价值观念和国际工业格局都发生了深刻的变化,丰富与重塑工业精神,有必要理性地处理好工业文化遗产与工业发展现实之间的关系,立足中国、立足当代提炼与展示新时代中国工业精神。这不仅便于国人广泛认知与传承,而且有益于中国工业文化"走出去",因为"国际文化的竞争力主要来自当代的文化,而不是来自传统文化……所以引导人们认知我国文化的重点应该放在当代文化的特点方面"[①]。

(二)建构中国工业形象,突出原创、质优、绿色、人本新形象

"国家工业形象是国家的外部公众和内部公众对国家工业本身、国家工业行为、国家工业的各项活动及其成果所给予的总的评价和认定。"[②] 作为国内外公众对国家工业的整体性认知,国家工业形象与国家工业发展的客观现实密切相关,改善国家工业发展面貌、优化实体形象,无疑是建构国家工业形象的根本所在。但是,一般公众受制于自己的站位与眼界,很难直接综观国家工业面貌而形成对国家工业多维度认知,国家工业形象更多有赖于大众传

---

① 陈少峰:《文化的力量》,北京:华文出版社,2013年,第285页。
② 王新哲、孙星、罗民:《工业文化》,北京:电子工业出版社,2016年,第298页。

媒的反映；信息时代，公众对外界的感知也多基于大众传媒呈现的媒介现实和虚拟形象，因此，构建中国工业形象，大众传播大有可为。

首先，要以反映政府、行业、企业、企业家和员工的工业理念和工业行为为切入点，着力增强国内外公众的认同感。工业理念决定工业行为，工业行为体现工业理念，两者紧密关联，分别以内在与外显的状态体现工业文化建设成果，大众传播以其为切入点，可以形神兼备地重塑国家工业形象。中国工业过去给国内外公众的印象是创新弱、效率低、能耗高，产品低端化、品牌少，近年来伴随制造强国战略的全面实施，党和政府确立"创新、协调、绿色、开放、共享"的发展理念，着力推动新型工业化；行业、企业崇尚创新创造、开放包容、诚信合作、共创共赢，协力推动中国由制造大国向制造强国迈进；企业家和员工们胸怀"工业报国"的理想抱负，爱岗敬业、精益求精、敢于竞争、勇于担当，奋力推动中国制造向高端制造、智能制造和绿色制造方向发展。这些工业理念和工业行为，正在改变中国工业"大而不强"的局面，工业文化传播反映由大变强的客观现实，无疑能增进国内外公众的认知，增强共识，重新树立中国工业新形象。

其次，要展现国家工业成果和整体实力，以提高国内外公众的认可度。国家工业形象不是几件工业成果就可支撑起来的，也不能简单地等同于国家工业综合实力，但工业成果和综合实力无疑会影响人们对国家工业形象的感知。长期以来大众传播特别是对外传播中，对我国工业成果和整体实力反映明显不足，高速铁路、大飞机、量子通信、北斗导航、超级计算机、超深水石油钻探平台和港珠澳大桥等具有标志性意义的成果报道浮光掠影；近年不断涌现的工业云、工业大数据等新业态和市场规模位居世界前列的智能手机、新能源汽车、工业机器人、光电子器件等新兴的智能、绿色、高端产品也没能引起广泛关注。1978—2017 年的 40 年时间里有 17 个年份工业对 GDP 增长的贡献率超过 50%（有 3 个年份超过 60%），2015 年中国制造业增加值占世界制造业的比例达到 25%[①]。诸如此类体现中国工业整体实力的数据基本罗列在官方公报和学者论著中，大众传播中偶尔蜻蜓点水式一带而过，缺少生动、直观的反映，以致国内外公众少有印象。建构国家工业形象，须加大我国工业成果和整体实力报道的广度、深度和力度，变零星的动态报道、阶段

---

① 郭朝先：《改革开放 40 年中国工业发展主要成就与基本经验》，《北京工业大学学报（社会科学版）》2018 年第 6 期。

性的应景宣传为常态化的系统呈现、立体化全面反映，着力真实、客观展示我国新型工业化进程中追求原创、质优、绿色、人本等亮点；同时，还要提高传播艺术，避免工业成果报道见物不见人、工业整体实力报道堆砌数据不得要领，努力将专业技术通俗化表达、量化数据具象化呈现，突出工业成果与民生福祉的相关性，让报道形象生动、有血有肉，贴近受众、贴近生活。公众喜闻乐见，国家工业新形象会渐渐入眼入心。

再次，要以展示企业形象与品牌形象作为着力点，以扩大中国工业品牌的知名度与美誉度。国家工业形象与千千万万个企业形象和品牌形象密切相关，一定意义上可以说它是企业形象、品牌形象的融合体。没有良好的企业形象和品牌形象，国家工业形象是暗淡无光的。改革开放之初，中国工业发展需要大力"引进来"，"代工厂"形象由此形成；随后大批不具品牌影响力的产品"走出去"，又给人留下"全而不优"的印象，工业发展的时代因素和急功近利的主观因素都使中国工业形象受到影响，但长期不重视企业形象和品牌形象塑造与传播，则是中国工业形象失色的重要原因之一。纵观大众传播领域，工业品牌传播明显乏力。仅就广告传播来看，各类传播媒介上消费品广告大行其道，而工业品牌特别是重工业品牌广告微不足道，且有限的工业品牌广告又多集中在专业报刊和专门网络平台上，大众媒体上面向国内外公众的少而又少，以致工业企业形象和工业品牌形象"养在深闺人未识"，国家工业形象因此模糊不清。

树立国家工业形象，有必要加强企业形象和品牌形象传播。企业形象是由企业环境形象、企业家和员工形象、业绩形象、社会形象和最根本的产品形象构成的；品牌形象是由内在的功能性价值与个性和外在的名称、标识、标准字、标准色、产品造型、包装设计等构成的，两者同是客观存在在公众大脑中形成的主观印象。大众传播虽不能改变客观存在和品牌的功能价值，但可以关注构成企业形象和品牌形象中这些本来平淡、枯燥甚至冷冰冰的产品、数据、图案等元素所蕴含的独特性、人情味和趣味性并加以呈现。这不仅能生动地反映客观存在，而且能拉近与受众的距离、增强品牌的主观情感价值以触动受众的心灵，从而有效地强化公众印象，提升工业品牌的知名度和美誉度，"让世界爱上中国造"。

四、传播渠道：全媒体立体化布局

工业文化从哪传播，这是工业文化传播体系建设需要解决的关键问题。

传播渠道是传播主体与受众之间互动交流、增进理解所不可或缺的环节，也是传播内容与传播效果生成所必不可少的平台。工业文化要实现快速、广泛、深入传播，有必要立足工业自身、面向社会、借助大众传媒全面拓展传播渠道，构建起全媒体立体化传播格局，让公众能更好地接受工业文化熏陶，参与工业文化建设与传播。

（一）立足工业自身开发传播渠道

时值全媒体时代，一切皆可以是媒介，泛媒体化已是当下大众传播领域的基本格局。"工业人"、工业组织、工业活动、工业成果都能生成传播渠道，合理开发与利用好，能产生独特的传播效果。

首先，"工业人"的人际传播渠道日趋广阔。全媒体时代，人际传播依然是基本的、重要的传播方式。人际传播中面对面以人体自身为媒介的直接传播，传受者之间空间与心理距离小，且传者处于相对主动地位。工业管理者、企业家和员工以这种方式面向社会公众、员工和客户等进行非正式传播，能有效地进行信息传播和思想与情感沟通；伴随行业内外和国内外交流日趋广泛、国内的产业带转移和"一带一路"国际合作不断推进，人的迁徙与流动空间跨度越来越大、频率也越来越高，直接传播的覆盖面正在不断延展。同时，借助文书、电话和QQ、微博、微信等社交媒体的间接传播使人际传播如虎添翼，不仅能充分实现行业、企业内部的非正式传播，而且能面向更广阔的空间、更广泛的受众进行主动性、针对性的传播。现代人际传播将亲身传播与媒介传播并用，情、理、义并重，这比媒体传播更有影响力。有学者就曾指出："最为有效、最为直接的传播应当说是人化载体。因为人是文化的活化身，在人身上充分体现着一定的文化精神。在跨地域的交流过程中，语言、思维方式、行为方式最能直接表现出一定的工业文化内涵和特征。"①

其次，工业组织可利用的载体形态多样。工业组织的工业管理、工业生产、工业产品、工业贸易、工业建筑等众多领域天然地拥有传播载体，需要我们不断发现、开掘和利用。工业管理上，政府的工业政策、行业的管理规范、企业的规章制度、企业家和员工的工作文书等文本都是工业文化的重要载体；工业生产中，装备工具、设计技术、制造工艺和生产流水线等都能融入工业文化；工业产品里，产品用材、品质、造型、包装、色彩、商标和说

---

① 王新哲、孙星、罗民：《工业文化》，北京：电子工业出版社，2016年，第146页。

明书等都能附着工业文化元素；工业贸易中，贸易洽谈会、招商会、展销会、博览会等会议及展厅都能展示工业文化；工业建筑上，无论是工业建筑物还是构筑物都是传播工业文化的"硬媒体"；工业遗址、工业博物馆本身汇聚历史、科技、社会和审美等多重价值，更是工业文化的传承基地。此外，工业的管理部门、行业和企业开展的政策宣传、经济合作、对外交往、工业先进典型评选与宣传、工业成果展览、科普宣传等活动本身便是工业文化的载体；行业与企业的网站、公众号、宣传册、宣传片和工业旅游等同是工业文化传播的直接渠道。各级工业管理部门、工业行业、企业理应强化工业文化传播载体的开发与利用意识，创造性地运用不同介质媒体，不断丰富传承载体，逐步实现工业文化传播载体多元化。

（二）面向社会拓展传播渠道

工业文化内容丰富、传播对象分布广泛，仅靠"工业人"和工业组织所拥有的传播渠道是难以实现传播面和传播效果最大化的，有必要向社会扩展传播渠道，充分利用学校、城市等具有传播影响力的场域。

首先，学校是工业文化的传播基地，集聚丰富的载体。学校的教育教学本质上是一种组织传播活动，自身构成一个完整的传播系统。教育传播系统中，除了校报、校广播电视台、影院、校园网、BBS论坛、公众号、黑板报、LED屏、宣传栏等校园媒体可用于传播工业文化外，教学场所、教学用具等设施环境，教材、案例等教学资料，实验、实训、实践、学科竞赛、社会调查、科技制作和创业等教学活动以及社团活动都是工业文化的传播渠道。幼儿园、中小学和高校等不同层次学校可结合自身教育教学特点和各自拥有的载体状况，切实将工业文化纳入教育传播系统；职业院校和工科高校尤其要将工业文化纳入理论与实践教学环节、植入到校园文化建设中，让企业文化进校园、技能人才进课堂、工业文化进课本、工业精神进大脑。各类学校切实发挥起工业文化传播基地的作用，学生走上社会前便浸染工业文化，其影响将是深远的。

其次，城市是工业文化传播的最大平台，融合大量不同介质的媒体。城市多是工业的集聚地，与工业文化有着天然的关联，它可以说是工业文化传播与展示的最大平台。城市的工业遗存与非物质遗产、现代工业建筑、工业企业环境、工业场馆、工业生产场景和工业社区生活景观等无不凝聚着工业文化；城市的工业管理制度、工业人物、工业产品、工业品牌、工业事件等无不体现工业精神；同时，城市又是工业管理机构、大众传播机构、工业文化活动、"工业人"和各界人士密集之地，工业文化传播的场域优势明显。城市这一宽领域、多维度、可体验、便感知的平台应成为工业文化的重要传播渠道，其丰富的载体、大量的受众、独特的场域，使工业文化能得到最充分的呈现和最广泛的关注。

工业文化的社会传播渠道远不止学校和城市，"工业人"之外社会大众的人际传播、工业组织之外社会各界的组织传播都拥有各式各样的载体，只要我们善于发现、合理选择、积极利用，工业文化传播渠道将会更加多元化、立体化。

（三）大众传媒发挥优势强化融合传播

大众传媒长期以来为工业文化传播发挥了相当大的作用，但与中国工业文化发展的要求还是有较大差距的。新媒体时代，弘扬中国工业文化须综合利用传统媒体与新媒体各自优势，强化融合传播，进一步提升传播效力。

首先，传统媒体加大承载，发挥主阵地优势。图书、报刊、广播、电视、电影等传统媒体拥有专业的传播理念、传播队伍、传播技能和运作机制，具备强大的内容生产能力，传播力、影响力、引导力、公信力相对较强，同时还有一大批固定的受众群，其有条件在工业文化传播中发挥主渠道作用。然而，过去传统媒体上工业文化承载明显不足，工业文化传播呈零星态、碎片化，"时、度、效"都不能尽如人意。鉴于此，当下图书出版、音像与影视制作要拓展选题、开发新品种、扩大规模、提高档次，力求推出专题性、系列化的厚重力作；报刊、广播、电视要拿出重要版面、显著位置和黄金时段，开辟专版、专栏和专题，刊播题材丰富、形式多样的深度报道和精品佳作，由此而在传统媒体这一主阵地上形成传播声势，引领与带动新媒体协同推进工业文化传播。

其次，新媒体创新传播方式，实现优化传播。新媒体以其内容的海量性与共享性、形式的多媒体与超文本、传播的交互性与即时性等优势而成为当下人们信息交流的主要媒介，网站、微博、微信、客户端、抖音、今日头条等传播平台已各自拥有数亿用户。工业文化传播借助新媒体，不仅能实现快速、低成本全球传播，而且基于数字技术创新的数字杂志、数字报纸、数字广播、数字电视、数字电影、触摸媒体、手机网络等载体能全面提升传播效果；同时，网络博物馆、3D 全景展示、AR/VR 展览、H5 互动和游戏植入等新兴传播方式能塑造出更具沉浸感的"超真实"环境，大大提升人们的参与度和体验感，使工业文化信息高度还原，实现优化传播。

其实，传统媒体和新媒体早已是"你中有我，我中有你"，媒体融合发展势头正劲。人民网研究院监测结果表明，2018年我国中央及省级"报纸、广播、电视的网站、自建客户端等自有平台的覆盖率，以及在微博、微信、聚合新闻客户端、聚合音频客户端、聚合视频客户端等第三方平台的入驻率都超过90%"[①]，传统媒体与新媒体的内容、渠道、平台等融合发展，这给工业文化传播带来了极大的便利。工业文化传播要充分借助媒体融合发展形成的内容权威、渠道广阔、受众广泛的优势，以融合传播为重点，并根据传播内容、传播对象的差异，选择适宜的大众传媒。同时，整合工业自身的传播渠道和社会传播渠道，让传统媒体与新媒体、专业媒体与大众媒体、线上与线下、人际与组织等传播渠道协同作为、优势互补、有机相融，形成融合传播力，从而让中国工业精神和国家工业形象传得更广、更深。

五、结语

工业文化传播体系建设是一项系统工程，传播主体、传播内容和传播渠道是其基础。建构工业文化传播体系，当下迫切需要从基础做起，不同主体应积极行动起来，不断丰富传播内容，深入拓展传播渠道，在此基础上切合不同传播对象的特点与需要，讲究传播艺术，追求传播效果最大化。由此，伴随中国工业强起来，让中国工业精神立起来、国家工业形象美起来。

---

① 唐胜宏、高春梅、张旭：《2018中国媒体融合传播指数报告》，《新闻与写作》2019年第5期。

从"借势"到"创势"：工艺美术品牌伞的文化传播与创新策略

黄　辉[*]

（中国艺术研究院研究生院　北京，100029；安徽师范大学新闻与传播学院，安徽芜湖，241000）

摘　要： 随着我国乡村振兴战略和传统工艺振兴计划的提出，工艺美术作为主体对象成为学界和业界研究的热点，其现代传承、产业化发展和文创品牌化成为当下潮流。然而，限于本身固有的技术、营销和传播特点，如何突破传统定位，在传承既有优秀文化和工艺基础上，探索其品牌塑造、传播和营销已成为最紧迫的问题。本文以品牌伞为分析框架，以"中川政七商店""东家"等知名传统手工艺品牌的传播为例，系统分析品牌伞策略对此类品牌传播与营销的作用。

关键词： 传统工艺美术；品牌策略；品牌伞；手工艺振兴

传统工艺美术作为以手工艺为基础，以实用和美术结合的造物活动，承载我国特有的传统文化与审美趣味，蕴涵丰富的非物质文化遗产，也是构成传统经济的重要组成部分。然而，随着我国从农业社会进入工业社会进而转向信息社会，大量传统工艺美术及"老字号"品牌面临因文化变迁、市场萎缩、传承乏人等导致的生存危机。近年来，在我国传统工艺振兴计划、乡村振兴战略和非物质文化遗产保护的多重政策契机下，传统工艺美术的艺术、技术、文化、产业和经济价值被重新评估，无论是作为地理性标志产品、区

---

　　*　作者简介：黄辉（1980—），男，湖南汨罗人，安徽师范大学新闻与传播学院副教授，中国艺术研究院艺术学理论在读博士。研究方向：非遗保护、品牌传播、创意传播。

域性文化名片，还是作为文创品牌资源，市场化和品牌化发展都已成为业内共识，积极探索传统工艺美术品牌的塑造、传播和营销已成为当下最关键的问题。

一、工艺美术品牌伞策略的发展契机

品牌伞（Umbrella Branding）的概念由 Wernerfelt 提出，意指将现有品牌覆盖到新产品上用来帮助消费者感知产品质量的做法。[①] 原理是借用现有品牌的影响力和价值认同帮助新品牌迅速传播并完成品牌建构，强调上级品牌对下级品牌的庇护和提携作用。随着市场发展的需要，该策略根据伞品牌和子品牌的隶属关系和相互之间的影响作用，又发展出侧重品牌延伸的企业品牌伞、侧重品牌整合的区域品牌伞和侧重品牌联合的联合品牌伞等类型。

纵观我国工艺美术发展现状，具有三个典型的发展难题：第一是传统品牌价值认同消解与现代传承发展的矛盾；第二是政治、经济、文化层面呼唤地域强势品牌与"公地悲剧"的矛盾；第三是传统工艺美术作为非遗保护与创新开发之间的矛盾。品牌伞作为一种兼具品牌延伸、整合与联合的有效策略，能突破传统工艺美术品牌原有传播与营销格局，以低耗高效的方式对内进行品牌细分和重塑；对外运用"借势"和"造势"，整合外部优势资源助力区域品牌的塑造与传播，这为品牌伞策略在工艺美术中的应用提供了良好的契机。

（一）助力工艺美术品牌的重塑和现代发展

品牌是源自西方广告领域的一个新名词，但并不是一个新事物，依照品牌的本质即"信誉主体与信任主体的符号达成"[②] 界定，我国许多传统工艺美术品类或作坊因其优秀的产品、服务与审美价值，广被当时的消费者认可，成为地域乃至全国的知名品牌。然而，品牌作为一种符号达成，并不是一种静态与固定的关系，它会随着信誉主体（品牌）、信任主体（品牌消费者）和符号（品牌提供的服务、产品、价值观等）的变迁产生强化、稳定或消解等动态变化。

某些传统工艺美术品牌的价值发展到现代不再被认同，很大原因是品牌

---

① Wernerfelt B. Umbrella Branding as a Signal of New Product Quality: An Example of Signalling by Posting a Bond，*Rand Journal of Economics*，1988，19（3），PP.458-466.

② 舒咏平：《品牌即信誉主体与信任主体的关系符号》，《品牌研究》2016 年第 1 期。

的历时性差异①造成的。其原因有两种：第一是因为文化冲击、习俗变迁和审美趋向等导致传统工艺美术产品脱离大众生活场景，不能满足当下人民生活的功能与审美需求，而产生对品牌的不再认同，形成品牌认知的"历史感"和"距离感"。第二是因为现代发展旅游经济的需要，对传统工艺美术产品进行旅游纪念品产业转化，盲目的产业化和批量的粗制滥造拉低了产品的质量与格调，造成了对传统工艺美术品牌的负面认知与传播，甚至成为粗制滥造的代名词。

　　企业品牌伞（Corporate Umbrella Branding）作为品牌伞策略中的一种，是指企业或家族品牌统领数个子品牌的做法，注重伞品牌对下级品牌以及产品的影响。②类似于品牌延伸策略，它们都注重以市场为导向，从品牌价值、消费者画像、市场需求等多维度来细分市场，为品牌找准发展定位。这一策略能帮助传统工艺美术品牌跳出以自我历史为中心的局限，重新审视品牌价值与消费者的对应关系，进而调整品牌核心价值与功能，实现工艺美术品牌的重塑与复兴。

　　（二）满足塑造区域强势品牌的时代需求

　　工艺美术无论是作为宏观意义上中华优秀传统文化的传承载体，还是作为中观层面地域经济的重要组成部分，都意识到品牌化对其发展的重要性和紧迫性。从国家层面看，2016 年 6 月国务院办公厅发布的《关于发挥品牌引领作用推动供需结构升级意见》明确指出，"品牌是企业乃至国家竞争力的综合体现"，并认识到"我国品牌发展严重滞后于经济发展"的现状。为此，2017 年发布的《传统工艺振兴计划》就将传统工艺美术视为传播优秀传统文化与价值观的载体，关系文化自信和民族认同，是我国重要的"软实力"，并提出了建设具有民族特色国家品牌的要求。从区域经济来看，很多传统工艺美术本身就是传统地域经济的重要组成部分，具有区域公共品牌的特征。促

---

　　① 品牌历时性差异的概念，由知名品牌专家舒咏平提出，原指作为品牌符号的品牌核心价值，会随着时间的推移让消费者产生认知上的差异。如"傻子瓜子"可以理解为"傻子炒的瓜子"和"老板卖的瓜子比同行质量好价格低是很傻的行为"，后者作为"物美价廉"的品牌核心价值，如果在当代不及时进行品牌沟通与传播，就容易产生歧义并影响品牌认同。在本文中，品牌的历时性差异概念被进一步延伸，特指随着时间的变迁，由于消费者的消费观念、审美倾向等变化，对品牌一直提供的"品牌符号"从认同到不认同的态度转变；其二，也指品牌提供的"品牌符号"因多种原因达不到最初承诺的水平，让消费者无法认同和满意的态度变迁。

　　② 朱辉煌，卢泰宏，吴水龙：《企业品牌策略新命题：企业—区域—产业品牌伞》，《现代管理科学》，2009 第 3 期。

进工艺美术区域品牌的塑造与传播，不仅有利于打造地域文化名片，形成"一村一品""特色小镇"等文化和产业特色，更好为当地旅游经济服务，还可以提升产业结构，扩大劳动就业，实现突出区域品牌的战略目标。因此，从国家战略、区域经济和企业发展等不同层次来看，打造强势的区域性工艺美术品牌是现代市场发展的必然过程，也是时代发展的现实需要。

区域品牌伞（Place Umbrella Branding）是指某一地区与地区内产品或品牌结合时构成的品牌结构。[①] 强大的区域品牌能为伞下子品牌提供"背书"和庇护作用，并带来巨大的市场效应。在中国传统乡土社会，手工技艺一直秉持"天有时，地有气，材有美，工有巧……然后可以为良"的造物原则和价值标准。[②] 正因如此，我国包括传统工艺美术在内的手工技艺都呈现出鲜明的地域特色，产业具有集群效应，并在历史上积累了一定的知名度，具有较好实施区域品牌伞策略的基础。此外，区域品牌伞策略还能促使工艺美术在统一的品牌目标下，整合政府、行业、传媒和企业等多元力量进行整合传播与营销，能在规避当下"公地悲剧"的同时，极大促进强势区域品牌的塑造。

（三）提供工艺美术向文创品牌转化的新模式

得益于我国多年来非物质文化遗产保护的积累，目前传统工艺美术在传承文化和保护传统工艺上卓有成效，但对是否应该融入时代特色满足新的消费需求充满争议，未能及时根据市场需求动态修正品牌核心价值，也不善于运用新兴交互媒体进行品牌塑造、传播和营销。这种现状主要由以下两个原因造成：其一，

限于传承人的知识结构、企业特征，很难依靠自身的力量完成现代品牌和文创品牌的转化过程。据近年调查："工艺美术生产及销售企业大多数是小型企业，占94.74%；员工学历普遍不高，高中及以下占76%，且身兼制作、销售和管理数职。"[③] 结合笔者近三年（2016—2018）参加中国工艺美术学会论坛及分组讨论所知，各工艺美术传承人及企业均表示品牌塑造、传播和营销是当下面临的发展难题。难点之一是传承人和企业通常只具有工艺技术背景，特别缺乏品牌和营销知识，无法单靠自己的力量完成品牌的塑造与传播；

---

① 周运锦：《品牌伞的形成路径即研究主题》，《中国流通经济》2011年第5期。
② 戴吾山：《考工记图说》，济南：山东画报出版社，2003年，第20—97页。
③ 朱怡芳：《传统工艺美术产业发展与政策研究》，北京：北京理工大学出版社，2013年，第26—151页。

难点之二在于传统工艺美术企业的规模都较小，没有太多的资金和人力用于品牌推广，只能借用非物质文化遗产的身份获得不确定的免费宣传机会，即使是年轻一辈能运用社交媒体尝试品牌推广，但由于技术、社交圈和精力的局限，其传播渠道和影响力都非常有限。其二，精通文创的人才虽然熟知市场、设计开发流程，但对传统工艺缺乏必要和深入的研究，这也是近年来现代风格文创品牌得到迅猛发展，而传统工艺美术类文创发展缓慢的根本原因。

联合品牌伞是指两个或以上品牌为了促进品牌传播和营销进行的合作行为，通过整合双方优势形成单个品牌不具备的竞争优势，以达到突破原有企业发展瓶颈，实现 1+1>2 的放大效应。传统工艺美术与现代设计与传播品牌的联合，能打通从文创资源到文创产品的所有通道，让工艺美术传承人专心传统技艺的传承，将市场洞察、品牌设计、交互传播等环节交给联合的品牌运作，这种分离式合作开发的模式不仅有利于作为非物质文化遗产的工艺美术原真性保护，也为传统工艺美术克服市场、传播等障碍进入现代文创市场提供了全新的发展模式。

二、工艺美术品牌伞策略的应用及规范

（一）品牌细分与重塑：企业品牌伞下的工艺美术品牌"借势"传播

在工艺美术品牌领域，企业品牌伞策略的应用主要体现在两个纬度。第一个维度是品牌对内的深耕。即运用现代品牌理念检视品牌资产和目标市场，获得市场洞察并对消费趋势做出判断，通过市场细分创建子品牌，以更好满足消费需求获得品牌认同。以日本中川政七商店的自有品牌结构为例（详见下图1），作为具有三百多年历史并一直以手工制作高端麻织物而闻名的传统老店，因传统产品工艺复杂、品类单一且售价高昂在现代社会逐渐被淘汰，企业一度陷入严重亏损。为了让昔日的金字招牌起死回生，企业立足"传统麻织""生活杂货""高端品质"等固有优势，先后创立了主打传统工艺的麻料小物品牌"遊·中川"；基于"礼尚往来"消费文化洞察的"粹更"；致力日本传统工艺让现代生活更方便——"温故而知新"的品牌"中川政七商店"；以及将经营范围拓展至全日本特色传统工艺的"日本市"品牌等等。这一系列的品牌进程，以设计为手段，为传统工艺和现代生活找到恰当的结合点，极大拓展了品牌的发展空间，成功将"过气传统老店"转化为"人气生活品牌"。体现在传播原理上，这些子品牌借助伞品牌的影响力得到快速扩

散，与消费者和潜在消费群体建立良好互动，以较小的投入提升了品牌传播的广度和信度；另一方面，相对独立的子品牌又在安全的阈值内对伞品牌进行多维拓展，子品牌的成功进一步充实和强化了伞品牌的价值，进而完成品牌重塑。

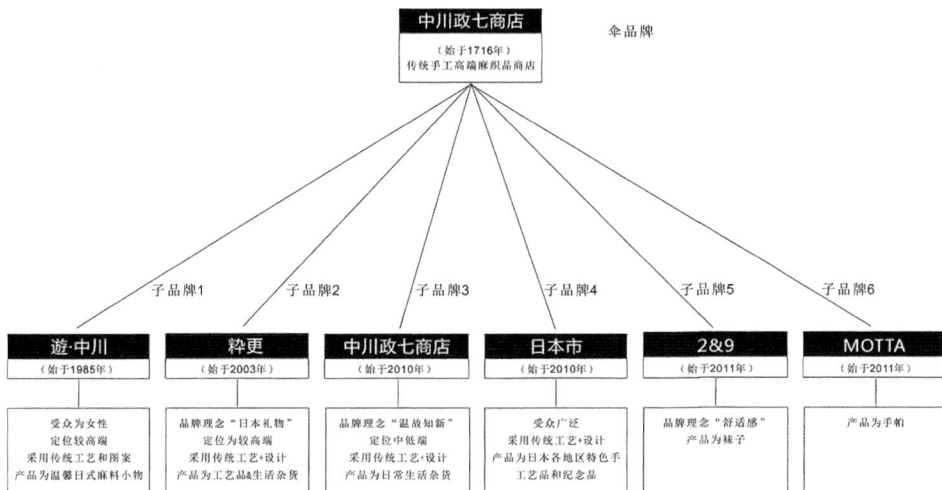

图1　中川政七商店企业品牌伞结构图（结构图由作者根据官网资料整理绘制）

　　第二个纬度是品牌对外的"借势"运用。其原理是弱势品牌通过对高知名度、高曝光度的品牌进行捆绑或组合，借以提升自己知名度的做法。这种策略与品牌联合非常类似又略有区别：类似之处在于选择合作品牌的标准都是调性一致或优势互补，以便保持统一的形象为传播加分；不同的是，联合品牌之间的关系一般是不可或缺基本对等的，而企业品牌伞策略中的伞品牌通常占绝对支配地位，伞品牌对子品牌的提携作用往往超过了子品牌对伞品牌的贡献。以中国台湾诚品书店的商业模式为例（详见下图2），作为复合式经营的典范，诚品依靠强大的品牌力带动商场和零售，如设置有传统工艺、文化展演、生活文创等固定销售模块，不仅能增加租金降低运营成本，也丰富了诚品的服务功能和品牌价值，这恰好为具有特质的微小传统工艺美术品牌提供了机会。不难理解，众多传统工艺美术品牌之所以愿意承受一定的租金争相入驻，"实则为购买一个大型艺文平台的曝光机会，快速累积品牌的质感和知名度……是一个值得的投资"①。

---

① 张景岚：《创意生活品牌成功脉络研究——以艺术工作者微型创业为范畴》，台北：台北国家图书馆，2013（7），第93—95页。

虽然企业品牌伞在品牌细分和重塑上有其独特优势，但是在具体应用中也有其局限性。首先，应该根据工艺美术品牌的市场认同现状，来判断是坚持品牌的原真性传播还是通过市场细分与品牌延伸来进行品牌重塑。如果是后者，实证研究已证明：从延伸范畴来看，"品类单一且声望高的伞品牌运用到与原产品相似的新产品上效果较佳，产品跨度大且功能突出的伞品牌运用到非原品类上效果更好"[①]。从伞品牌与子品牌的契合度来看，"高契合度的成功率更大、忠诚度越高"[②]；反之，不仅会稀释消费者对伞品牌的忠诚度，还会对伞品牌产生消极影响。因此，在应用企业品牌伞策略时不能盲目套用，而是应该根据各工艺美术品牌的实际情况来选择相应的组合，才能扬长避短实现"借势"传播的最大效应。

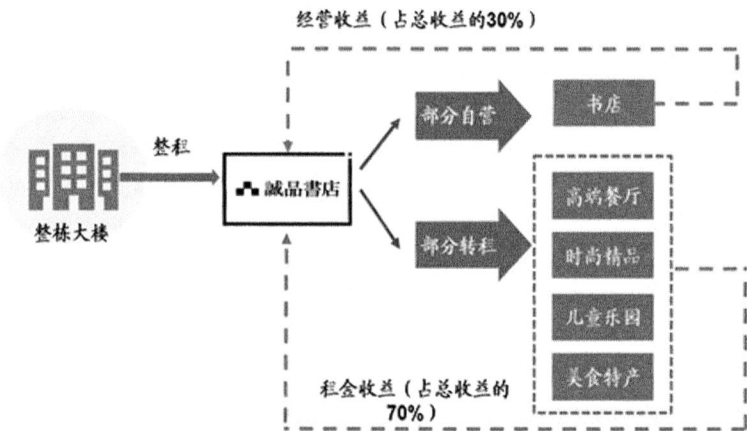

图 2　中国台湾诚品书店商业模式简

（http://jingzheng.chinabaogao.com/wenti/091R9605）

（二）品牌集群与共赢：区域品牌伞下的工艺美术品牌"整合"传播

区域品牌伞策略可以满足乡村振兴战略突出区域品牌的目的，能有效整合传承、设计、政策等多方资源。在具体应用上，确保产业集群、行业主导是基础，品牌核心价值提炼是关键，整合传播是方法，只有如此才能实现品牌效益最大化，达到共赢目的。

---

① 陶骏，李善文：《基于品牌延伸的品牌复兴研究——对中华老字号的探讨》，《企业经济》，2012年第9期。

② 许衍凤，范秀成，朱千林：《基于文化契合度的老字号品牌衍生对品牌忠诚度的影响研究》，《北京工商大学学报》2018年第2期。

1. 工艺美术品牌的集群化发展是实施区域品牌伞策略的基础条件

根据我国工艺美术发展现状，出现集群化发展的原因有两种：一是由于特定的地理环境、材料、文化和技艺在历史上自然形成的集群效应，往往具有较大的知名度和影响力；另一种是现代为发展旅游经济、文创园区等目的将同类或近似产业进行人为汇集的行为，知名度和影响力受制于汇集企业的影响力和传播策略。无论是前者还是后者，除了少量龙头企业，构成它们的作坊或子品牌通常都是微小型的，在规模、资金、技术和精力上都难以单独实现有效的品牌战略。幸运的是，它们都共同拥有这一区域性品牌，都可以通过区域品牌提升在知名度和营销上获利。这成为区域品牌伞策略实施的现实动力，也是必要的基础条件。

2. 行业主导下的准入及产品标准是区域品牌伞策略有效运行的制度保证

在传统社会，手工制作通常依靠宗亲、师徒关系进行传承，经营范畴和地域有较高的稳定性，商业行为依靠内在的道德和约定俗成的礼治观念规范，形成良性竞争秩序。进入现代，传统的"礼崩乐坏"导致这一系统失效，在法制尚未有效替代礼治的缝隙期，特别是在消费经济"唯利是图"的驱动下，行业之间的竞争往往依靠产权抄袭、粗制滥造降低成本，运用价格战抢占市场，区域品牌作为一种公共资源无限被消解，最后陷入双输结局。瑞士"Swiss Made"区域品牌伞策略或许给我们提供了很好的借鉴，"他们将国家符号与产品品质进行捆绑，只有严格执行 Swiss Made 认证……才可以在产品外表使用这一符号"[1]。瑞士通过国家背书对品质进行保证，如瑞士手表、瑞士军刀等，这些子品牌的强化则进一步提高区域品牌的可信度和美誉度，从而创造双赢局面。因此，根据区域品牌覆盖的范围，让行业机构主导、所属企业参与、政府职能部门配合，设置规范的准入制度和产品标准才能更好地塑造区域乃至国家品牌形象。

3. "整合"传播是区域品牌伞策略效益最大化的技术保证

"整合"包含两层意思，一是侧重整合以"以广告为主的营销工具策略组合……确保对外传播品牌信息的一致性，寻求从多种媒体与多层面的品牌传播工具实现协同效应。[2]二是侧重整合品牌传播，"使用跨媒体整合方式，围绕品牌核心价值展开价值共创活动，与消费者互动沟通建立价值关系，使品

---

[1] 朱志成：《工匠精神的瑞士概念股》，台北：天下远见出版股份有限公司，2004年，第67—93页。

[2] 段淳林：《整合品牌传播》，广州：世界图书出版公司，2014年，第60—77页。

牌价值上升到社会价值的战略组织传播过程"。[①] 前者的重点在传播媒体的整合与传播信息的一致性，后者在于品牌价值的整合与共创。以日本瓷器为例，在低价竞争难以为继时，佐贺县有田的 7 家窑厂决定成立合作工会并创建区域品牌"有田七藏"。他们将传统工艺融入现代生活，在整合传播理论的指导下，重现对品牌价值进行重塑，并通过参加全球展览会、访谈、公关和广告等多元活动全面推广品牌及理念，最终成为全球知名的陶瓷品牌。对我国微小型工艺美术品牌而言，区域品牌伞策略的价值在于能将他们的资源整合为一，围绕共同的核心价值同一发声，为他们提供强大的品牌庇护，解决传播渠道单一、影响力小的难题，极大增强企业的生存率和竞争力。

对于区域品牌伞策略而言，其应用最大的难点在于如何规避区域内子品牌之间的恶性竞争，不断提升区域品牌的市场份额和价值认同。从企业层面而言，区域内子品牌差异性小的，各品牌可以只聚焦于高品质的产品生产，将营销和品牌传播交给行业协会统一负责；子品牌差异性大的，可以在伞品牌下进行差异化发展，通过差异性定位实现内部的良性竞争。从相关影响要素而言，还要确保参与企业的积极性、行业协会的主导性、政府主管部门的服务性、传播媒体的整合性，才能形成有效合力实现区域强势品牌的发展目标。

（三）品牌联合与跨界：联合品牌伞下的工艺美术品牌"造势"传播

品牌联合是指两个或以上品牌为了促进品牌营销或传播而进行的合作行为。跨界，通常指品牌在营销中突破传统经营范围拓展新的领域，这里侧重指联合非同类品牌，依靠品牌价值的重新组合和传播技术创新，对传统营销、传播等定式进行突破，以促进传统工艺美术品牌"活化"，让其更有活力地尝试。其策略应用目前主要有以下两种模式：

1. 与高契合度或互补品牌之间的联合与跨界，形成新的传播和消费热点

事实上，通过品牌联合与跨界来为品牌营销和传播"造势"，已是业内熟知的技法。近如优衣库与 KAWS 联名合作的系列 T 恤，一上市就被哄抢而光，甚至还因抢购引发顾客斗殴成为品牌营销的现象级事件。在工艺美术领域，这种联合与跨界不仅是工艺美术品牌为了适应现代市场采取的运营手段，更是作为一种优质资源直接参与到现代文创品牌的创建。如日本为了振兴传统手工技艺采取现代设计介入的跨界策略，设计师喜多俊之一方面深挖当地

---

① 段淳林：《整合品牌传播》，广州：世界图书出版公司，2014 年，第 60—77 页。

传统工艺的技艺特征,一方面通过现代设计和策划手段对其融入现代生活的
市场定位、品牌推广进行统一规划,为陷入经营困境的美浓和纸、箱根拼木、
有田烧等诸多传统工艺提供了全新的发展机会,让其产品完全脱离传统意义
上的工艺品,成为国内外追捧的时尚品牌。在谈到设计经验时,喜多俊之强
调"传统技艺所蕴含的制作情感、文化底蕴和工艺特色是构成现代文创品牌
的设计灵魂"①,这种模式的可贵之处不仅在于能塑造现代市场欢迎的文创品
牌,还在于能最大限度保护传统手工技艺的原真性和独特性。

又如日本传统工艺美术标杆品牌"中川政七商店"的联合与跨界策略(详
见图3),在"让日本手工艺更有活力"的理念指导下,不断与其核心价值吻
合的品牌进行联合与跨界探索:比如跟知名园艺家合作推出联合品牌"花园
树斋";与游戏商 Hasbro 集团联合推出日本传统手工艺版"大富翁",与动漫
IP 机器猫和 HelloKitty 推出畅销的联名产品;以及跨界进入旅馆、茶道等领
域来传播其"温故知新"的品牌价值和生活理念等等。截至目前,中川政七
旗下有多达三十几个自主和联合品牌,这不是盲目的商业扩张,也不是为了
商业噱头或炒作进行的临时策划,从本质上而言,这是对联合或跨界双方优
势品牌价值的重新组合,创造出新的消费趋势和传播价值。

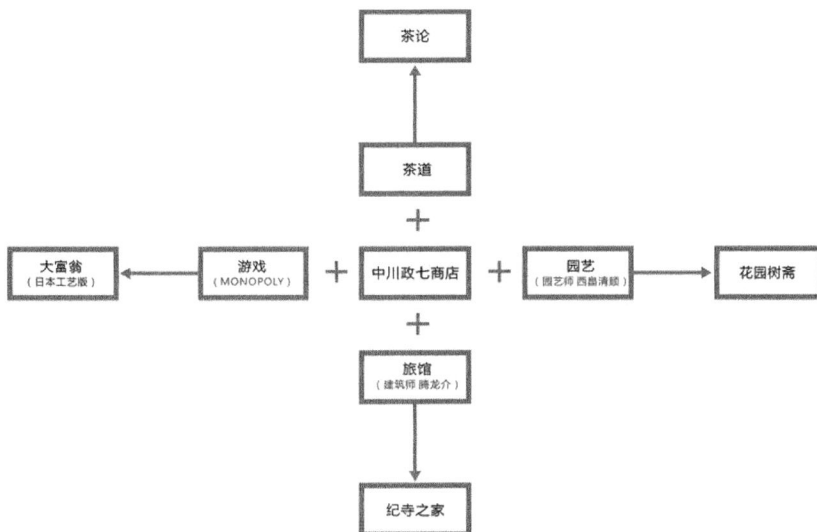

图三　中川政七商店与部分品牌联合及跨界示意图

(示意图由作者根据官网资料整理绘制)

---

① 　[日]喜多俊之:《给设计以灵魂》,国莞琪译,北京:电子工业出版社,2012年,第
2—82页。

2. 与产业链上下游品牌间的联合与跨界，打破原有壁垒实现跨越式发展

我国传统工艺美术的发展有其自身规律，如制作的程式化和稳定性，产业的集群性和地域性，传播的口碑性和区域性等等。在传统的语境里这似乎都没有问题，但随着传统秩序的瓦解和现代市场的出现，原来的规律都可能会成为现代发展的壁垒。如"东家"APP 运用互联网技术对工艺美术品牌实施的联合、跨界发展模式：在"让传承成为潮流"的品牌理念整合下，运用互联网移动端平台汇集我国知名传统手工艺品牌，通过发现、直播、拍卖三大板块的设置，将社区营造、品牌传播和营销的壁垒打通。这种全新的商业模式，扫清了传统工艺美术品牌因消费者画像模糊、传播技术单一和销售平台缺乏的障碍，让消费者以兴趣汇集到虚拟社区，直接参与品牌价值的共创，通过社区互动和分享完成品牌传播及营销，让传统工艺美术获得了全新的发展空间。

综上，品牌的联合与跨界需要注意两个要点：第一，要坚持将传统工艺及其文化内涵作为联合与跨界的"灵魂"，不能为了迎合市场对传统工艺美术进行破坏性开发；第二，要对合作的品牌价值有正确的判断，不能为了吸引眼球一味求新、奇、怪，虽然会获得一时关注，但可能会对品牌资产及形象造成不可逆的负面影响。

余论

我国传统工艺美术身处急剧变化的时代，在面临现代转型挑战的同时，也蕴含创新发展的机会。在大环境上，我国实施的非物质文化遗产保护、乡村振兴战略和传统工艺振兴计划都为之营造了良好的发展空间。但如何行之有效地落实品牌重塑与传播，实现从"Made in China"到"China Made"的转变，还有很长的路要走。具体到品牌传播及营销策略上，工艺美术类品牌对内要善于重新检视自己的核心价值，在市场导向下完成品牌的定位或重塑，运用借势传播完成品牌建构；对外可以根据区域旅游定位或地域经济发展的需要，设置建构区域品牌的整体目标，并以此整合区域内政策、资金、人力、技术等优质资源，合力打造区域乃至国家品牌；还可以运用新的传播技术打破原有工艺美术品牌的营销、传播等界限，结合工艺美术的核心价值与文创经济实现跨越式的"创势"传播。当然，品牌伞策略并不是万能的方法，在应用过程中还应重视与市场、企业、政府和行业等各相关要素之间的关系，避免因决策失误给品牌造成负面影响。除了以上对工艺美术品牌传播、营销

策略的初步探索，在其现代品牌化的发展过程中，还需要在品牌商业模式、产品研发、形象设计、传播方式等多个环节进行深入研究，不断提高品牌质量和附加值，才能走得更远。

表演的"文化场"建构

——表演理论视域下作为交流实践的台湾歌仔戏

阮馨仪 *

（北京外国语大学，北京，100089）

摘　要：歌仔戏是台湾地区至今仍在民众日常生活中保持相当活态性的传统艺术表演形式，持续的戏曲观演活动催生台湾地区重要的在地文化与民间记忆。依照演出场所、表演气质的区别，大致可将歌仔戏现场表演划分为"现代剧场精致歌仔戏"与"庙口野台民戏"。"场所"建构"场景"，不仅表现为艺术呈现形式上的差异，也养成不同的观演习惯与观演文化。围绕"表演"所建构的"情境"催生出意义共享的符号与行为模式，构成场域，场域内的个体则识别情境并遵循特定范式行动。此种意义上，作为表演的台湾歌仔戏同时也是一种交流方式，观演互动即是实现交流的手段，而具备其自身逻辑的"文化场"也在这一过程中生成。如此，"观"与"演"不再局限于"舞台"与"观众席"这一具体空间，而得以突破物理边界，延伸至日常生活之中，建构社会关系，并由此促成戏曲的当代传承与发展。

关键词：歌仔戏；情境；意义协商；交流实践；文化场

　　歌仔戏由漳州移民带到台湾的锦歌调子演变而成，从田间地头哼唱的"歌仔"（锦歌），历经歌仔阵、老歌仔等几个发展阶段，逐渐催生出歌仔戏全本

---

* 作者简介：阮馨仪（1991—）女，北京外国语大学文学硕士，博士在读，主要研究方向：戏曲传播、跨文化传播、文化研究、戏曲传播。

大戏，分化出子弟班^①与职业剧团两种表演群体，并形成"野（外）台"歌仔戏与"内台"歌仔戏两种表演范式^②。近年来，现代剧场精致歌仔戏与庙口野台民戏在艺术表现形式上的分野更不断扩大。历史沉浮之中，歌仔戏的艺术取径持续变化，但其作为一个戏曲种类却由始至终存在着，且时至今日仍然拥有相当数量的观众。艺术价值以外，台湾歌仔戏究竟有何独特之处使其得以经久不衰？是否可以为其他传统戏曲的当代发展所借鉴？笔者经由田野调研发现，围绕歌仔戏观演，早已形成根深蒂固的文化场。这样的文化场中，表演成为一种交流、沟通方式，场域内的人们都清楚知晓其间的行为规范与符号意涵，往往能够主动辨别情境并按照规范行事，相互配合以生成双方共享的意义，由此实现交流的目的。需要指出的是，这里的"场"并非地理意义上界限明晰的空间，而是包括观演现场及由此向外延伸的意义之场。

"表演即交流"，这一观点是民俗学的重要理论，理查德·鲍曼用其来分析口头艺术，将表演作为一种言说方式。然而基于戏剧表演发展而成的表演理论此前却甚少被用来讨论台湾歌仔戏。该理论提倡情境观与实践观，强调作为"交流"的表演，将以文字文本为中心、以舞台搬演为中心的分析研究扩大到以整个表演情境、表演场域为中心，为歌仔戏当代发展研究提供一种新的阐释性框架。现笔者结合 2018 年 9 月至 2019 年 1 月赴台调研的具体情况，研究台湾歌仔戏的文化意义，进而分析探讨歌仔戏表演文化场中的交流是如何实现的。

一、场域中的互动：歌仔戏观演作为交流方式

表演理论视域下，表演被视为交流性展示的一种模式。表演者向观众承担展示自己交流技巧的责任，而观众参与其中，观察，进而品评，由此相互协作，展开交流，研究的焦点在于"交流是如何实现的"。其次，另一关注点是表演的标定，即表演者用什么手段告诉观众"这是一个表演"或者"表演即将开始"。需要注意的是，表演是灵活可变的，只是交流的一种模式，有时表演者会对表演进行重新标定，由此转到其他交流模式。此外，传统表演方式与新生的、创新的表演形式之间的关系也备受关注。从而，研究者通过对

---

① 子弟班，台湾乡里、城镇曾出现的自发性表演团体，演唱各种戏剧、音乐、歌舞、武术、杂艺等，属民众艺术传承与生活经验结合的文化社团。邱坤良：《陈澄三与拱乐社：台湾戏剧史的一个研究个案》，台北：传艺中心，2001 年，第 12 页。

② "内台戏"在室内演出；"外台戏"又称"野台戏"，在室外演出。

社区中表演的模式及功能的考察，将其与那些更加随意的其他言说形式区别开来。①

戏剧以其现场性为特征，强调观演双方的"在场"，而中国戏曲又在注重观众对剧情的情感投入与心理共鸣之外尤其强调演出现场观众与演员的互动。虽然不似很多邀请观众直接参与到演出中的西方即兴剧或社区戏剧，歌仔戏观演现场的表演者始终是戏台上的演员，然而鼓掌、叫好都随时可能发生，兴之所至，随心所欲。谭霈生指出中国传统戏剧与西方戏剧不同："在中国的戏曲演出中，所谓的'第四堵墙'向来是不存在的，在中国戏曲舞台上，演员与观众的直接交流可以自由地进行。"② 由此，剧场成为公共空间，剧场表演的现场性与互动性为人与人之间的情感与思想交流提供可实现的社会场景③。

歌仔戏观演现场随处可见观众与演员的积极互动，观演双方协作制造交流场景：

我们台湾的（观众）都很热情……台湾（观众）真的跟着我们走，如果我们做比较搞笑他们就笑得很大声，效果很好，如果做（演）哭的（戏）他们也是卫生纸一直拿着擦（眼泪）。

——T团演员M

台湾歌仔戏与大陆戏曲的观演相似又不全然相同。一方面，因均不存在西方戏剧演出中的"第四堵墙"，故而观众与演员得以以某种方式直接进行交流，而不必担心表演过程中的由衷赞赏可能对演出造成打扰。另一方面，台湾观众和大陆观众表示"赞扬"的手法又不太一样，大陆观众习惯叫"好"，且通常讲究要叫在恰当的档口；台湾观众则用"哭""笑"甚至"尖叫"这样更具感染力的方式来表达自己的情感。

此外，事实上，观演双方的交流并不局限于观演现场，演出一旦开票，互动与交流就已经开始，表演者通过脸书（Facebook）、Line④以及剧院售票

① 参考 [美] 理查德·鲍曼：《作为表演的口头艺术》，杨利慧、安德明译，桂林：广西师范大学出版社，2008年，第1—64页，76—80页。

② 谭霈生：《谭霈生文集论戏剧性》，北京：中国戏剧出版社，2005年，第363页。

③ 参考杨子：《表演上海——剧场空间与城市想象》，上海：世纪出版集团，2016年，第29—32页。

④ 一种台湾社交媒介，类似大陆的"微信"。

平台推送演出信息，并借助海报等推广手段向观众推销演出，而观众则通过购票以示回应：

> 看歌仔戏的人进剧场买票……一般他们讲的戏迷、铁粉会从中间最贵的开始买，然后买完之后呢往外扩的话，就是一般看戏的朋友。
>
> ——歌仔戏观众 L

台湾地区的歌仔戏演出相当频繁，尤其台北与台南，因此买哪场、不买哪场，看哪个团、不看哪个团，都是有选择的。总体上，戏曲是角儿^①的艺术，歌仔戏也不例外，具有独特吸引力的演员及其所在剧团通常更具号召力，内台演出、外台演出皆是如此；而除此之外则外台演出通常看热闹，内台演出更追求精致度，这里的"精致"主要体现在剧本逻辑、舞台呈现及表演技艺三个方面。演出开始前，外台演剧会通过播放锣鼓点或过往演出录制的音乐招揽路人，继而通过转换配乐标定演出即将拉开帷幕，外台民戏通常直接开始"扮仙"^②，公演则往往由主持人宣布演出开始。内台演出则有剧院广播通知演出即将开始，请观众抓紧时间就座，随即暗场，配乐起，大幕拉开，演出正式开始。

由此我们发现，歌仔戏的观演互动形成一个具有其自身运转逻辑的"场"，场内的个体都潜移默化自觉遵照这一逻辑行事。具体到台湾歌仔戏的观演，则经由观演互动建构出其独具特色的"文化场"。而文化场内的互动繁复多样，表演者与观众透过特定情境下的行为方式对演出进行标定，在长期持续的互动过程中洞悉彼此行为动作下的隐含意义，进而在同一阐释框架下通过意义的共享实现交流。歌仔戏表演是一种特殊的艺术交流方式，在某些场合或者某种视角下，也是一种特殊的文化表演。

二、情境与行为规范：歌仔戏作为"文化表演"

"文化表演"是表演理论中反复出现的关键词，主要突出其仪式意义，尤

---

① 历史上称能挑班演戏或者带动票房的、技艺精湛的优秀戏曲演员为"角儿"，今天在使用上意义有所扩大，技艺优异、有一定数量戏迷且有一定资历的演员都可泛称为"角儿"。

② "扮仙"是台湾传统戏曲中的开场演出，蕴含吉祥之意，宗教仪式性强，通常庙口演出的正戏之前都有"扮仙"环节，戏码可分为"神仙戏"和"人间戏"两种。"神仙戏"多描述某神明寿诞，三仙、八仙或天官等前往祝贺，而"人间戏"则演人间吉祥故事，多为某历史人物功成名就、加官晋爵的故事。

其强调“场景”及场景中的“符码”。要对表演进行有效研究，即需要“情境”作为标志，或者说标定表演的信号。表演在情境性语境中被展演，并呈现出意义。而作为显著事件的“文化表演”则提供最为显而易见的表演语境。台湾歌仔戏现场演出大体上可分为“内台”与“外台”两种形式，此外又可分为“公演”与“民戏”①，因请戏方的不同而在演出地点选择及演出氛围上均有一定差异。观演现场的个体则依照场景做出预判，有策略地采取尽可能适宜与得体的行为方式，情境内的行为与互动建构起整个表演场域。

歌仔戏外台民戏表演与内台精致歌仔戏表演展现出两种迥异的“文化表演”情境。外台民戏在庙口演出，遵循“请戏以娱神、娱神以娱人”的逻辑范式，从艺术的角度虽也因表演者演出技艺及个人吸引力的不同而在观众数量上显现出差异，但本质上是作为在地宗教仪式的一个重要部分，观众的多寡并不是请戏方的主要考察要素，而观演双方在场域内互动，与此同时又凸显出其世俗化、生活化的一面，观演现场的公共性与协作性为民众提供社交的场所与情境。内台歌仔戏则日益显现出其精致性与规范性，20 世纪 80 年代后，因学者的不断介入使得庶民文化色彩浓重的歌仔戏逐渐被赋予艺术文化的符号意义，自河洛②歌子戏团 20 世纪 90 年代提出“精致歌仔戏”概念以来，歌仔戏这一传统艺术表演形式愈加注重与现代剧场元素的结合，乡野戏曲进入现代剧院演出，生成一套与歌仔戏外台演剧（甚至是与早期内台演出）都极为不同的观演互动规范与情境。

（一）外台民戏观演情境中的互动范式

“请戏给神看”，并借此“娱人”，回馈乡里，这是歌仔戏野台民戏演出的主要目的。以笔者在台湾中部鹿港渔寮天和宫展开的观演调研为例，戏台搭在天和宫正对面，用一张彩绘软幕隔成前后两个部分，前台演戏，后台化妆，戏台正中挂一张红纸，写“恭祝渔寮天和宫道士帝君等众神圣诞千秋”，又标明庙方请戏人姓名及赞助方，通过空间的搭建营造表演的场景和交流的情境。差十分钟开演，台下只一个打扫的阿嬷和零星两三人。而片刻之后“扮仙”准时开始，演“醉八仙”，台下包括笔者在内只不到五人，其中一位是庙方主

① “公演”通常由文化部门请戏，可能是内台戏也可能是外台戏，而“民戏”则多由庙方请戏，通常是庙口外台戏。

② 河洛歌子戏团是台湾专营大型舞台公演的民营歌仔戏剧团，1990 年提出“精致歌仔戏”的概念，认为传统歌仔戏必须结合现代剧场元素，并讲求唱腔、身段，才能在现代社会中生存。

委会的郭某,他解释说:

> 人不多也要照常开演,因为"扮仙"是扮给"神"看,而人也可以分享。①
>
> ——庙方人员郭某

　　作为"文化表演"的一种重要形式与实践,歌仔戏庙口民戏演出的空间与时间都提前规划与限定,表演依照计划展开,不甚受现场观演人数的影响。尤其当日的演出在台湾中部,观演氛围惯常较南、北部弱,戏台前甚至没放置座椅,零星几个看戏的人坐在庙门侧边的椅子上,又或者向庙里借塑料独凳搬至戏台正前方。小孩则在庙前奔跑玩耍,等戏台上的"神仙们"喝醉往台下洒酒撒糖即蜂拥而上。

　　天和宫的歌仔戏"扮仙"突破了我们所熟知的"人"与"人"的互动情境,演出现场被隐秘地分为"神明世界""戏曲故事世界"与"现实世界"三个空间,又经由歌仔戏"扮仙"将三者合而为一。歌仔戏演员以人演神为神明祝寿,戏台上演的是祝寿的故事,祝寿的对象是神明,这里的"神明"既是存在于戏曲故事中的"神"同时又是正在过生日的庙里供奉的"神",故而"请戏娱神"不仅仅为神明提供可资娱乐的歌仔戏表演,同时还将戏曲演出转化为意义的"桥",在庙口演出这一特定的场域中成为沟通"神明世界"与"现实世界"的通道,演员在实体的戏台上展开想象的故事,借由其虚实结合的二重性得以化身成"仙"为神明祝寿。与此同时,"神明"又通过作为"仙"的演员向台下的观众洒酒撒糖,以剧中人"虚拟"的身份向台下撒"真实"的糖和酒,以此传达神明的美好祝愿,同时也兼顾了活跃现场氛围、拉近观演关系等多重功能。场域内的主角是"神",情境却是由"人"建构而成的,"向神祝寿从而求得庇佑",这是"人"的美好愿望,因而"娱神"的同时也"娱人"。这里的"娱"具有双重性,一方面通过作为娱乐手段的歌仔戏演出获得快感,另一方面又通过"让神明开心"获得心理上和精神上的安全感与愉悦感。

---

① 阮馨仪:《流动的文化——台湾歌仔戏历史变迁与观演现状考察》,《中国艺术时空》2019年第6期。

（二）内台精致歌仔戏的观演"规范"

都市剧场严格遵循其内生规则运转，观众及演员一旦进入剧场空间之中即默认与剧场达成契约，成为观演场域内庞大表演系统的"零件"，入场、退场、观演礼仪甚至捧角儿攻略都需和周围的其他人保持一致。"规范"潜移默化地融入剧院日常运作之中，工作人员负责制定并确保规范的执行，而时不时加入场域内的演员和观众在工作人员营造出的"完美运行"情境下通常不易觉察到"规范"的存在，往往，非常规事件的发生反而容易引起人们的注意。

以笔者某日在台湾"国家戏剧院"观看 T 团演出过程中的偶然遭遇为例：剧院广播提示由于技术原因演出中断，此后，因故障迟迟未能排除，又陆续两次广播，请观众耐心等待，前后半小时有余，观众大都小声讨论，抑或安静等待，演出终于再次开始后则自发鼓掌、尖叫。演出结束谢幕，团长 T 介绍演员，感谢大家的捧场和耐心等待，并宣布为各位准备了小礼物以示歉意，观众再次报以掌声和尖叫声。这一过程中，观众自发配合剧院与演出方，较平时更为卖力地扮演起"有礼节的观众"这一角色，几乎听不到抱怨的声音，又在演出再次开始时适宜地用"鼓掌""尖叫"等方式表示激动，以此传达出谅解与支持的情感意义。而演员则在演出结束后恰如其分地用感谢的话语及"小礼物"以示对观众的回应。

某种程度上，观演双方从踏入剧院的那一刻起就开始一场角色扮演的游戏，扮演的不是别人，正是能够熟练掌握剧场空间运作机制的自己。舞台演出的"表演"通过空间内的互动延展至整个场域之中，"看戏"这件事本身成为一场"仪式"。这里的"仪式"不是宏观意义上"社会结构的一部分"，而是微观社会学"一种相互专注的情感和关注机制"，"它形成一种瞬间共有的现实，因而构成群体团队和群体成员性的符号"①。在剧院这个特殊的观演场域内，适宜于"情境"的规范比外台演出中的更为严格，而置身其中的人，无论演员还是观众，都努力扮演好自己的角色，以展现自身的"得体"，由此获得认可。行为规范构成歌仔戏剧院观演的情境性礼仪，人们在进场之后主动寻找"情境标记"（situated）并予以恰当的回应与配合，从而使自己表现得更像群体内的一员。

① ［美］兰德尔·柯林斯：《互动仪式链》，林聚任、王鹏、宋丽君译，北京：商务印书馆，2012 年，第 2425 页。

三、交流达成：歌仔戏观演的符码运作与情境转换

兼具仪式功能的"文化表演"因其自身所独有的"显著性"而得以将微观社区抽象、无形的价值观具体而戏剧性地展示于众。而表演的达成则要求场域内的个体对于符号的高度觉晓，互动过程中协商一致的符号意义作为标定表演的指示性信号。事实上，无论作为特殊事件的"文化表演"抑或日常生活中作为交流的表演互动都有其自身的符码系统，而这套系统的建立与维持则仰仗观演双方的协作与默契。将台湾歌仔戏的观演互动置于符码阐释的框架之下，我们得以发现其中通行的规律，同时了解不同情境下表演生发的多样性与复杂性。[1]

（一）情境内的歌仔戏观演密码与意义协商

表演的情境决定表演的标定方式，相应的，"我们将表演行为看作情境性的行为，它在相关的语境中发生，并传达着与语境相关的意义"[2]，进而可以从表演场景、事件等层面对情境展开分析，而表演角色则构成表演模式的主要维度。有时，表演者会采取"表演否认"的策略来对表演框架进行协调，以保证交流的顺利实现。

以台南野台歌仔戏为例，与台中不同，台南歌仔戏观演呈现出热络的人情社会文化景观。基于宗教信仰发展而来的频繁的庙口演出为参与者提供公共空间，建构社区，而随着社群互动与交流的不断增多，又逐渐产生了为社区成员所共享的符号意义。剧团在庙口演出，通过不断的"观"与"演"养成观演双方潜移默化的默契，而这样的默契在新的场域中则很难被复制。野台戏在开阔、流动的空间中展开，观众来去自由，坐三轮或蹬自行车前来的人不断加入观众的队伍之中，而台上的演出几乎不受影响地继续进行，演员早已在频繁的演出过程中练就了自动屏蔽外界干扰的能力，即便受到影响也能尽量不被观众发现。又或者观众默契地撇开"不相干"的信息，而不将其作为评判表演者技术水准的依据。例如庙口民戏演出通常使用手麦[3]，演出过程中遇到需要换电池等突发情况则就近与身边的其他演员调换话筒，接棒的表演者（有时甚至恰巧是舞台上的敌对角色）则趁观众不注意将不能再继续使用的话筒交给上场口的工作人员，其间演出一切如常地进行，不曾中断。

---

① ［美］理查德·鲍曼：《作为表演的口头艺术》，第31—34页，第89—97页。
② ［美］理查德·鲍曼：《作为表演的口头艺术》，第31页。
③ 即手持话筒。

事实上，从审美习惯的角度，通常意义上的内台观众可能很难接受演员拿着话筒演出，于他们而言，"耳麦"到"手麦"的小转变可能直接造成"出戏"。而外台观众则能很好地适应这一情境，甚至当原本在台上演对头戏的两人在突发情况下做出例如递话筒等积极互动时，庙口野台戏观众也能毫无障碍地分辨出"剧中"与"剧外"，自动将与剧情无关的行为屏蔽至"后台"，而只摄入"前台"信息。与通常情况下表演者"否认"表演不同，这里的"否认"动作由观众完成，甚至无须表演者做出提示，双方即通过默契对表演与非表演进行标定，从而不断对阐释框架进行协调，确保表演的顺利达成。

（二）从"前台"到"后台"的交流实践

戈夫曼将社会情境分为"前台"与"后台"[①]以此对表演进行标定，需要指出的是，此二者间不是对立的关系，而仅以是否与情境相"适宜"作为评判的标准。表演过程中，人们根据不同的情境采取不同的行为策略，从而"得体"地实现角色扮演。在歌仔戏观演这一特定场域内，"前台"与"后台"的区隔非常清晰，以幕布为界，在幕布前方的舞台上，歌仔戏演员竭力扮演好其作为"演员"的角色，在"扮仙"过程中承担起舞台化身的责任，沟通"神明世界""现实世界"与"舞台世界"，在"正戏"搬演中则担负职业演员技术展示以及大众娱乐的职责；而一旦退至幕布后方则回归更为私密的空间，观众被屏蔽掉，在前台"共谋"的剧班成员重新成为单个的人，后台创造的情境使他们成为彼此的演员和观众，这一"日常化"的空间中，个体的人际互动与交流实践均建构在另外一种行为规范之上。

首先，如上文所述，外台民戏演出负有"请戏以娱神"的功能意义，也因此歌仔戏演员需承担相应的职责，这一职责感有时从前台延伸至后台，但表现往往不同。以鹿港鱼寮天和宫外台演出为例，因靠近港口故而多风，但自动带入"娱神"角色的演员对此则做如下解释：

外台演出经常会很大风，有人说是妈祖来看戏了。

——歌仔戏兼职演员 K

① [美]欧文·戈夫曼：《日常生活中的自我呈现》，冯钢译，北京：北京大学出版社，2008年，第19—24页。

其实，天和宫祭祀的主神是道士帝君，属道教信仰，但不甚了解详情的演员却因主观带入"前台"扮仙、娱神的身份，而习惯性地在这一话语体系之下用沿海地区最为常见的妈祖信仰来对诸如"大风"等现象进行解释。与此同时，身处后台的她却也补充道：

> 我以前没经验，有一次正在化妆，风把假睫毛吹走了，那之后再演我都会多带一副。
>
> ——歌仔戏兼职演员 K

由此可见，演员虽在台前暂且充当"神"与"人"沟通的桥梁，但在后台印象更为深刻的则是诸如"睫毛被吹走"这类看似琐碎的日常小事，在"妈祖乘着大风来看戏"这种颇具浪漫色彩的信仰话语体系下，对琐事的戏谑则将场域内的人拉回日常生活的情境。

渔寮天和宫演出当日正值农历中秋节。演出间隙，表演者从前台转入后台，团长 C 为演员们分发柚子①和蛋黄酥，其他演员则带来凤梨酥等与大家分享。由于职业的特殊性，别人的休息时间他们多在演戏，前台的演出实践承担工作赚钱的职责，而后台的人际互动则建构维系日常生活的纽带，这一相对私密情境中的生活属性赋予"柚子"与"蛋黄酥"以特别的符号意义，吃"中秋的食物"即代表着也在过节，从而将原本分隔开的"节日"与"工作"重新融合。此外，演员在后台进行食物的分享与交换，并将其视作一种"好意"的传递，在此过程中使彼此间的关系得以不断巩固。诸如此类琐碎的互动行为为将职业歌仔戏搬演日常生活化。于歌仔戏演员而言，辗转于各个庙口、戏棚间进行演出并不只是一份工作，还建构着他们的生活，而维系后台演员间的关系则是日常生活的重要面向。

四、余论：戏曲观演成为社会生活实践

表演理论强调表演的"交流"属性，聚焦于"艺术的形式是怎样被当作社会生活的资源来应用的"，关注人们如何通过交流实践建立社会关系、建构社会生活②。通过对台湾地区歌仔戏观演现状的分析研究，不难发现表演场域

---

① 台湾地区的中秋节有吃柚子和烤肉的习惯。
② [美]理查德·鲍曼：《作为表演的口头艺术》，"译者的话"第 8 页，第 246 页。

内参与者之间的交流与互动实际上已经渗入日常生活之中，且因观演情境、交流模式的不同，催生出独特的社会生活样貌。频繁的演出建构社会生活，不仅于演员而言成为一种生活方式，于观众而言同样如此。"表演"为参与者提供公共空间，歌仔戏演出的现场性与互动性则为个体间的情感交流与思想沟通提供社会场景。观演过程中，除演员的舞台呈现制造话题，成为观众讨论的焦点外，场域内最为平常不过的互动，凡是适宜于情境的，均有可能建构意义、催生情感。

德波谈"景观社会"，指出"在现代生产条件无所不在的社会，生活本身展现为景观的庞大堆聚。直接存在的一切全都转化为一个表象"①，其背后的逻辑是：现代社会主要体现为一种"被展示"的"图像景观"，人们被景观迷住，而丧失对本真生活的渴望和要求②。在传统戏曲当代发展过程中，部分学者对于企业等将戏曲表演"掠夺"为资源，通过控制景观的生成和变换来操纵参与者的社会生活表现出不安，也充斥着对表演文化移植失败的担忧。然而另外一种声音则支持传统戏曲的"景观化"，并报以"树挪死，人挪活"的积极心态。

而从"表演理论"的视角切入，恰好为这些介于担忧和乐观间的矛盾心理提供一种解决方式。这一理论视域之下，戏曲观演被强调为"交流"实践，艺术的呈现只作为其中的一个面向。也即是说，所要维护的不仅仅是"戏曲演出"本身，而是整个"文化场"，亦即其观演生态。我们"制造"景观，却并不满足于"用以展示"的景观，我们期待观、演双方的参与，但又不止步于"主题公园"式的"到此一游"。民俗学"表演理论"之于戏曲当代传播的启发即在于"社会生活情境"的打造，强调对戏曲发展赖以生存的"交流情境"与"观演生态"的维护。这一思维范式鼓励戏曲从业者及民众以其所熟悉的、适宜的方式参与到戏曲观演活动之中。如此，"观"与"演"不再局限于"舞台"与"观众席"这一具体空间，而催生出丰富、多元的观演场域，且域内交流、互动的成果往往得以突破空间的限制，延伸至日常生活之中，建构社会关系，由此促成戏曲的当代传承与发展。

---

① [法]居伊·德波：《景观社会》，王昭风译，南京：南京大学出版社，2006年，第3页。
② 张一兵：《德波和他的〈景观社会〉（代译序）》，居伊·德波：《景观社会》，南京：南京大学出版社，2006年，代译序第10页。

七、传播学视角下的中华文化传承与创新性发展

主持人语

21世纪是竞争激烈的时代，大国竞争必然伴随着文化竞争。中华文化是中华民族的精神家园，如何传承发展中华文化，为现代中国社会提供宝贵的精神支撑，是时代的需求和呼应。传播学作为一门交叉学科，学科领域不断拓展，研究方法综合多元，为分析复杂丰富的当下社会文化现象、回应社会现实需求，提供了较好的理论工具和依托。为此，本专栏汇集了三篇相关论文，从传播学角度切入，探讨中华文化的传承与创新性发展等问题。

《古代女性服饰传播探赜》一文，从古代社会交通不便、信息闭塞，但女性服饰依然得以顺利传播的现象进入，从传播学视角梳理中国古代女性服饰的传播方式、意见领袖等，总结出古代女性服饰传播具有阶级与性别双重隔离、封闭与流动矛盾统一等特征，为了解中国古代社会的生活传播史提供了切口。

《"鬼畜"经典影视剧现象研究——以〈三国演义〉为例》一文，以 B 站的《三国演义》鬼畜视频作为研究对象，总结《三国演义》被鬼畜的原因主要包括解构经典与重写文本、打破规则与快乐游戏以及构建社群与身份认同等，并探讨了经典文本被亚文化改编的利弊，从文化研究的角度，为探讨经典文化的当下传播进行了一定尝试。

《谁的身体在说话：现代文身群体的身份认同研究》一文，将视线投向文身这一古老的文化习俗，采用田野调查方法，对文身师及文身顾客进行观察与访谈，深入分析文身人群的内心诉求与对外界看法的回应，从而探讨现代人进行文身行为的动因，以及他们如何构建自我社会身份与特有的小众文化空间。研究视角比较新颖，也为了解传统习俗在现代社会的衍变提供了新的经验资料。

总而言之，本专栏的三篇论文，从传播学研究的不同侧面切入现象，在研究对象、研究数据、研究方法等方面，都有一定创新之处，为探究中华文化的传承与创新性发展这一重大命题，做出了初步尝试。本专栏刊此以飨读者，也期待更多专家学者赐教！

（中国传媒大学传播研究院副教授 李汇群）

《田中的白鹭鸶》 朱星雨作

古代女性服饰传播探赜

李汇群 *

（中国传媒大学传播研究院，北京，100024）

摘　要： 古代社会交通不便、信息闭塞，但通过行政命令规范、礼仪礼俗引导、商业运作推动等方式，女性服饰得以顺利传播并推广。宫廷女性、贵族女性、教坊女性、方外僧道等是推动女性服饰传播的重要意见领袖。古代女性服饰传播具有阶级与性别双重隔离、封闭与流动矛盾统一等特征，呈现出多元复杂的面貌。

关键词： 古代女性；服饰传播；意见领袖

服饰，最初是作为保暖防寒的实用之物进入先民生活中。随着文明推进，社会形态日趋成熟完善，服饰渐渐承担了辨美丑、别身份、掩羞恶等多重任务，成为重要的文化符号。有研究者注意到古代服饰的媒介特征，认为古代服饰符码是社会、历史、政治、文化等诸多因素综合作用的结果，统治阶级决定了服饰编码，服饰媒介传播的本质是关系确认[1]。还有研究者梳理了中国古代服饰广告的历史发展、类别和文化意义[2]，或者从断代史角度总结了古代服饰广告的传播功能[3]。但总体而言，以往研究更关注古代服饰传播的政治功能，但服饰的功能却并非仅限于此，如与生俱来的审美冲动推动人们追求服饰审美价值的实现、商品经济发展激发了人们利用服饰商品谋求经济利益的

---

　　* 作者简介：李汇群（1978—），女，籍贯湖北荆州，中国传媒大学传播研究院副教授，研究方向：传播学研究、文化研究。

① 李娜：《中国古代服饰的媒介特征及传播属性》，《青年记者》2006 年第 16 期。

② 苏士梅：《论中国古代服饰广告的传播特色》，《河南大学学报》（社会科学版）2007 年第 3 期。

③ 张剑：《略论明清服饰广告的传播功能》，《兰台世界》2013 年第 9 期。

欲望，这些因素交织在一起，使得中国古代服饰传播呈现出复杂多元的面貌。本文拟选取古代女性服饰为观照对象，探讨古代社会服饰传播的方式和渠道，并梳理其传播特征。

一、古代女性服饰的传播方式

中国古代社会交通不便，语言隔阂，且缺乏有效快捷的传播媒介，但女性的服饰却缤纷多彩，且在空间和时间上都保持着某种一致性和连贯性。唐代的长安与敦煌，距离遥远，但敦煌壁画中女子的发型着装，与京城女性多有相似。又如中晚唐女性流行戴冠，此种风尚一直延续到宋代。女性的服饰如何跨越时空隔阂而传播？在笔者看来，由于传统社会缺少现代意义上的大众传媒，服饰传播更多依靠人际传播，在日常生活中交流服饰信息。大体而言，古代女性服饰的主要传播方式有三：

（一）行政命令规范

汉代贾谊在《新书·服疑》中提到"是以天下见其服而知贵贱，望其章而知势位"[1]，等级社会里，服饰是区别等级，昭示身份的重要符号。有鉴于此，历代统治者都颁布条例告白，对朝野上下的女性服饰做出详细明确的规定，主要在纹章、色彩、式样、材质等四方面，确定了女性服饰规范：

服饰纹章

中国传统的服饰纹章主要包括"十二章纹"、佛教"八吉祥"纹章、道教"暗八仙"纹章、儒教"八宝"纹章以及部分民间吉祥图案纹章等。在诸多纹章中，"凤"因其吉祥高贵，成为皇后、皇妃的专属纹章。以人们所熟知的凤冠为例，范晔《后汉书·舆服志》提到太皇太后和皇太后才能插戴凤凰图形的首饰[2]，这称得上是凤冠的滥觞。迄至两宋，凤冠才被正式纳入皇族女性的服饰体系中。《宋史·舆服三》明确记载"（皇后）冠饰以九龙四凤……（皇妃）冠饰以九翚、四凤……"。与此相对照的是朝廷对贵族女性礼冠的图纹要求，规定她们只能佩戴花钗冠："第一品，花钗九株，宝钿准花数，翟九等；第二品，花钗八株，翟八等；第三品，花钗七株，翟七等；第四品，花钗六株，翟六等；第五品，花钗五株，翟五等。"[3]严格的纹章规范，传递出"尊

---

① （汉）贾谊：《贾谊集》，上海：上海人民出版社，1976年，第28页。
② （南朝·宋）范晔：《后汉书》，北京：中华书局，2000年，第2514页。
③ （元）脱脱等：《宋史》，北京：中华书局，2000年，第2364—2366页。

卑有别"的信息，维护了等级秩序。

服饰色彩

色彩是服饰的重要元素。历朝历代都以服色来区分官员品级，女性服色则从夫或者从子。如《新唐书·车服》规定"妇人服从夫、子，五等以上亲及五品以上母、妻，服紫衣，腰襻褾缘用锦绣。九品以上母、妻，服朱衣"①，贵族女性的服色直接与男性亲属的品级挂钩。明代初期，对女性服饰色彩的规范更是苛刻严格，如《明史·舆服三》记述"（洪武）五年令民间妇人礼服惟紫绝，不用金绣，袍衫止紫、绿、桃红及诸浅淡颜色，不许用大红、鸦青、黄色，带用蓝绢布。"② 这些规定赋予色彩以高低贵贱之分，人为地划分出等级鸿沟。

服饰式样

式样，也是朝廷政令广为告知的重要内容。唐代风气奢侈，贵族女性中流行"十二破"裙，即用十二种色彩各异的布帛拼贴为裙，此种裙样耗工耗料，形成极大浪费，朝廷因此强调"凡裥色衣不过十二破，浑色衣不过六破"③，希望通过颁布公告，止住民间的奢侈之风。又如明代设官妓，对她们的服饰也有一定要求"乐妓，明角冠，皂褙子，不许与民妻同……教坊司妇人，不许戴冠，穿褙子"④，强化了良贱之别。

服饰材质

服饰材质的选择，也昭示着身份地位的差别。古代贵族女子需佩系腰带，《明史·舆服三》记载明王朝对贵族女性的腰带材质有明确规定：一品夫人佩玉带，二品佩犀带，三、四品佩金革带，五、六、七品佩乌角带，必须严格遵守，不能有差错⑤。民间女子，更是不容僭越。

从历朝颁布的服饰条令来看，服饰作为礼文化的重要组成部分，承担着明贵贱、别尊卑的礼教符号功能。而朝廷是古代社会最重要的核心信源，由它发出的服饰信息，辐射覆盖到社会的多个阶层，构建高度制度化的服饰传播体系，促进了女性服饰传播。

---

① （宋）欧阳修、宋祁：《新唐书》，北京：中华书局，2000年，第354页。
② （清）张廷玉等：《明史》，北京：中华书局，2000年，第1102页。
③ （宋）欧阳修、宋祁：《新唐书》，第354页。
④ （清）张廷玉等：《明史》，第1104—1105页。
⑤ （清）张廷玉等：《明史》，第1096—1097页。

（二）礼仪礼俗引导

中国传统社会以儒为本，重视礼教，希望通过从上到下的礼仪示范，起到敦伦修睦、移风易俗的作用。因此，礼仪礼俗活动在古代社会中占有非常重要的地位。从周代开始，礼被划分为吉礼、宾礼、嘉礼、凶礼和军礼五种，各有不同礼服①，由社会上层制定，并在社会实践中潜移默化地引导民众通过服饰来接受理解礼仪伦理。

吉礼服饰

吉礼是祭祀之礼。从周代起，即有对贵妇祭服的规定，《周礼·天官·内司服》记载王后有六服，其中祎衣、揄狄、阙狄都是祭服，服色、样式各有不同，穿戴场合也各有差别②。此后，历代都对皇族女性的祭服有所规定。上行下效，民间女子的祭服也较为严格，如《宋史·舆服五》规定民间女子祭服"妇人则假髻、大衣、长裙。女子在室者冠子、背子。众妾则假紒、背子"③，主妇、小妾和未嫁女子的祭祀服饰各有差别。

宾礼服饰

宾礼原为诸侯朝见天子之礼，后也指接待宾客的礼节。《周礼·天官·内司服》提到展衣是会客礼服"展衣以礼见王及宾客之服"④，王后和贵族女性都可以穿。后世沿用周礼，对贵族女性礼服也多有规定，如《新唐书·车服》规定唐代贵族女性穿钿钗礼衣朝见会客"钿钗礼衣者，内命妇常参、外命妇朝参、辞见、礼会之服也"⑤，风气渐及民间，平民女性也逐渐穿花钗连裳礼衣。

嘉礼服饰

嘉礼是喜庆、节庆之礼，包括冠笄、婚嫁等。古代女子成年，要举办加笄之礼。宋代推崇古礼，皇室更是身体力行，公主年满15岁，就要举办笄礼。《宋史·嘉礼六》记载公主笄礼细节，对其服饰有明确规定"其裙背、大袖长裙、褕翟之衣，各设于椸，陈下庭；冠笄、冠朵、九翚四凤冠，各置于槃，蒙以帕"⑥，足见重视。婚礼也是嘉礼的重要内容，《后汉书·舆服志》记

① 高春明：《中国服饰》，上海：上海外语教育出版社，2002年，第237页。
② （汉）郑玄注、（唐）贾公彦疏：《周礼注疏》，北京：北京大学出版社，1999年，第202页。
③ （元）脱脱等：《宋史》，第2392页。
④ （汉）郑玄注、（唐）贾公彦疏：《周礼注疏》，第204页。
⑤ （宋）欧阳修、宋祁：《新唐书》，第349页。
⑥ （元）脱脱等：《宋史》，第1838页。

载"公主、贵人、妃以上,嫁娶得服锦绮罗縠缯,采十二色,重缘袍。"① 《新唐书·车服》记载"花钗礼衣者,亲王纳妃所给之服也。大袖连裳者,六品以下妻,九品以上女嫁服也。青质,素纱中单,蔽膝、大带、革带、袜、履同裳色,花钗,覆笄,两博鬓,以金银杂宝饰之。庶人女嫁有花钗,以金银琉璃涂饰之。连裳,青质,青衣,革带,袜、履同裳色。"② 据此看来,唐代贵族、平民女子出嫁都穿青色,此种习俗一直沿袭到宋代。而据宋代吴自牧《梦粱录》记述,南宋杭州婚礼举办前,由男方向女方赠送销金盖头,婚礼中女方戴着盖头"以秤或用机杼挑盖头,方露花容"③。这种风俗一直延续到明清乃至民国,是传统婚礼中的重要一环。

凶礼服饰

凶礼主要指丧礼。在为死者出丧、守丧期间,主要亲属都要穿着丧服。周代《仪礼》中将丧服分为五等,为斩衰、齐衰、大功、小功、缌麻,称为五服,它们的差别在于材质不同,穿着时间的长短也有所不同。五服之中,斩衰最重。"女子在室为父,布总,箭笄,髽,衰,三年。"④ 女子为父亲守孝三年,用布束发,插竹簪,梳丧髻,穿丧服。自周代制定后,五服制度沿用千年,影响深远,至今仍在部分边远地区被采用。

军礼服饰

军礼是指军事之礼,即为一切与战争相关活动而设的礼节。上至将军,下到士卒,都要身着戎装,佩戴饰物,以壮声势⑤。在漫长的历史进程中,部分军礼服饰,被女性所借用、吸纳,形成了独具风格的女性服饰。如《新唐书·五行一》记载"高宗尝内宴,太平公主紫衫、玉带、皂罗折上巾,具纷砺七事,歌舞于帝前。帝与武后笑曰'女子不可为武官,何为此装束?'"⑥ 唐制规定武官腰系蹀躞带,佩戴"七事",即佩刀、刀子、砺石、契苾真、哕厥、针筒、火石等七件小什物⑦。这种蹀躞带被太平公主采用后,即风行于贵族女性中,后又推广至民间。

有研究者指出,中国传统的礼乐文明是一种生活政治,将政治规范以细

---

① (南朝·宋)范晔:《后汉书》,第2514页。
② (宋)欧阳修、宋祁:《新唐书》,第349页。
③ (宋)吴自牧:《梦粱录》,杭州:浙江人民出版社,1980年,第189页。
④ (汉)郑玄注、(唐)贾公彦疏:《仪礼注疏》,第557页。
⑤ 高春明:《中国服饰》,第253页。
⑥ (宋)欧阳修、宋祁:《新唐书》,第581页。
⑦ (后晋)刘昫等:《旧唐书》,北京:中华书局,2000年,第1328页。

节嵌入的形式，深入到个人的日常生活，维护政治秩序，落实政治价值。[①] 儒家将礼乐礼俗与女性的日常服饰细节相融合，让女性按照礼乐仪式展开生活实践，引导女性自觉认同已经植入的政治规范。当群体认同成为共识后，那些不认同不遵守规范的个体必然会遭到排斥惩罚，进一步刺激服饰规范被广泛接受。然而，必须看到，无论是朝廷推动建立的等级服饰体系，还是礼仪覆盖的生活政治空间，女性基本是作为男性的依附者而被动遵守服饰规范，她们的主体性被强力压制了。

（三）商业运作推动

中国古代社会虽以农业为主，但在某些历史阶段和局部地区，商业也比较兴盛。尤其是隋唐以来，随着国家统一，民族融合，人口增长，在东南沿海一带和北方的部分地区，都形成了繁华的商埠。如隋唐的长安、洛阳，宋代的开封、杭州，明清的北京、南京、苏州、扬州等，无不人烟稠密，繁华昌盛。商业经济的发展，使得人们的商品经营意识有所增强，反映在女性服饰传播方面，便是人们逐渐采用各种商业运作手法，来推动服饰的销售。具体而言，常见的商业运作手法有三：

名人效应

利用名人效应来制作广告，从而达到推销商品的目的，是现代经济社会中常见的营销手法。古代社会信息闭塞，名人因而有更强的号召力，对商家而言，如果能将服饰商品与名人联系起来进行推销，无疑能赢得更多商业利润。唐李肇《唐国史补·卷上》记载，杨贵妃在马嵬坡被绞杀，遗下锦靿一只，马嵬老媪以为奇货可居，将之明码标价供过客赏玩，居然客流不绝，老媪因此而致富[②]。老媪正是利用了杨贵妃极高的知名度，才成功地进行了商业营销。

品牌维护

当商品经济发展到一定程度后，大量的商品进入到市场，同类商品的竞争将不可避免，这客观上为品牌广告的出现创造了条件。两宋手工业发达，就服饰商品而言，以经营者的店号、名号或字号为标记的广告，开始见诸记载。《东京梦华录》记载大相国寺"两廊皆诸寺师姑卖绣作、领抹、花朵、珠

---

① 朱承：《礼乐文明与生活政治》，《中山大学学报》（社会科学版）2014 年第 6 期。

② （唐）李肇：《唐国史补》，上海：上海古籍出版社，1979 年，第 19 页。

翠、头面、生色销金花样幞头、帽子、特髻、冠子、绦线之类"①，可见北宋开封大相国寺内两廊，已经成为尼姑固定销售服饰商品的地方。再如《梦粱录》记载，杭州城内有"市南坊沈家白衣铺、徐官人幞头铺、钮家腰带铺……俞家冠子铺……季家云梯丝鞋铺"等品牌服饰店，招牌林立，尽显特色。②

上门推销

经济繁荣使得大量服饰商品涌入市场，要在竞争中取得优势，卖主不得不发挥积极性，主动走街串巷地销售商品。《东京梦华录》记载中元节"市井卖冥器、靴鞋、幞头、帽子、金犀假带、五彩衣服，以纸糊架子盘游出卖"，③说明北宋小贩会在特殊时期有针对性地贩卖服饰商品。宋元时期，还有货郎挑着货郎担，在街巷贩卖日常杂货，其中也有服饰用品，这在南宋画家李嵩的《货郎图》和宋话本《勘皮靴单证二郎神》中都有所反映。又如明冯梦龙编《醒世恒言·陆五汉硬留合色鞋》中写到卖花粉的陆婆到潘寿儿家推销新鲜的假花式样，向潘寿儿和潘婆详细介绍了假花的款式材质，言谈中不无夸张，展示了灵活的推销术。有时为了打动潜在客户，卖主甚至会设下计谋，找熟人伪装为买主，刻意将商品性能加以"炒作"。如冯梦龙编《喻世明言·蒋兴哥重会珍珠衫》写到陈大郎和薛婆为吸引三巧儿的注意，故意将服饰珠宝一一呈列出来，两人假作讨价还价，引得众人围观喝彩，终于引得三巧儿来购买。

值得注意的是，商品的流动虽然会促进服饰信息交流，但无疑会对稳定的社会秩序带来挑战。事实上，冯梦龙所编两则故事的女主角由于和商人接触，才给自己和家人带来厄运。小说故事将商人描述为不怀好意的闯入者，或许代表了稳定的社会对信息流动的矛盾心理。

二、古代女性服饰传播的"意见领袖"

如上所述，古代女性服饰传播总体受到行政命令、礼仪引导、商业推动等多重因素影响。但作为生活政治，服饰传播必然要落实到日常生活实处，那些高深复杂的政治意图，必须化为可直接接触的日常信息，才能获得认可。传播学界有"意见领袖""两级传播"之说，意即在传播过程中，信息先到达意见领袖处，然后通过意见领袖的人际传播，传达给更多受众。传统社会等

---

① （宋）孟元老：《东京梦华录》，北京：中华书局，1982年，第88—89页。
② （宋）吴自牧：《梦粱录》，第116—117页。
③ （宋）孟元老：《东京梦华录》，第211页。

级森严，不同阶层之间的信息交流有限，上下相睽较为普遍，女性服饰传播通常要经由意见领袖来实现，意见领袖普遍对美具有较高的品位，他们所喜爱的服饰能契合当时女性的审美心理，故一经提介，即能不胫而走。除了直接推销的商人群体之外，其他重要的"意见领袖"还包括以下几类：

宫廷女性

宫廷历来是时尚的发源地。后宫云集三千佳丽，为了赢得帝王欢心，后宫女性无所不用其极，在服饰妆扮上费尽了心思，这使得宫廷往往能够得风气之先，引领服饰潮流。如张鷟《朝野金载》记载，唐中宗的女儿安乐公主用百鸟羽毛织成"百鸟裙"，艳丽夺目，风靡朝野，"以后百官、百姓家效之，山林奇禽异兽，搜山荡谷，扫地无遗，至于网罗杀获无数"①。又如王栐《燕翼诒谋录》记述，在宫廷时尚的影响下，北宋女性流行戴白角冠："旧制，妇人冠以漆纱为之，而加以饰。金银珠翠，采色装花，初无定制。仁宗时，宫中以白角改造冠并梳，冠之长至三尺，有等肩者，梳至一尺。……其后侈靡之风盛行，冠不特白角，又易以鱼枕；梳不特白角，又易以象牙、玳瑁矣。"②

贵族女性

在等级社会里，贵族的服饰妆扮，向来为民间所瞩目。《后汉书·五行一》记载："桓帝元嘉中，京都妇女作愁眉、啼妆、堕马髻、折要步、龋齿笑。所谓愁眉者，细而曲折。啼妆者，薄拭目下，若啼处。堕马髻者，作一边。折要步者，足不在体下。龋齿笑者，若齿痛，乐不欣欣。始自大将军梁冀家所为，京都歙然，诸夏皆放效。"③据说大将军梁冀的妻子孙寿美貌善妒，为巩固丈夫的情爱，于服饰妆扮上别出心裁，作愁眉、啼妆、堕马髻、折要步、龋齿笑等，引得京城女性纷纷效仿。

教坊女性

自春秋时管仲设女乐，中国始有官妓，此后历代沿袭，至清代变由私人经营。但无论官妓还是私妓，她们都面临残酷的竞争压力，必须在服饰装扮上费尽心思，尽妍尽媚，于是往往教坊新装初出，民间即纷纷效仿。江休复《江邻几杂志》记述宋代京城流行一种旋裙，即源出教坊"妇人不服宽裤与

---

① （唐）张鷟：《朝野金载》，北京：中华书局，1979年，第71页。
② （宋）王栐：《燕翼诒谋录》，北京：中华书局，1981年，第35页。
③ （南朝·宋）范晔：《后汉书》，第2225页。

襜，制旋裙必前后开胯以便乘驴。其风闻于都下妓女，而士人家反慕效之"①。宋代女子出行喜好骑驴，穿着裙装很不方便，故而京都妓女对裙装加以改造，使之前后开叉，方便上下，民间女子见后，纷纷改装，连士大夫家中女性亦不能免。

方外僧道

历代皇室尊崇佛教、道教者甚众，使得和尚、道士的地位相对尊显，其着装亦往往受到瞩目。唐代皇室尊崇道教，贵族女子出家者甚众，其中不乏公主皇妃，女道士成为当时的特殊群体，民间女子纷纷模仿她们的服饰，甚至在头上佩戴状如莲花的女道冠，莲花冠风行一时。又如唐代僧人为节省布料，将各种零碎的布片拼缀成衣，这些布片大小不等，纵横交错，形如水田，故名为水田袈裟，这种裁衣方式即被女性借用，促成了水田衣的流行。明代画册《燕寝怡情》中即绘有身穿水田衣的仕女，《红楼梦》第六十三回里也有描写："当时芳官满口嚷热，只穿着一件玉色红青酡绒三色缎子斗的水田小夹袄。"② 这种水田衣流行于明清，但其实源于水田袈裟。

上述群体之所以能成为"意见领袖"并引导女性服饰传播，并非偶然。其原因大致有二：第一，"意见领袖"具有尊崇或特殊的社会地位。社会学界曾就时尚起源提出"滴入说"，即中下层阶层有模仿上层社会的动力，故上层社会的服饰装扮如水滴下，向中下层传递。古代社会等级森严，宫廷女性和贵族女性都属于上层社会，她们有钱有闲，可以为服饰的更新变化耗费心力财力，她们的审美品位，在一定程度上也昭示了经济的富足和社会地位的高贵。而中下层的民众希望向上层社会流动的心理动机强烈，服饰模仿为他们效仿上层社会提供了机会。教坊女性服饰被民间模仿，或许也与此有关。教坊女性地位虽低，但她们竭尽全力吸引上层社会男性，因此教坊中流行的女性服饰，往往是上层社会男性首肯欣赏的产物，这使得教坊女性对服饰具备一定话语权，能担负起引领风尚传播的任务。

"意见领袖"与民间社会的接触更频繁。古代社会性别秩序的重要构成部分是"男外女内"，普通女性即使能创造新装，也很难使之传播开来。但宫廷女性、贵族女性拥有更多出行自由，通过祭祀、郊游、集会等活动出现在公众场合，能为服饰传播提供渠道。教坊、寺庙、道观则三教九流云集，信息

① （宋）江休复：《江邻几杂志》，《宋元笔记小说大观》，上海：上海古籍出版社，2001年，第578页。

② （清）曹雪芹：《红楼梦》，北京：人民文学出版社，2000年，第701页。

流动更频繁。尤其是方外之地，在内外隔绝的社会中，是各个阶层的女性可以有限出入的公共场所，这无疑为她们互相交流服饰信息，了解外界流行提供了便利条件。

三、古代女性服饰传播的特征

1.阶级与性别的双重隔离

德国学者傅克斯曾提道："每个时代的服装总是重新决定并试图解决两性问题以及阶级隔离问题。君主专制主义也必定要考虑解决这两个问题的新路子。"① 中国历代王朝对女性服饰做出各种限制性规定，根本目的就是为了上下各安其位、男女各守其分。从这个角度来看，女性服饰是承载着当时主流意识形态的符号工具，它虽然可以跨越时空障碍而广泛传播，但附着于其上的意识形态也会随之植入接受者的意识深处并内化为行为规范，即接受阶级与性别的双重隔离。

2.封闭与流动的矛盾统一

以阶级隔离和性别隔离为特征的古代服饰体系是封闭的、稳定的，但也留有余地。女性服饰可以随着直系男性亲属社会地位的升降而进行上下调整，商业信息的冲击也使得等级森严的舆服体系偶尔松溃。性别隔离的大门同样并非始终紧闭，如前文提到唐代女性向男性借鉴穿衣着装，将蹀躞带、水田衣收为己用。历代史书记载中不乏对女性"服妖"的抨击，指责她们对美的追求撼动了稳定的社会秩序，而从西美尔的视角来看，女性狂热追逐服饰时尚，不过是社会对他们无法进入公共领域做出的补偿②。封闭与流动同时矛盾并存于古代服饰体系中，使得中国古代服饰制度稳定又不乏弹性，也为服饰传播提供了更多空间。

综合来看，古代女性服饰传播的状态是多元丰富的，衣冠制度是华夏文化的重要组成部分，钩稽整理中国古代服饰传播的相关资料，相信能为建构华夏文化的传播历史提供更多借鉴和思考。

---

① ［德］爱德华·傅克斯：《欧洲风化史·风流世纪》，侯焕闳译，沈阳：辽宁教育出版社，2000年，第113页。

② ［德］齐奥尔特·西美尔：《时尚的哲学》，费勇译，北京：文化艺术出版社，2001年，第81页。

"鬼畜"经典影视剧现象研究

——以《三国演义》为例

杨 璠[*]

（中国矿业大学银川学院，宁夏银川，750001）

摘 要： 鬼畜视频作为现代文化传播中的奇观，因其戏谑性、创造性与狂欢化受到广大青年的喜爱，其对《三国演义》中诸葛亮与王司徒的解构与重构更是成了 Bilibili 的热门标签。本文以 B 站鬼畜视频中有关《三国演义》的片段为研究对象，分析鬼畜视频中有关《三国演义》的改编现状，解析《三国演义》被鬼畜的原因主要包括解构经典与重写文本、打破规则与快乐游戏以及构建社群与身份认同，并尝试论述鬼畜《三国演义》文本的利弊，鬼畜视频虽有打破圈层传播传统文化之利，却也存在娱乐至死之嫌。

关键词： 鬼畜；经典；解构;《三国演义》

《三国演义》作为我国四大名著之一，因其巨大的文化价值和历史意义而经久不衰，其本身所具有的神圣性与光环感更是其流传千古的原因之一。但经典文本并非一成不变的，"去经典化运动"与"反经典化运动"也层出不穷，将经典文本改编、改写，甚至解构与重写也实属常见。近年来，鬼畜视频作为一种特殊的创作形式逐渐从小众文化圈走入大众视野，鬼畜《三国演义》更是惹人注目。

---

* 作者简介：杨璠（1994—），女，宁夏固原人，中国矿业大学银川学院教师，研究方向：传播学研究、文化研究。

一、"鬼畜"《三国演义》的现状

鬼畜（きちく）是日文直译词汇，指佛教世界里六道中沦落饿鬼道和畜生道的人，鬼畜即是两者合并之后产生的新生词，用来形容做事残忍、毫无人性、丧失人伦，和鬼与畜生一般的人[①]。在 ACGN 文化中（注：ACGN 为英文 Animation "动画"、Comic "漫画"、Game "游戏"、Novel "小说"的合并缩写，是从 ACG 扩展而来的新词汇，主要流行于华语文化圈），将含有残忍的虐待类内容，称为"鬼畜系"作品。在国内，大众所熟知的"鬼畜"一词常常与 B 站的鬼畜视频联系在一起。鬼畜视频最早起源于日本弹幕视频网站 NICONICO，在日本原名为音 MAD，由于最早传入中国的音 MAD 是《最终鬼畜妹フランドル·S》，视频中麦当劳叔叔动作不断重复且诡异，因此以视频名中的"鬼畜"而得名。

鬼畜视频，即 B 站 up 主利用新媒体技术将原本严肃的文本、人物、音乐，颠覆并解构之后，对其赋予新的意义或者无意义的视频文本，其最大的特点就是歌词与画面的重复率高且配合极富节奏感的 BGM，背景音乐与图像画面共同构成了鬼畜视频，缺一不可，但声音在鬼畜视频中的作用远高于图像。从日本流入中国，鬼畜视频在 B 站落地生根，B 站开放、包容的文化氛围鼓励着大批青年在这个平台上进行创作与交流。鬼畜视频因具有另类审美趣味，不同于传统影像视频的文本特征，从 2015 年至今仍受到 B 站用户的喜爱。它将严肃正经话题解构，之后再创作，以达到颠覆经典、解构传统、强化焦点、讽刺社会的作用。近几年，因鬼畜视频所具有的喜剧性、创造性使其突破了亚文化的小众圈，开始走向大众视野。

鬼畜视频主要分为音 MAD、人力 VOCALOID、鬼畜调教三种类型，其中鬼畜调教因其制作门槛低、喜剧性强、视频内容更丰富的特点更容易被鬼畜粉丝圈以外的大众所接受。鬼畜调教中"全明星"（注：鬼畜全明星是对于在鬼畜类视频中经常用到的许多 ACGN 人物、网络人物等的一种诙谐的统称。该词多用于中文 ACGN 圈，在 A 站、B 站等视频站点常用）标签下的视频更是备受欢迎。此外，如下图所示，"诸葛亮"与"王司徒"也与它并列成了其中的热门标签。

---

① 百度百科：鬼畜，https://baike.baidu.com/item/%E9%AC%BC%E7%95%9C/5279?fr=aladdin，2020 年 4 月 20 日。

热门标签 点击即可查看本区标签的相关内容

全部标签 RAP 全明星 鬼畜蓄 兄贵 波澜哥 二次元鬼畜 卢本伟 giao哥 窈格瓦拉 洗脑 搞笑 新人都是怪物 诸葛亮 王司徒 枪声音乐

梁非凡 爱情公寓 武林外传

图 1 B 站鬼畜调教视频热门标签截图

　　鬼畜调教视频中出现有关《三国演义》的片段大都出自 1994 版央视《三国演义》第 69 集。原语境为三国时期，曹真领大军来到长安，过渭河之西下寨，王朗说："来日可严整队伍，大展旌旗。老夫自出，只用一席话，管教诸葛亮拱手而降，蜀兵不战自退。"结果第二天，两军在阵前对话，王朗首先说出一大套理论，诸葛亮听后大笑并说："吾以为汉朝大老元臣，必有高论，岂期出此鄙言……皓首匹夫，苍髯老贼！……我从未见过有如此厚颜无耻之人！"王朗听了之后气满胸膛，大叫一声坠死于马下。① 诸葛亮与王司徒对阵场景，因戏剧性强、台词可改编空间较大及语调激昂的特点，被鬼畜视频广泛改编。本文选取 B 站鬼畜调教从建站以来热度最高视频【全明星 rap：本草纲目】进行分析，整理出其中出现的有关《三国演义》的片段如下：

表 1　B 站鬼畜调教目前热度最高视频【全明星 rap：本草纲目】拉片分析

镜号	景别	摄法	时长	镜头内容	字幕	出处
44	特	平	1秒	《三国演义》中张飞	"卧槽"	《三国演义》中张飞
51	近	仰	1秒	《三国演义》中，王司徒对阵诸葛亮	"以礼来降"	《三国演义》中，王司徒对阵诸葛亮
57	近	仰	1秒	《三国演义》中，王司徒对阵诸葛亮	"你行你上"	《三国演义》中，王司徒对阵诸葛亮
59	近	仰	1秒	《三国演义》中，诸葛亮对阵王司徒	"你曹贼篡汉"	《三国演义》中，诸葛亮对阵王司徒
61	近	仰	0.5秒	《三国演义》中，诸葛亮对阵王司徒	"饶舌"	《三国演义》中，诸葛亮对阵王司徒
80	近	仰	1秒	《三国演义》中，诸葛亮对阵王司徒	"来到阵前"	《三国演义》中，诸葛亮对阵王司徒

① 百度百科：鬼畜全明星，https://baike.baidu.com/item/%E9%AC%BC%E7%95%9C%E5%85%A8%E6%98%8E%E6%98%9F/13862120?fr=aladdin,，2020 年 4 月 20 日。

续表

镜号	景别	摄法	时长	镜头内容	字幕	出处
84	近	仰	1秒	《三国演义》中，王司徒对阵诸葛亮	"嗯～远观其香，此乃"	《三国演义》中，王司徒对阵诸葛亮
88	近	仰	1秒	《三国演义》中，王司徒对阵诸葛亮	"席卷八荒"	《三国演义》中，王司徒对阵诸葛亮
97	近	仰	1.5秒	《三国演义》中，王司徒对阵诸葛亮 下一秒，王司徒被漫画，骑着一只小羊旁边注：张杰饰	"不知道的""力量"	《三国演义》中，王司徒对阵诸葛亮
101	近	仰	1秒	《三国演义》中，王司徒对阵诸葛亮	"以礼来降"	《三国演义》中，王司徒对阵诸葛亮
107	近	仰	1秒	《三国演义》中，王司徒对阵诸葛亮	"你行你上"	《三国演义》中，王司徒对阵诸葛亮
109	近	仰	1秒	《三国演义》中，诸葛亮对阵王司徒	"你曹贼篡汉"	《三国演义》中，诸葛亮对阵王司徒
111	近	仰	0.5秒	《三国演义》中，诸葛亮对阵王司徒	"饶舌"	《三国演义》中，诸葛亮对阵王司徒

从表1可以看出，在《【全明星rap】本草纲目》中有关"诸葛亮"和"王司徒"的片段只截取了"以礼来降""大人""曹贼篡汉""来到阵前"，这几个皆在一秒之内的画面，并将它们和其他的鬼畜素材拼贴重组，加入现代网络词汇，UP主（注："UP主"uploader，网络流行词。指在视频网站、论坛、ftp站点上传视频音频文件的人。up是upload"上传"的简称，是一个日本传入的网络词汇）将其应用到不同的语境与场景之中，改变了原语境中人物对话的内容、性质与方式，使其更符合后现代语境中无厘头且搞笑的特点。"卧槽""饶舌"等词更体现出了鬼畜视频的网络亚文化特征，其更贴近青年人的文化实际与喜好。

二、"鬼畜"《三国演义》的原因

（一）解构经典 重写文本

后现代主义视域下，一切权威的、经典的、中心主义的都被消解与解构，而将商业运行、去中心化、语言消解、仿真复制、零碎散乱、多元共生、百无禁忌、宣泄欲望作为新的价值取向。后现代主义学者鲍尔格曼指出:"后现代主义的语言具有严酷的批判力量,但它似乎都没有什么意义。"①

全明星系列的鬼畜视频将人物标签化、符号化、类型化,鬼畜调教视频里的人物不是独特的个体,而是代表着所属阶级群体、文化类别及新闻事件。鬼畜视频通过现代技术,比如 PR 或者 AU 等视频与音频编辑软件,使得诸葛亮与王司徒走出《三国演义》的经典文本,变成了言说现代网络语言的网络人物,他们不再是小说里具有独特个性的人物,而是 UP 主的传声筒,利用他们符号化的身影诉说着 UP 主的心声。

鬼畜视频中对人物性格的展示也并不全面,因每个人物在视频中占用的时长非常有限,通过表一可知,多数人物或许只有一秒的镜头,有的人物虽重复出现但其形象和动作却几乎一模一样。从其艺术手段中呈现出来的人物特质来看,鬼畜视频将人物本身的个体独立性掩盖,仅是夸大了其某种或者某类特质,这使得人物被符号化与类型化,人物不再是传统影像视频中的故事的主体与故事讲述者,而是视频文本中的一个构成元素与符号。

《三国演义》作为中国文学的瑰宝之一,其不仅是文学史上的巨著,还凝聚着中华儒家文化的精髓,"仁、义、礼、智、信"无不体现其中。以诸葛亮和王司徒对阵的片段为例,其本身代表了中国古代帝国战争时文臣群儒舌战的场面,其用词讲究分寸、且有理有据。但在鬼畜视频中,经典文本被解构,并被运用到截然相反的语境中去,比如在《【全明星 rap】本草纲目》中的诸葛亮和王司徒的片段只截取了"以礼来降""大人""曹贼篡汉""来到阵前",这几个皆在一秒之内的图像画面,并将其和其他的鬼畜素材拼贴重组,彻底颠覆了原语境中的文化内涵。

---

① ［美］艾尔伯特·鲍尔格曼:《跨越后现代的分界线》,孟庆时译,北京:商务印书馆,2007 年,第 4 页。

表 2 鬼畜视频【全明星 rap】本草纲木 00:59—01:04 片段分析

	时长	画面人物	字幕	出处	解读
1	00:59—01:00	诸葛亮	"你曹贼篡汉"	《三国演义》中，诸葛亮对阵王司徒	截取电视剧《三国演义》片段，诸葛亮表情鄙夷，对阵词汇具有戏谑性，因此被拼贴进视频中
2	01:00—01:01	希特勒	"GX 好棒"	电影《帝国的毁灭》0:38分左右	截取电影《帝国的毁灭》片段，希特勒表情狰狞，以空耳的形式为视频中拼贴进网络词汇
3	01:01—01:02	诸葛亮	"饶舌"	《三国演义》中，诸葛亮对阵王司徒	截取电视剧《三国演义》片段，诸葛亮表情鄙夷，以空耳的形式为视频中拼贴进网络词汇
4	01:02—01:04	陈茂蓬	"控制不当"	陈茂蓬视频00:08（因将"男性性爱"比作游泳而被鬼畜）	截取陈茅蓬视频片段，因其具有同性恋的内容被拼贴进视频中

笔者通过对该视频的 00:59—01:04 处进行分析后发现，在短短 5 秒的视频中，拼贴进了三位人物，包括诸葛亮、希特勒和陈茅蓬。三位人物之间的时间跨度很大，从古代到近代再到现代；人物文化背景差距也很大，从古代文臣到近代法西斯首相再到现代网络视频人物。这组画面中诸葛亮被重构成了一个满嘴粗话人物符号，而"GX"表示同性文化，"饶舌"则代表着来自西方的黑人亚文化，一组画面之中拼贴着各种几乎对立的各种文化形态，将非主流的文化、流行文化和亚文化拼贴在一起，解构了诸葛亮这个人物符号的原语境及其背后的所代表的中国古典文化严肃、正统的特征。

（二）打破规则 快乐游戏

巴赫金曾在《陀思妥耶夫斯基诗学问题》和《拉伯雷的创作和中世纪与文艺复兴时期的民间文化》两篇文章中正式提出狂欢理论。其狂欢理论是对两种生活方式的划分：一种是官方的等级森严、充满规矩的生活；另一种则是与官方严肃的生活截然相反的一种生活,即"狂欢"的生活。主要包括三个关键词,狂欢节、狂欢式、狂欢化,将狂欢节延伸为符号代码再将其化为日常生活的一部分,主要表现为人脱离体制、脱离常规与脱离神圣。狂欢理论为后现代语境下的各种小众文化与亚文化提供了理论解释的基础,而鬼畜视频天然的亚文化特征更具有狂欢特征。

鬼畜视频中的诸葛亮和王司徒从经典文本中脱离出来,不再具有经典文学所具有的"光环",因此也脱离了神圣的特征;其人物特征也突破常规,通过空耳(注:空耳,来源于日语词语"そらみみ",英文是 misheard lyrics,在日语中是"幻听"的意思。后来渐渐发展为根据所听到原歌曲或原台词的发音,造出与之发音相似的另一句话,或写出与原本歌词意思不同的新的"歌词"。是一种对声音的再诠释。常见于把一种语言按发音用其他语言的文字代替)这种改编方式将人物变成了张牙舞爪的网络词汇播放器,比如表 1 中镜号 44 与镜号 107 的镜头,原视频中的人物的口型对应完全不一致的词汇,改变了声画同步的固有规则,声画分离使视频的戏谑性与娱乐性更强,从而更具狂欢化的特征。

此外,弹幕在鬼畜视频中刷屏更体现了其狂欢化的特征,无序的语言风格、错乱的流动,为鬼畜视频添加了另一种奇趣。UP 主通过剪裁、拼贴原视频的字幕,并对其重新配词,改写了原视频的字幕意义,以吐槽与调侃的方式对传统和经典进行解构与重构。以下图为例,淡蓝色弹幕"俺爸瞎啦"为 UP 主改写的字幕,其他颜色的弹幕"哈哈哈哈哈哈哈哈哈"等则为网友对该视频发表的评论,这些词体现出明显的狂欢特征与无意义特征,制作者和观看者以"快乐游戏"为其出发点共享虚拟空间的内容。

图 2　鬼畜视频【全明星 rap】本草纲目弹幕截图

　　鬼畜视频改编经典影视剧一方面企图打破常规，脱离主流话语的固有规则，从而建立独有的声画规则与语言特征；另一方面，其更突出的娱乐化特征也体现了鬼畜视频企图以狂欢化的游戏代替经典文本，使得原语境中的意义被改变甚至重写。比如这句"我从未见过有如此厚颜无耻之人！"已经脱离原语境成为网络上广泛使用的网络语句，常见于朋友或者网友之间的相互调侃与嬉戏，其本身的戏谑性的符号意义更胜于其本身的意义，"漂浮的意义"使得鬼畜视频更偏向于纯粹的形式表达，而非意义本身。解构《三国演义》经典文本，以狂欢化的方式重写经典文本，改变原语境，打破声画同步的固有规则，使其脱离规则、脱离神圣，变为带有戏谑成分的网络词汇，可见"鬼畜"《三国演义》本身就是青年为打破主流文化圈进行的一场快乐游戏。

（二）构建社群　身份认同

　　社群文化由于是小群体内共同的行为规范、价值观，有别于现实主流文化且接受范围有局限性，符合与大众文化、主流文化相对应的那些非主流的、接受范围相对局部的文化现象的定义①。本文探讨的社群文化是指以 B 站为平台，围绕共同的兴趣点"鬼畜视频"而展开亚文化群体在线上与线下进行的交流、沟通与创作，以此为基础形成文化认同、行为规范的文化社群。在 B 站，用户根据不同爱好划分为不同的社群，如下图所示：

---

　　① 徐铭瞳：《基于网络媒介的亚文化传播及发展》，《新媒体研究》2015 第 14 期。

图 3　B 站社区分类截图

根据 B 站"点击榜"前 10 名的数据可清晰地反映出 B 站受众的三大偏好：日剧、动漫、鬼畜。[①]鬼畜社区作为众多社区之一，有庞大的用户群体，积极的粉丝群体以及创作力丰富的 UP 主出于对鬼畜视频的喜爱，聚集在线上讨论鬼畜视频的创作方法，创造独特的鬼畜语言和视频风格，频繁地利用社交媒体比如 QQ 进行交流互动。笔者也曾加入过鬼畜视频的粉丝群进行调查，发现粉丝们在 QQ 群内交流普遍使用鬼畜词汇或网络词汇，且年龄偏低，普遍都是高中生、大学生或刚进入社会的年轻人。

鬼畜视频最初从日本流入中国至今，已经确定了其在亚文化圈的地位，并且发展出了成熟的创作机制与稳定的粉丝群体，这不仅有助于鬼畜视频的产出，还有利于粉丝群体内部的身份认同。"身份—情感—价值—符号"，图 4 证明了他们因相同的趣缘——喜爱鬼畜文化，而聚集在一起的虚拟社群，认同并创造出群内部认知的符号语言，以此形成价值认同与身份认同。以《三国演义》里的"诸葛亮"与"王司徒"这个热门标签为例，点击标签就会出现大量相关的鬼畜视频，这些鬼畜视频大多以"诸葛亮"与"王司徒"的对阵画面为主要内容进行创作。可见，《三国演义》以成为鬼畜粉丝圈中被认同的符号语言，UP 主与粉丝们愿意以此为基础进行创作，而其受欢迎程度之高也体现了粉丝对于该标签的喜爱与认同。

---

① B 站 6 年数据：小学生不多　用户偏好日剧、动画、鬼畜，2015 年 11 月 17 日，https://games.qq.com/a/20151117/047220.htm，2020 年 4 月 20 日。

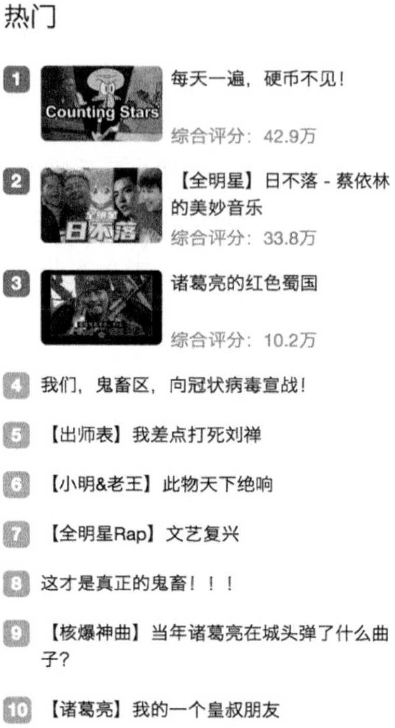

热门

1　每天一遍，硬币不见！
　　综合评分：42.9万

2　【全明星】日不落 - 蔡依林的美妙音乐
　　综合评分：33.8万

3　诸葛亮的红色蜀国
　　综合评分：10.2万

4　我们，鬼畜区，向冠状病毒宣战！

5　【出师表】我差点打死刘禅

6　【小明&老王】此物天下绝响

7　【全明星Rap】文艺复兴

8　这才是真正的鬼畜！！！

9　【核爆神曲】当年诸葛亮在城头弹了什么曲子？

10　【诸葛亮】我的一个皇叔朋友

图 4　B 站鬼畜调教视频中与诸葛亮标签相关的视频

　　值得关注的是，随着 90 后成为社会主要劳动力，话语权的转向使得鬼畜视频开始"破圈"，不再局限于小众文化圈，各大品牌甚至开始使用"鬼畜视频"形式制作广告，《创造 101》里的黄菊粉丝利用鬼畜视频拉票，电影《我不是药神》中也以鬼畜视频来反映社会底层悲凉的现实。可见，对鬼畜文化的认同逐渐普遍化，大众不再对其鄙夷相待。

rocky徐
我有一个梦想，未来哪天中国的广告，都有这个质量(°v°)/
2016-01-29 18:11　👍 28617　👎　回复

词庸瞳　不舍打破233个赞
2016-01-30 14:14　👍 453　👎　回复

白萤石　打破了250的赞233
2016-01-30 15:50　👍 282　👎　回复

书鲤不是酥梨不能吃　不舍得打破250
2016-01-30 15:52　👍 178　👎　回复

共372条回复，点击查看

图 5　鬼畜视频【全明星 rap】本草纲目评论区截图

三、"鬼畜"《三国演义》的利弊

（一）利：打破文化圈层传播经典

20世纪50年美国社会学家 ML.德弗勒提出了"德弗勒互动过程模式"，在闭路循环的传播系统中，噪音贯穿于传播者与受传者之间信息传送和接受全过程之中。主流文化通过大众媒介向受众输送其内容及暗藏的意识形态，企图将其意识形态自然化，但受众并非是全盘接受的，正如斯图亚特·霍尔所论述的三种解码类型中的"对抗式解码"、詹金斯所论述的粉丝对于文本"盗猎式"和"游牧式"的解读与改编方式，鬼畜视频对主流文化的内容、叙事结构以及意识形态以"快乐游戏"的方式做出了抵抗。各种与主流文化相悖的"噪音"在众声喧哗的时代表现出较大的影响力，技术的赋权使得受众可以利用互联网发出更多元的声音，鬼畜视频作为其中的一员更为典型。

首先，新媒体技术为视频语言的制作与传播提供了更多的可能性，这种混剪、含有众多符号的短视频类型既是青年创造力的表现，也为视频剪辑提供了新的方法和角度。青年通过将《三国演义》"肢解"将其极具娱乐性的片段剪裁、拼贴，使其变为带有符号化、狂欢化的娱乐素材，这不仅符合现代青年人的文化实际，也有助于传统经典文化在青年人中传播。

其次，经典文学《三国演义》更具神圣性的"光环"特征，与现代社会工具理性相衬，加剧了现代人的焦虑不安，阅读经典仿佛不再是因兴趣而阅读，而是为了确认自己的社会身份与阶级存在而阅读。让经典褪下"光环"，更契合后现代语境下解构、破坏、戏谑的特征，心理上的贴近使青年一代所接受。鬼畜视频作为一种具有后现代风格的艺术形式，以狂欢的方式颠覆传统、解构经典，看似纯粹无厘头、以娱乐大众为目的视频类型，却与达达主义所倡导的"废除传统的文化和美学形式从而发现真正的现实"①不谋而合，以其视频语言的无意义来反对传统影像语言中潜在的、暗示性的内容。鬼畜视频将旧有的影视素材打破之后，割裂为各种不同元素，再以不合逻辑的方式重构在一起，用戏谑和揶揄等近似狂欢的方式缓解了现代人对于工具理性压制下的焦虑。

最后，根据本文第二部分提出的观点，鬼畜视频正在"破圈"中，从亚文化的小众圈走向大众视野，从具有先锋色彩实验性质的视频类型走向普罗大众都可以观看的广告，鬼畜视频不再局限于传播亚文化内容，具有商业性质或者文化宣传性质的视频也不失为一种新的创新。

（二）弊：娱乐至死丧失本质

在尼尔·波兹曼的著作《娱乐至死》中有这样一段话："一切公众话语日渐以娱乐的方式出现，并成为一种文化精神。我们的政治、宗教、新闻、体育、教育和商业都心甘情愿地成为娱乐的附庸，毫无怨言，甚至无声无息，其结果是我们成了一个娱乐至死的物种。"②

首先，全民狂欢时代，所有的影视剧与新闻都可以成为"娱乐机器"的原材料，通过娱乐工厂的加工制作，经典被"肢解"，原本蕴含在《三国演义》中的"忠""礼"文化内涵被人物夸张的表情与动作、搞笑的"空耳"所忽略。诸葛亮与王司徒经典的人物形象成为"漂浮的能指"，不再具有具像化的意义，成为标签化的搞笑素材为 UP 主们所采用。

图 6　鬼畜调教下的热门标签

---

① 百度百科："达达主义"，https://baike.baidu.com/item/%E8%BE%BE%E8%BE%BE%E4%B8%BB%E4%B9%89/3766?fr=aladdin，2020 年 4 月 20 日。
② ［美］尼尔·波兹曼：《娱乐至死》，章燕译，北京：中信出版社，2004 年，第 2 页。

其次，鬼畜视频狂欢化的特征使得哈哈大笑与群体嬉戏成为了其主要目的，无意义的生产与无厘头的剧情使得内容情节被淡化，"漂浮的意义"存在于众声喧哗的狂欢之中，并被新的笑声所掩盖。类似《三国演义》等经典或许只能作为一个笑点存在，而非一个完整的文本。

四、结语

《三国演义》作为中国古典名著之一，深受国内外读者的喜爱，技术的进步与文化传播的国际化更是为《三国演义》的现代改编与传播提供了更多的可能性，以《三国演义》为基础改编的影视剧、游戏、动漫等传播形式使得《三国演义》突破文本传播的局限，打破跨文化传播的壁垒，实现了更大范围、更年轻化地传播。鬼畜"三国"、游戏"三国"未尝不可，但也要同时注意到经典著作本质可能被误解的风险，后人了解《三国演义》是否会仅限于鬼畜视频与游戏这些极具娱乐化的方式是值得我们思考的问题。

谁的身体在说话：现代文身群体的身份认同研究

张霞珺*

（中国传媒大学传播研究院，北京，100024）

摘　要： 文身文化在中华传统文化中历史悠久，其图腾崇拜含义是古代文身最重要的文化意义。然而经历社会变迁后以流行亚文化形式出现的现代文身却更强调对自我意义的探寻，其在吸引大量追逐独特审美的人进行这种身体实践的同时，也使文身群体被大众所诟病。来自各种主流群体的文身者因这种身体标记而被归类为非主流的人群，社会对他们强加的身体规训使他们愈加想要进行抵抗与重构自我。基于对杭州一家文身店的田野调查，本文对文身师以及文身顾客进行观察与访谈，深入分析文身人群的内心诉求与对外界看法的回应，从而探讨现代人进行文身行为的动因以及他们如何构建自我社会身份与特有的小众文化空间。

关键词： 文身；身份认同；身体；群体认同

文身单词"tattoo"在某些文化中也被称为"tatatau"，主要由两个单词派生，其中"ta"来源于波利尼西亚语，表示击打、抓挠某物；"tatau"则来源于塔希提语，表意标记某物。所谓文身，就是用刀、针等锐器在人的躯体和四肢的某些部位刻刺出花纹或符号，涂上颜色，使之保存永久。[①] 对于世界上最早出现文身的记载并不详见，早在古埃及就有了在女性木乃伊肚子上纹几何图案以象征"保护一切"[②]。在欧洲，地理大发现时代的水手和探险家将波

---

　　* 作者简介：张霞珺（1996—），女，浙江义乌人，工作单位中国传媒大学传播研究院，研究方向：应用传播。

　　① 张群、孙志超、张全超：《精神图腾，古代先民的文身艺术》，《化石》，2014年第2期。
　　② 任星：《文身：身体上的叙述》，硕士学位论文，西北民族大学比较文学与世界文学系，2012年，第3页。

利尼西亚的精美文身带回欧洲，英国海军将其视为一种时尚；美国的文身最初也是由海员传播，他们通常将表现航海生活以及爱国思想的图案纹在身上；在东亚的日本，17 世纪前已经出现原始部落的文身，17 世纪后文身被当作惩罚性的标记烙印在罪犯的身上，18 世纪后，"浮世绘"这类极具民族特色的文身风格在日本流行起来，至今依然有着相当的影响力。①

在我国先秦时代，就已有了"断发文身"的记载，而文身在我国的盛行，最早是源于少数民族的图腾崇拜，古越人文身便是为了避龙蛇之害。作为一种原始宗教崇拜的产物，文身也成为一种区别异族的族徽②。另外，古时也将刺青作为一种刑罚，比如"黥刑"就是在犯人的脸上刺青，标志着阶下囚的低下地位。有学者将我国黎族文身的意义分为五种：社会意义，如各峒之标记；婚姻意义，女子文身意味着可以寻求配偶；图腾意义，各族族属的图式不相同，不得假借，不得变更；辟邪意义；装饰意义。③与传统的图腾崇拜、刑罚、辟邪等意义不同，近代以来的文身的含义发生变迁，开始与反叛一词相结合。这是因为受到日本武士道和帮会等影响，文身演变为黑社会组织的入会标志和成员间相互认同的"符号"，且这种反叛的标签至今也依然存在。随着人们的日常生活不断步入城市化、现代化，再次兴起的文身无论从行为动机还是文身图案来说，都已发生巨大的改变。现代社会各种亚文化层出不穷，人们逐渐从传统文化思想中挣脱出来，渴求自由、追求特立独行成了一代年轻人的价值导向，年轻文身群体也逐渐壮大。与古时的被动文身不同，现代的文身群体往往是遵从自己的信念或怀着追逐潮流的心态进行主动的文身实践。这种主动文身因带有了欲望和意志而产生出功利或审美的效果。④可见，现代文身不仅仅是中华传统文身文化的传承，其图案设计及符号意义也都形成一套全新的体系。

刺青文化从传统发展到现代，经历了古代图腾崇拜、近代反叛低俗直到现代时尚审美等几个阶段⑤，人们产生文身行为的目的与诉求也在不断发生变化。而多样化的文身诉求也体现了文身这一行为背后的复杂意义，并与社会

① ［美］玛戈·德梅罗：《雕刻的身体》，赵海燕、胡越竹译，广州：新世纪出版社，2001年。
② 晓梅，家祥：《论百越族裔的文身与龙崇拜》，《思想战线》1998 年第 S1 期。
③ 刘咸：《海南黎人文身之研究》，《民族研究集刊》1936 年第 1 期。
④ 任星：《文身：身体上的叙述》，第 12 页。
⑤ 曹诗婕：《以身铭志：北京地区城市青年文身故事叙述与分析》，硕士学位论文，中央民族大学人类学系，2018 年，第 9 页。

变迁密不可分。然而，处在主流文化圈之外的文身在某种程度上依然被大众所诟病，人们往往将文身与黑帮、犯罪等负面元素捆绑在一起。在社会化进程不断加快，文化审美不断提高的现在，越来越多的"主流"人群投身进入文身场域，大学生、白领等各行各业的人都对这种文化产生了兴趣。因此，我们用什么样的眼光去对待此类新兴文化，对于文化的多元发展也有着重要意义。梅洛·庞蒂认为，世界的问题都可以从身体的问题开始。① 从最初"身体发肤，受之父母"的传统观念到如今可以自由掌控自己的身体，新生代人正用自己的身体符号表达着对这个世界的反抗与期待。

一、研究问题和意义

（一）研究问题

当代人选择文身这种身体实践的背后，有着复杂的机制和隐含的意义值得我们去深究去探讨。基于此，本文提出如下研究问题：

1. 产生文身行为的原因与机制有哪些？

2. 文身群体如何构建自己的社会身份，在这个过程中是如何重塑他们的社会关系，从而构建出他们特有的文化空间？

3. 文身这种身体呈现及传播行为有何特殊意义？

（二）研究意义

目前国内对文身的研究多集中在医学、美学研究，针对文身群体的文化建构与身份认同的研究并不太多。本研究从文身一族自我身份认同的角度出发，通过田野调查深入文身群体中进行观察与访谈，以探究该小众群体如何构建自己的社会身份、寻求群体认同并构建自己的小众文化的，并从身体角度剖析这种身体自我呈现与建构的背后意义与价值。

长期以来，文身群体承受着社会大众对其固有的刻板印象和污名化。本研究的研究资料来自对杭州文身群体的实地调查，一定程度上可以为大众展示文身族的日常生活与思想观念，增强社会大众对文身亚文化的认识，进而能够相对客观地重新评价这一亚文化群体。同时，本研究也分析了文身群体产生文身行为的原因与机制，在一定程度上可以为刺青文化的传播与商业运

---

① ［法］梅洛·庞蒂：《知觉现象学》，姜志辉译，北京：商务印书馆，2001年，第119页。

作提供参考。

（三）文身群体的界定

在《雕刻的身体》一书中，作者认为文身群体首先要有一个仪式确认的过程——即文身，其次一个文身群体的成员应对文身有浓厚的兴趣。作者访谈过的文身师中，有人表示文身群体应该具有共通性，是一个大家庭，而也有其他文身师表示文身的人来自各个阶层各个种族，想要做到整个群体有共通的意义空间是很难的。[①]

在本研究中，笔者将文身群体界定为进行过文身行为的人包括已经将文身洗掉的那部分人群。笔者认为洗文身的人尽管目前身上没有了文身，但对这种身体标识的呈现有自己的认知与理解。

二、研究方法

本研究采用田野调查法，通过对文身师生活工作的参与式观察以及对文身群体的深度访谈，以"他者"的眼光展现出这类群体的真实面貌，以助于更深刻地理解文身亚文化。对文身群体的访谈主要围绕事先拟好的访谈提纲中的问题展开，同时针对受访者的不同职业或性别会对访谈问题有所添加和修改。由于地域和时间的限制，笔者通过对受访者进行微信回访以解决后续访谈资料整理中发现的疑问。

（一）田野点介绍

本次田野点为杭州市上城区水澄桥地铁站附近的一家文身工作室，工作室老板阿僧是一名24岁的独立文身师。阿僧的工作室分生活区和工作区，它将客厅改造为文身工作区，平时就在工作区画稿、接待客人以及文身。墙上挂着各种样式的文身图案，包含阿僧自己设计的手稿以及阿僧比较喜欢的文身师设计的作品。工作室除了阿僧之外，还有他的三个学徒，他们全都自己设计原创手稿，目前只有两个学徒能独自接单完成文身工作。

（二）访谈对象介绍

笔者主要对上述文身工作室的独立文身师阿僧、三位文身学徒以及田野

---

① ［美］玛戈·德梅罗：《雕刻的身体》，第41—45页。

调查期间在店内遇到的文身顾客进行访谈。为了丰富访谈资料，笔者还对几位有文身意愿但还未付出实践的"潜在文身者"进行了简单的访谈。以上访谈对象包含不同性别不同职业的文身者，其中包含对文身文化有深刻了解的人和对文身文化鲜少了解的人。这些访谈对象的年龄多在20—30之间，基本上都是活跃在杭州地区的青年人。

表 1 受访者基本资料一览表

序号	受访者	性别	职业	年龄
1	阿僧	男	文身师	24
2	亮亮	男	文身学徒 / 大学生	22
3	小峰	男	文身学徒	23
4	小泽	男	文身学徒 / 大学生	22
5	阿亮	男	自媒体工作者	27
6	小洋	女	美术老师	26
7	公孙	女	在读研究生	23
8	苏苏	女	公司职员	25

三、表达与认同

文身是一种身体标记，也是人们在社会交往中形成的社会化产物，因此作为一种社会化符号，它必定具有传递信息和交流的能力。正如古时人们文身是为了标记氏族、图腾崇拜等目的，现代文身者借助文身这种雕刻身体的行为以及文身图案的呈现以实现各种表达和诉求。同时，在这种亚文化群体的建构中，文身者也渴望建立新的联系拥有新的身份以寻求他人和自我的认同。

（一）文身群体的诉求

对于多数人而言，文身是一种越轨行为，是边缘群体才会采取的低俗行为。文学作品和影视剧中所刻画的纹着大花臂的混混形象更是加深了人们对文身者的刻板印象。但实际上，现代文身者来自各行各业，其文身缘由与诉求也各不相同。这种身体修饰方式与个体的生活体验、文化背景、生命历程等紧密联系。[①]

笔者认为，可以将文身群体的诉求主要分为以下四类：信仰崇拜类、好奇尝试类、情感纪念类、时尚追求类。

信仰崇拜类：这类人往往会选择一些带有宗教色彩或者与个人信仰有关的图案。对他们来说，纹在身上的字或者图是他们信守一生的信条，将他们刻在身上是为了时刻提醒自己有所坚守有所追求。

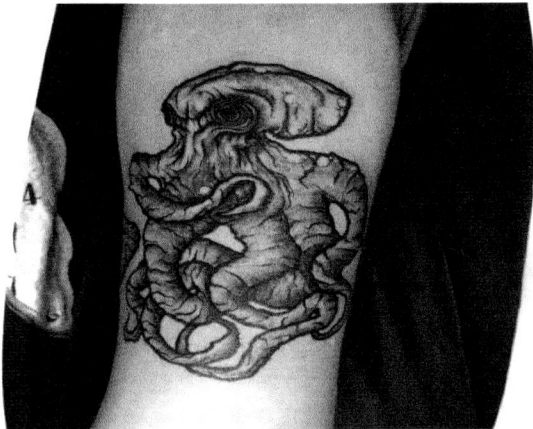

图 1　北欧神话中的"kraken"

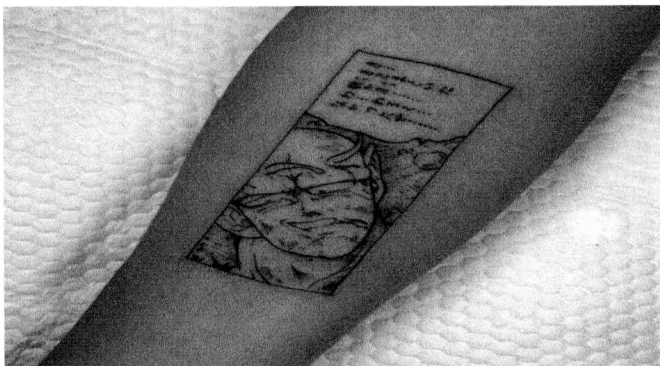

图 2　"为保护悟饭而死的比克"

这是我非常喜欢的动漫《七龙珠》里的场景，尽管比克不是悟饭的亲人，但一日为师终身为父，在动漫里比克救了悟饭三次，最后为了救他死了，让

---

① 胡溢轩：《身体技术与自我认同：当代大学生时尚行为的社会心理分析》，《中国青年研究》2015 年第 7 期。

我非常感动。因为我也有个从小教我武术的老师一直对我都非常照顾，虽然后来我不练了，但是每次我有一些成长上的困惑的时候，他还是会给我建议和帮助。直到现在我们都一直保持联系，所以我也非常希望自己以后也能成为这样的长辈。

——对文身顾客阿亮的访谈

好奇尝试类：当代青年总是追求标新立异、渴求新鲜感，与旧时的保守派不同，他们更愿意去尝试新事物。这一类人往往对文身并不太了解，只是图一时新鲜，尤其是刚成年的"孩子"或者是未成年人，被好奇心驱使就产生了"冲动文身"的行为。

其实我的原则是不给未成年人文身的，不过确实是会有一些未成年人找上门来，大多是不好好学习然后还很追求个性的孩子，他们大多数也都不太了解文身这种艺术或者说文化，就是觉得新鲜事物挺酷的、挺有趣的。

——对文身师阿僧的访谈

情感宣泄类：一种是指现代都市社会中出于情绪发泄或释放压力而进行文身的人。[①]这类文身主体大多是某些大企业的公司职员和一些学业压力巨大的大学生。这种对身体的"伤害""雕刻"带来的疼痛感在一定程度上能使他们从焦虑中走出来。另一种是指为了纪念感情而进行文身的人，旨在将深刻的情感烙印在自己身体上，永不消逝。情侣一起纹纪念文身已经是屡见不鲜的事情了，为了友情亲情而文身的也不在少数。

我跟他之间不知道还能不能在一起的。我俩是从台湾认识的，所以我想着如果我跟他的故事有了一个结局之后，不管好坏我都要纹一个台湾岛海岸线的形状在身上，然后里面是一条鲸鱼，我喜欢鲸鱼。我设计的帆布包上面画的也是鲸鱼，画出来的第一个就送给了他。如果他以后跟我在一起了，我就要拉着他一起纹。

——对有文身意向的宫孙的访谈

---

① 潘莎：《都市文身现象的现代文化解读》，《企业导报》2011年第10期。

图 3　"grandma"

　　据阿僧介绍，图 3 是一个女孩在奶奶去世后把英文"grandma"的花体字纹在了自己的身上。

　　时尚追求类：在信息传播如此迅速的时代，人们能通过大众媒介得知自己喜欢的明星偶像在身上纹了什么文身，而明星效应也总是能够带起一种潮流促使人们追求这种新兴时尚。也有一些学美术的人把文身视作一种艺术时尚，对他们来说这种身体装饰是对美的构建与欣赏。

　　我就是在美院学画画的时候接触的文身，身边有许多同学身上都有文身，而且很多都是他们自己画的稿然后让文身师给他们纹的。可能很多思想比较传统的人比较接受不了吧，我个人是觉得这就是一种艺术，毕竟每个人对美的感知不一样，表达自我的方式也不同嘛。

　　　　　　　　　　　　　　　　　　　—— 对文身学徒小峰的访谈

图 4　阿僧手稿"骷髅与玫瑰"

（二）想象的共同体：群体建构与身份认同

事实上，很难将文身者构建为一个群体，因为文身主体无论从地域、阶级、职业等因素上都十分复杂与分散，他们的边界感也并没有其他群体那么强烈。没有国家、城市、村落的空间纽带，缺乏共同的种族血缘关系和政治信念，导致这种想象中的共同体没有明确的标准。他们中的绝大多数人作为文身群体的一员的同时也属于另一个主流群体。因此，他们对于群体身份的标识并不在意，更多地注重个人意愿，而非工作、学历、国籍等传统因素，崇尚自由至上。

笔者在与阿僧和他的学徒的访谈时，发现他们并不会以"文身"的标记来建立小圈子。对他们而言，其实文身只是一种喜好，一种普通实践。

除了文身，我也非常热爱音乐，尤其是摇滚乐，经常会参加各种音乐节，去各种 live house。大二的时候，我去了迷笛音乐节认识了很多新朋友，也看到非常多文身的人，那是我第一次比较正式接触到文身这种文化吧，后来就开始从学徒做起，然后现在开了一家自己的店。文身师圈子里其实交流的内容也挺局限的，就是在群里面分享作品交流技术之类的，线下的交流挺少的。会有一些大型的展览，比如我去年就去了成都的赤诚国际文身展，主要就是想去多见识一些不同风格的文身类型。不过相比文身师圈子，我其实还是更喜欢乐迷圈，乐迷圈让我更轻松，可能是文身成了工作后会有点心累哈哈。

——对文身师阿僧的访谈

古时的人们文身，有一个很重要的目的在于区分氏族、加强种族内的身份认同，但现代城市中的文身从某种意义上来说反而是背离集体大众而创造的"异"文化。认同虽可以由自我界定，但是又是与他人交往的产物，所以整个文身群体的内部认同感也没有那么强烈。另一方面，象征性互动理论认为意义是在"社会互动"的过程中产生的。文身作为一种符号标识，其本身并没有意义，只有当其与社会中的不同群体成员结合并在群体互动中进行传播时，才被赋予了与众不同的象征意义并产生不同的社会效应。然而这个群体在社会交往中能明显感受到社会规范与自我存在感的冲突，于是他们想要传达的符号意义常常不能顺利地被接收。

　　我爸妈一直都挺反对我文身，更不要说做这一行了，他们思想还是比较传统的，我上大学的时候我爸和我说三个东西绝对不能碰：烟、文身、毒品，然后我碰了两个，他们肯定难以接受。但我会和他们交流普及一些文身文化，至少让他们放心我现在做的事情是没问题的。我每次去看我外公，都会裹得比较严实，尽量不让他看到文身，唇钉什么的肯定会摘了，因为老一辈肯定更难接受了，看到我这样会很痛心吧。我外公以前是中学老师，特别希望我好好学习。包括有还在上小学初中的表弟们，尽量不让他们看到我身上的文身，怕给他们带来不好的影响。虽然我自己觉得这并不是什么不好的东西，但社会偏见就是这样，所以有时候我自己都会挺矛盾的。

——对文身师阿僧的访谈

　　我是一个艺术辅导机构的美术老师，每天接触的都是一群还在上小学的小孩子，所以我的文身基本上都是在肚子和大腿，尽量不外露，也要让家长放心嘛。我觉得现在年轻人对文身的包容还挺强的，不过家长的担忧我还是能理解的，互相理解很重要。

——对文身顾客小洋的访谈

　　传统社会是同质性较高的稳定延续社会，而步入现代社会，身份具有流动性、不确定性、暂时性、多重性和混杂性，日益呈现碎片化的特征，人们的认同危机也由此产生。[①] 因此，现代青年群体往往试图挣脱传统社会关系的束缚去建立新联系，构建新群体，并且这种新联系对这些人来说往往比"主联系"更重要。对于文身者而言，他们的"客我"更多的是在"次联系"中生成的，因为这种客我与他们的"主我"才更具一致性，是他们更想要得到的认同。但当他们在社会互动中无法与他人达到认知上的一致时，就会以戈夫曼所说的一种"临时妥协"[②]来面对，正如上述两位文身主体为了避免冲突而选择遮蔽文身。

---

① 金晓魁：《大学生群体的文身与自我认同研究》，《长春师范大学学报》（人文社会科学版）2019 年第 5 期。
② [美] 欧文·戈夫曼：《日常生活中的自我呈现》，冯钢译，北京：北京大学出版社，2008 年，第 13 页．

四、抵抗与重构

文身作为一种亚文化，往往通过其行为意义与符号意义隐性地表现其对现有社会权力结构的反抗。这种抵抗通过区隔于主流群体的"特殊"身体的社会化而实现。同时，文身这种永久性的身体外部呈现反过来作用于内在的自我意识，以加强自我认知、重塑自我价值。

（一）身体政治：个体自决与隐性抗逆

道格拉斯认为身体是社会文化意义的接收器，而非生成器，是社会的象征，是对社会的隐喻。[①] 由于人生活在社会中，在很大程度上，身体也会受社会文化的规训和塑造，所以身体的呈现并不完全是自我的，它是一个社会化的建构过程。文身者正是用身体符号来表达对社会的不满、对世界的抗议。中国传统文化中，身体发肤受之父母，人们不能随意支配自己的身体，否则是大不孝的表现。而随着现代思想的解放，自己的身体成为唯一能被自由操控以表达自我的物质，而文身就是"我"与社会的互动。有学者认为身体上任何永久性的标记的出现都是一种分离社会主流文化的标志，而文身足以将自己与整个社会分开。[②] 这意味着文身者借文身符号表达反叛的心理，在痛苦的个体自决中重塑自我。他们正是通过这种文身实践与意义传播进行抵抗，抵抗着使他们在主流社会中一直处于从属地位的秩序与规则。

我认为文身只是一种行为而已，现在已经不只是亚文化群体会做的事情了。文身就是把图或者字纹在身上，一般来说，它的意义在于纹的东西，具体说就是某种风格的什么东西，比如奇卡诺文化的匪帮字体、日式传统的般若，以及这种风格和内容背后想表达的态度。至于"纹"本身，也有某些行为意义，比如我纹了，我的身体忍受了痛苦，我纹在身体哪个部位，我纹了多少，我在什么状态下纹。

—— 对文身师阿僧的访谈

在任何一个社会中，人体都会受到比较严厉的控制。社会规范通过姿势、

---

① [英] 玛丽·道格拉斯：《洁净与危险》，黄剑波、柳博赟、卢忱译，北京：民族出版社，2008年.

② Bell Shannon, Tattooed: A Participant Observer's Exploration of Meaning, *Journal of American Culture*, vol.22, no.2（1999），pp.53-58.

态度、穿着打扮等等微观控制来支配个体，被掌控的不是这些表面上的规则和符号，而是被控制者的内在力量。[1] 文身是在人们"唯一的拥有的财产——你的身体上"进行的，可以说是年轻人的叛逆或对父母权威的一种挑战。[2]

　　笔者在文身工作室进行田野调查的时候，也遇见一些还没完全做好心理准备的顾客。他们中的一部分是怕外界不好的评价，一部分是怕自己后悔。这部分人也同样期待着在身体上重构自我，但他们被外界束缚得更紧，无法做到果断的个体自决。

　　我真的不是怕疼，就是觉得人总是多变的，过个几年可能会觉得我现在文身很幼稚吧，还是不够冲动。

—— 对犹豫不决的苏苏的访谈

　　部位的话还是看工作，有些在公司上班的还是会选择纹在隐蔽的部位，大臂躯干之类，对职业没有影响的或者家里比较开明的就会外露一些。一般来说，男生会纹大花臂这种比较高调一点的，纹的图案一般也会偏大一些；女生的话，就会比较倾向于纹在更隐蔽一些的部位，图案也会比较小一点。我个人特别反对洗文身，我觉得洗文身是一件很没有意义的事情。文身就是为了永恒，洗文身完全反其道而行之，所以我不做洗文身，在文身之前我一般也会对我的顾客强调这一点，自己要对自己的身体负责，想清楚再做。

—— 对文身师阿僧的访谈

　　女性文身者的隐形抗逆尤为明显。相对而言，文身的男生比女生更多，但随着女性运动的发展和女性意识的苏醒，越来越多的女性更敢于正视自己的身体，重新审视自己在社会中的身份地位。我国黎族女性的文身曾经历了成年象征到已婚女性标记的变化，这意味着黎族女性的神圣性和独立性曾受到父权文化的侵蚀。[3] 与此相反，现代都市女性文身则是一种女性文化的回归，是现代女性独立意识的体现。但这个过程是循序渐进的，大多数女性会

---

[1]　胡平平：《疼痛的美丽》，硕士学位论文，首都师范大学，2013年，第21页。

[2]　辛巴，佐斌：《青少年穿刺和文身对其社会认同的影响》，《当代青年研究》2009年第1期。

[3]　黄淑瑶：《神圣的消解与自我的迷失——从黎族文身诸说看文身女性角色演变》，《海南师范大学学报》（社会科学版）2015年第5期.

选择更小的图案并把文身纹在更私密更隐蔽的部位。她们的这种"叛逆反抗"是隐性的而不是高调外露的，这是一种态度呈现而不是一种"对外宣战"。

4.2 自我价值的重塑

文身作为一种身体上的历久弥新的符号，也是个体自我意识表达的一种形式。由于文身和身体联系的紧密性，文身可以很好地成为个体获取自我认同感的途径。[1] 文身群体在文身这个行为过程中重塑了自我的价值，找寻到在其他生活中，无论是职场还是校园、家庭生活中所无法获得的满足感与成就感。

从事这个行业获得的东西挺多的。首先是很大程度的工作生活自由。我目前的收入，其实和上班的同龄人没有差很多，每个文身师的选择不同，我选择了做一名独立文身师，所有事情都我自己来，没有去商业店铺工作，所以我的收入不是很稳定，但我享受这种状态。其次就是我能养活自己了，保证自己的温饱和一些娱乐开销。精神上的话，会一直有文身相关的快感成就感，有阶段性，毕竟也是一门技术，学习和进步是一直存在的。

付出的当然就是时间精力，但是这是一件自己喜欢的事，所以付出再多也无所谓。以前在学校学着自己不喜欢的东西，很痛苦，对自己真正的内心追求也不公平，所以我辍学了选择自己想要的生活，可能当时压力真的太大了，文身还挺能释放压力的。

——对文身师阿僧的访谈

文身是一件特别酷的事情，你每纹一个新的文身，你都感觉自己像是有了新的成长，焕然一新的感觉。而且在我们店里，都是按照客人要求原创的，保证你的图是独一无二的，因为很多人对这个很重视，毕竟是想要一辈子留在身上的东西，都希望它是最好的只属于自己的。所以阿僧最讨厌的就是抄袭别人设计的人。

——对文身学徒亮亮的访谈

社会的规训使人们的身份与自我价值内在化，此时身体外部的文身就具有公开抵抗并重塑自我价值的行为意义。这种自我尊重的加强，通过身体而

---

① 金晓魁：《大学生群体的文身与自我认同研究》，《长春师范大学学报》2019 年第 5 期。

外化，烙印在身体上的独一无二的痕迹成就了一个更与众不同的自己。同时，这种在身体上进行显著标记的行为将自己与主流社会分离开，差异化的体现使他们找到了自我"存在感"，找到在这个复杂的社会中能把自己和别人区分开来的特质。布尔迪厄认为"阶级意义上的身体"能够通过人们表现出的不同品位、外表、习惯和生活方式来进行区分，文身虽不至于划分阶级，但在某种程度上划分了群体、划分了品位，重构了自我认同与社会认同。与普通的服饰时尚不一样，永久性的文身标记，使人们可以固定自己的身份与价值，是自我价值的盖章声明。这种时间维度上的永存性使文身成为极具代表性的自我象征，而不仅仅是个体的附属品。

五、结语

随着社会快速的发展，这种速度、强度造成的压力与焦虑自然是由社会转型下的人们来承受。与中华传统刺青文化不同的现代文身文化，以一种新型亚文化的形式指引重压下的人们找寻到真正的自我出口。尽管被主流群体所区隔开，文身实践者并不像其他亚文化实践者会建构群体，这使得文身群体成为外界想象中的共同体。现代文身是一种主动的身体支配行为，反映了社会变迁下人们自我意识的强化后对于身份认同的迫切性。青年文身群体也正是通过文身这种身体雕刻与符号呈现来表达自我、寻求认同、反抗重压、重塑自我价值。他们以身体为支点，重新审视世界，重新面对来自社会方方面面的挑战。

八、新电影史书写

主持人语

近年来，在"重写电影史"旗帜下，中国电影史研究呈现欣欣向荣之象，关涉电影文本和电影作者的研究愈发成熟。与之同时，学界出现了一种新的研究趋势，研究重心从电影制作和影像文本转向了电影发行、放映及消费，电影院——社会、文化与经济的交互场域——是其核心研究对象。这一从文本转向语境的趋势在扩大中国电影史研究外延的同时，将作为学科的中国电影史研究推向了规范和纵深，亦使得"新电影史"作为中国电影史研究的新范式成为可能。

大体而言，这种新范式主要包括新视野、新材料、新方法、新理念和新路径五个层面的研究。

第一，"新电影史"研究扩大了电影史研究的视野。

第二，"新电影史"研究引入了之前被忽视的原始材料。

第三，"新电影史"研究促进了电影研究方法的多样性。

第四，"新电影史"以跨界融合为理念，注重跨学科、跨语际、跨文化研究。

第五，"新电影史"研究呈现出以实证为基础的微观史研究新路径。

总而言之，"新电影史"研究不仅能够帮助我们解决诸多悬而未决的问题，为重新检视电影文本提供更加充沛的动能，补充、丰富电影史研究的视野，而且能够促进中国电影史学界与国际电影史学同仁对话，加强自身与中国近现代史研究等人文社科之间的交流。

呈现给读者面前的三篇文章可以看作"新电影史"研究的一种尝试。李锦璐和薛峰的论文从跨学科的视角出发，将音乐与电影研究结合起来，考察琵琶这一传统乐器在国产电影如《金陵十三钗》《一封陌生女人的来信》《十面埋伏》中的应用，特别强调琵琶的循环通感、伏笔和反衬、预言和呐喊等功能。张莉、徐文明则利用明星研究的方法考察中国电影史中被尝试忽视的明星类型——小生。张莉、徐文明的论文对电影小生白云的研究也呼应了"打捞失踪人口"的学界号召。蒋怡婷的论文则从跨国视角出发，关注中国早期电影的海外境遇。该论文利用印度电影审查委员会的原始资料，考察中国电影在 20 世纪早期在印度地区的电影放映，以及印度电影审查机构禁映国产电影的情况，并以《风雨之夜》为例考察其禁映原因。

（浙大宁波理工学院传媒与设计学院副教授 付永春）

《秋林映月》 朱星雨作

影乐交融与通感共生：中国电影里的琵琶音乐

李锦璐　薛　峰*

（武汉大学艺术学院，湖北武汉，430072）

摘　要： 琵琶是极具中国民族特色的乐器之一，琵琶音乐被广泛运用到中国电影的配乐之中，其功能与特色可谓异彩纷呈。本文对不同曲风的琵琶音乐在中国类型电影中所产生的交融效果进行分析，认为琵琶音乐在电影中的循环运用不仅可以促成通感，也能对情感进行深层解构，琵琶音乐的田园风情在某种程度上能够反衬现实的残酷，而琵琶武曲更增添了中国武侠电影在"预言"和"呐喊"层面的独特魅力。琵琶音乐与电影制作的交融共生，从视听层面强化了中国电影作为一种民族艺术的集体文化想象。

关键词： 电影音乐；琵琶；影乐交融

电影自诞生以来，就与音乐结缘。在早期电影放映中，往往聘请当地的钢琴师和小提琴师，在电影放映的同时来演奏时下流行的曲调，在提升观众观影体验的同时，还对当时的无声电影有降噪功效。[①]那个时期的现场电影配乐还不能称作电影音乐，只是电影演出的重要组成部分。而电影音乐发展至今，越来越注重强调的是影乐交融。从20世纪直至今日，音乐在电影中的作用越来越重要。若没有电影音乐的辅助，无论是电影中的故事情节，还是人物形象的饱和度都会大打折扣。然而，中国电影音乐艺术在大多数情况下还未获得足够重视，很多中国电影中是没有特制的电影原声的，更谈不上主题

---

* 作者简介：李锦璐（1995—），女，山东德州人，武汉大学艺术学院研究生，研究方向：电影音乐。薛峰（1978—）男，湖北安陆人，武汉大学艺术学院副教授，研究方向：早期电影史，电影文化。

① 付龙：《音画的交响》，北京：中国传媒大学出版社，2017年，第30—31页。

音乐，而是将已有的音乐进行拼凑，这也造成了中国电影业在一定程度上的缺失。① 而在外国电影中，有许多众所周知的歌舞片经典作品，如《音乐之声》（The Sound Of Music，1965）、《芝加哥》（Chicago，2002）、《爱乐之城》（La La Land，2016）等等。毫无疑问，在此类型电影中，音乐的地位是举足轻重的，有些音乐甚至可以独立于电影之外成为经典。而在中国的歌舞片中，却难以找到音乐经典，就像当今在中国找不到一部能和《歌剧魅影》《悲惨世界》媲美的音乐剧一样，这与中西方文化差异密不可分，也与中西方对于音乐的重视程度存在一定的联系。

目前海内外关于中国电影音乐的研究，已有一些成果，主要表现为几个方面：杨凌分别从中国民歌、中国器乐以及中国戏曲三个方面论述了中国民族音乐在中国电影音乐中的运用和发展，在器乐部分对电影中琵琶乐的运用有简要提及，并指出中国电影音乐应该坚持走有中国特色的民族化创作道路。② 苏海鸣探讨了当代中国电影音乐的发展趋势，分析了在时代的变迁中，影响中国电影音乐的各类元素，并强调了需加强中国电影音乐理论体系建设以及人才的引进。③ 周晓云以中国武侠电影《十面埋伏》《功夫》和《卧虎藏龙》为例，探究发现琵琶曲在影片中的三个作用：深化主题、塑造人物性格以及渲染电影氛围。④ 李雪以电影《卧虎藏龙》为例，对影片中的主题曲以及插曲中民族音乐素材的运用进行了详细的分析，同时列举了《泰坦尼克号》《贫民窟的百万富翁》和《入殓师》等三部国外经典电影，并对其中经典电影音乐中民族元素的应用进行了简要介绍，再次论证了电影音乐的创作要以民族化为根基。⑤

在中国这样一个有着悠久历史的文明大国，如何在影视业中发扬优秀传统文化，把中国文化推向世界，是当今影视业需要思考的一个问题。将中国国粹京剧运用于电影之中的《霸王别姬》就是一个成功的案例。作为电影艺术的一个分支，中国电影音乐艺术的创作也可以民族素材为源头，根据不同的需求循序渐进地加入其他元素，从而形成多元化趋势。琵琶作为最具民族特色的乐器之一，被广泛运用到电影配乐中，它带有浓厚的中华民族文化特

① 李雪：《民族音乐素材是电影音乐创作之根》，硕士学位论文，辽宁师范大学，2013年。
② 杨凌：《谈民族音乐在中国电影音乐中的运用》，《北京电子科技学院学报》2006年第3期。
③ 苏海鸣：《当代中国电影音乐发展现状》，《电影文学》2019年第3期。
④ 周晓云：《四弦千遍语，一曲万重情——谈琵琶曲在中国新武侠电影音乐中的应用》，《吉林艺术学院学报》2005年第4期。
⑤ 李雪：《民族音乐素材是电影音乐创作之根》，硕士学位论文，辽宁师范大学，2013年。

色，是一种民族符号，可以引发强烈的民族认同心理。琵琶曲有文武之分，可缓可急，可柔可刚，能够运用到各种类型的电影之中。琵琶作为我国民族弹拨乐器之一，相传已有 2000 多年历史。琵琶本名"批把"，这个名称是由它的演奏技法而来的，"琵"对应着演奏技法中的弹弦，而"琶"对应着演奏技法中的挑弦。① 琵琶的音域为 A-e3，分为高、中、低三个音区。三个音区结合起来可以演奏出弹奏者想表达出的任何情感：或柔和轻盈，或坚定刚毅；或轻快明朗，或悲伤沉痛。正如白居易的《琵琶行》中所描述的："大弦嘈嘈如急雨，小弦切切如私语，嘈嘈切切错杂弹，大珠小珠落玉盘……银瓶乍破水浆迸，铁骑突出刀枪鸣。曲终收拨当心画，四弦一声如裂帛。"这并非诗人言过其实，而是琵琶名副其实的演奏效果。在诗句中也可以读出琵琶的演奏表达情感多样，即琵琶技法有文弹和武弹之分，琵琶曲有文曲和武曲之分。

　　电影音乐艺术的一个特性在于其据画面的需要而制成，从而将音乐影像化。电影中的故事情节是视觉的感官，音乐是听觉的感官，二者在电影这门艺术中高度融合，相辅相成。每一首音乐在每个人心中所产生的情感都是不一样的，而电影中的画面所起到的引导作用可以将大家的情感向一个共同点去延伸，这就是音画结合的魅力所在。电影音乐可以升华电影本身的感染力，它可以带领观众情不自禁地与情节产生共情，反复出现的旋律会在观众的大脑中定格，每当出现这段旋律，观众的大脑中都会浮现特定的画面，从而提高观众的观影效果。

　　一、伏笔与反衬：琵琶意象与琵琶曲的映射

　　张艺谋的《金陵十三钗》是以 1937 年的南京大屠杀为背景，描述了在中国南京的教堂中女学生、青楼女子、中国军人以及冒充神父的美国人等四类人在抉择生死的面前一幕幕令人赞叹的故事。这部影片引导观众回忆这段悲痛历史，赞扬了人性的伟大，具有强烈的民族认同感。影片的配乐制作由陈其钢担任，他在世界音乐舞台上极为活跃，其作品曾斩多项国际大奖。② 陈其钢主要为《金陵十三钗》创作了两部分音乐，第一部分是以小提琴为主要旋律声部的爱与拯救主题，描写男女主人公之间的情愫以及对女学生们的关爱

---

　　① 程天健：《中国民族音乐概论（文字部分）》，上海：上海音乐学院出版社，2004 年，第 251 页

　　② 陈其钢：《陈其钢访谈合集》，2018 年 7 月 28 日，https://b23.tv/VsF4YL，2020 年 6 月 28 日。

与拯救；第二部分为具象征意义歌颂女性的琵琶曲《秦淮景》。两部分主题特征鲜明，分工明确，各自服务于影片的故事场景需要。无论是在爱情主题中运用小提琴来演奏具有中国调式色彩的音乐，还是在配乐中运用琵琶、二胡等中国民族器乐，都体现了中西方音乐的融合，呼应了故事发生的背景与不同文化之间的碰撞。① 而说到电影配乐中西方的融合，就不能不提到谭盾《卧虎藏龙》中的配乐，在大提琴主奏旋律下，他将中国民族弹拨乐器、吹管乐器、拉弦乐器以及打击乐器均应用于其中，每种乐器之间各司其职相互配合，不仅旋律动人，在音画结合方面也十分到位。

在《金陵十三钗》第一部分爱情主题的电影配乐中，音乐在还未进入正片时，伴随着介绍演职人员的以纯黑色为背景的白色字体缓缓响起，片头曲爱情主题第一次出现。此时爱情主题的配乐形式以低音弦乐为主，合唱与交响乐为其铺垫，其中穿插女高音以复调形式与弦乐进行对位和模仿，此时的音乐与画面上的黑纸白字相结合，将冷色调、悲而沉重的气氛烘托了出来。主题部分为小提琴独奏，其他音乐协奏的形式。其音乐结构为引子 +A 段（a+b）+A'（b'）的典型再现型曲式结构。提琴对于情绪的撩拨是不间断的，小提琴在交响乐中更是往往作为旋律声部出现，它的这种声音特性也更容易与观众引起共鸣。带有中国调性色彩音乐在小提琴的演奏下扣人心弦，令人不觉回味起著名小提琴协奏曲《梁祝》。《金陵十三钗》中的爱情主题与其一样，随着故事情节的不断发展，将男女主人公的内心世界诉说得愈加清晰，为观众诉说着他们彼此和女学生之间爱与拯救的故事，直击电影主题。爱情主题音乐在影片中出现了 8 次，而每次出现都带有一定的变化，大部分都以变调的形式存在，从此可见作曲家陈其钢讲究对音乐的"咬文嚼字"。除爱情主题的电影配乐之外，作曲家陈其钢根据当时南京的民间小调以及影片情节需要创作的《秦淮景》贯穿了整部电影，是整部电影的线索。《秦淮景》是陈其钢先生根据民歌小调《无锡景》改编而来的，他将苏州评弹与琵琶曲结合在了一起，使《秦淮景》变得更加细腻柔软。② 琵琶本身与中国女性从古至今都有着千丝万缕的关系，很多影视作品将琵琶或作为某种意象或作为女性专属乐器出现。琵琶作为《金陵十三钗》中的一种音乐形象，衬托出秦淮河女性的个性特征。在谱例 1 中可以看出，此曲旋律变化丰富婉转，节奏鲜明，

①　袁邈桐：《国破山河在——金陵十三钗电影音乐浅析》，《中国音乐》2014 年第 2 期。
②　陈其钢：《陈其钢访谈合集》，2018 年 7 月 28 日，https://b23.tv/VsF4YL，2020 年 6 月 28 日。

影乐交融与通感共生：中国电影里的琵琶音乐　　·323·

较多运用附点节奏和切分节奏，富有动力感，是各乐句之间功能清晰的对应式结构，具有典型的民间小调的特征。

（35̇ 7·6 5356 | 1̇6̇1̇ 2535̇ | 1̇ -）| 665 62 | 1·2̇1̇6 5 | 61̇ 1̇656 | 1̇ - |
　　　　　　　　　　　　　　　　我有　一段　情　呀，唱给　诸公　听，

1̇ 1̇ 2 | 3·2 3·2 | 1·3 2̇1̇ | 61̇ 5 | 6·165 3 | 1̇1̇ 02 | 6·1̇ 5 |
诸公　各　位　静呀　静静　心　呀，让我　来唱一　支秦　淮

6·165 353 | 55 601 | 5653 2̇ | 355 52 | 3·532 1̇2̇1̇ |（776 5356 |
景　呀，细细呀　道　来　唱拨拉　诸公　听　呀。

1̇6̇1̇ 2535̇ | 1̇ -）| 665 62 | 1·2̇1̇6 5 | 61̇ 1̇656 | 1̇ - | 1̇ 1̇ 2 | 3·2 3·2 |
秦淮　缓缓　流　呀　盘古　到如　今，江南　锦　绣

1·3 2̇1̇ | 61̇ 5 | 6·165 3 | 1̇1̇ 02 | 6·1̇ 5 | 6·165 353 | 55 601 |
金陵　风雅　情　呀，瞻园　里堂阔　宇深　深　呀，白鹭　洲

5653 2̇ | 35 52 | 3·532 21 · ‖
水　涟　涟　世外桃　源　呀

谱例 1 　《秦淮景》

　　琵琶在电影开始 2 分钟时就出现了，奔跑逃亡的女学生们与坐在马车上的青楼女子们擦肩而过。此时青楼女子们在逃亡中忧心忡忡，此时给了琵琶一个慢镜头的特写，由女人抱着的琵琶三根弦依次（从四弦至二弦）被绷断却无人察觉，此时音效也为三根琴弦被崩断的沙哑空弦声，D 调的低音 5、1、2。琵琶在这里作为一种意象，预示当时的南京已不堪一击，伤亡无数，同时将女学生和青楼女子联系到了一起，同时为后面故事情节中豆蔻冒死寻琴弦埋下了伏笔。

　　而琵琶曲的第一次出现是在电影第 24 分时，随着青楼女子们强行进入教堂，音乐响起，这也是女学生们第二次见到妓女们。这时，在琵琶曲的映衬下，电影以第一人称首次介绍秦淮河女人。随着镜头的放慢，身姿妖娆的妓女们踏着婀娜的步伐进入教堂，她们的欢声一片与影片开头的硝烟战火形成鲜明对比，仿佛进入了教堂便是进入了安全区。琵琶曲在这里深化了主题，衬托了秦淮河女人的形象。第二次响起琵琶曲是在第 38 分，安宁悠扬的琵琶

声响起，反衬了镜头中玉墨与伪神父、女学生与秦淮河女子的不和谐画面。
当卑鄙的日本人凌辱女学生时，琵琶声幽幽响起，教堂一片凌乱，女学生们
在日本人的追逐凌辱下衣衫不整，其中一个女学生坠楼而死，此刻的琵琶声
在寂静中痛斥着日本人的恶行。影片中第一次出现妓女弹琵琶的镜头是在 1
小时 5 分钟时，豆蔻用仅剩的一根琴弦为浦生弹琵琶，悠悠的琴声在豆蔻和
浦生二人的对话中响起，此时的琴声掺杂着一丝幽怨哀愁，豆蔻的想法与浦
生的现实情况格格不入，或许豆蔻早知浦生没有多长时日，只想让他在剩下
的时光里感受到温暖与快乐。后来在神父发现豆蔻时，她已被残忍杀害，沾
满血的琴弦落在地上。豆蔻为了给弟弟弹琴，冒着生命危险去寻找琴弦，琴
弦找到了，自己却葬身"火海"。此时的琵琶声是凄凉而又愤恨的，此时运用
了降调演奏，没有使用轮指以及任何修饰指法，全程弹挑，在一片压抑中将
观众们的悲愤情绪烘托到极点。衬托出在残忍的日本人面前，手无缚鸡之力
的中国人的无力，只能任人宰割。《秦淮景》琵琶曲的最后一次响起是在秦淮
河女人们决定代替女学生去献身时，在玉墨的弹奏下，所有妓女一起唱《秦
淮河》。伴着细腻绵柔的歌唱声，镜头下是 12 位女子的婀娜身姿，她们挥摆
着手臂，摇曳着身段，在此时她们的脸上没有丝毫畏惧的神情，但面临她们
的却是残酷而又凄惨的命运。此时响起的《秦淮河》再次深化了主题，也预
示了故事的结局，为最终没有讲述的秦淮河女人的命运留下了线索。

　　总体而言，琵琶音乐在《金陵十三钗》中成为一种无可替代的艺术形象。
琵琶曲与秦淮河女人的命运紧紧联系在了一起，贯穿了整部电影的首尾，已
在观众的脑海中留下深深的印记。每当琵琶声响起，观众大脑中浮现的与荧
幕中展现的，都是秦淮河女人的身姿，乐曲轻松洒脱的旋律映射了秦淮河女
人看透命运的心理，更加反衬了南京大屠杀现实的恐怖与残酷。

二、琵琶音乐的循环通感与情感解构

　　在徐静蕾导演的《一个陌生女人的来信》中，那段空灵、温暖的《琵琶
语》，在观影结束后依旧余音绕梁。与《金陵十三钗》不同的是，这部影片的
主题曲并非原创音乐，而是导演徐静蕾移用了作曲家林海的新民乐作品《琵
琶语》。徐静蕾选用以琵琶作为主奏乐器的乐曲作为电影的主题音乐，伴随着
影片中的主人公的一生，可以说恰到好处，在表达女性柔软细腻的内心世界
方面，琵琶的音色是无可替代的。林海是一位"新世纪音乐人物"，他自幼学
习钢琴，却没有止步于钢琴，而是在音乐这门广泛的领域中畅游，他对中国

民乐尤为热爱，并涉猎古典、现代、爵士等多种音乐类型。①《琵琶语》收录于林海的专辑《琵琶相》中，这首作品由琵琶、钢琴、铜铃、弦乐、竹笛等多种乐器，以及后半部分的女声哼唱构成了一个拥有多层音乐织体的复调体系。当琵琶为主旋律声部时，只运用了"弹挑"演奏指法，此时有弦乐、竹笛等其他乐器对主旋律进行模进式的自由对位。当钢琴演奏主旋律时，琵琶运用"轮指"指法与钢琴进行对位（见谱例2）。这首作品的简单旋律线在几种乐器的配合之下，仿佛是一个独白者沉浸在内心的世界里，喃喃自语，撩人心魄。

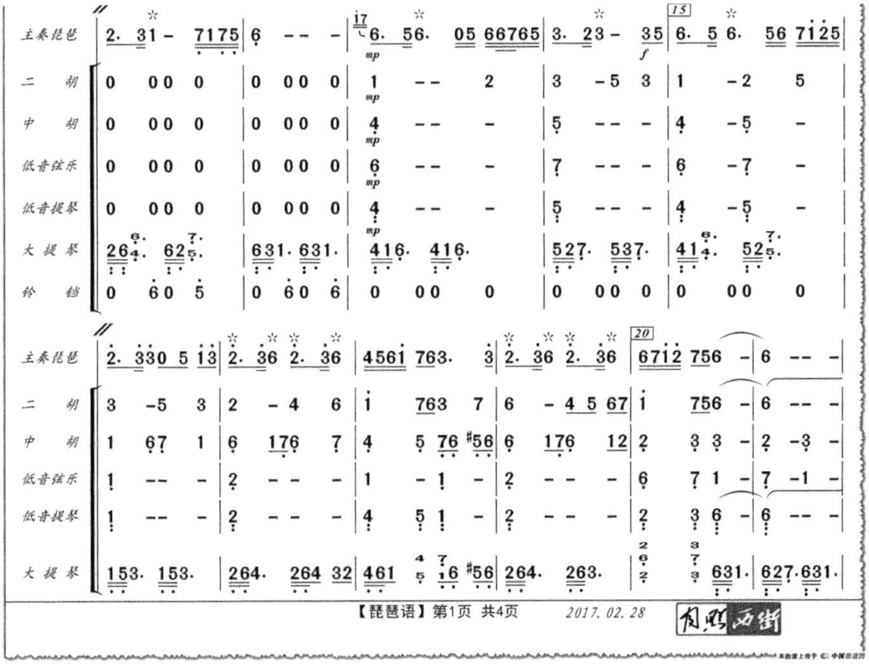

谱例 2　《琵琶语》

来源：搜谱网 http://www.sooopu.com/html/?id=333283

人们听同一首音乐作品，所产生的情感不尽相同。但在电影故事情节的辅助下，当音乐作品反复循环出现之时，观众所产生的情感就会向同一个方向延伸而产生通感，而剧中音乐更对影片的情感进行解构。《琵琶语》在影片中一直以客观音乐的形式存在，共出现四次。第一次和最后一次分别是在故事的开

---

① 解芳：《风从东方来——林海音乐作品的美学价值分析》，《兰州文理学院学报（社会科学版）》2018 年第 3 期。

头和结尾，影片伴随着《琵琶语》开始，亦随之结束。在电影的开头还没出现画面时音乐声已响起，首先给观众们带来听觉感受，随后镜头落在一封封正在盖邮戳的信上，点映了题目中的"信"，也预示着这陌生女人的信将会送到男主角的手中。由于音乐是不存在形体的，它不占据视觉上的空间，却能大幅度扩充有限视觉范围画面的表现力。导演将《琵琶语》用到此处奠基了整部影片的感情基调，《琵琶语》如女子般柔情似水，在本部电影中以无声胜有声。

《琵琶语》的第二次出现是在影片中女孩因被迫穿上了带有补丁的衣服，而匆匆跑出院外时，与男主角作者撞了个满怀。就在这一秒，女孩爱上了这位中年作者，也就在这一秒，琵琶声悠悠响起。"世界上任何东西都比不上孩子暗地里悄悄所怀的爱情，因为这种爱情如此希望渺茫，曲意逢迎，卑躬屈节，低声下气，热情奔放。"[1]女孩爱上作家的原因在电影中没有描述，留给观众们自己猜想，也许是女孩望尘莫及的那一片书海，又或是作家的一抹微笑、一个眼神。这里以《琵琶语》作为背景音乐，将少女时期的女孩那种情窦初开，内心小鹿乱撞表现得淋漓尽致。

《琵琶语》的第三次响起是在女孩被迫要随母亲离开这个四合院时。女孩在作家门前等了一夜，也许是想与作家道别，又或是只想再见他一面。而她半夜等来的却是作家怀抱着其他女子走进院子，两人有说有笑地走入家门。此时响起的《琵琶语》在节奏速度上稍做了变化，与少女将要离别的不舍和离别前看到的这一幕融为一体，表达了一丝孩童时期的失落感。六年后的女孩如愿回到了那个令她向往了六年的地方，也终于和作家有了一丝关联，而女孩迫不及待的付出换来的却是作家的一次次的遗忘。作家从没记起过她，哪怕六年后的她和作家有过肌肤之亲，甚至有了孩子。八年过去后，在作家眼里，她仍是一位陌生女子。

在影片的结尾，当镜头放在空空的花瓶上时，《琵琶语》最后一次响起。此时的作家已经读完了这封信，又是一年生辰，花瓶落寞地待在角落，再也没有那一束白玫瑰来装饰它。作家拿着信直直地穿过屋子，呆呆地走到门前，镜头以第一视角缓缓放到女孩原来住的地方，女孩最初的身影出现在镜头前。也许直至这一刻，作家才感到真正的孤独，也许直至这一刻，作家的记忆中才隐隐浮现出这位女子。此时独白结束，再也没有任何对话。对于作家的此

---

① [奥] 斯蒂芬·茨威格：《一个陌生女人的来信》，上海：上海译文出版社，2012 年，第17—18 页。

刻心境，也没有任何语言的解释，只有《琵琶语》娓娓道来诉说着这一切，留给人们无限的畅想和回味。①《琵琶语》中虽然没有任何"语"，却能将男人女人之间的种种心愫表达到极致，以无声胜有声，引观众陷入无限的遐想中，这就是电影音乐的魅力。

三、琵琶武曲在武侠电影中的预言与呐喊

正如古代有文人武士之分，琵琶曲也有文曲、武曲之别。文曲，字面意思就可以感受到它所表达的曲风特点。在音画同位的手法上，文曲可以用柔美舒缓的曲调来表达女性闭月羞花的外表与柔情似水的内心；在音画对位的手法上，它又可以用静谧悠扬的田园风曲调来反衬现实的残酷。上述电影中所运用到的琵琶乐均为文曲弹法，并且在指法的运用上，除了琵琶文曲里左手最典型的四种指法"推""拉""吟"和"揉"外，右手只用了"弹挑"和"轮指"两种。然而琵琶的演奏技法中，左手技法有二三十种，右手则高达五六十种，这些指法在运用到影视剧作品里的琵琶武曲中多有体现。

提到武曲，著名传统琵琶曲《十面埋伏》和《霸王卸甲》可谓家喻户晓，两曲都取材于楚汉相争的垓下之战。不一样的是《十面埋伏》的主角是刘邦，全曲主要描述汉军的胜利的过程，而《霸王卸甲》的主角是项羽，表达了楚霸王惨败自刎乌江的悲怆之情。两曲的开头部分就预示了故事的结局，《十面埋伏》从高音区的连续扫拂开始，气势浩荡，表现了汉军必胜的决心。而《霸王卸甲》从低音区的滑弦开始，情绪低沉萎靡，宣告了楚霸王的失败。② 在两曲中常用的技法"扫""夹扫"与"扫拂"是武曲中最典型的弹奏技法。武曲中这三种弹奏技法是右手弹奏中音量最大的，具有强烈的爆发力与穿透力。这两首著名琵琶曲中的多个旋律片段被广泛运用到中国武侠电影中。其中就有两部分别引用上述两首琵琶曲名的电影《十面埋伏》与《见龙卸甲》，这两部影片的片名不仅在字面意思上涵盖了整部电影的主题，同时在主客观音乐的运用上也将《十面埋伏》与《霸王卸甲》的主奏乐器琵琶融入其中。两部影片的开头的配乐中分别运用了琵琶曲《十面埋伏》的第一段"列营"片段与《霸王卸甲》的第一段"营鼓"片段。前者预示了影片的谍影重重，后者

① 刘雪蕊：《电影音乐〈琵琶语〉在〈一个陌生女人的来信〉中的运用》，《戏剧之家》2017年第20期。
② 王琳琳：《琵琶武曲〈十面埋伏〉与〈霸王卸甲〉的异同辨析》，《黄河之声》2017年第8期。

宣告了赵子龙最终卸甲失败的结局。

担任影片《十面埋伏》作曲的是日本作曲家梅林茂，2000 年他曾为王家卫导演的《花样年华》作曲，相信那段扣人心弦的三拍子圆舞曲旋律至今印刻在每个观众的心中。每当这个旋律响起，映入脑海的便是张曼玉和梁朝伟在影片中的暧昧情愫。由梅林茂作曲的 *Yumeji's Theme* 原本出自日本导演铃木清顺的电影《梦二》，后王家卫将这首音乐挪用于影片《花样年华》中，梅林茂为其将 *Yumeji's Theme* 改编为加长版。导演王家卫十分喜爱这首音乐，在他之后导演的作品《蓝莓之夜》中，又请了另外一位作曲家千原月（Chikara Tsuzuki）将 *Yumeji's Theme* 二度改编为由吉他和口琴主奏的爵士色彩的音乐，用于影片之中。对于《花样年华》这种后现代文艺电影，人物的心理状态大于故事情节，音乐的情绪表达能力要比言语强很多，对于刻画人物的内心变化来说，音乐更加重要。这部音乐作品在为影片增色的同时，也让梅林茂在国际上获得了更大的认可，他之后也陆续与中国各大导演合作。张艺谋所导演的《满城尽带黄金甲》《十面埋伏》都是由梅林茂作曲。①

在电影《十面埋伏》开头，琵琶曲的第一段"列营"中的旋律已经出现：

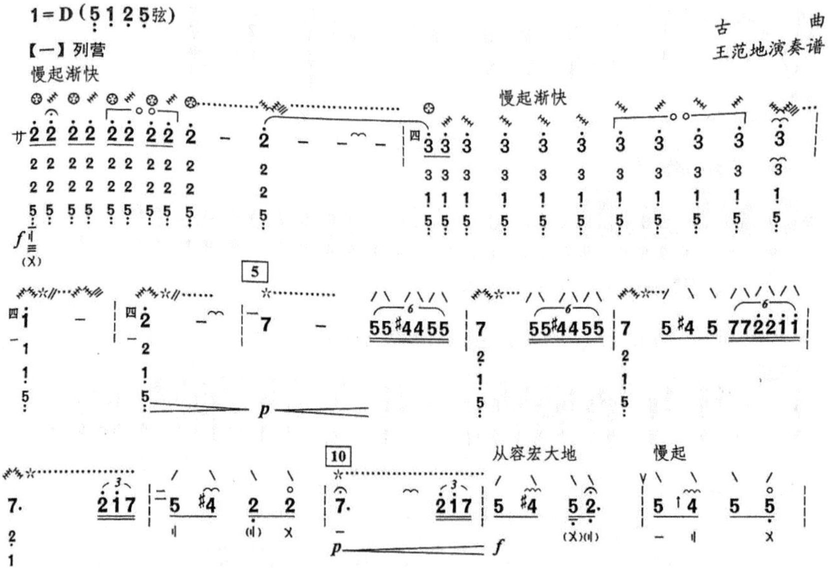

谱例 3 《十面埋伏》第一段"列营"

来源：王超慧编，《琵琶名曲教程》，北京：金盾出版社，2015 年，第 49 页

---

① 槛上人：《音乐人 OST/ 日本梅林茂》，2009 年 8 月 18 日，https://www.douban.com/doulist/273634/?dt_dapp=1，2020 年 6 月 28 日。

　　这里的琵琶曲与上述的两部电影又有所不同，在电影中传统的琵琶演奏被电子音乐所代替，[①]给人们带来了新奇的听觉感受。"列营"的第二次出现则是在金捕头被捕后小妹出现之时，伴随着《十面埋伏》的旋律，真相慢慢浮出水面。金捕头得知小妹并非飞刀门帮主之女，也更非盲人，而"大姐"也并非大姐。看着自己与刘捕头以及自己的弟兄们全军覆没，飞刀门却毫发无伤，才知道自己中了埋伏，彻底输掉了这盘棋。此时刘捕头是万念俱灰，悔恨交加的。而这时也得知，原来刘捕头竟是飞刀门的卧底。层层埋伏一同朝向金捕头，从一开始，金捕头就注定陷入这十面埋伏之中。琵琶曲《十面埋伏》运用在此处可谓恰到好处，先是引出了小妹的真实身份，后又与金捕头复杂的处境融为一体，渲染了紧张、四面楚歌的气氛。电影运用了完美的音画对接的方式，大大增强了观影效果。

　　琵琶曲《十面埋伏》中最震撼人心的呐喊一段，运用了"扫""夹扫""扫拂"等弹奏技法：

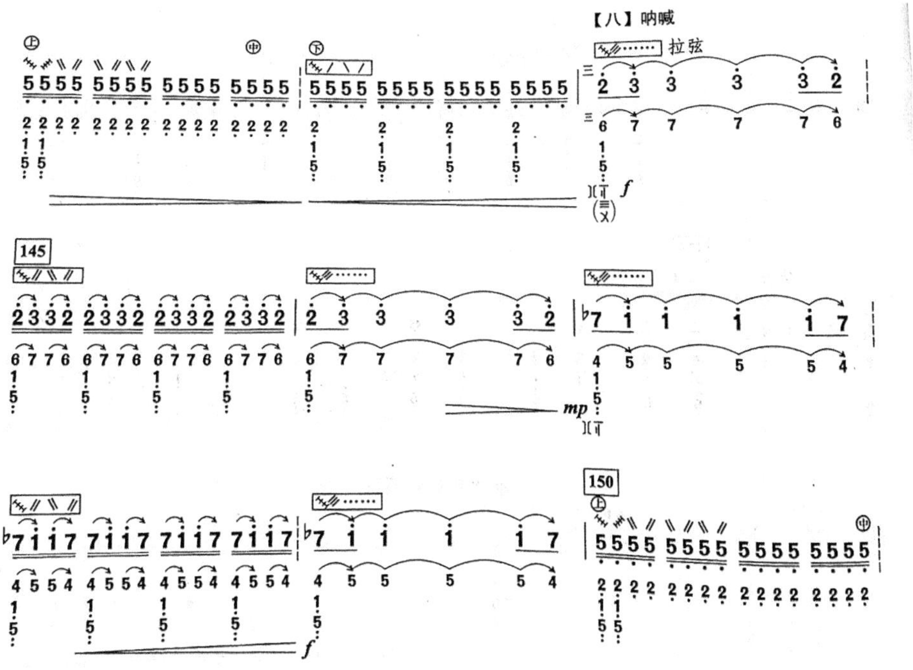

谱例 4　《十面埋伏》第八段 "呐喊"

　　来源：王超慧编，《琵琶名曲教程》，第 54 页

---

① 韦玲玲：《电子音乐在电影音乐中的使用》，《电影文学》2009 第 12 期。

紧促的扫拂手法与推拉弦、吟揉配合，制造出浩荡而尖锐的声效。呈现出一幅争战沙场、刀光剑影、一片厮杀的景象。呐喊声、马叫声、刀剑出鞘声混为一片，使听者仿佛身临其境，处于这浩大的战事之中。"扫""夹扫"与"扫拂"也是武曲中最典型的技法。①尤需注意的是，"呐喊"这段旋律元素同样存在于很多中国武侠电影中，来表现金戈铁马的厮杀战场。如李仁港导演的《见龙卸甲》与《鸿门宴传奇》。在《见龙卸甲》曹蜀交战的标题音乐《凤鸣山》之中，作曲家将琵琶曲《十面埋伏》中的"列营"和"呐喊"片段改编融合在一起，由曹婴弹奏，来壮大曹方将士们的气势。在《鸿门宴传奇》中，这段旋律则运用在范增和张良对弈棋局的情境中，用来表现棋局如战场的紧张气氛。

《鸿门宴传奇》与《见龙卸甲》这两部由历史演绎的电影在故事情节上与琵琶曲《霸王卸甲》相吻合，运用更多的则是琵琶曲《霸王卸甲》中的元素，如《霸王卸甲》中的"楚歌"片段元素在两部电影中均有运用——《见龙卸甲》中曹婴弹奏的《四面蜀歌》直接改编引用了《四面楚歌》所起到的涣散军心、不攻自破的作用；而在影片《鸿门宴传奇》中，琵琶则是整部影片的线索，虞姬弹唱的《楚歌》将刘邦、项羽和虞姬之间的人物关系串联在了一起，同时也歌颂了虞姬和项羽的凄美爱情。

琵琶音乐作为中华民族的一种艺术类型和文化符号，能够体现并传播一种集体文化想象。将琵琶音乐融入电影，对于描绘人物心理、渲染情节气氛和预示影片主题有着不可替代的地位，其变幻无穷的演奏技法可以应用在各种类型的电影中。与琵琶一样，中国其他传统民族管弦乐器如二胡、笛子和古筝等，其在中国电影中的配乐及配曲运用，也同样值得探讨。以中华民族乐器为基础的电影配乐和配曲，虽然常常在电影研究中处于被忽视的地位，但它们无论是在观众的观影过程中，还是在中国电影产业的发展历程中，皆意义深远。

---

① 林石城：《琵琶指法与表演之窥见》，《中央音乐学院学报》1996年第1期。

电影小生白云与"孤岛"时期中国电影男明星的类型塑造实践

张　莉　徐文明*

（上海大学上海电影学院，上海，200072）

摘　要："孤岛"时期（1937—1942）的商业电影发展呈现出异常繁荣的景象，催生了一批不同于前一阶段的明星。这一时期，从南洋归来的青年白云凭借漂亮的面容、性感的气质迅速走红，演出了多部成功的古装电影，成为首屈一指的明星。本文以白云为研究对象，通过史论结合的方法，分析"孤岛"时期白云明星形象的类型塑造，以此展示"孤岛"时期电影生态的一个侧面，并折射中国电影明星塑造的时代变迁及多样化发展历程。

关键词："孤岛"；古装片；白云；男明星

早期中国影坛群星闪耀。除王汉伦、张织云、杨耐梅、胡蝶、阮玲玉、黎莉莉、陈云裳等星光熠熠的女明星外，早期中国影坛还涌现出极具特色的小生群体。从朱飞、王元龙、孙敏、龚稼农到高占非、赵丹，各具特色的小生照耀了中国影坛的灿烂星河。长期以来，国内外学者对早期中国电影女明星投入了相当多的关注目光，相关研究成果层出不穷。相对而言，国内外学者对早期中国电影男明星的研究则较为缺乏，一些曾在早期中国电影发展过程中产生较大影响的男明星尚未获得足够重视。崛起于"孤岛"时期、在"孤岛"演出过众多影片并具有较大社会影响力的小生白云就是长期被影史研究忽略的人物。

---

*　作者简介：张莉（1995—），女，江西赣州人，上海大学上海电影学院电影学硕士研究生，研究方向：电影史。徐文明（1975—），男，山东淄博人，上海大学上海电影学院副教授，研究方向：电影史。

一、性感小生的强势崛起

八·一三淞沪会战后，从 1937 年 11 月 12 日至 1941 年 12 月 8 日太平洋战争爆发，上海苏州河以南的法租界和公共租界，成为偏安一隅的"孤岛"。在战争阴霾的笼罩下，"孤岛"经历了短暂的低迷，随着资金和难民的大量涌入，"孤岛"的经济迅速复活，电影界接连出现古装片、时装片的摄制高潮，整个"孤岛"时期共产出两百多部影片，成为中国电影史上一道独特的奇观。

淞沪会战后，赵丹、施超等一批男星纷纷离开上海投身大后方，造成上海电影小生人才断档严重。"上海能够独当一面的，实在不易多见"，[①]影坛小生的缺乏为新星的升起提供了绝佳时机，白云就在这种时代语境中强势崛起。

白云原名杨维汉，是华侨的后裔，因祖母是德国人，故而俊美的外形还带有欧化气质。白云 1918 年出生于美国夏威夷，在新加坡度过了少年时光，十几岁时便离开南洋回到祖国，辗转香港、上海、北平各地学习，能说流利的国语、粤语和英语。从影前的白云已展现出对戏剧的爱好与表演天赋，淞沪会战后他赶赴南京参加抗日救国组织，南京失守后，辗转到西北做宣传工作，曾与中国旅行剧团的戴涯等人在乡村演出话剧。之后，白云前往汉口，遇到田汉和史东山二人。史东山非常看好白云的前途，推荐他去香港拍戏。白云加入香港的电影公司后，出演了《舞台春色》和《春情烈火》等电影中的一些角色，也是在这一时期，他将本名杨维汉改为艺名罗汉，[②]后又改为白云。彼时香港影坛人才济济，小生人才更是分外充沛，吴楚帆、邝山笑等青春小生广受欢迎，因此，白云在香港影坛并未占据头牌位置。为应对"孤岛"时期的演员荒，新华公司老板张善琨在 1938 年秋赴港物色演员，在记者沈秋雁的介绍下，张善琨结识了白云。张善琨对白云独特的气质、俊美的形象以及能说流利国语的语言优势非常满意，于是力邀白云加入新华公司。张善琨此行到港成果颇丰，除物色到白云之外，还发掘了年轻的女演员陈云裳。1939 年春，白云离港抵沪，本拟在上海大干一番事业，不料却与张善琨发生矛盾，与新华公司所定的合同也因此取消。一波三折后，白云被此时效力国华公司的老牌导演张石川看中，加入了柳氏兄弟开办的国华公司，并在短期内迅速跃升为"孤岛"时期最炙手可热的男明星。

白云在"孤岛"时期强势崛起绝非偶然。香港导演李翰祥在其追忆从影

①　吴茜：《影坛新人——白云》，《申报》1939 年 6 月 8 日（第 18 版）。

②　佚名：《东方范伦铁诺——白云》，《金城月刊》1939 年第 3 期。

生涯的《三十年细说从头》一书中，曾如是评价白云："中国电影有史至今，真正配得上称'风流小生'的，恐怕非白云莫属了。长相是长相，个头是个头，神采奕奕，风度翩翩，衣着举止，潇洒飘逸，内涵外表，无一不佳。所以，当年能红透全中国，绝非偶然。"[1]导演吴村在"孤岛"时期曾与白云多次合作，他在评价白云时也直言不讳地说："面孔漂亮得来，一举一动，邪气潇洒，做起戏来，生动活泼，一副风流的样子，道道地地是一个多情的种子，是一位性感小生。"[2]正如李翰祥、吴村所言，白云容貌俊美，多才多艺；夏威夷和新加坡的成长经历，在香港等地拍戏的历练，使白云能说流利的普通话、粤语和英语；加上较高的文化修养和天然的混血特征，使白云身上凝聚了东西并融、多情性感的独特气质，也使他具备了成为电影男明星，在众多影人中脱颖而出的独特优势。

将白云置于整个中国电影小生发展的坐标系考察，他也是一位相当独特的影人。白云显然不具备 30 年代影星金焰粗犷阳刚的硬派气质，也不同于文艺青年赵丹热情奔放、活力四射的青春气质，他代表着一类容貌俊逸，兼具阴柔、美貌、性感与多情等气质于一身的男明星类型。纵观中国电影史，具有此类气质的男明星当属 20 世纪 20 年代的红小生朱飞。默片时代的朱飞在中国影坛以容貌俊逸、气质优雅、风流多情著称，曾在明星影片公司主演《空谷兰》《白云塔》等多部影片，红极一时。白云与前辈朱飞的气质和经历颇有些相似，二人都属多情小生类型，且均由张石川提携、拍摄了多部带有典型张石川趣味——处处为兴趣是尚，以冀博人一璨[3]——的影片。

"孤岛"时期，"孤岛"内看似一派歌舞升平，但实则笼罩在浓重的战争阴云之中。面对战争的阴霾以及不确定的未来，电影成为生活在"孤岛"中市民苦闷生活的一剂安慰剂。于是，取材中国古代历史、传说的古装片，反映男女情感纠葛的通俗言情片应运而生，广受市民欢迎。白云在国华公司演出的多是此类古装、言情类通俗影片。影片创作者最大限度发挥白云的独特气质，安排其演出一系列古装风流才子、时装多情小生的角色类型，他在国华公司拍摄的第一部影片《红粉飘零》便一举成功。白云多情优雅的性感气质征服了观众，由此走红影坛。此后，白云又参演了《夜明珠》、《七重天》、

　　①　李翰祥：《三十年细说从头》，北京：北京联合出版公司，2017 年，第 33 页。
　　②　佚名：《两个性感人物：英俊小生白云　著名导演吴村》，《电影日报》1940 年 11 月 20日（第 4 版）。
　　③　张石川：《敬告读者》，《晨星》1922 年第 1 期。

《新地狱》、《红杏出墙记》（上下集）、《惜分飞》等一系列电影，国华公司更是安排白云和周璇多次合作，二人共同主演了《三笑》《天涯歌女》《西厢记》《解语花》《恼人春色》等片，是当时公认的银幕情侣，白云也当仁不让地成为国华公司的台柱小生。他在"孤岛"时期演出的作品大多具有一定水准，因此时人评价道："他不但面孔异常漂亮，而且演技也还算好。"① 他和周璇合作演出的《西厢记》《三笑》等古装歌唱片，不仅获得了上海观众的喜爱，而且还发行到了南洋新加坡等地，深受当地华侨观众欢迎。

二、明星个人特质与银幕表演

理查德·戴尔在论述明星与银幕角色的关系时，曾提出"匹配"的概念，② 即明星形象与他所扮演的人物特征是否吻合以及吻合程度的高低。好莱坞明星制的成功，关键一点即在于善于制造类型化的明星，为某一类型的明星开发专门的剧本以充分展示他们的明星魅力，"如果演员和影片主角不能有机结合，就不会产生明星"③。国华公司在白云性感明星形象塑造中，成功将白云的个人魅力和角色进行"匹配"，为白云安排的角色充分发挥了白云性感的个人气质，将其英俊的容貌、阴柔多情的表演缝合入才子佳人式的故事叙述中，成功实现了明星气质和角色的结合。

1940 年上映的古装片《西厢记》是体现国华公司明星匹配策略的代表性作品。影片由范烟桥编剧、张石川导演，是传统的"才子佳人"爱情故事的一次银幕书写。白云在这部影片中扮演风流才子张生。《西厢记》上映时，《金城月刊》在 1940 年第 11 期以整版篇幅刊登白云的照片，照片中的他笑容灿烂，摩登意味十足。照片还配以如下文字："多么英俊潇洒，以英俊潇洒的巨星来担任张生，当然登峰造极了。"不仅国华公司开动宣传机器宣传突出白云的潇洒和容貌，影片文本也极力展现白云俊美性感的容貌和风流潇洒的举止，将白云的明星魅力与张生这一"风流才子"形象进行高度契合。

在电影表演中，演员的肢体运用特别是面部表情是需要处理的核心内容之一。演员表演主要包括"脸部表情、声调、手势（主要是手和手臂，还有任何肢体如颈、腿等），身体姿势（人的站法和坐法），身躯运动（整个身躯

---

① 佚名：《继舒适后 白云亦将脱离影坛》，《力报》1940 年 11 月 1 日（第 1 版）。
② ［英］理查德·戴尔：《明星》，严敏译，北京：北京大学出版社，2010 年，第 138 页。
③ ［法］埃德加·莫兰：《电影明星们：明星崇拜的神话》，王竹雅译，长春：吉林出版集团有限公司，2014 年，第 21 页。

的运动,包括人怎么站起和坐下、怎么走路、怎么奔跑)"。① 但其中最重要的,"通常认为是脸部表情,这跟日常生活中人与人之间的交流一样,脸部表情是头等重要的"。② 影片《西厢记》的创作者无疑深谙此道,创作者极力重视张生扮演者白云的身体和个人魅力展示。影片在一个建置镜头交代普救寺这个重要地点后,张生(亦即扮演者白云)随即登场,创作者给了张生一个正面脸部镜头。该镜头中由白云扮演的张生抬头望向普救寺,灯光打亮了人物的面部。正如埃德加·莫兰所评价的爱情片里常见的多情男主角一样,③ 白云有着女性般柔和的面部线条,他抬头、低头轻笑仿佛若有所思,再次抬头,一系列动作如行云流水般,成功完成了一个风流多情才子的完美登场。

特写在电影的视觉语言系统中,通常可以起到放大细节、吸引观众注意力的作用。在类型电影创作中,特写镜头成为影片展现明星魅力的重要方式,银幕中用特写镜头放大的明星面部,成为观众投射—认同心理的触发点。长久以来的看法是,电影中的女性角色被投注了大量的凝视目光,因此特写镜头往往会专注于女明星的面部及其他身体部位,而男明星充满吸引力的面部展示却大多被忽视了,但《西厢记》的创作者显然对白云的面孔非常专注。在影片中,白云的面部之美得到了充分的表现,创作者给予白云的近景和特写镜头的分量几乎与莺莺及影片主角之一红娘(由周璇扮演)一样多。白云立体欧化的脸庞,使得他在银幕上的表情十分生动,说话间眉毛习惯性地挑起,配合深邃的眼睛,电力十足,俘获了银幕内的崔莺莺和银幕外的女性观众。

埃德加·莫兰认为,人物周身所散发出来的性吸引力,集中于面部和衣着。④ 在《西厢记》中,影片创作者除展示白云充满吸引力的面部之外,更让其频繁更换精美服饰,以突出其修长的形体和潇洒的气质。国华公司制作《西厢记》时,耗资较大,"除掉剧本参考了许多的书籍以外,服装道具,也经过缜密的研究,搜罗了插图本的《西厢记》,和明代某画家所绘的西厢册页,由导演与剧务科人员商酌运用⑤"。因此,影片主要人物服装造型之精美,以今天的眼光观之,也是不过时的。影片的服装设计师为白云饰演的张生准备了

① [英] 理查德·戴尔:《明星》,严敏译,第210页。
② [英] 理查德·戴尔:《明星》,严敏译,第210页。
③ [法] 埃德加·莫兰:《电影明星们:明星崇拜的神话》,王竹雅译,第6页。
④ [法] 埃德加·莫兰:《电影明星们:明星崇拜的神话》,王竹雅译,第14页。
⑤ 佚名:《〈西厢记〉花絮:服装道具的精致》,《金城月刊》,1940年第17期。

多套精美的服装，因此张生尽管是进京赶考的书生，但在《西厢记》中却更像是《红楼梦》中的贾宝玉，服装一个场景一换，精美程度异于常人。影片中有一幕，众人成功退敌之后，崔老夫人邀请张生赴宴，张生误以为要谈论与莺莺的婚事，于是吩咐琴童拿出新做的衣服。在此处，服装与张生人生的重要时刻联系在一起，他认为精美的衣服是对老夫人和崔莺莺有吸引力的，当白云穿上设计精美的服装时，其身体姿态的潇洒与性感魅力被着力凸显出来。

影片通过特写镜头对人物脸部的展示、精美服装的加持，使白云/张生不断地被设置为既看别人又被别人观看的人物，张生和他的扮演者白云共同成为银幕上的视觉焦点。

除在银幕上凸显白云性感的身体形象外，国华公司对白云性感的声音魅力也非常看重。社会学家贾维认为，明星之所以成为明星，乃是因为他们有"才赋"，这种"才赋"不仅包括惊人的上镜头外貌，表演才能，在摄影机面前表演的风度、魅力和个性特征、性感，也包括迷人的嗓音和气质，[1]白云除具有俊美性感的容貌外，其声音也颇具迷人的性感特色。"孤岛"时期，伴随古装片的兴盛，古装歌唱片风行一时，白云多情性感的声音具有了广阔的用武之地。在白云和周璇搭档演出的一系列古装歌唱影片中，创作者安排白云演唱了多首歌曲。如在影片《三笑》中，白云饰演唐伯虎，影片创作者安排白云和周璇在片中合唱了《诉衷情》《画观音》等歌；又让白云单独演唱了《爱的过程》等歌曲，风流小生性感的声音歌唱令女性观众如醉如痴。

白云性感的明星形象和他在银幕上的角色扮演，与现今"小鲜肉"男明星形象和消费现象在一定程度上具有相似性，白云性感阴柔、潇洒多情的形象与"去男性气质"或者说"亚男性气质"的"小鲜肉"特征不谋而合。"小鲜肉"现象的流行，与女性作为电影消费主体地位的提高不无关系，放之"孤岛"时期，白云的明星消费现象也与女性相关。女影迷向来是国产片和通俗剧的主要观众，张石川的拍片策略也主要针对女影迷，只要能让太太小姐们流泪，片子就成功了。按照劳拉·穆尔维的观点，在通俗电影中，女性是被男性观看的对象，是男性欲望投射的客体。其实，对于女性观众而言，男性何尝不是女性欲望消费的对象，尤其是那些颜值一流、性感多情的男明星，更是被女性观众观看、欲望化消费的对象。在"孤岛"时期，女性观众占据

---

① ［英］理查德·戴尔：《明星》，严敏译，第25页。

了当时观众群体的重要位置，是当时中国电影主要的观影消费群体。深谙女性观众欣赏趣味的影片创作者，便在影片中极力突出白云的性感形象，最大程度满足女性观众的渴求。事实也的确如此，白云凭借漂亮的外表，多情性感的气质，在电影界迅速走红，很得太太、小姐和女学生的喜欢。如当时的报章所言："扮饰的角色，无论这样，无论那样，总是一落大派，写写意意地做戏，使十六岁小姑娘看了心里卜卜跳动，三十岁阿桂姐看了不禁心猿意马，真是浑身解数，苗头十足。白云有什么解数，当然是性感了，那一股劲儿，可以冲上云霄，直入青天"。[①]

三、承载关注的目光

白云在"孤岛"时期主演了一系列根据中国民间故事改编的言情影片，他在银幕上扮演的张生等形象，风流倜傥，多情浪漫，成功地将中国传统文化的"才子佳人"故事进行银幕化呈现。他在银幕上扮演的多情浪漫的男性形象满足了"孤岛"时期观众的心理渴求。而在银幕之下公共报刊、媒体的宣传和公众消费活动中，白云多情性感的明星形象同样被着力强调，文字和图片、报道承载着银幕下观众/读者充满欲望关照的目光。

理查德·戴尔指出，明星的存在乃是一种被建构的个体，明星被媒介化的形象亦是其形象建构的重要组成部分。在电影文本之外，明星的公开露面、制片厂分发的材料、媒体关于明星的公众活动以及"私人生活"的报道等共同建构了明星在银幕外的形象。专业影迷杂志、大众出版物在明星形象塑造过程中扮演重要角色。报纸和杂志向读者提供明星照片、采访、八卦、被小说化的生活等等，以此满足读者的期待和想象。通过媒体的参与，明星的形象被建构出来，成为满足观众/影迷情感、梦想希冀的神话。

"孤岛"时期商业电影生产竞争激烈，在这种氛围之下，各电影公司为保障和扩大自身利益，将挖掘和培养明星放在重中之重的位置。白云所属的国华公司作为当时沪上最有实力的几家公司之一，对明星塑造和宣传不遗余力。公司除拍摄古装歌唱片等类型电影外，还开动宣传机器，在1938年11月创立宣传性刊物《金城月刊》。《金城月刊》从创刊至1940年12月，共出版17期，其中刊载了大量国华公司的明星资讯。此外，国华公司还出版过若干号外，刊载电影本事、剧本、剧照、明星相片、影评等内容。白云频频登上国

---

① 佚名：《两个性感人物：英俊小生白云　著名导演吴村》，第4版。

华公司的这些出版物中，成为国华公司媒体宣传运动的宠儿。

1939 年白云加盟国华公司后，国华公司当年出版的《金城月刊》第三期中，便首次刊登了白云的大幅照片，附以"国华影业公司出品《红粉飘零》男主角白云"的文字。在同一期的一篇关于白云的文章中，作者使用了《东方范伦铁诺——白云》①的标题，将白云比作风靡欧美的性感明星范伦铁诺，借助欧美明星的声誉来定位白云的明星形象。范伦铁诺（又译作瓦伦蒂诺）是 20 世纪好莱坞著名的爱情性感偶像，其美丽的面孔和神秘性感的气质，成就了他的明星神话。文章将早已神化的好莱坞明星与彼时还是影坛新人的白云联系起来，无疑巧妙地为白云的明星形象定位，也快速地帮助白云打开知名度。在明星神话的造就过程中，借助早已成名明星的"神性"是一条捷径，国华公司对白云的性感形象包装无疑充分展现了这一捷径的作用。

在《金城月刊》对白云性感形象的一系列包装过程中，编辑充分利用刊物印刷精美、图文并茂的特长，刊载了大量白云性感的照片，以满足观众／影迷的需求。《金城月刊》刊载照片中的白云，面容修饰精致，身体姿态放松，笑容潇洒自信，充分显示了他成为明星的先在条件。编辑多次为照片配上文字，通过文字与图片的结合共同强化白云性感小生的明星类型。如《金城月刊》第十一期《七重天》的宣传文字描述"白云多么漂亮，何等神气"。第十五期《风流天子》的相关宣传，除刊载大量剧照外，还用文字如是描述白云："又英俊又风流，忒多情怪俏皮。"一系列褒扬性质浓烈的文字，将白云英俊性感的个人明星特质格外彰显。

除国华公司自办的《金城月刊》外，公共性的大众出版物也对白云表现出浓厚兴趣。白云以《红粉飘零》一片成名后，大众媒体迅速对这一冉冉升起的新星做出反应，不论是专业性的电影刊物《青青电影》，还是富于生活情趣的小报《力报》《正报》等，都纷纷刊出文章，介绍这位新人的来龙去脉。之后，随着白云日渐走红，大众媒体对白云的报道越发密集，许多媒体刊载了白云大量的照片，突出白云的性感魅力。有的媒体在刊载白云照片时，使用诸如《白云的肉体》之类的大胆直白标题吸引读者兴趣。上海出版的《迅报》《力报》《正报》《好莱坞日报》《电影日报》《社会日报》等小报及《青青电影》等杂志用大量篇幅报道白云的生活和情感，诸如白云情史绯闻、婚姻故事和日常休闲等隐私的报道纷纷见诸报端，通过报道，白云丰富多彩的情

---

① 佚名：《东方范伦铁诺——白云》，第 3 期。

感世界、性感的个人魅力被呈现在公众面前。

影迷是制造明星神话的重要参与者。与普通观众相比，影迷更加痴迷电影，也更容易成为明星崇拜者。在"孤岛"时期白云的明星形象塑造过程中，影迷扮演了重要角色。影迷的明星崇拜推动了媒体对白云的频繁报道，影迷与明星本人的直接互动，强化了明星的形象。白云多次向影迷提供照片，他还妥善处理影迷赠送的礼物。1939年11月14日出版的第33期《青青电影》中，登载了《女影迷送绒线背心给白云》一文，讲述了女影迷李小姐亲手织就一件白色绒背心，托金城大戏院工作人员转送给白云，白云知道此事后表示受之有愧，却之不恭，决定将原物送还，并奉上本人照片答谢影迷心意的故事。这一故事，既表示了白云的性感魅力和吸引力，也呈现了他温柔体贴的一面。当时的媒体对白云温柔对待影迷的故事进行了详细报道，还为影迷提供关于如何获得白云关注的方法指导，白云的通信地址也是媒体公开报道的信息。白云本人曾在《青青电影》上发表亲手写就的两篇文章，分别是1939年7月11日出版、第15期上的《成功不是一件容易的事情》和1939年7月18日出版、第16期上的《不由你不气》。前一篇中，白云认为"一个演员要想走上成功之路，当然自己要努力与艺术修养，可是只有演戏的天才，而缺乏处世的艺术，也是不行的，电影是综合的艺术，一个演员要成功是要多方面的扶持和合作的"，表达了自己对演戏和做人的看法；后一篇则澄清了自己的一些绯闻，呼吁服务新闻界的同志决不要以"骂人和吃豆腐"为目的，而要"负有更伟大的使命"。从这两篇文章可以看到白云绝非仅仅靠容貌和性感立足影坛，他对表演的职业特性和媒体的社会使命有较清醒的认识。此外，他还曾在《青青电影》杂志上开设白云信箱，专门回答影迷的提问，问答照片、新电影以及私人生活的诸多问题。公众出版物上公开发表的文章以及影迷狂热事迹的报道，强化了白云影迷群体对白云的认同和归属感，而刊载在出版物上的明星信箱，则以一种更为直接的渠道，在媒体上起到凝聚、沟通、满足影迷需求的作用，加强化了明星与影迷间的情感联系。如此报道拉近了白云和影迷的距离，在银幕下成功呼应了银幕之上白云的性感多情的形象特质，强化了白云性感温柔小生的明星形象，推动了白云明星形象的建构。如是，在特定时代、电影公司、大众媒体、影迷与白云本人的合力塑造下，白云性感的明星形象得以成功建构。在"孤岛"短短的几年中，白云达到了自己事业的顶点，从默默无闻到迅速成为风靡"孤岛"的影星，创造了自己演艺生涯的辉煌。

四、结语

纵观整个"孤岛"时期，白云的明星形象是如此特别，他是银幕上的性感小生，是银幕下媒体关注的对象，是影迷追逐的偶像，也是当时中国影坛阴柔型性感男星类型的突出代表。"孤岛"使白云成名，"孤岛"也是其银幕生涯的顶峰。太平洋战争爆发后，白云离开上海，1944 年前往重庆，在中国电影制片厂拍摄了反战爱国影片《血溅樱花》，战后他返回香港继续自己的演艺生涯，但时过境迁，此后未能再现"孤岛"时期的辉煌。

可以说，"孤岛"造就了明星白云，白云因在"孤岛"主演古装等言情片一举成名，明星白云的闪耀崛起也使"孤岛"电影具有更绮丽的魅力。白云是"孤岛"时期中国传统文化、电影工业消费交织互动下开出的花朵，透过白云的明星现象，我们可以看到"孤岛"时期中国古装等言情影片制作蓬勃发展及其产生的深刻影响，也可以从一个侧面帮助我们更好地厘清中国电影男明星类型建构和风格演进的多样风貌。

中国电影在印度电影市场情况初探（1925—1929）

蒋怡婷*

（浙大宁波理工学院华莱坞电影研究中心　浙江宁波 315100）

摘　要：中印电影文化交流是中国与印度交流的重要组成部分，目前学界对于该方面的研究主要集中在 20 世纪 80 年代至今，而关于 20 世纪上半叶的中印电影文化交流的研究甚少。在该时期如何去理解中国与印度在电影文化层面的交流状况？具体而言，中国电影在印度的市场如何？印度对中国电影的审查如何？针对以上仍需解决的问题，本文通过 1925—1929 年印度电影审查委员会对中国电影的引进与禁映的相关数据统计发现，印度电影审查机构对中国电影的审查偏向集中于其影片内容是否对本国社会文化、社会秩序、宗教信仰产生消极影响。

关键词：电影产业；电影审查制度；电影放映

　　中印电影交流最早可追溯到 20 世纪 20 年代，随着中国电影产业的不断发展，电影公司试图开拓海外市场。而此时印度电影产业发展逐渐成熟，开始建立起较为完善的电影审查制度。在此背景下，华人社群众多的印度成为中国电影发行放映的重要市场。目前学界对该时期国产电影的海外传播研究集中于南洋地区，以印度尼西亚、爪哇等地区为研究对象。虽然印度在广义上可被归属于南洋一带，但关于中国电影在印度市场的相关研究依旧较少。因此，本文通过文本分析法对 20 世纪 20 年代的中国电影海外传播进行描述分析，并对印度电影审查制度的建立进行梳理，从而探讨中国电影在印度的传播情况。

────────────
　　*　作者简介：蒋怡婷（1997—），女，浙江杭州人，浙大宁波理工学院华莱坞电影研究中心科研助理，英国爱丁堡大学硕士，研究方向：电影史。

一、中国早期电影产业的发展及对外传播

1921 年，早期的中国电影产业开始快速发展。《阎瑞生》《红粉骷髅》等故事片的放映引起中国社会对国产电影的关注，也使得人们开始重视中国电影产业。然而中国电影产业在民国时期的发展和同时期的西方国家的电影产业相比受到了颇多阻碍。民国时期的国内电影事业虽然属于八大实业，其重要性却始终得不到政府应有的重视。当时，电影制片公司均为民营企业，公司的资本积累较少。电影公司的发展又受到国家政策的限制，部分电影制片公司开始将影片向海外电影市场传播以期待获得收益。

南洋地区给中国电影提供了相当大的放映市场。早在明清时期，福建省和广东省的人民为求生活纷纷下南洋开展商业、工业等活动。到民国时期，南洋地区已有数百万的华侨，该地区更成为众多革命党人的活动根据地。这些华侨虽然身在他乡，却有着根深蒂固的中国传统文化理念和强大的爱国主义情感。他们心中对中国的强烈归属感和对中华文化的喜爱使得他们成为南洋地区中国电影的主要观看者。而南洋地区华侨社群对国产电影表现出的支持态度也让南洋电影公司愿意购买中国电影进行放映。[①]

南洋分为英属地区和荷属地区，在这两个地区中国电影所接受的电影审查制度不同。同一部中国影片在英属地区被审查通过，但是在荷属地区审查不通过的情况时有发生。然而共同的是两地区都禁止放映"含有鼓励爱国思想，发扬民族精神"的中国电影，这反映出殖民国家对殖民地区爱国主义革命势力萌芽的敏感与警惕。[②]

就电影类型而言，在南洋地区受欢迎的中国电影大多为武侠片和神怪片，尤其是古装版本的武侠片和神怪片。这些电影大都取材于中国人民家喻户晓的历史故事、民间传说和诗词歌赋，这些内容不仅和现代政治生活联系较少，而且影片情节的娱乐性很强。当地电影审查委员会在筛选该类型影片时，出现要求删减影片情节的情况也较少，极大地保证了故事的连贯性。

二、印度华侨社群与电影放映

南洋通常被认为是明清时期对东南亚一带的称呼，在广义上则是指阿拉伯以东地区。民国时期的英属印度属于南洋地区，有大量华人社群存在。英

---

① 佚名：《国产电影在南洋》，《电影》1939 年第 57 期。
② 剑云：《电影审查问题》，《电影月报》1928 年第 5 期。

属印度有四大电影放映地区，包括孟加拉、孟买、缅甸、马德拉斯（现称金奈）。其中，缅甸是华人社群数量最多的地区，同时也是中国电影最受欢迎的地区。从地理位置上看，缅甸的北面与中国云南接壤。自古以来，便有不少云南人通过迁徙的方式移居缅甸，迁居活动在民国时期达到高潮。[①] 这些迁居的云南华侨主要分布在上缅甸地区。而闽粤籍华侨则是通过海路的方式迁居缅甸，一般居住在下缅甸地区。据缅甸殖民政府 1921 年关于华侨人数的调查统计，全缅甸地区华侨人数达 102344 人，一些社区的华侨比例甚至在90% 左右。

缅甸当地人民自电影诞生以来便有观看电影的喜好，华侨自然也入乡随俗。在仰光有三家电影院常常会放映中国电影以满足华侨的娱乐需求。[②] 根据《印度电影审查报告》关于海外引进电影的记录，在 1925 年 4 月 1 日至1927 年 3 月 31 日期间，缅甸共审查 221 部电影，其中中国电影 57 部，占总数的 26%。[③] 相比之下，孟加拉只引进 5 部中国电影，孟买和马德拉斯为 0部。因此，缅甸引进的中国电影从数量来看是四大电影放映地区中最多的。

这 57 部中国电影的发行公司众多，体现出中国电影公司在印度缅甸的电影市场存在互相竞争的关系，包括商务印书馆、民新影片公司、大中华影片公司、上海影戏公司、亚西亚影戏公司、大中华百合影片公司、华美影片公司、新亚影片公司、明星影片公司等。其中民新影片公司电影的引进数最多，包括《木兰从军》（A Fairy's Dance & a Sword Dance）、《孙中山广东检阅军队》（Review of Kwangtung Gendarmery Police and Merchant Volunteers by Dr. Sun Yat-Sen）、《伍廷芳的葬礼》（The funeral of Late Dr. Wu Ting Fang）、《孙中山离开华北》（Departure of Dr. Sun Yat-sen to North China）、《广东妇女选举权示威》（Demonstration of Power by the Woman Suffrage Party in Canton）、《香港足球比赛》（Football Match in Hongkong）。[④]

缅甸地区的华侨对中国电影展现出较大的热情，因此中国电影制片公司对缅甸地区也十分重视。然而，缅甸地区引进中国电影的时间明显地滞

---

① 江克飞：《论民国时期缅甸华侨对云南社会发展的贡献》，硕士学位论文，云南大学，2015 年，第 16 页。

② 江克飞：《论民国时期缅甸华侨对云南社会发展的贡献》，第 31 页。

③ Baskaran，S. T，*Film Censorship and Political Censorship in British India*，1914-1945，*Proceedings of the Indian History Congress*，1975，pp.339-347.

④ Baskaran，S. T，*Film Censorship and Political Censorship in British India*，1914-1945，pp. 339-347.

后，时间差也不规律。例如《红粉骷髅》（Vampires Prey）是 1921 年拍摄的，引进印度缅甸地区时已是 1925 年之后；而《上海一妇人》（Woman of Shanghai）于 1925 年拍摄，在 1926 年 3 月便在缅甸上映。可见中国电影在国内上映后，进入印度地区需要一定的时间，当地华侨不能立即观看到国内最新上映的国产电影。

三、中国电影在印度的审查情况

（一）印度的电影审查制度、兴趣及运作

1858 年，英国议会通过《印度政府法》并开始在政治、经济、文化方面对印度进行全面的控制。印度的传统文化艺术因受到西方文化的冲击而逐渐沉寂，但与此同时英国也给印度带来了全新的艺术形式——电影。

随着印度电影产业的兴起，早在 1910 年电影在印度便成为一种常见的娱乐方式。尤其是在英属印度地区，这些地区出台相关的立法以确保观众的安全和影院秩序。印度某些地区的政府甚至还颁布了电影院放映法以避免发生影院火灾。[1] 但此时英属印度政府并没有提出统一的制作发行电影的政策，各地区政府自主管理当地的电影放映，其发行放映的政策也并不相同。

除了地区政府，当地的电影院经营者从营利角度出发也会主动承担起选片的职责，确保放映的电影能够卖座。在审查引进电影的过程中，电影院院主把影片内容是否符合印度的宗教信仰作为筛选条件。印度文化具有浓厚的宗教色彩，其文化活动多以宗教为主题。印度在该时期存在的宗教包括印度教、伊斯兰教、基督教、锡克教、佛教、祆教、耆那教、犹太教，在一些山区甚至还有原始宗教的信仰者。[2] 其中印度教是印度地区的第一大教，绝大部分的印度文化和社会理念深受印度教的影响。

印度引进的电影来自世界各地，各国影片中包含的宗教文化也纷繁复杂，包括欧洲国家的天主教、中国佛教、道教等。这些宗教文化对于印度人民而言是相当强烈的文化冲击，容易引起对外来文化的误解和文化冲突。除此之外，一些引进的外国电影中含有暴力、血腥、反宗教等情节。这些消极的电影情节会导致印度人民拒绝观看该电影，这对于电影院的收益并无好处，因

---

① 　Baskaran, S. T, *Film Censorship and Political Censorship in British India*，1914-1945，pp.493-510.

② 　王树英：《印度文化与民俗》，成都：四川民族出版社，1989 年，第 8 页。

此电影院院主和剧院经理会格外注重影片的内容。

印度各地区自主颁布的电影法规和电影院自发选择影片的行为推动了全国意义上的电影法的建立。1918 年，印度政府建立起最初的《电影法》，1920 年该法案正式生效。[①] 印度电影法以英国的电影制度为蓝本形成英式电影审查制度。该电影审查制度要求禁止播放违背审查制度的电影。同时电影审查的范围包括外国电影和本国电影，所有电影都需要通过审查之后再放映。随着电影法的确立，各地区电影审查委员会也纷纷成立。孟买于 1920 年率先建立电影审查委员会，此后在加尔各答、马德拉斯和仰光也纷纷建立起地区电影审查委员会。这些电影审查委员会的建立推动了印度电影产业的发展。

1919 年颁布的印度政治法案规定由当地的管辖者和警察局长来担任电影审查委员会的主席。[②] 同时《印度电影法》规定：电影审查委员会可以对影院颁发影片放映许可证并享有审查国外影片的权力。当地的政府领导和警察局长同时享有电影的审查权，他们可以从本地区的规章制度出发禁播一些不适合在公众面前播放的电影，这意味着他们成了地区电影放映的把关人。而孟买早在印度政府颁布电影审查制度之前便已实行这样的制度。此外，孟买的电影审查委员会还规定禁播含有冒犯佛教徒情节的电影。

尽管电影审查委员会是由各邦政府建立，最高领导人也为政府相关人员。但是政府与电影审查委员会在 20 世纪 20 年代处于相对立的关系。《印度电影审查报告》有关电影审查委员会成员与政府的通信，体现出政府对电影审查委员会关于审查体制的修改建议采纳度很低。双方关于电影审查制度的修改和完善存在诸多的争议，一直到 1929 年才协商一致。

（二）印度禁映中国电影

英属印度政府在 1927 年成立全国印度电影审查委员会并建立完善的电影审查体系，国家将地方电影审查纳入国家统一管理体系。全国电影审查委员会设立的引进片审查制度更加严格。1927 至 1929 年的禁片清单涵盖了中国、美国、英国、德国、意大利、荷兰、法国等国家的影片。

由于印度部分地区仍未建立起电影审查委员会，这份禁播清单不一定完

---

① 胡楠：《论印度电影审查制度的变迁及其内在根源》，《连云港师范高等专科学校学报》2009 年第 26 期。

② Baskaran，S. T，*Film Censorship and Political Censorship in British India*，1914-1945，pp.493-510.

全正确。但对于已经设立电影审查委员会的地方政府而言，清单仍具有借鉴意义。例如孟买、孟加拉、缅甸和马德拉斯已经建立起较为成熟的电影审查制度，这些地区可以依照印度中央电影审查委员会设置的清单直接进行影片的筛选，从而提高影片审查的效率。这一份禁播清单还可以对地方电影审查委员会目前提出的质疑进行回应：是否有很多电影在印度根本不应该出现？哪个国家的电影被禁止播放的最多？怎样的内容和主题可以被定义为是对印度文化有所侵犯的？清单中出现的这些问题也引起印度政府对电影审查的重视，政府开始尝试对电影法、电影审查制度进行进一步修改和完善。

在印度电影审查委员会提交给印度政府的 1927 至 1929 年禁止放映的电影名单中，一共禁映 47 部电影。其中美国电影被禁播的数量占比最多，共有 20 部。中国则有三部电影被禁播：《四月里底蔷薇处处开》（Primrose Time）、《风雨之夜》（The Stormy Night）、《武松杀嫂》（Pan Ching Lien，the Vampire）。[①]

《四月里底蔷薇处处开》（Primrose Time）由张石川导演拍摄并于 1926 年发行放映，该影片主要讲述了生性好色的余逃棠遭受王蔷诱惑和设计欺骗，最后因余妻从中周旋才真相大白的故事。《武松杀嫂》则是大东影片公司于 1927 年发行的影片。该影片以《水浒传》中武松替被潘金莲和西门庆害死的哥哥报仇的故事为拍摄蓝本，其影片中的历史故事为国人熟知。1925 年朱瘦菊导演的《风雨之夜》（The Stormy Night）则是描述了一对夫妻脱离中国传统道德的行为。这三部影片均涉及传统社会伦理关系，甚至有支持违反社会伦理的情节出现，这些影片内容违背了印度的社会道德理念。

（三）国产电影禁映原因分析：以《风雨之夜》为例

1927 至 1929 年印度全国电影审查机构禁播的中国影片仅有三部，然而这三部影片在国内均有不错的放映成绩，尤其是《风雨之夜》在中国颇受欢迎。但是《风雨之夜》在进入印度电影市场时却没有通过印度电影委员会的审查，该影片传达出的对封建社会的挑战、对女性自由的宣传和对现代生活的追求等理念与印度传统意识形态大相径庭。

《风雨之夜》于 1925 年由大中华百合影片公司制作拍摄完成，同年 12

---

① Baskaran，S. T，*Film Censorship and Political Censorship in British India*，1914-1945，pp.17-18.

月 6 日在上海中央大戏院试映，12 月 13 日正式公映，该影片在 1925 年底至 1926 年全年的放映档期非常集中。[①]

影片导演朱瘦菊是鸳鸯蝴蝶派的代表人物。鸳鸯蝴蝶派的电影往往改编自同类型文学，影片擅长描绘堕落放纵的世界，其电影内容虽受观众欢迎但也被不少人冠上恶俗的名号。《风雨之夜》是其中的经典之作。影片主要描绘了余家驹夫妇貌合神离的生活。他们各有自己的生活，妻子庄氏既不承担中国传统女性的责任，也不专情于丈夫、不照顾孩子，只顾自己纸醉金迷。她的行为打破了中国长期以来秉持的纲常伦理，即女性必须一心一意操持家务，相夫教子。

单从庄氏这样放纵的形象来讲，不仅在民国时期的国人看来是有违常理的，对于当时的印度人民而言，这更是对当地宗教教义和传统社会秩序的严重挑战。印度教为印度的主要宗教，该教的教义认为家庭的繁荣应当归结于儿子，女儿则会给家庭带来不幸。除此之外，印度的种姓制度十分严苛，人们常常把女性和社会上的低等贱民"首陀罗"放在一起。[②]印度女性的社会地位低下，未出嫁时被视作父母家中的女仆，出嫁后成为丈夫家中生育儿子的工具。在这样的男尊女卑的社会背景之下，中国影片放大和强调了女性对丈夫不忠，将女性放荡的生活形象在荧幕上公开放映，这无疑是印度绝对禁止的话题。因此，该电影对女性开放的描绘不被印度主流社会所接受。

从殖民地的社会现状来看，《风雨之夜》传达出对现代生活的追求，这可能会促使印度民族主义意识的觉醒。该片的现代性主要体现在导演朱瘦菊在处理原著小说时，将自己对现代生活的思考融入影片之中，他拍摄的电影镜头有意无意地暗示着现代城市生活的便利舒适。[③]影片中出现的车水马龙、高楼大厦对中国观众造成一定的冲击，引起人们对现代生活的向往。该片如果在受英国殖民的印度上映，印度人民可能会对现有社会秩序和政治制度产生不满，希望享受现代的平等与舒适而非封建等级制度压迫下的生活。英属印度政府必须以社会稳定为前提审核电影，而《风雨之夜》会动摇人心。

除此之外，电影情节中包括无爱婚姻、婚外恋、殉情等内容，这将对印

---

① 李镇：《进退维谷悲喜交集——1925 年"鸳鸯蝴蝶派"电影〈风雨之夜〉的历史与解读》，《当代电影》2018 年第 11 期。

② 黄崇佳：《近代印度女性家庭地位研究》，硕士学位论文，贵州师范大学，2014 年，第 4—6 页。

③ 李镇：《进退维谷 悲喜交集——1925 年"鸳鸯蝴蝶派"电影〈风雨之夜〉的历史与解读》，《当代电影》2018 年第 11 期。

度社会产生消极的效果。由于印度根据姓氏划分社会等级，婚恋常常讲究"门当户对"。在印度，父亲掌握家庭的绝对话语权，因此子女包办婚姻的情况很常见，这也更容易出现无爱婚姻。《风雨之夜》的影片内容放大了无爱婚姻造成的后果，这不仅会让人们反思封建传统对人性自由的限制，还会激发女性对自身权利的渴望。对于印度人民而言这是对父权的挑战。

四、结语

南洋是中国早期电影的主要市场，印度在广义上也属于南洋地区的一部分。对印度对华电影审查的研究可以管窥中国早期电影所面临的状况，也是从跨国角度研究中国早期电影的重要维度。中国影片在向英属印度地区传播的过程中，缅甸地区对中国电影的接纳度最高。因为缅甸地区有大量华侨，他们是中国电影在印度地区放映时的主要观众。初时，印度各地根据地方电影审查制度对中国电影进行审查，审查的影响因素包括是否和当地宗教信仰有冲突、是否对社会传统秩序造成影响等。

在20世纪20年代，印度出台《电影法》并建立中央和地方的印度电影审查委员会。1925年至1929年，全国印度电影审查委员会禁播中国电影三部，这三部电影在电影内容上均有不符合印度意识形态的情节。总结来看，是否符合本国传统思想文化、是否影响现有社会秩序、是否影响社会稳定和是否违背宗教信仰为标准，是印度电影审查机构审查中国电影的主要标准。

九、话语分析研究

主持人语

　　人类的各种知识都是由话语构成的，话语不仅是一种口头或书写语言，还是知识的全部，具有描绘实践、表现世界、解释世界、组成世界和建构世界的重要意义和功能。

　　话语分析最早出现于 1952 年的一篇由美国语言学家哈里斯在《语言》杂志上发表的题为《话语分析》的文章中。1981 年，梵·迪克在《TEXT》中首次把话语分析与大众传播研究结合起来，用宏观语法／结构理论结合认知方面的成果对新闻话语进行细致入微的分析，促进了话语分析在跨学科领域中的使用。作为批评性话语分析的重要代表人物诺曼·费尔克拉夫则将话语分析和社会理论结合起来，认为可以综合语言的多功能分析法、历史分析法和批判的方法来说明语言、权力和社会变化之间的关系。半个多世纪以来，话语分析逐渐经历了从文本、话语实践到社会实践等三个向度的转变，研究的范围和取向也不断扩大和调整，已经日益成为当前社会人文学科领域的一个重要的研究方法。

　　当前关于话语分析研究取向主要集中在三个方面：文本、

话语权力及社会实践等三个向度。其中文本向度主要涉及词汇、语法、语篇连贯性的分析，没有触及话语对社会实践的建构意义和功能；话语权力向度主要分析文本的生产和解释过程，通过对某种理论的话语解剖，揭示深藏在话语背后的意识形态和权力争斗；社会实践向度将语言学文本分析方法和有关语言在政治和意识形态过程中的功能和社会理论结合起来，揭示话语在社会身份、社会关系以及知识和信仰体系的建构中的作用。本专栏的三篇文章分别从不同角度通过话语分析对所关注的社会文化现象进行了较好的窥探和阐释，具有一定的现实意义和理论价值。

兰州大学曹海平博士的论文《话语的建构与解构：基于一档电视节目受众的田野调查》对一档老牌真人秀节目《爸爸去哪儿》的节目内容和受众进行了深入的分析和调查，认为无论是在荧屏内外，话语都是建构电视文化主题和解构电视文化意义的重要方式和基本力量。一方面受众的个人知识体系和社会背景的不同导致了受众对电视节目主题的认知差异；另一方面通过对不同话语主体的分析和言说者背后的"支配性力量"的揭示，认为该节目生产了三组对立性话语：性别话语、城乡话语、阶层话语，进而得出性别分工、城乡分化及社会分层是导致受众电视文化认知差异的三组重要因素。论文在最后对电视媒介的社会属性提出了殷切期望，希望电视应当发挥社会公器的功能，增进不同社会群体的文化认知，减小文化隔阂，促进文化理解和包容。

浙江大学李如冰博士的论文《数字话语的媒介想象与互动——以李子柒短视频为例》以当下的一个"网红"博主李子柒的美食短视频为个案，通过多模态的话语分析，探讨李子柒古风美食短视频如何在全球数字传播的场域中建构媒介想象，进行传受双方的交流。首先，数字话语通过媒介的中介作用将个人层面的图像、意义和符号表征转变为社会的共同想象，建构了在地的"田园乌托邦"的乡村田园想象。其次，作者从跨文化的视角来探究了数字媒体话语在全球化流动过程中意义的产生、传递及权力的博弈，形成丰富多元的全球媒介想象。最后，作者从文本、语境、行动和互动、权力和意识形态四个维度具体分析了李子柒短视频中受众如何使用文本进行互动交流、表达和建构知识信仰以及背后的意识形态与权力关系如何揪扯和呈现。作者在文末提出了媒介文本和数字话语的互动交流对于促进中国的跨文化传播，展示中国印象具有积极意义。

陕西师范大学的韩小锋博士的论文《阿联酋华人群体与中国国际话语权的建构》基于阿联酋迪拜华人生活的田野观察，探讨了阿联酋华人的话语表述在促进阿联酋社会对中国的认知和中国道路的认同中的重要作用。一方面作者认为阿联酋华人身份有助于构筑中国话语模式，更好地向阿联酋社会传播中国声音、展示中华文化、建构积极的中国国际形象。另一方面，阿联酋华人的话语表述和实践也有助于促进阿联酋社会理解中国道路和价值体系，扩大中国国际话语的影响力，实现中阿之间友好互动和民心相通。最后作者指出，应当重视华人话语在建构人类命运共同体和对外传播中的重要桥梁作用，重视其作为中国话语的表述者和传播者的重要功能，不断提升中国的国际话语权，为促进全世界理解和认同中国提供话语支持。

如今话语分析已经成了学术界用来考量各种社会现象、解析各种文化现象的一个有力工具。话语在理解文化、建构知识、塑造信仰及生产和分配权力中都起着十分重要的作用，可以说话语形塑了整个世界。未来应当重视话语功能，通过话语表述促进文化互动和包容以及文明的对话和交流。

（兰州大学西北少数民族研究中心 曹海平）

《香柏树》朱星雨作

话语的建构与解构：
基于一档电视节目受众的田野调查

曹海平[*]

（兰州大学西北少数民族研究中心，甘肃兰州，730000）

摘　要：话语系统是电视节目的主要结构，一方面电视节目制作方通过文字、图像和声音等各种话语手段来传递理念价值，影响大众。另一方面，受众也会对电视节目的意义进行积极解读。因此电视节目容易导致受众不同的文化认知和话语博弈。本文以一档老牌真人秀节目《爸爸去哪儿》为例，通过田野调查和话语分析以探求受众对该节目的理解偏向、表现及原因。本文认为性别分工、城乡分化及社会分层是导致受众对节目认知差异的主要因素，并期待电视节目应当努力发挥社会公器职能，引导社会增进文化包容和理解，缩小文化隔阂。

关键词：受众话语；建构；解构；电视节目

近些年来，各种类型真人秀节目如雨后春笋层出不穷，几乎占据了所有电视娱乐节目的半壁江山。从婚恋类、职场类、选秀类到装修类、厨艺类、寻亲类等等带着不同的受众定位和节目旨趣充斥着各大频道。《爸爸去哪儿》是湖南卫视从韩国 MBC 电视台引进的亲子户外真人秀节目，迄今为止共播出了五季，每季 12 期，与每周五晚 20:00（第一到四季），每周四 12:00（第五季）在芒果 TV 播出。广告商的大力赞助是支持节目播出和维持的重要经济来源，如 999 感冒灵、QQ 星、诺优能等企业商。节目宗旨是通过明星父

---
　　[*] 作者简介：曹海平（1984—），男，内蒙古鄂尔多斯人，兰州大学西北少数民族研究中心民族学博士，新闻学硕士，主要从事乡村遗产文化保护开发与脱贫的研究。

子女两天一夜的乡村出游体验来再现明星父子女间在日常生活图景，以向大
众塑造和传播父亲在子女家庭教育中扮演着不可缺失的重要角色的价值理念。
通过明星的身份光环效应、"星二代"孩童的童趣、拍摄地的自然人文的景色
景观以及通过节目悬念设置等日常叙事策略，《爸爸去哪儿》一举夺得了了第
一季当年的收视宝座，并屹立不倒，创造了娱乐节目的神话。

　　基于《爸爸去哪儿》这档娱乐节目的创制及营销的成功，本文选取第一
季为分析样本（因为第一季收视率最高，也最能反映节目制作方的最初理念），
通过对电视文本的话语的深入分析和阐释，并且结合受众的认知调查，本文
试图回答以下三个问题：一是通过对电视节目的认知，观众建构了哪些类属
的主题？二是通过对电视节目主题的积极解读促成了哪些话语系统间的对立
和争斗？不同类属的强势话语是如何支配和影响弱势话语的？三是不同话语
系统间的博弈揭示了哪些社会问题？反映了怎样的文化和利益冲突？

一、概念、理论与方法

（一）话语、话语权与话语分析

　　话语不仅是一种口头语言或书写语言，在福柯看来话语即知识，人类的
各种知识都是由话语构成的。[①] 话语不仅是能用符号来指称事物，而且话语本
身又是一种"统治方式"，是人的思想载体、实践活动，它们和政治、经济、
意识形态和文化实践相互交织在一起，并且这些活动控制着整个话语的意指
过程，话语成为这些"力量"的"代言者"。[②] 巴赫金还认为话语"可以理解
为生生不息的言说活动以及制约言说活动的社会机制"和"处在交往和对话
的社会历史网络中，充盈着社会和意识形态的内容"。葛兰西从意识形态角度
阐述了话语及话语权，并将这种"精神和道德的领导方式"称为"霸权"[③]。
费尔克拉夫更加注重话语的"建构"功能，认为"话语不仅是表现世界的实
践，而且在意义方面说明世界，组成世界和建构世界"。[④] 梵·迪克认为，话

---

　　① ［法］米歇尔·福柯：《知识考古学》，谢强译，北京：生活·读书·新知三联书店，1998
年，第 71 页，第 203 页。

　　② 包鹏程，严三九：《电视消费话语与大众的身份认同》，《现代传播》2009 年第 6 期。

　　③ ［意］安东尼奥·葛兰西：《狱中札记》，曹雷雨等译，北京：中国社会科学出版社，
2000 年，第 115 页。

　　④ ［英］费尔克拉夫：《话语与社会变迁》，殷晓蓉译，北京：华夏出版社，2003 年，第 9
页。

语是一种社会控制力量，"权势群体及其成员拥有或控制着越来越大范围的，越来越多种类的话语功能、话语载体、话语文本和话语文本……特别强调的是，权势不仅在话语中和通过话语体现出来，而且也是话语后面的社会力量"。① 话语与权力密不可分，真正的权力是通过话语来实现的，"话语的权力"反映的是一种"支配力"，即一个人或者组织具有支配"话语"的特殊力量②，或者说是该人或者组织在社会中具有"发出声音或者发出很大声音"的能量。话语权力指为了表达思想，进行言语交际而拥有说话机会的权力。"话语意味着一个社会团体依据某些成规将其意义传播于社会之中，以此确立其社会地位，并为其他团体所认识。"③ 可见话语不仅是施展权力的工具，而且是掌握权力的关键。

电视话语就是通过文字、图像和声音各种知识进行重新构型，形成了多媒体化的视觉话语。一方面，话语系统是电视文化的主要结构，是各种话语系统之间权力争夺、表达利益诉求及文化需求的场地。另一方面电视利用其资源向大众输出价值、思想和各种观点，对各种"关系"和"力量"进行聚合、表达、传播和阐释，从而影响和改变大众对世界、他者和自我的认知。

话语分析方法主要来源于西方马克思主义、现代权力理论和互文性理论。费尔克拉夫把"话语事件"看作一个文本、一个话语实践的例子、一个社会实践的实例，④ 认为话语分析可以从文本、话语实践及社会实践三个向度展开。⑤ 其中文本向度主要涉及词汇、语法、语篇连贯性的分析；话语实践向度主要分析文本的生产和解释过程；社会实践向度主要讲话语置于意识形态的关系之中，揭示意识形态和霸权以何种方式介入到话语，以及后者又是如何对其进行维护、批判和重构的。⑥ 费尔克拉夫话语分析方法不仅可以描绘话语实践，而且可以揭示话语如何由权力与意识形态所构成，揭示了话语对于社会身份、社会关系以及知识和信仰体系的建构性作用。梵·迪克主要从文本和语境两个方面入手，通过话语结构、社会认知、话语和社会之间的关系

　① ［荷］托伊恩·A. 梵·迪克：《作为话语的新闻》，曾庆香译，北京：华夏出版社，2003年，第65页。

　② 张健：《话语权的解释框架及公民社会中的话语表达》，《湖南行政学院学报》2008年第5期。

　③ 王治河：《福柯》，长沙：湖南教育出版社，1999年，第159页。

　④ Fairclough，N，*Discourse and Social Change*，Cambridge:polity press，1992，p.21.

　⑤ Fairclough，N，*Discourse and Social Change*，p.28.

　⑥ Fairclough，N，*Discourse and Social Change*，p.28.

三个向度进行话语分析，将文本结构与文本生产者的意识形态和宏观环境联系起来，侧重考察大众的社会认知。汤普森认为任何语篇分析都必须以对语篇意义的理解和解释为基础，他主要从社会历史分析、语篇分析、阐释再阐释分析三个层面重点对语篇进行意识形态分析，以探究潜藏在话语机制背后的权力意识形态关系。[①] 在吸收借鉴以上三种视角的话语分析方法的基础上，并结合本文的研究对象和问题，笔者这里主要使用文本分析、语境分析和阐释分析来分析电视话语。

（二）受众访谈

本文还采用了深度访谈法来测试受众对电视节目文化意图的认知，作为对电视文本话语的辅助话语来相互印证和支撑。

1. 访谈问题

访谈主题基于节目的叙事情节、节目定位、风格及特点并结合本文的研究问题而设定，采取半结构化的访谈方式，考察受众对该电视节目的理解和认知：

（1）考察回忆再现：节目里的哪些片段使你印象最深？

（2）考察满足程度：你从节目中获得了什么感受？

（3）考察态度改变：你对这档节目有什么看法或评价？

2. 访谈对象

根据研究任务和节目特点，本文随机采访了宁夏某地 81 名受访者。最后通过整理、分析和比较，笔者共得到 58 名有效访谈资料，其中包括城市的28 名及农村的 30 名，受访者总体情况见下表 1：

---

① Thompson，J.B，Ideology and Modern Culture，Cambridge: Polity Press，1990，p.14.

表 1　受访者总体情况①

地域	性别	职业	年龄	教育程度	家庭结构
城市 N=28	男=10 女=18	大学老师=2 大学生=3 企业白领=4 公务员=7 个体经营者=8 家庭主妇=4	3≤25岁 25岁<5≤35岁 35岁<13≤55岁 7>55岁	2=小学文化及以下 3=初中文化 3=高中文化 20=专本科学历及以上	5=未婚 3=已婚未生育 13=有子女 7=有孙子女
农村 N=30	男=13 女=17	农民（未外出）=12 农民工=8 家政人员=5 农村小商贩=5	2≤25岁 25岁<9≤35岁 35岁<13≤55岁 6>55岁	15=小学文化及以下 8=初中文化 5=高中文化 2=专本科学历及以上	2=未婚 3=已婚未生育 16=有子女 9=有孙子女
总计 N=58	男=23 女=35	脑力行业=29 体力行业=29	青年人=13 中年人=33 老年人=12	文化程度较低者=34 文化程度较高者=24	无子女=13 有子女=45

3.访谈过程

为了保证访谈的效果，所有访谈均事先征求对方的同意，然后和其建立联系，约在室内进行。访谈时间一般安排在周末饭后受访者闲暇时间。访谈过程按如下顺序进行：

第一步，询问其是否收看过这档节目，"是"则继续进行，"否"则终止，或请求其现场观看节目至少20分钟，然后再进行访问。

第二步，收集有关受众的人口统计信息，包括年龄、性别、职业及教育背景等。

第三步，按照问题的设计，依次要求受众对访谈问题做出回应，并录音以便进一步整理和分析受众对不同主题的认知信息。

以上的访谈方式不仅仅局限于语言的单独互动，笔者同时使用了准民族志的观察法，对受访者的个人衣着、神情、动作等特征及家庭结构、社会关系等生活情境也做了必要的观察。每次访谈时间约30分钟，在检验访问样本后，笔者发现样本虽小，但是已经得到了本研究需要的主题信息。

---

① 为了便于研究，笔者结合访谈目标需要，对受访者的个人情况进行了编码分类，并在初次分类的基础上进行了二次概况，见表格总计中的分类。

二、受众话语与电视节目主题建构

从梵·迪克的研究中，我们知道任何话语都有自己的结构，包括句子形式、意义和言语行为，这些通过一种宏观结构和规则被策略性地组织起来，形成文本的主题。文本的主题总是建立在世界性常识和个人信仰与基础之上，主题具有暗示作用，重要的知识价值将不断被重复，同时按照相关性原则在镜头中给予事件排序，识别主题能够有效地促进观众对传递价值理念的总体理解。

不难发现，《爸爸去哪儿》的中心主题是强调父亲对亲子和育儿的重要作用。但是在整个节目中这一宏观命题并非独立存在的，而是通过一种超结构与其他不同层级的命题联系起来，同时形成了其他高层级的意义主题，这种宏观结构确保了节目主题的一致性。本文认为节目的主题不仅仅由节目制作方预设的，体现着节目制作方的价值和意图，也是在受众积极的解读下生产出来的。在这种双向的作用下，受众的理解常常会出现偏差，甚至会生产出更多不同的主题，电视节目主题框架如下表2：

表 2 电视文化主题框架

宏观主题	理想家庭	乡土文明	明星崇拜	传媒导向
子命题	亲子关系 女权意识 父亲或丈夫的家庭责任 育儿经验	自然风光优美 民风淳朴好客 生活压力小 经济落后，不发达 观念闭塞，不文明	明星荣誉光环 明星生活方式 明星价值理念 明星物质财富"星二代"日常生活	广告效应 收视率 刻意炒作 娱乐至上

上述表格基本能呈现了受访者所理解的主题框架：理想家庭、乡土文化、明星崇拜及传媒导向。这些主题不仅包括了节目制作方所传递的核心主题——理想家庭，同时受众也解读和生产出了其他方面的主题意义，这种过度扩大的解读恰恰体现了受众媒介认知的主动性和情境性，也反映了一些当前存在的重大社会现象或问题，而这些又深深地浸透着各种不同的文化、价值及利益的诉求。四个主题中："亲子和育儿"为核心的理想家庭倡议是叙事主线，也是节目原初意旨。乡土文明和明星崇拜这两个主题深深根植于当前中国的社会背景，城乡发展失衡和贫富阶层分化。最后对传媒导向话题的生产严格说应该是受众对以电视为代表的大众媒体"控制力"的批判和反抗。四个主题并非相互独立而是互相包含，通过各种话语方式彼此连接，最终促成了不

同的话语系统代表。

　　当然受众对主题理解的侧重也是不同的，受众在地域、性别、年龄、职业、文化程度、家庭结构等方面的不同也影响了受众对主题的理解上的侧重。也就是说，受众的个人知识体系和社会背景的不同决定着受众对电视节目主题的认知差异。下表3具体展现了受众对节目主题的认知差异：

表 3　受众认知主题分布 [①]

单位：人次（%）

受众信息 ＼ 节目主题		理想家庭	乡土文明	精英崇拜	传媒导向
地域	城市 N=28	17	22（78.6）	26	6
	农村 N=30	12	5	28	12（40）
性别	男性 N = 23	6	7	21	12
	女性 N = 35	31（88.6）	6	31	11
职业	智力行业 N = 29	18（62.1）	25（86.2）	25	9
	体力行业 N = 29	8	5	26	19（65.5）
年龄	青年人 N = 13	4	3	11	3
	中年人 N = 33	17（51.5）	12	27	9
	老年人 N = 12	5	5	5	1
教育背景	文化程度低 N = 34	6	6	32	14（41.2）
	文化程度高 N = 24	14（58.3）	15（62.5）	22	8（33.3）
家庭结构	有子女 N = 45	30（66.7）	21	42	15
	无子女 N = 13	8	6	10	5
合计	743	176	140	303	124
频次	100%	23.7%	18.9%	40.8%	16.7%

　　整体来看，受众对主题认知度最高的是精英崇拜，有2/5的受访者表示了对节目的喜爱是来自明星效应的直接驱动，明星阶层的日常生活是他们最感兴趣和印象最深的。在这一主题认知上，各种类属的受访者差异并不显著。有近1/4的受访者能够通过节目接收到理想家庭的主题思想，其中女性、智力行业、文化程度较高者、中年人对此感受颇深，兴趣更浓，更愿意表达自

---

　　① 此表是为了调查受访者对节目主题的认知或接收程度，根据实际情况，每个受访者都可以提到好几个信息主题，并非单选。从纵向上，每个主题在整体上都会因受众的接收程度不一样而分布频次不同。同样在横纵交叉处，每一类受众因某一主题的认知程度也不同。

己的想法。主题认知度位于第三的是对乡土文明的认知，有不到 1/5 之一的受访者触及了这个层面。同时笔者发现城市、智力行业、文化程度较高者能够很好地获得这一层面的主题意义。另外虽然当前中国观众整体的媒介素养并不高，传媒互动性并不强，但并不代表他们是无意识的，上表中仍有 1/6 的人敏锐地认识到了传媒的导向问题，并对表现出了对传媒的质疑和反抗。特别是来自农村、文化程度较低者、体力行业这些弱势阶层更愿意表达对传媒的不满和鄙视，尽管他们也追星也能意识到父亲关系对家庭秩序维系的重要意涵，但也更愿意戳穿事实，这种二元悖论的心态也是本次访谈者的一个重要发现，接下来本文将结合访谈文本对受众的节目主题认知偏差进行详细分析。

三、受众话语与电视节目文化解构

（一）父权话语与女权话语：理想家庭秩序的讨论

女权主义话语中的父权制指一个社会中男女地位不平等，且男子居于支配地位、女子处于服从地位的制度，这种制度既可以是经济的，也可以是文化的，甚至是一种权力制度。① 《爸爸去哪儿》正是基于家庭结构中两性话语的叙事为我们建构了一个更加直观的冲突框架，表现在社会关系和家庭秩序两个层面。

一方面体现在社会地位上，强调男性的支配地位。节目通过大量的劳动场景展示和背景身份强调，暗示男性在传统社会地位上的角色。一方面五位嘉宾都是社会的精英，声名显赫，妻子大部分具有很高的社会地位，在节目中这些父亲的"身份"在节目中时不时地被提及或暗示，比如田亮的"世界冠军"身份、王岳伦"早起"是因为作为导演的缘故等等诸如此类都意在说明男人在社会扮演着更重要的角色，具有高的社会地位。性别分工的不对等，使得男性在社会中占支配地位成为一种常规，而女性承担家务和抚育儿女则好像"理所应当"。另一方面节目有意构建和还原传统意义上男人"顶梁柱"的形象，比如出海打鱼、狩猎、集市谈判交易、搭建房屋等这些传统男性分工的"高大"硬汉形象，刻意塑造丈夫的支配形象。

另一方面表现在家庭秩序的颠覆上，呼唤给予女性更多的关注。当代的

---

① 黄粹：《女权主义视阈下的父权制理论地位演变分析》，《学术论坛》2011 年第 4 期。

家庭结构长期以来，都是传统的男主外、女主内、父亲是家庭结构中的核心，在这种社会语境下，父亲的角色是缺失的。而该节目则颠覆了这种传统的家庭秩序，通过让爸爸既当爹又当妈的"换位思考"和体验作为女性的母亲的分工。在"育儿"上，让父亲不仅要和孩子踏踏实实"柴米油盐"地过日子，而且还要解决孩子的心理问题成长中的教育问题。面对做饭这最基本的日常事件、爸爸们则是囧态百出，节目对此进行了深入的勾画，比如对人物张亮精湛的烹饪本领进行了详细的描绘，并辅以了喝彩的背景音乐和与盛赞的字幕，以建构女性心目中完美好爸爸好男人的形象。而与之形成鲜明对比的著名导演王岳伦则在照料孩子时表现出了笨拙的一面，对此节目方不仅做了巧妙安排，一个细节是切入了其爱人李湘对女儿的叮咛："我们王导不食人间烟火，你到时想着去其他叔叔能蹭点饭吧。①"也比如另一个细节是，在王岳伦"胡乱做饭"时，切入了一个当地女性妇女的"好奇"和"不解"的围观，这与张亮形成了鲜明的对比。与此同时，节目通常在节目开始及结尾以及遇到问题时会给爸爸一个单独访谈的机会，要求他们谈谈收获和感言，以此来弥补对家庭中女性的角色的忽视，融入。郭涛说："我觉得我老婆真的很伟大，能把孩子带到 6 岁了，我这才带了三天就已经崩溃了。②""我老婆真不容易，我回去送他一朵大红花吧。"王岳伦说："能从别的父亲身上看到我不足。③"

　　男女平等这已经是一个十分古老的话题，也许在具体实践中还应存在不平等的事例，但女性要求获得和男性在家庭事务分工上的平等地位已经深入人心。从受众访谈的话语中我们已然看到了荧屏内外的共鸣，特别是从事智力行业的高学历妈妈们，她们最有发言权，一位有两个孩子的妈妈 HS 在谈到她的切身体验时说道④：

　　说是男女平等，其实也不平等，说是带孩子都是女的去带，这个家如果女的看孩子，男的不看孩子人家就要说这个女的怎么怎么样，但男的即使是偶尔看下孩子，人家也不会说什么，传统中女的就应该带孩子，但是现在教育孩子爸爸也很重要。我和我老公工作都很忙，家里有两个孩子，大的已经上小学了，小的才 2 岁，我一个人根本带不过来，幸好有老人帮着带，他爸

---

①　见节目中人物对话。

②　同上。

③　同上。

④　受访者 HS，36 岁，女，硕士学历，国企职员，育有两子，访谈时间 2017 年 8 月 16 日下午，访谈地点银川某咖啡厅。

爸最多就是接送老大上下学，其他的我也指望不上，说多了还得吵架……

而受访者 LY 在回答这个问题时几乎是欢呼式的，她说：①

就应该是爸爸去哪儿，我作为一个全职妈妈太有感触了，我的小孩我带她去哪里没有问题，而我老公带小孩一个小时就崩溃掉了，小孩完全不受控制。

受访者 CJ 和 WM 是两个保姆，她们共同接受了我的访问，她们表示②：

在她们老家很多女的也来到大城市打工，当月嫂当保安都有，也承担了更多的家庭创收的工作，现在农村不一样了，农村男人也有家里带小孩教小孩的，而妇女出来打工挣钱的。

而 WM 说：③

现在女人和男人一样都在工作养家，但是在分工上却依旧是过去的思维，女人太辛苦了，也许是女人天然就和孩子亲，而男人怎么可能做到呢？。

这种家庭秩序的颠倒使得获得了在某种意义上引发了女性情感的宣泄和心理的狂欢。可以说，性别分工的换位提供给了一个女性对于男性、妻子对于丈夫、母亲对于父亲的欣赏和评判机会，正如一个会做饭的爸爸或者是能把孩子照顾得很好的父亲则会获得女性更多的青睐和认同，在访谈中在被问到她们最喜欢哪位爸爸和原因时，有受访者提到了张亮，理由是能做一手好菜，减轻女性的负担；有受访者提到了林志颖，因为他比较了解自己的孩子，更加注重和孩子沟通方式，即使在外地工作也常常通过视频等方式保持与孩子的亲密沟通。问觉得哪位爸爸最不擅长照顾孩子时候，如均提到了王岳伦，

---

① 受访者 LY，女，34 岁，本科学历，企业职工，育有一女，访谈时间 2017 年 8 月 18 日下午，访谈地点银川 LY 家中。
② 受访者 CJ，女，42 岁，初中学历，保姆，育有两个子女，访谈时间 2017 年 8 月 20 日中午，访谈地点银川市某小区。
③ 受访者 WM，女，45 岁，初中学历，其他同上。

TU 说："他不会做饭、也不会给女儿扎头发，他女儿那么懂事一看都是她妈妈教得好。[①] 对于郭涛他说："他一点都不了解自己的孩子，比如他在最后反思时，他也会提到他对他教育方式是不太严厉了？"[②]

"父爱""亲情"这些温馨的字眼频频出现在节目中，家庭生活在孩子眼里本应该是幸福的，但是当性别不平衡、家庭伦理失衡被暴露出来时候，女性角色的隐蔽的一面被瞬间得到关注，其地位不对等的一面瞬间被得到同情和认同。作为一名大学教师，QB 有着自己深刻的体验，她说：

> 我今年42岁了，离婚两年了，有一个14岁的儿子。我之所以离婚主要问题产生在孩子上。孩子爸爸是开公司的，但是我们没法一起共同带孩子，因为孩子我们时常吵架，所以就离婚了。他爸爸从小就对孩子没有耐心，孩子现在叛逆和他爸爸有直接的关系，其实爸爸对孩子的爱和教育太重要了，这是男方应该尽到的家庭责任，如果他爸爸能像节目里明星爸爸那样陪伴孩子无微不至，我想我们也不会离婚，而他爸爸永远认为抚育孩子应该是母亲的主要责任……[③]

这种两元话语对立反映了长期两性关系实质上就是一种以权力为基础的支配与被支配的关系，它直接导致了男女社会关系、性别分工、家庭秩序的不平等。所以在大众媒介的家庭叙事中，也就不难发现母亲作为女性的角色本质上仍然是父权秩序下对女性的凝视。而要改变"家庭秩序"和制造一种平衡的家庭伦理、就必须把女性从男性的视角和被其构造的画面中解放出来，从被强加的毁灭性的认同中解放出来，[④] 这正是该节目的核心主题。

（二）城市话语和乡村话语：传统乡土文明的观照

数年的工业化、城市化的运动一方面造就了巨大的物质文明，经济得以高速发展，同时也造成了城乡失衡问题的日益严峻。节目用鲜活的镜头画面

---

① 受访者 TU，女，37岁，大专学历，公务员，有一个孩子，访谈时间 2017 年 8 月 22 日晚上，访谈地点 TU 办公室。

② 同上。

③ 受访者 QB，女，47岁，硕士学历，大学教授，离异，有一个孩子，访谈时间 2017 年 8 月 24 日晚上，访谈地点银川 QB 家中。

④ [加拿大] 查尔斯·泰勒：《承认的政治》，董之林等译，上海：上海三联书店，1998 年，第 293 页。

描绘着城市主导下的乡村，而受众的言说更赋予了这个主题丰富的意义。

现代性话语下的乡村镜像。节目一方面通过乡村地理风貌、乡俗人情的大量画面，在极力建构着一个田园牧歌式的"乡村胜地"和勤劳宽厚的农民的形象，并进而塑造出整个乡土中国的形象。美丽的各地风景、独特的饮食风情、朴素的商业文化（早市、卖鱼）、地道的民俗文化（举人老宅、皮影戏、各种方言）等等，这些都让人思之神往，是城市主人公所向往的田园诗的意境。在访谈中大部分来自城市的智力行业高学历受访者都直抒胸臆地表达了对乡村生活的向往，在他们看来乡村是旅游胜地、"人间烟火"，可以体验别样风物，调节生活压力。AQ 是一名朝九晚五的公务员，每到周末他总是载着全家驱车到周边农家乐去游玩，在他看来 ①："农村天然就是一个旅游体验的地方，周边农村有很多地方可以钓鱼、烧烤、玩沙、野炊，也可以与朋友家人去农家乐搓一顿。现在反过来了，过去人们都爱往城市跑，现在都爱去农村，尤其是城市上班的人，带着老婆娃娃去体验生活。就像节目里拍到的，很多农村尤其是南方都是旅游胜地，我们这里还是没法和南方比，就个沙坡头还行。"然而另一方面又无处不在现代性上对农村和都市进行着比较，在宏观上从台北、北京、长沙等都市出发，从城市一直到体验的乡村，这一空间的镜头转换直接为我们勾勒出了城乡鲜明的现代性差异，从高度现代化的城市景观和明星之家到不发达朴素的乡村风貌，这样的视觉反差强烈地刺激了大众的神经，更加具有感召力和渲染力，激发了受众的收看欲望。从微观处，当地的人情风貌如乡村独有的圈养家禽、农村旱厕、戴着方头巾扛着锹准备劳动的农村妇女、挂着毛主席像的老式客厅和大红喜字的卧室、带着大灶炉堆满锅具的厨房、熙熙攘攘的讨价还价的农贸市场等等，这都给受众留下了深刻的印象，反映了城乡间巨大差异。这些仿佛向大众诠释了这样一个乡村镜像：乡村是落后的、凋敝的，而农民保守、木讷、不文明甚至"肮脏"的，比如林志颖说：②"农村那里的房子很不一样哦，没有沙发，也没有玩具，我们只能坐在炕上。"城市孩子听说当地住宿民宅没有厕所，不能洗澡而大哭不愿入住。节目通过大量的镜头展示了农村近似于"刀耕火种的原始生活"，让乡村只能成为外界人小憩和猎奇的"短暂驿站"，因为不发达，乡村浓郁美好的风土人情其实在这种矛盾的心理斗争中往往被遮蔽，乡村文

---

① 受访者 AQ，男，33 岁，本科学历，公务员，有一个孩子，访谈时间 2017 年 8 月 25 日下午，访谈地点 AQ 办公室。

② 见节目中的人物对话。

明因为工业现代化而失去了原本的光彩。

城市视域下的乡村文化。在当前社会形态和大众语境中，城市文化代表着主流文化，反映着现代文明，在这种认知判断之下，乡村话语成为城市文化的"他者"，城市用"他者"身份来凝视乡村文化。在节目中这些"他者"被描述成操持着方言、举止笨拙、知识贫乏、经济拮据、穿戴陈旧、斤斤计较的"下里巴人"。每一次嘉宾和当地乡民在集市上的交易，每一次对于农村屋舍事物的打量，每一次和村民的搭讪互动，看似热闹欢乐有趣的背后其实是城乡话语的无数次交锋和妥协，由于城乡阶层的分裂和流变提供给了人们更多的机会、想象、对立和隐喻，乡村对城市有着艳羡以及城市对乡村存在着向往，然而对于乡村的介入是人们往往是大摇大摆的，"百无禁忌"的，而如果一个人到城市，没有物质没有"关系"则是"寸步难行"。城市的受访者更容易以一种高姿态俯视和评判乡村文化，在被问到他们对农村生活和农民的看法时，诸如"条件不方便""不适应和不习惯""教育资源不行"等这样的词汇形容。SH 是出身于农村的一名创业者，经过几十年的打拼，已经小有成就，在城市买了车买了房，子女也在城市重点学校读书。谈到他的看法时，他不无感慨地说[①]："我也是农村出身的，能有今天的成就得付出多少艰辛啊。城市就是好，什么都有，子女上好的学校，受好的教育，城市里有机场、火车站，出行干啥都方便。我老家是 ×× 的，经过看了看，几十年了还是那样落后，都出去打工了，村里基本都是些老人孩子了。不过现在打工也难，想留到城市现在哪有那么容易。"

同样，在山东海岛这一期节目里，极力刻画了一个留守老人的村庄。由于村里年轻人都外出打工了，这帮来自都市的大明星们不得不临时客串起来"村里人"对他们进行关怀和帮助。就像一位农民大姐 RE 说的[②]："农村再好也没有城市好，农村里没大学，没商场，没工作。不出去你就只能种地，现在粮食又不值钱，娃娃不好好学习就只能出去打工。城市机会多，工资也给得高，我们这里有个娃娃大学毕业后就留在了北京，嫁了个有钱人家的娃娃，现在过得挺好，爹妈也经常去北京帮着带娃娃。"

如果说农村人渴望改变身份，融入城市是一种奢望，而城市主人公对乡

---

① 受访者 SH，男，51 岁，高中学历，个体商，有两子，访谈时间 2017 年 8 月 26 日下午，访谈地点 SH 经营店内。

② 受访者 RE，女，48 岁，育有两子女，农民，小学文化，访谈时间 2017 年 9 月 1 日，访谈地点在 RE 家中。

村的遐想只不过是一种消费的体验，就像田亮在哄女儿入住时就说到"我们是来这旅游的，旅游一下下就回去了"。乡村意象只是城市主人公的一种文化趣味的体现，更是一种供大众消费的影响符号。颇具讽刺意味的是城市人物客串为农村人去体验和捕捉乡村的市井文化这本来就难以脱离地域的视角，用城市的价值观去评判农村事物的好坏伪劣本来就是一种虚伪和不公。城市文明以一种优越的姿态对乡村文明进行居高临下的俯瞰和判断①，最终导致了乡村话语的边缘化。

阶层分化，是中国乡村巨大的伤痛。该节目通过多面多点的镜头为我们展示了具有内在性的广阔的中国乡村现实图景，展示了在当代中国社会变迁中乡村的文化状况、物理形态、情感心理。在工业化浪潮下的现代性追求中，乡村的变与不变，在节目中都得到了完美的陈述，但在更深层次的意义上，则体现了城市在话语权上的控制地位。城市的霸权无处不在，大众媒介的传播从本质上仍然是遵循着城市话语的强势逻辑，以"现代性"作为价值标尺对乡村话语所做出的"矮化"判断，反映了城市既得利益集团对其社会资源的控制和维护。②城市话语无处不在，乡村话语日渐被边缘化。可以说在中国城乡发展的不平衡，是中国转型改革的必然结果，然而如何正面和全面看待中国乡村文化，让乡村文化从当前语境下"他者"文化回归到"本我"的地位，应当成为当前反思中国农村发展与改革的重要的课题。

（三）精英话语和大众话语：日常事件成为主流话语的"力量"隐喻

大众话语与精英话语的较量是当前电视话语的总体特征，"育儿和亲子"本是一种普通日常事件，但因言说者会因知识和语境的不同却会一石激起千层浪，能一跃而起扩展为一种主流话语，这正是大众话语与精英话语的巨大差别和微妙所在。

首先，节目利用精英身份来构建和表达议题。通过对"父爱""亲情"的表达和诠释、"家庭责任"的重新审视、"育儿"的实践和交流等层面向大众传递着这样一问题：父亲长期以来在孩子成长中是缺位的，育儿男人也有责任。为了达到这一效果，节目一方面巧妙运用了画面、声音、文字，搭建了整个故事的框架。以第一期节目为例，电视后期编辑时往往会根据嘉宾的表

① 贺艳：《传媒中的"他者"：浅析乡村话语边缘化现象》，《云南行政学院学报》2010年第3期。

② 贺艳：《传媒中的"他者"：浅析乡村话语边缘化现象》，第80页。

情附上相关的文字或是表情符号。譬如：Kimi 在不愿意将自己的玩具上交的时候，画面中出现了"不情不愿"的文字；林志颖听到摄制组说是跟他们开玩笑，他们并不是要住"蜘蛛房"的时候，画面中出现了很能体现情绪的"感叹号"。这样的设计，不仅是为了突出了气氛和效果，将不同的画面、音乐、文字等各种阐释性符号杂糅和组构在一起，很好地起到了补充语意、强化主题的作用，给观众以一种真实感，让观众立即进入角色，从心理上参与故事中。另一方面运用音乐烘托气氛。轻音乐的运用是《爸爸去哪儿》最大的特点，在轻松的时候播放的欢快的音乐，在悲伤的时候用的伤感的音乐，在愤怒的时候运用的恰当的音效。例如张亮在展示自己的厨艺时，画面上不仅给先出了很多拍手赞叹的符号，而且还配以"大长今""哈利路亚"等代表欢快庆祝的音乐，这些音乐的选择都强烈地体现了当时的情感，进一步烘托了节目氛围，使节目变得更加生动。而在第一期的节目最后，当由 5 组家庭共同演唱的主题曲播出的时候，会将受众的新鲜感与对下一期的期待程度延伸，轻松活泼的曲调更加强调了该档节目的亲近性。可以说通过精英的知名度、极大激发了受众的兴趣度和关注度，而借助精英对故事主题的表达，如对"育儿"的期盼，则进一步满足了受众的求知、求新、求真的心理愿望。

其次，大众对精英话语进行了积极的解读。霍尔认为意义不是传送者"传递"的，而是接受者积极"生产"的。[①]费斯克认为受众是生产意义的"生产型受众"。[②]虽然精英们一直在演绎着大众的话语，但由于明星爸爸代表的并不是普通老百姓的日常生活，他们在照料孩子时的生疏笨拙、笑料百出恰恰反映了如大众所想象的他们并不是"正常"的父亲，而是通过摄像机和某种刻意的流程安排，是对大众日常亲子和育儿行为的一种复制。在受众认知方面，几乎所有受访者都表示首先关注了嘉宾身份，诸如"知名度""兴趣度""关注度""收视率""带动效应""广告效益"等词汇被频频提起。比如NE 在受访时提道：[③]"明星接近媒体的机会更多，人们对娱乐圈的事更感兴趣。"AF 说道：[④]"林志颖在我上学时就是我的偶像，假如普通人去演，不一

①　[英] 斯图亚特·霍尔，等：《文化、传媒、语言》，伦敦：哈钦森出版社，1996 年，第131 页。

②　[英] 约翰·费斯克：《理解大众文化》王晓钰，宋伟杰译，北京：中央编译出版社，2001 年，第 33 页。

③　受访者 NE，男，24 岁，大学生，来自农村，未婚，访谈时间 2017 年 9 月 2 日，访谈地点在 NE 公寓。

④　受访者 AF，男，23 岁，来自城市，受访者 NE 室友，其他同上。

定会看。"在谈到节目的真实性 BL 还质疑道①"我记得田亮的女儿哭成那样，田亮还能有耐心去哄，这也就是在节目中，实际生活中根本不可能吧？"对节目的真实性提出了质疑，更有像 CN 和 CD 直接说道：②"这好像是叫炒作，作秀吧，给明星宝宝做宣传……他们会通过这样的方式来进一步为他们的小孩的成长铺路、提高自身小孩的知名度。"PH 很淡然地说到：③"我首先想到的就是作秀，因为我儿子爱看，所以我有时也会被拉着一起看，没办法，明星演的东西，影响就是大。"所以可见无论从哪个方面都足以说明作为社会的精英人士他们会得到更多的社会资源的青睐，节目录制方会首先邀请明星而不是普通人，也是因为他们去演、去说有会有更大的传播效应和更广的影响范围。而普通人作为弱势群体，是没有这些机会去通过这些组织资源去表达他们的声音的，他们没有钱或者没有名。大众对精英的话语进行了积极的解读，但总是没有离开大众媒介设置的对话框架和精英话语的范畴。

"在文化工业操纵下的媒介领域中，媒介文本的解读同样需要受众积极的解码与甄别。消费主义所传递的认同与媒介产品丰富的符号象征系统建构了受众所处世界的意义指涉。媒介产品的编码可以说是一系列符号体系的确立，而其背后则隐含着表达媒介控制权力的话语系统。"④也许大众更关注的是谁在说，而不是说了什么。《爸爸去哪儿》正是向我们揭示了这一组两元话语背后的"力量"的较量：不同的利益群体为维护阶层利益并在社会资源分配中占据主动权，通过媒体来"扩大声音"，成为话语权争斗的主要方式。但是，由于数量规模、社会地位、资源占有、整体素质的差异，不同社会阶层话语表达的意愿、渠道差异较大，于是所形成的社会声音存在强弱之分，代表精英（权贵、名流）的社会上层拥有较多的组织资源、经济资源和文化资源，比较容易行使话语权成为主流话语；而社会普通阶层，只拥有较少甚至不占有社会资源，他们的"声音"很容易被漠视，处于"失语者"地位，成为边缘话语和从属话语。

---

① 受访者 BL，女，35 岁，农民工，育有一子，高中学历，访谈时间 2017 年 9 月 3 日，访谈地点在银川某商场。

② 受访者 CN：女，37 岁，来自农村，服务员，初中学历，育有一子；受访者男，39 岁，CN 的丈夫，高中学历，驾驶员，访谈时间为 2017 年 9 月 4 日，访谈地点在二人租住的房子内。

③ 受访者 PH，女，48 岁，来自城市，中学老师，育有一子，大学学历，访谈时间为 2017 年 9 月 5 日，访谈地点在其亲戚家中。

④ 谢明香：《符号与权力：电视文化的"隐秘之脸"——电视文化的符号学解读》，《当代文坛》2007 年第 6 期。

正是利用精英的言说，利用大众对明星的崇拜，湖南卫视成功地将"育儿和亲子"这一日常事件塑造成大众话语，也是大众媒介和精英集团的一次成功合谋。

四、结语

对于日常事件的关注，对于传统领域和宏观社会问题的共同关注，也许是该档节目能吸引人眼球引起共鸣的一个重要原因。本文通过田野调查和话语分析，认为性别分工、城乡分化及社会分层等三组原因是导致受众节目认知差异的重要原因，这揭示了在荧屏内外不同话语主体的权力争斗和利益纠葛。同时殷切期望电视要发挥社会公器的功能，坚持新闻专业主义，关注重大社会议题和弱势群体，为不同利益主体提供平等交流的对话空间，为缩小文化隔阂，增进文化理解和包容发挥强效作用。

数字话语的媒介想象与互动

——以李子柒短视频为例

李如冰 *

（浙江大学传媒与国际文化学院，浙江杭州，310007）

摘　要： 数字媒体时代，人们面临图像大规模地生产与消费。媒介想象通过一系列思维活动，勾勒和连接图像，内化、重构符号表征系统，改变了我们看待世界的方式。本文旨在探讨李子柒古风美食短视频是如何建构出令人神往的乡村媒介想象，媒介文本的传受双方又是如何在数字话语中实现互动交流的。文章从文本、语境、行动和互动、权力和意识形态四个维度来分析数字话语中的互动交流。研究发现李子柒以日常生活实践为素材，在数字图像中介下，建构出"乌托邦田园"的媒介想象，在国际传播中，展现了中国印象的另一种可能。

关键词： 数字话语；互动；媒介想象；李子柒；短视频

一、引言

2018 年以来，随着短视频和直播平台的兴起，"网红经济"在国内市场迅速发展。数字媒体时代的技术赋权使得广大草根阶层获得了生产、制作内容的方便渠道。短视频研究报告显示，早在 2018 年中国短视频用户数量就超过了 5 亿人 ①，预计 2020 年短视频市场规模或将达到 600 亿。② 短视频因其丰

＊ 作者简介：李如冰，（1992—），女，河南南阳人，浙江大学传媒与国际文化学院在读博士，研究方向：新闻传播、媒介文化研究。

① 艾媒大文娱产业研究中心：《艾媒报告：2019 中国短视频创新趋势专题研究报告》，2019 年 9 月 15 日，https://www.iimedia.cn/c400/66047.html.

② 新浪 VR：《2019 年中国短视频行业研究报告：2020 年视频规模达 600 亿元》，2020 年 1 月 2 日，http://vr.sina.com.cn/news/report/2020-01-02/doc-iihnzahk1372987.shtml .

富多样、方便快捷的视听传播模式，低门槛、高互动、贴近生活的创作特点，让大批数字草根成了内容创作的主力军，涌现出了众多知名的原创视频博主。李子柒就是其中的典型代表。她的古风美食短视频记录了自己煮饭、酿酒、烹茶、染布的日常生活，营造出了一个远离现代社会、返璞归真的世外桃源。不论是媒体文本中描绘的浪漫乡村生活，还是她本人呈现出的坚强独立、勤劳肯干、多才多艺的美好女性形象，在国内外都收获了大量的粉丝。仅在微博上，李子柒就有超过两千万的粉丝，海外的 YouTube 频道也有 940 万订阅者。作为一个有着广泛影响力的自媒体，李子柒用个体传播力弘扬了中国传统文化和非物质文化遗产，获得了主流媒体的关注与报道。白岩松在《新闻周刊》节目中认为李子柒在"面向世界的传播当中，没什么口号，却有让人印象深刻的口味，更赢得了一个又一个具体网民反馈回来的口碑，值得借鉴"。

如今，世界范围内的信息正经历着从文字语言向视听图像传播的巨大转变。话语的范围早已超出了单一的语言层面，向多维度多模态的方向发展，在互动交流的过程中完成意义的传递。数字媒体作为联通媒体内容生产者和消费者的桥梁，在传受双方意义编码和解码过程中起到了十分重要的中介作用。本文旨在探讨李子柒古风美食短视频是如何建构出令人神往的乡村媒介想象？媒介文本的传受双方又是如何在数字话语中实现互动交流的？

二、数字话语中的"田园乌托邦"

如今，人们面临图像大规模的生产与消费。数字图像中介虚拟与现实，极大地影响着我们感知世界、开展实践活动的方式。媒介需要借助符号系统、表征活动，推动意义的生产。霍尔的文化研究理论认为意义是被表征的实践和"运作"产生出来的，是经由意指（意义的生产）实践而得以建构的。[①] 媒介表征可以通过两种方式参与意义的产生：一种是反映现实，另一种是建构现实。[②] 媒介表征揭示了如何创造意义和建构整个符号系统。[③] 在不同的文化语境下，媒介表征会反映出特定的权力关系，意识形态和身份认同。

① ［英］斯图亚特·霍尔：《表征——文化表象与意指实践》，徐亮 陆兴华 译，北京：商务印书馆，2003 年，第 28 页。

② Shani Orgad: Media *Representation and the Global Imagination*，Cambridge: Polity Press，2012，pp.47.

③ Mirela Arsith: Communication and Advertising in the Sphere of Social Imaginary，*Comunication*，vol.9，no.1，（2015），pp.5.

外部世界的视听图像传达的信息通过观看、收听、感知等接收行为，进入受众大脑内部的想象空间重新编码。想象力通过一系列思维活动，勾勒和连接图像，内化、重构了符号表征系统的各种关系、形式、顺序和规则，改变了我们看待世界的方式，建立了新的社会秩序，调节我们与自我，与他人，与世界的关系。① 这种图像化的意义重组，往往带有强烈的个人主观能动性，结合自身的知觉体验、身份地位、个性特征、生活经历、文化背景，对外部现实进行投射。此外，想象还会通过媒体的中介作用，将个人层面的图像、意义和符号表征转变为社会的共同想象。媒介想象绝非个体化的表达，而是个人和集体思维、感觉之间谈判和互动的过程。② 媒体想象可以帮助人们从媒体传播的角度来思考世界。媒体想象是社会想象的组成部分，而社会想象也可以整合到媒体想象中。各式各样的传播渠道，如微博、微信、Facebook、Twitter、YouTube 等社交平台，不但可以提供丰富的数字媒体资源和广阔的交流场域，还可以跨越时空距离，建立面向全球的跨文化媒介想象，促进国际文化的互动交流。

社交媒体上大量的 UGC 短视频，主要以描绘内容创作者的日常生活为主。日常生活是社会现实世界的基础，媒体内容起源于日常生活，媒介想象也反映并建构社会现实。移动数字技术的发展让受众通过社交平台和网络社区，获得海量的知识、信息，拓展了人们体验日常生活经验的边界，重构了对现实世界的认知。

李子柒的原创短视频记录了她个人日常生活中的乡村劳动。无论是原材料的种植采摘，传统美食或工艺品每一步的制作流程，还是最终的呈现，都给人一种返璞归真之感。此外，一些展示花果繁茂的农家小院，四季变换的山中景色的空镜头，也给视频增添不少乌托邦的色彩。李子柒本人，凭借清新秀美的长相、古朴雅致的造型、"出神入化"的厨艺、独立自主的品性，建构了"完美女性"的人物形象。

考察李子柒在微博、B 站、YouTube 发布视频的评论和弹幕，发现民众媒介想象的话语往往依据自身的生活经验和文化语境，或是借用神话、故事和传说。《辛夷花》这一期，李子柒身披红色斗篷，策马寻花。B 站实时弹幕中，很多网友称赞李子柒是"仙女""神仙姐姐""女侠""东方教主"，甚至

① Shani Orgad: *Media Representation and the Global Imagination*，pp.90-93.
② Shani Orgad: *Media Representation and the Global Imagination*，pp.95.

有弹幕评论："感觉像是在《楚留香》游戏里面一样"，"真是陶渊明一般的田园生活"。视频中云雾缭绕、一路繁花的山谷，伴着笛音策马而来的红衣女子，形成了一套可为人们感知的符号系统和图像风格。符号以想象力为前提，具有将一物视为另一物，或者通过某物来理解自身的能力；媒介想象具有将某种不在场的某物或某一关系（知觉里从未被赋予过或者从来没有存在过）在场转化的能力。[①] 比如，视频播放到李子柒下马采花，就会有"我在现场，我是马鞍"之类的，通过话语层面强调"在场"想象的弹幕。还有根据李子柒红衣女子的装扮，关联想象不同媒介文本的互文性弹幕话语，如"小心陆振华"。[②]

图1 《辛夷花》B站视频弹幕截屏

　　李子柒虽然拍摄的是她的日常生活，从创作者或表演者的角度来看，不论是前期场景的选择、镜头画面的拍摄、背景音乐的配置，抑或整个视频的叙事逻辑都是经过精心设计的。戈夫曼认为："生活本身就是戏剧性的展现。"[③] 当观众和表演者达成共识，表演者让观众感受到这是真实的、真诚的或诚实

---

① ［德］克里斯托夫·武尔夫：《人的图像：想象、表演与文化》，陈红燕译，上海：华东师范大学出版社，2018年，第161—162页。

② 《情深深、雨蒙蒙》电视剧中经典人物剧情，红衣女子被军阀陆振华抢亲。

③ ［美］欧文·戈夫曼：《日常生活的自我呈现》，冯钢 译，北京：北京大学出版社，2019年，第58页。

的表演，是真情流露的表达，便可以被视之为"真实"的。[①] 德波多年前就批判景观社会越来越多的图像生产，颠倒了真实的世界。[②] 媒介技术发展到如今，虚拟和现实的边界早已变得模糊，媒介在中介建构社会现实中扮演着重要角色。媒介想象将现实世界和虚拟世界交织在人们的思想和实践中。数字图像源于现实生活，"乌托邦"的乡村田园想象也形塑了数字现实，影响人们对内部世界与外部世界的认知态度与相关的实践活动。

三、超越全球媒体想象的"他者化"陷阱

全球化以根本性的方式改变着社会的互动和交流。在地的媒介产品不仅在国内市场流通，还传播到世界各地，参与全球市场的竞争。全球跨文化传播的背景下，媒介产品生产者与消费者之间的时空距离在不同的文化语境、技术条件下，变得更加多样化。[③]

全球想象力是指想象力在遍及全球的社会空间内，形成对这个世界以及"自我"和"他者"认知的能力和过程。想象提供了一个概念，使各种意义符码、表征形式汇聚于一个象征性的空间：个人和集体的思维和感知在此相互表达、融合、竞争和挑战。在全球媒介传播语境下，想象力克服时空距离，利用媒体技术连接来自不同文化体系的各种符号资源[④]，使得全球的媒介表征、数字话语、潜在的文化传统都将在这一广阔的公共空间内碰撞、竞争、融合。

媒介文本在全球范围内的流动，意味着对其表征意义的解读越来越依赖不同地区的社会和文化背景。仅在一国话语之内研究媒体想象就显得过于狭窄和偏颇，因此，有必要超越国界，从跨文化的视角来探究数字媒体话语互动过程中意义产生的动力机制。

在跨文化交流中，霍尔指出了意义生产中差异的重要性，认为："'差异'之所以重要是因为它是意义的根本，没有它，意义就不存在。"[⑤] 人们需要将

---

① ［美］欧文·戈夫曼：《日常生活的自我呈现》，冯钢译，北京：北京大学出版社，2008年，第57—59页。

② ［法］居伊·德波：《景观社会》，张新木 译，南京：南京大学出版社，2018年，第5—7页。

③ Rodney H. Jones, Alice Chik and Christoph A. *Hafner Edited: Discourse and Digital Practices*, New York: Routledge, 2015, pp.1.

④ Shani Orgad: *Media Representation and the Global Imagination*, pp.90-93.

⑤ ［英］斯图亚特·霍尔：《表征——文化表象与意指实践》，徐亮 陆兴华译，第236页。

"自我"与"他者"区分开来，获得意义和民族身份的认同。在全球交流实践中，国家，性别，种族，全球南方和北方之间存在着复杂而强大的关系。认同在确立自身的合法性的同时，也制造了"他者化"的陷阱，而要解决他者化问题，必须反思认同、超越认同，回到主体间、文化间平等交流的意义上，建立人类交流共同体。[①]

YouTube 是一个会聚了全球注意力的社交平台。李子柒在其个人频道更新的视频收获了超高的人气和播放量。同一个媒介文本，在不同的社会文化语境中，虽有各异的解读，但也存在着人们共享的实践经验和价值理念。

一些海外网友认为观看李子柒的视频可以给他们带来平静、放松的情感体验。网友 Destiny 在观看农忙收谷这一期视频时，评论道："偶然发现了这个频道，我爱它，它给我带来平静。这个视频的质感、做饭时的声音，让我感觉好像在看 ASMR 视频[②]。"更有网友反馈："就算很少有对话，也可以大致理解视频的内容，像早期的无声电影，大家不会因为对话少而不喜欢它。看这个视频，感觉很治愈。"这种从生理、心理感知层面获得的媒介想象，脱离了在地化的媒介表征，从视频文本的整体观感和类似的媒介消费经验中实现了内容生产者与消费者，不同消费者之间情感意义的融通。

李子柒视频中呈现的中国传统农耕社会"箪食瓢饮"的生活模式，云雾弥漫山环水绕的乡土田园景观，让外国网友以为李子柒"像是带着五千年中国历史穿越到了现代"。外国网友虽然不甚熟悉这些带有本土化、民族化色彩的日常生活景观，但感觉置身于"网络农场游戏（Stardew Valley）"或是美好的"梦境""天堂"。对李子柒本人，国外的网友大多给予"美丽""优雅""勤劳""没有什么是她不能干的"的积极评价。甚至有网友认为李子柒是"中国当代的花木兰"，是"成龙、李连杰、灰姑娘和白雪公主的结合体"，"迪士尼所有的公主也不及她十分之一"。全球数字媒介话语的互动中，视频图像在人脑中经历个性化的意义重组，让原有的表征系统融合进各自的社会文化要素，从而形成丰富多元的全球媒介想象。

李子柒的古风美食短视频之所以在海外引起不同文化背景的观看者的共鸣，一方面在于视频中的生活方式、媒介景观与其日常生活经验存在巨大差异，激发了受众对"他者"的猎奇心理；其次，全球化的社交媒体平台，汇

[①]　单波、张腾方：《跨文化传播视野中的他者化难题》，《学术研究》，2016 年第 6 期。

[②]　ASMR 视频：Autonomous Sensory Meridian Response "自发性知觉经络反应"，受众观看 Youtube 上的 ASMR 视频放松解压。

聚了不同社会场域中触手可及的海量视听图像和文字信息，受众在各种语意符码、身份认同、意识形态、权力关系，以至深层社会文化框架的交流、碰撞中，会形成一种"倾听"的开放态度；再次，全球市场尤其消费文化中存在着巨大的共情空间；先有文化表达和生产的个人主体性，当个人的主体价值得到了尊重、承认和理解后，才有后面的市场空间，文化间的认知、沟通、理解与认同在全球传播市场中才能找到了落脚点。① 当数字图像信息进入个体内部的想象空间，受众会充分发挥主观能动性，保留"自我"和"他者"之"异"，结合相类似的实践经验、普世的价值判断，共同的人类情感，实现超越"他者化陷阱"的相互理解。

总之，李子柒以日常生活实践为素材，在数字图像产品的包装、中介作用下，一方面，通过一整套符号系统表征"乌托邦式的田园生活想象"，另一方面通过跨领域、跨文化的互动交流进行知识的生产、意义的传递，重塑社会权力结构、意识形态和话语权。本土化的媒介想象在与各国、各地区受众的话语交流中，不断丰富、扩展自身的内涵，超越不同民族文化认同的藩篱，寻求相互理解，建构全球化的媒介想象。

四、数字话语互动分析

数字话语重点关注传受双方互动过程中的意义生产，即生产者如何编码、消费者如何解码、二者之间的互动关系，以及意义的生产呈现什么样的变化。此外，数字话语旨在构建媒介想象、明确身份角色、厘清权力关系、推动知识生产。前文主要分析了李子柒短视频中数字话语如何建构全球和在地的媒介想象，本节将在理论框架内阐释内容创作者和受众，如何开展数字话语层面的互动与交流。

虽然前人的研究建立了很多话语分析框架，当代的数字传播中，视听图像为主的媒体文本和快速发展的媒介技术，给传统的话语分析框架提出了全新的挑战。Rodney H. Jones 认为数字媒体话语可从以下四个维度着手分析：②

（一）文本：不同的文本化技术如何组合各种符号元素，形成社会可识别的文本，用于执行各种社会认可的操作。

---

① 张毓强、庞敏：《生活日常的全球化与国际传播产业化路径的探索——关于李子柒现象的讨论》，《对外传播》，2020 年第 1 期。

② Rodney H. Jones, Alice Chik and Christoph A. *Hafner Edited: Discourse and Digital Practices*, pp.4.

（二）语境：数字媒介文本被构建、消费、交换和占用的社会和物质环境；

（三）行为和互动：人们处理媒介文本的方式方法，尤其是文本之间的互动模式；

（四）权力和意识形态：人们如何使用文本来支配和控制他人并创造"某种现实"。

本研究希望结合上述四个方面，分析人们在特定的社会语境下，如何使用文本进行互动交流，以及如何反映和再现某些意识形态和权力关系。

（一）文本

李子柒视频的主要题材是中国传统的美食和手工艺品的制作。视频中制作的食物一般会根据四季的时令来变换主题，应时应景，比如春天上山挖野菜、竹笋，夏季入莲塘采藕制粉，秋季熬秋梨膏、晒柿饼，飘雪的冬季也不忘为年菜添上一份四川特色的腊味。在拍摄她烹饪食物、打磨家具、穿针引线绣花的画面时，视频主要运用了近景特写镜头，通过视觉图像的放大作用，描绘刻画细节，吸引受众的目光，激发生理心理的感知共鸣；拍摄山中风景时，往往采用全景或者大远景的镜头语言，展现出乡村景观的诗意与朦胧。中近景镜头，则着意表现李子柒与周围的家人邻居、自然环境和谐共处的互动关系。

视频的背景音乐，以丝竹演奏的轻音乐为主，曲调悠扬婉转，既切合了古风美食视频的整体风格，也有利于让视频收看者舒缓、放松心情。除了背景音乐，视频中同期声的对白很少，给人一种水墨画里意蕴悠长的留白效果，言有尽而意无穷。全球化语境的传播中，这种少对白也转化为另一种优势，让海外受众跨越语言交流的障碍，直接从视听符号中获取表征信息。不论是在 YouTube 还是在国内的社交平台上，一些观众会为李子柒视频中高饱和度、清新明快的色彩风格所吸引。这使得其中的媒介景观，变得更加五彩斑斓，亦真亦幻，整体看来十分抓人的眼球。

李子柒视频的时常在五到十几分钟不等，虽然主题是制作美食、传承手工艺，但每个视频都呈现了一个完整的叙事。她的一系列视频都以外部视角进行拍摄，遵循线性叙事或者多重叙述时距的叙事节奏。[①] 视频的主体人物是

---

① 魏秋桦：《叙事话语分析下看李子柒短视频的田园生活图景建构》，《新闻研究导刊》2020 年第 1 期。

李子柒本人，是作为视频博主的李子柒在图像世界中运用各种媒介符号建构出来的一个社会角色。这个"无所不能的李子柒"也是广大受众无比憧憬的媒介想象。

上述符号要素共同构成了媒介文本的原始素材。当这些原始素材上传至社交网络平台，需要遵循一套社交平台的"游戏规则"，才能真正面向大众开始传播。用户生产的图像文本在平台界面上会呈现出更为丰富的话语信息。以 B 站为例，内容创作者有个人主页和作品列表。每期视频需要拟好标题、封面图、填写内容简介、添加标签，才能让视频更为精准地投放给受众、更好地呈现在网页或客户端上，吸引更多粉丝。微博，YouTube 也大同小异。

李子柒发布的视频，几乎每一期的标题和视频封面都是经过精心设计的：标题中加黑框"【】"，标注出本期主要内容的关键词，方便搜索；一句话的标题内容选择用第一第二人称的叙述视角，增强亲和力和接近感。李子柒的封面图一般会选择视频中最美、最具吸引力的一帧画面，这样会提高登上平台首页的曝光率。内容简介也具有故事性和趣味性。创作者还会针对主要受众群体的需求，给视频添加标签。标签可以在数据话语意义表达中发挥重要作用，使用户能够尽快发现最新的信息，传达对图像的情感立场、价值选择。此外，李子柒还会为海外社交平台上的受众配置英文字幕和简介。

不论是前期选题的策划执行，还是拍摄素材的视听语言包装，上线不同平台后对媒介文本的再语境化推广，都丰富着媒介文本的符号资源。这些要素不断地聚合叠加，使内容生产者在共享经验、专业知识、行业规范的框架下来生产媒介文本，进一步规范了 UGC 文本的市场规则，也为其进一步推进数字话语的互动交流、在地和全球媒介想象的建构打下了坚实的基础。

（二）语境

从媒介文本的生产语境来看，李子柒短视频爆火，离不开现阶段短视频、社交平台兴起的大环境。社交媒体平台缩短了人与人互动交往的时空距离，极大地降低了通讯的成本，操作便捷且个性化的技术服务，降低了专业内容制作的门槛，为用户提供了"自我展示"的广大平台。[①] 全民传播时代，每一个普通民众都可以成为视频内容的创作者。用户借助先进的媒介技术记录日

---

① 张志安、冉桢：《短视频行业兴起背后的社会洞察与价值提升》，《传媒》2019 年第 4 期（上）。

常生活，不仅是一种个体能动性的自我表达，更是一种数字媒介时代人与人之间互动交往的常态。同样不能忽视的是，李子柒独特的个人魅力、有目共睹的工作学习能力以及她远离城市、回归自然的现实生活环境。李子柒视频是在日常生活的展演中，为我们勾勒了一幅理想化的图景。

从媒介文本消费的语境来看，用户生产的短视频相较于传统的影视产品，具有短小精悍的特征，充满生活创意，娱乐性十足。这种媒介特性更适合快节奏的当代生活，可以填补繁忙的上班族碎片化的闲暇时光，满足其即时的娱乐需求。数字话语下的媒介消费，是网络社区人际交往的一种模式。全球性的社交平台，超越了时空的距离，极大程度地拓展了网络人际交往的边界，丰富了网络互动交流的形式。现代人工作生活中产生的压力和焦虑，对现实世界人际交往感到的寂寞和疏离，需要在数字媒介文本中排解情绪，治愈心情。不论是城市化的快速发展，还是自然生态的污染破坏，我们大多数人远离农村的乡土社会，远离原生态的自然环境，但不乏对李子柒视频中诗意栖居的乡村生活的向往。数字媒介文本可为我们提供一个乌托邦的媒介想象。全球传播的大环境下，社交媒体平台是一个开放的观点市场，媒介文本可在跨文化的网络公共场域内交流碰撞。

媒介想象和数字话语中的互动交流，是建立在数字媒介生产或是消费的语境之上的。

（三）行为和互动

数字话语是一个传受双方互动的过程，不仅指传者和受众的话语互动关系，还包括受众之间的互动交流。

传播者和受众的互动交流中，数字媒介文本是中介物，具有内在的互动性，其意义时常进行跨模式、跨组合进行传播。制作者会在视频文本上添加互动性的设置，比如以内部视角拍摄的视频中，创作者时常会在视频结尾向受众征询下期节目主题，并以某主题的视频文本作为对受众需求的回应，使得数字话语互动模式在言说的口语和视频之间转换。李子柒的视频中，虽然从外部视角来拍摄，但她在标题用语的选择上保持一种开放询问的亲切态度（例：《我就问你，下雪天不吃火锅吃啥》），视频内容的简介，也娓娓道来，如老朋友一般向受众详细阐释视频制作的过程。在评论区，李子柒也经常主动与受众留言沟通。这种强烈互动意愿的话语表达，结合视频文本的符号系统，很容易激发受众的代入感和共情心理，影响媒介想象的意义建构表达。

社交媒体平台会给用户上传的数字媒介文本设置"转发、评论、点赞"的功能。"转发"将数字媒介文本传播分享至更为广泛的网络社群，让更多的潜在受众群卷入这一传播行为之中；选择点击"喜欢"或是"不喜欢"是社会互动中最简单、快速的"态度反馈"行为。评论和回应往往都是参与者语言文化背景或者个人生活经历的投射。虽然评论区内不是实时聊天的模式，但一些热点话题或者优质评论会让身处不同社会文化语境的受众聚集于此自由发表意见观点；多人针对某一评论的链式回复讨论，会让受众互动交流的深度、广度有极大提升；此外，微博是一个可以进行图片评论的社交平台，让受众的情感、态度、观点可以用多模式、互文性的数字话语进行表达。

视频弹幕作为一种打破时空界限①的动态评论场，直接将视频文本与用户观看视频即时发布的评论整合于一处，所有参与者互动交流的弹幕，都将随着视频文本的播放一起呈现在用户面前。不论用户发布弹幕与否，他参与"观看"弹幕互动全程的行为，就已经被纳入了弹幕的互动交流之中。

在众多视频创作的类型中，专门有人做内容反映类的视频，即观看某一视频博主的内容，记录自己真实的反馈与评价。这类视频，将个体化的态度、情感、评论扩大化、精细化，把"反馈"本身做成了"内容"进行传播，吸引了更加广泛的受众群体，参与互动交流。在跨文化传播交往中，往往可以从一些外国人观看李子柒的反馈视频中发现话语层面的深层差异。

社交平台界面的交互性设计，划定了创作者和用户如何在这一数字媒体空间内进行互动交流，如何对他人的内容、评论做出响应；受众在网络媒介空间的人际互动交往的模式，也会随着数字技术的发展，变得越来越多样化。

（四）权力和意识形态

数字媒体技术的发展，让普通的民众获得了在网络公共空间自我展演的机会和平台。虽然全球社交平台对多元文化抱持一种多元开放的共情的态度，但跨文化传播中的数字媒介文本，在不同的意识形态领域存在文化深层结构的差异以及各种各样的偏见，从而导致海外受众对创建文本的含义完全不同的理解。一些不是特别了解中国文化、中国社会的海外受众，可能会将李子柒营造的"田园乌托邦"误认为是中国乡村社会的现实。

---

① 胡智峰、邓秋实：《弹幕：互联网时代文艺评论的价值延伸》，《未来传播》2019 年第 3 期。

　　然而，数字技术的事实是意识形态假设和社会关系不仅被刻在文本中，还经常被淹没在文本表面之下的算法中，并从根本上影响我们体验世界的方式。[①] YouTube 等视频网站首页的推送，是大数据分析用户偏好精准投放的结果，因此，用户所接触到的数字媒介产品，也是潜藏着的社会文化、意识形态、身份认同等结构性框架选择的结果，形成被算法悄无声息掩盖的文化区隔。

　　不仅如此，数字媒介建立起公私领域的沟通桥梁，模糊了公共领域和私人领域的边界。当前，用户生产的内容绝大多数以展示个人日常生活为主，大量私人领域的事务被呈现在公共媒介空间中，成为数字媒介市场中的消费品。从李子柒的视频得到我国主流媒体关注评论，可以看出非官方、自我呈现的媒介文本开始被纳入我国对外传播的话语中，与传统国家层面的传播实践形成呼应。

　　五、小结

　　在全球数字传播的场域中，李子柒在日常生活实践的基础上，通过媒介文本的中介，建构出一个"乌托邦田园"的媒介想象，在国际社交平台上，展现了中国印象的另一种可能。传递中国普通民众的声音，需要重视跨文化传播语境中意义、表征的变化，不断促进数字话语层面的互动交流。

---

　　① 　Rodney H. Jones，Alice Chik and Christoph A. Hafner Edited: *Discourse and Digital Practices*，pp.11-12.

阿联酋华人群体与中国国际话语权的建构

韩小锋*

（陕西师范大学中国西部边疆研究院，陕西西安，710062 ）

摘　要： 有关话语权的论题，已成为中国与外部世界沟通中的一个重要内容。在 21 世纪的今天，随着中国国际地位的不断提升，外部世界对中国的评价呈现出多样化的特征。就中国与阿拉伯世界而言，中国如何向阿拉伯世界讲好中国故事、阐释自身的发展道路和模式，这不仅需要政府和民众的共同努力，更需要那些身居阿拉伯世界、熟悉和了解当地社会文化的各界人士立足于当地社会语境，向他们阐明中国以及中国发展的历史和现实。本文以话语权为视角，结合对阿联酋迪拜华人生活的田野观察，探讨他们在阿联酋社会舆论界、学界涉华议题中的话语作用，以期为在整个阿拉伯世界中构筑中国话语提供经验基础。

关键词： 华人群体；阿联酋；话语；中国

一、阿联酋华人话语的受众对象及话语平台

话语，是行为主体自我表述的权利与获得认可的实力的综合体，同时它也是当前全媒体语境下，国际国内、线上线下、虚拟现实等界限愈益模糊情形中对传播和接受关系的一种处理。[①] 尽管话语权在政治、外交、经贸及文化等各个领域都有所体现，但它在本质上反映的是国家实力在国际社会中的博弈。

随着中国综合实力国际排位的不断上升，中国影响世界的能力及国际话

---

* 作者简介：韩小锋（1989 —），男，宁夏海原人，陕西师范大学中国西部边疆研究院博士研究生，研究方向："一带一路"与阿拉伯国家社会文化。

① 陈志勇：《牢牢掌握全媒体时代意识形态话语权》，《光明日报》2019 年 11 月 27 日，http://www.xinhuanet.com/politics/2019-11/27/c_1125279398.htm。

语权的分量也有了显著提升。在国际交流和国际事务中，中国往往成为西方主流媒体话语中颇受争议的讨论对象，而中国缺乏他者话语中对中国的正面表述。就现阶段的发展来看，中国与外界的国际关系仍然避不开西方国际话语权的影响，而加强和提升中国国际话语权的意识和能力，对于平衡西方话语权的影响至关重要。因此，对于仍处于发展中国家的阿拉伯国家来说，如何认识中国发展道路及中国所提倡的人类民运共同体概念的解读，不仅对于中国与阿联酋之间的良好关系的发展、中国在阿拉伯海湾地区乃至整个阿拉伯世界的话语影响都有着非常重要的现实意义，而且对国际社会质疑和挑战"一带一路"倡议也是一个有力的回应。阿联酋的华侨华人作为连接中国与阿联酋的桥梁和纽带，在中国与阿联酋关系的发展进程中发挥着积极的建设性作用。自1984年中国与阿联酋建交以来，两国友好合作关系发展顺利。阿联酋已发展成为中国在阿拉伯世界最大出口市场和第二大贸易伙伴。特别是近年来，随着"一带一路"的发展，中国与阿联酋的关系呈现全面、快速而深入的发展势头，在国际和地区事务中的相互支持与配合亦愈加紧密。与此同时，阿联酋的华侨华人亦不断通过报纸、杂志及互联网等网络媒体平台，向阿联酋政府和民众介绍有关中国的历史文化、风土人情及发展现状，并以中国与阿联酋的共同发展、共享繁荣为旨要，努力向阿联酋社会阐释中国。通过中国与阿联酋共建"一带一路"的重要契机，消解中国在世界范围内的负面形象，构建中国自己的国际话语权意义重大。阿联酋华人的形成主要包括三个部分：一是自中国与阿联酋双方建交以来赴阿联酋工作的外派人员，他们的接触对象主要以当地政府机构为主；二是民间自发赴阿联酋谋求发展的华人移民，包括20世纪中后期赴阿联酋经商的台湾、香港及20世纪80年代改革开放后赴阿联酋工作的大陆华人移民；三是近些年以来，旅居阿旅游的华人游客。以上三个组成部分在不同层面上发挥着对当地政府和民众的舆论引导作用。他们的存在和身体力行有助于当地社会对于中国政策和中国文化进行整体意义上的考量和认知，同时也有助于中国政府和民众对阿联酋（甚至整个阿拉伯世界）社会的认知。这些生活在当地社会中的华人，极大地拓展了中国与阿联酋双方对彼此的认知空间。当然，除了上述华人群体之外，还有那些身具多重文化背景的华侨华人，尽管他们政治身份和认同立足不同，但他们的文化身份和集体意识与中国有着千丝万缕的联系，难以割断。[①] 因

---

① 吴前进：《海外华人学者与中国国际话语权的塑造》，《国际关系研究》2015年第2期。

此，他们共同构筑了当地社会中中国话语模式。

（一）华人话语的受众对象：阿联酋政府与民众

华人身份使得他们比"他者"更了解中国。这种文化特性使得他们能够在海外社会以不同身份来表述和阐释他们认知中的中国。换言之，作为中国话语的表述者和传播者，在当地社会长期以来受西方话语影响的情形下，为当地社会了解中国提供了另一种视角。例如，中国与阿联酋在建交之初，诸多方面面临着沟通上的短缺，而香港人①在迪拜的经商增补了当地社会了解中国的信息。而来此工作的华人移民和旅居此处的商贾游客，更是拓展了当地社会对中国文化多样性的进一步了解。一些早期旅居于此的华人，通过不断努力，为中国与阿联酋之间的文化交流起到了很好的桥梁作用。②尤其需要指出的是，在当前全球面临新冠肺炎影响的情况下，生活在阿联酋的华人向当地社会阐明中国社会现状的同时，积极配合当地政府关于疫情防护的工作要求。为了进一步加强疫情管控工作，阿联酋政府宣布于 2020 年 3 月 17 日起暂时中止大部分入境签证的发放，同时呼吁居住于阿联酋境内的所有人员做好防护工作，多备生活用品、减少外出。在当地政府的号召下，中国温州超市（Wemart 钟楼店）积极配合，不仅对所属员工进行了及时有效的防疫培训，而且对所售食品也进行了积极的配备。此举获得了当地政府的高度评价，并且被迪拜政府的食品安全部评为 A+ 级健康安全企业，这也是迪拜政府在食品安全上的最高评价。当地政府的积极反应，对当地民众而言，是一种正面的引导，这对于传播中国良好形象意义重大。因此，在一系列关于中国事务的方面，华人身体力行，为当地社会展示了在地华人的积极态度，也为国际上关心和关注中国的社会人士提供了一个观察视角。他们的言行，对于住在国乃至整个世界，都是中国在国际社会中良好形象的展示，而他们的话语对象，除了当地社会的政府和民众之外，还具有了阿拉伯世界乃至全球的受众和话语平台。

（二）华人的话语：构筑两个世界的交流通道

现代社会中的话语平台呈现多样化特征。不同的地域空间对于话语的表

① 此信息来自阿联酋迪拜华人创办的《迪拜人杂志》。

② Yuting Wang, The Making of China's "Good Muslims": From Middleman Minority to Cultural Ambassadors，https://www.jstor.org/stable/10.2307/26535094.

述也会产生不同的影响。① 以网络媒体和出版物等为主体的话语平台，在来源地与移居地之间的话语表述，或多或少都会发生一些改变。就旅居阿联酋的华人而言，他们所开办的各类杂志或网络平台，其读者或观众不仅有华人，还有当地社会民众，甚至包括生活在阿联酋的其他国家的人群，与中国国内相比，读者的国际化特征尤为明显。因此，很多华人利用参加当地各类社会活动的机会，传播中国社会在中阿社会文化异同点上的看法，主动构筑两个世界之间相互交流的通道。例如华人所创办的《华人咨询周刊》《迪拜人传媒》等杂志，自创办以来，不仅为华人提供当地社会相关信息，而且也成了当地社会了解中国的窗口。随着中国与阿联酋之间经贸关系的拓展及人文交流的深化，华人在当地多个层面上较为充分地实现了话语表述者的权利。这也反映出了中国在当地社会中的话语权的提升。

21 世纪以来，伴随着中国综合国力的提升，海外华人的社会地位也得到了提升。与此同时，华人社会地位的提升又促进了中国话语在海外世界的传播和扩展。那些生活在阿联酋境内的华人，对此有着深刻的体会。正如一位"老迪拜"② 所言："中国与阿联酋是好朋友，阿联酋也通过自身的实际行动来践行自己敞开胸怀，拥抱中国的承诺。阿联酋愿意成为中国的'阿铁'。"③ 类似的感受，对于生活于此的华人而言，并不是特例。它是一种常态化的体会。很多华人直言，整个华人群体在当地取得的成就，与中国的崛起有着直接的关系。放眼世界，中国在世界舞台上的地位和影响力日渐上升，外界社会对中国的关注和兴趣也日益浓厚，生活在国外的华人构成了国际社会了解中国的信息来源。他们在不同场合表达着中国与世界的相互关系，也阐释着中国的发展理念。

二、华人话语在阿联酋社会认知中国过程中的作用

移民社会本身就透视着其对自身文化深层含义的表述。身为中国海外移民的华人，是世界了解中国的一股非常重要的力量。他们活跃于住在国社会的各个领域，与住在国社会各阶层都有着广泛的接触和直接的交流。他们的

---

① Theo van Leeuwen, *Discourse and Practice: New Tools for Critical Discourse Analysis*, New York: Oxford University Press, 2008, p. 89.

② 这是生活在阿联酋的华人对于那些于 20 世纪 90 年代以来旅居阿联酋的华人的称谓，也是一种时间层面上的资历证明。

③ 信息来自 2020 年 3 月 4 日，笔者与一位资深"老迪拜"的谈话。

职业结构、知识框架对于住在国的社会精英及普通大众了解中国，有着难以替代的作用。

（一）丰富中国信息，讲述中国故事

自中国人旅居阿联酋至今的半个多世纪以来，华人在阿联酋社会中的身影越来越多。华人在阿联酋的贸易工作，不仅为他们积累了很多财富，而且也扩大了华人的社会活动范围。自 2004 年中东最大的中国商品贸易集散中心——龙城商务中心（简称"龙城"）正式在迪拜开业以来，以龙城商务中心为主要活动区的华人社区在阿联酋社会得以形成。华人社区的形成，促进了当地社会对中国的了解。同时，以华人社区为主体的商业活动成为当地社会经济发展的一个组成部分。龙城作为迪拜国际城建设规划的一个组成部分，其呈现出的活力是显而易见的。它不仅是带动国际城其他商业活动的重要组成部分，而且兼具整个国际城运作的指挥中心。龙城商场里面陈列着各类中国商品，吸引着阿联酋境内以及周边国家居民前来选购。从文化展示层面来看，这里不仅是中国文化或者华人自我展示的场所，而且还是多种文化交融的场所。在这里除了中国商品以外，还有来自印度、巴基斯坦及阿拉伯人所经营的餐厅，各类饮食显然构成了龙城内部丰富的生活景观，为这里工作及购物的人们提供便利的同时，也促进了不同人群之间的交流互动。龙城在当地社会中已经成为一种地标式存在，假若我们去回顾它的历史，就会深刻体会到这种地标式存在，对宣讲中国故事，有着极其重要的作用。而且伴随着中国与阿联酋双方经贸关系的发展，中国与阿联酋双方的合作关系进一步深化，建立战略伙伴关系、达成互免持普通护照公民签证安排、签署政府间共建"一带一路"谅解备忘录等 ① 合作事项，为阿联酋了解中国提供了更多的机会，也为中国走进阿联酋社会打下了良好的合作基础。得益于上述协议，每年都有大量中国游客、商人进入阿联酋社会，或经商，或旅游。这进一步促进了阿联酋社会对中国的了解，因为在阿联酋社会中任何关于中国的信息都意味着当地社会对中国认知的拓展。

此外，华人通过与当地政府间的协商，在当地社会中展示中国文化，增加了当地社会的中国印象。比如，2020 年初阿联酋迪拜当地政府参与举办的

---

①　https://www.fmprc.gov.cn/web/gjhdq_676201/gj_676203/yz_676205/1206_676234/sbgx_676238/。

中国年春节巡游活动中，不仅有来自中国各地的华人群体，也有当地政要和普通民众的参与。华人群体通过类似的社会文化活动，不仅展示着丰富多彩的中华文化，而且还向阿联酋社会讲述着中国与阿联酋之间的友好交往故事。华人作为联系当地社会各界与中国的纽带，他们的言行举止往往会成为当地政府及普通民众认知中国的影响因子。阿联酋社会有关中国的认知和话语表述，除了与中国的国际地位的变化有关之外，还有赖于华人群体在阿联酋社会的人数的增多以及他们参与当地社会活动的整体状况。生活在阿联酋的华人对当地社会有着更为深入的了解，他们能够更为主动地参与到中阿交流的各项活动之中。总之，他们通过参与当地社会活动，积极向当地政府与民众介绍中国，努力为当地社会呈现一个立体的中国，进而在当地社会中不断构筑着中国话语。

（二）为解析中国问题提供多种考量

需要指出的是，华人在为他者推介中国的过程中也在为中国国际话语的塑造提供多种思考和分析。移民作为一种社会现象，其本身自然地带有来源地的文化概观。中国提出的"一带一路"倡议将持续增加中国与阿联酋之间的紧密度，也将吸引越来越多的中国企业走向阿联酋，走向阿拉伯世界。作为话语表述者的华人群体，不仅是阿联酋政府和人民了解中国发展动向的信息渠道，而且也向中国政府部门和学界人士提供发展思路和参考案例。生活在阿联酋的华人对中国与阿联酋之间的经贸发展和社会文化交流提供了许多切实可行的案例。他们通过观察当地社会发展状况，运用自身的经验积累，积极参与到双方经贸活动和文化交流之中。在这些华人群体中，具有相关领域专业知识背景的经济学人和文化学者，他们运用所学知识，为中国的发展建言献策，为当地政府认知中国提供研判。生活于此的华人，他们共同构成华人社会中值得重视的话语力量，反馈中国在阿联酋社会方方面面的成果与不足，促进中国相关领域的适时变革。换言之，许多华人在不同社会领域、不同族群之间的生活经验，为他们提供了运用比较方法来反观中国的视角，这丰富了中国政府和学界认知阿联酋的政策理论和实践探索，拓展了中国与外界交往的思维方式和视野格局。

职业地位与中华文化的血脉联系使得华人群体往往成为国际舆论界涉华议题中不可避免的话题，当然，这也映射出了华人所具有的话语影响。阿拉伯世界向东看关注中国，中国需要向西看了解阿拉伯世界，需要提升自身在阿拉世界中的话语地位。在当前世界受西方话语影响的国际大环境下，阿联酋的华人群体发出的话语不仅有助于展示和平中国、责任中国的形象，同时也有益于中国与其他阿拉伯国家关系的深化与发展。当然，华人的话语并非都会被当地政府或中国政府所认可，因为地域空间的不同，一些话语在两个国家之间的转换也会发生变化。但不管怎样，任何一个走向富强、展现自信的国度都具有海纳百川的气魄。作为国际社会中一支不可忽略的民间力量，阿联酋华人群体会日渐成为当地社会和中国所重视和关注的对象。

三、华人话语推进了阿联酋社会对中国道路的认同

"以中国文明史为纵坐标，以全球化进程为横坐标，在横向和纵向比较中审视中国道路和国际话语权之间的逻辑关系，不难发现中国道路的独特魅力、历史底蕴和普遍价值。"[1] 中国道路的发展经验和模式，既是对全球化浪潮的回应，也是立足于中国社会的实事求是。国际外部环境的影响和自我内生性的创造力，使得中国道路成为世界关注的焦点，而这种关注也促进了中国国际话语的发展。西方发达国家的强势华语对同为发展中国家的阿拉伯世界和中国而言，有着难以可避免影响。同时同为东方社会的中国与阿拉伯国家，长期以来都处于西方话语的表述之中。这种被表述的历史延续对于中国国际话语的深度和广度都产生了极大的影响，对阿联酋话语也有着同样的影响。因此，提升中国话语在阿联酋的发展，有助于提升中国话语的世界地位。

首先，根据不同国家地区定位中国道路，有效提升中国的国际话语权。话语内容的认同直接关乎着话语传播者的形象与地位。因此，根据不同国家、民族的特点，相应调整话语内容，引导和规范话语传播者的言行，积极消解交往双方在文化和理念上的差异，改善并增强中国道路在当地社会中的认同。对于中国而言，在当前国际话语体系中的话语资源尚有不足，中国需要与第三世界国家之间构筑话语联盟，与话语弱势国家之间形成一致性话语，以推动彼此在国际社会中的话语发展。在中国与阿联酋的交往过程中，中国见证着阿联酋的繁荣发展，阿联酋也目睹了中国的锐意进取。中国话语在阿联酋社会的在地与生成，便是在这种友好交往的过程中逐步实现的。而生活在阿联酋的华人群体则是两者交往发展的共同见证者，也是当地社会中中国道路

---

① 王军旗、徐亮：《国际话语权视域下中国道路的世界意义》，《南京政治学院学报》2016年第 6 期。

经验的传播者，在化解双方相关领域的矛盾分歧、对于改善话语对象的中国认知和增强其对中国道路的认同方面发挥着积极作用。

其次，华人的社会互动，促进了民心相通，也普及了有关中国社会状况的基础知识。互动了解不会在短时间内就能实现，而是一个"日久"见"人心"的过程。阿联酋通过居住于此的华人了解中国，经历了一个较为长久的历史时段，华人对阿联酋的了解也同样伴随着他们的生活经历，日渐深入。据一位"老迪拜"回忆："17岁的时候我随家人一起来迪拜经商，那个时候的迪拜，很多地方还是荒滩。不过那时候来迪拜的华人还不是很多，除了公派人员外，像我们这种个体户，在迪拜是不多见的。由于人数较少，当地人对华人还充满着新奇感。所以那时候，我们跟当地人也多有来往。我认识的一个在当地警察局的工作人员，时常邀请我去他家做客。每次我们去他家，他都会很热情地招待我们。那时候，我就感觉阿拉伯人很好客，他们的好客会让你有时候都觉得很是难为情。我记得有一次我跟我母亲去当地一家阿拉伯人家里做客，去了之后发现他们家柜子上有一个匣子，做工很精致，我就多看了一会儿。没承想，走的时候，人家竟然给我把那个匣子都打包好了，非得要送给我。现在想想，我仍然不觉得他的好客只是单纯地表达自己的好客之心，因为我后来也给他送过一些礼物，但每次他都不会让我空着手回家的。当然，我也会常请他去咖啡馆喝咖啡。其实，那时候的中国人，挺受欢迎的。当然现在更受欢迎，因为现在的中国跟以前不一样了，综合实力比较强了。我个人觉得，阿拉伯人（当地人）现在对中国的了解越来越深入了，尤其是最近几年以来，中国和阿联酋之间的各种贸易往来和文化交流越来越多，他们能够看到的中国东西也越来越多，最主要的是他们能够接触到的华人越来越多了，所以他们通过华人看中国也就更具体了。要知道，阿联酋生活着二十几万的华人。华人，对于中阿（联酋）之间的发展，贡献不小。"① 的确，华人对于中国和阿联酋之间的人文交流、经贸往来等发挥着重要作用，同时，他们也是阿联酋社会民众认识中国的一个窗口。

2019年12月27日，在全球侨领联合会迪拜分会参加了位于阿联酋沙漠小城乍得市的慈善活动，并为一些孤寡老人和孤儿送去了爱心，此举受到了当地政府及居民的热情欢迎。② 事实证明，交往双方越是深入了解，越会容

---

① 信息来自2020年2月20日，笔者与一位"老迪拜"的谈话。

② https://www.dibaichina.com/thread-416848-1-1.html。

易达成话语表述上的认同。当 2020 年 1 月以来的新冠病毒逐渐成为一个全球性的挑战时，中国受到了来自部分外部世界的质疑和误解。而阿联酋在其地标式建筑——迪拜哈利法塔上以灯光展示着"武汉加油，中国加油"的标语，向世界宣传中国，向生活在自己国内的所有民众传递着关于中国的信息。这也进一步说明了中国生存和发展的外部环境的复杂性，同时也说明了传播中国话语，提升中国国际话语权，要注重与发展中国家的联合发声，通过第三方让世界各国更深入地了解中国，扩大中国国际话语的影响力。

总之，中国与阿联酋在强化经贸交往、人文交流的同时，充分考虑在阿华人的各种因素，综合考量华人群体宗教、民族、迁移时间、教育、居住国的相关政策等因素。① 以国家之间的文化交流为纽带，通过官方渠道的合理沟通和住在国华人的积极参与，拓展中国与阿联酋之间的对话内容和范围，阐释中国道路的价值体系和世界意义，有利于中国话语在当地社会中获得积极的反馈，增强中国话语在整个阿联酋的广泛认同。

四、结语

长期以来，阿拉伯世界深受战乱、动荡之困扰，国际政治权力斗争在阿拉伯世界不断上演，其内部社会各种势力交错，其社会经济和社会文化资源亦多遭破坏。从某种程度上来说，阿拉伯世界已变成国际政治话语权的"较量"之地。中国如何在阿拉伯世界讲好和平发展、共享繁荣的中国故事，除了自身的综合实力之外，无疑还需要借助生活在当地的华人社会的民间力量，他们在住在国的社会活动对塑造良好的中国形象有着重要影响。分析华人在中阿经贸、文化等领域中的作用，认识华人在向当地政府和民众传递中国信息时所面临的来自西方话语的诸多挑战。比如，在当前中阿之间的人文交流和经贸互动过程中，"宣传中国"的促进活动，多基于住在国的学校和媒体层面，换言之，在政府层的活动比较容易展开，而广泛的民众层面，还比较欠缺。需要指出的是，现阶段生活在阿联酋乃至整个阿拉伯世界的华人，尽管数量上有着一定的规模，但能够发挥话语影响力的空间和能够产生影响的对象仍然是有限的。因此，发挥好华人在中阿文化间的桥梁作用，把中国的社会发展与阿拉伯社会的发展状况相结合，将华人自身的职业身份融入当地社会整体利益，阐释利益共同体和命运共同体对于彼此的世界意义，使得他们

---

① 冀开运：《中东华侨华人若干问题研究》，《中东问题研究》2015 年第 1 期。

对于当地社会的影响能够真正走入住在国民众的心中，进而促进中国话语在阿联酋社会中的发展。而阿联酋华人群体的生活经历以及他们在阿联酋社会中讲述中国故事、构筑中国话语的经验，也会为中国在整个阿拉伯世界中构筑中国话语提供一定的经验基础。

十、国学新知·庄子新知

主持人语

庄子是先秦重要的思想家，其思想对中国两千多年来的政治、哲学、文艺都有很大影响。《庄子》其文艰深，篇幅恢弘，汪洋恣意，仪态万千。研究庄子思想，其研究方法上亦须不断开拓，可以多视角多方位深入研究，以冀更好地把握庄子精神。

张蛺的《〈庄子〉"三言"的表意结构及其意义指向》，从符号学的视角，论述了寓言、重言、卮言在《庄子》中所组成的表意系统及其表意规则和意义关联方式，指出了研究和了解庄子思想的门径，令人耳目一新。文章阐析了"三言"的内在联系：寓言摹写自然万象，重言重述耆艾之言，卮言明示寓言、重言所指。卮言基于寓言之广和重言之真随具体语境而自然溢出，是《庄子》意义深扩的推动力。《庄子》以卮言解释寓言、重言，收拢其意。卮言和寓言、重言具体构成表意单元，经由层层组合连接而催生出新的表意单元，亦即再生卮言，终而集中表达《庄子》某篇整体性意指。文章还阐释了《庄子》表意结构中"意图定点"和意义不定向的矛盾张力，使《庄子》意义具有无限拓展的可能性。

韩焕忠的《吹万广真对〈庄子〉的禅学解读》，阐述了广真从禅学的视角解读《庄子》，释"逍遥游"为"菩萨不思议解脱门"，释"吾丧我"为"无我"，释"心斋"为"禅定"，释"坐忘"为破执着而获解脱与自在等等，重在破除自心对物我的执着和对是非的分别。文章指出广真"将禅宗义理融入道家经典"，"在道家语境中寻求佛教经典真义的价值诉求"，论证了佛道的一致性。文章还指出，广真视道术为"标月指"，肯定儒佛道均有向道功能，从而也从侧面展现出佛道融合，儒佛道三教合一。

吕箐雯的《〈庄子·齐物论〉的"变"与"不变"》，从《齐物论》的"因是"思想研究切入，分析了不同语境下的"因是"含义，阐明：外在世界"承物之对待"而变化无常，行为主体当"顺天之自然"，最终归于"破己之固守"亦即"吾丧我"，从而展现了庄子因顺自然而不断变化的一面。与此同时，文章指出庄子"随顺万物"并非毫无立场见风使舵，而与邓析追逐一己私利，毫无原则"随顺万物"有着根本差异。文章论证了庄子"吾丧我"，是为了破除源自成心的俗我，破除以自我为中心的对个人利益的偏执，而能考虑到和尊重他者的利益，达到至人"无己"的理想境界，此为庄子不变的理想人格追求。殷亭亭的《〈齐物论〉郭象注释义》，解读了庄子的《齐物论》，文章阐述了庄子《齐物论》的基本思想，庄子认为万物生长出于自然，犹如"天籁"音响万变，"咸其自取"，并没有谁设定规定性，乃道之本然。以道观物，万物是"齐"的，而所见不齐乃在于人为，是人为设定了不同标准。人们出于成心，各执所是而非他人所是，众说纷纭，偏离道之本然，离事物本质相去甚远。文章还指出，庄子提出了"莫若以明"的体道方法，须明道通为一之理，"丧我"成心，致力于摆脱成心、分别心所产生的种种标准，使万物各依其性，归于自然。

吴卿的《方以智对〈庄子〉思想的华严学解读》，阐释了方以智以华严学视角研究庄子思想，拓展了对庄子逍遥游、齐物论思想的认识，论证了儒佛道的互相融合、互济互用，也揭示了佛教中国化从重视思辨到重视伦理践履的转变。

（南京大学历史系中国思想史专业博士 陆元祥）

《雪山圣湖》朱星雨作

《庄子》"三言"的表意结构及其意义指向

张　兢*

（西北民族大学新闻传播学院，甘肃兰州，730030）

摘　要： 从符号学角度而言，寓言、重言、卮言实为《庄子》的表意规则和意义关联方式。寓言是对外在于人的自然万象的客观摹写，重言是对耆艾之言的重述，卮言是对寓言所指和重言所指的明示。借由"三言"的组合串接，形成了由直指系统、符码系统、涵指系统构成的表意系统，其中，"卮言"居于符码系统，是连接直指系统和涵指系统的中介环节，表意作用最为活跃。这种内在表意结构以及"意图定点"和意义不定向之间的矛盾张力，使《庄子》蕴含着"无限衍义"的可能性。

关键词：《庄子》；"三言"；符码；表意结构；无限衍义

任何符号文本都以意义表达和意义分享为旨归。但是意义不能自我表达，必须通过一定的符号形式才能被感知和理解。符号在表达意义时，也不能随心所欲，而要遵守约定俗成的规则，即符码。所谓符码，就是"在符号表意过程中，控制文本的意义植入规则，控制解释的意义重建规则，都是符码"[①]。在符号表意活动中，共同符码是基础和前提，同时文本风格也是释义过程中必须考虑的因素。由于"对于正常的偏离"，特定文本表现出强烈的风格化特征，从而造成认知和理解的困难。面对风格化特征鲜明的符号文本，需要对隐藏在符号背后的符码规则进行掘发。《庄子》就是这样的符号文本。《庄子》

---

* 作者简介：张兢（1970—），男，陕西周至人，西北民族大学新闻传播学院副教授、副院长，研究方向：传播符号学、传播思想史.

① 赵毅衡：《符号学原理与推演》，南京：南京大学出版社，2016年，第219页。

一书，"意出尘外，怪生笔端"①，意义指向飘忽不定，向来以难读难懂著称。庄子及其后学或许意识到其文的"谬悠""荒唐"可能造成的理解障碍，因此对其文本的意义关联方式和表意规则进行了专门说明，这就是"三言"。

自郭象以降，学者们对于"三言"的意义多有注释和阐发。按照传统的观点，"三言"被称为《庄子》的"凡例"。当代学者称为"庄子的钥匙"②"解庄的金钥匙"③。在肯定"三言"所具有的符码性质的同时，也呈现出众说纷纭、各执一端的局面④。在各种解读中，跳脱原文原典的"曲解"和"误读"不在少数。因此，本文拟从符号学符码角度，以原文细读为基础，对《庄子》"三言"的原文含义加以辨析，对"三言"构成的表意结构进行揭示，对"三言"推动的"无限衍义"的可能性进行阐述，从而为理解《庄子》的意义世界奠定基础。为便于行文，先将《庄子》对"三言"的表述⑤移录于下：

《庄子·杂篇·天下》：芴漠无形，变化无常，死与生与，天地并与，神明往与！芒乎何之，忽乎何适，万物毕罗，莫足以归。古之道术有在于是者，庄周闻其风而悦之。以谬悠之说，荒唐之言，无端崖之辞，时恣纵而不傥，不以觭见之也。以天下为沈浊，不可与庄语，以卮言为曼衍，以重言为真，以寓言为广。独与天地精神往来而不敖倪于万物。不谴是非，以与世俗处。

《庄子·杂篇·寓言》：寓言十九，重言十七，卮言日出，和以天倪。

寓言十九，藉外论之。亲父不为其子媒。亲父誉之，不若非其父者也。非吾罪也，人之罪也。与己同则应，不与己同则反。同于己为是之，异于己为非之。

重言十七，所以已言也。是为耆艾，年先矣，而无经纬本末以期年耆者，是非先也。人而无以先人，无人道也。人而无人道，是之谓陈人。

卮言日出，和以天倪，因以曼衍，所以穷年。不言则齐，齐与言不齐，言与齐不齐也。故曰：言无言。言无言，终身言，未尝言；终身不言，未尝不言。……物固有所然，物固有所可。无物不然，无物不可。非卮言日出，和以天倪，孰得其久！万物皆种也，以不同形相禅，始卒若环，莫得其伦，

① 刘熙载：《艺概》，上海：上海古籍出版社，1978年，第8页。
② 张默生：《庄子新释》，济南：齐鲁书社，1993年，第10页。
③ 高树海：《解庄的金钥匙——〈庄子〉"三言"论》，《河北师范大学学报》1997年第1期。
④ 张洪兴：《〈庄子〉"三言"研究综述》，《天中学刊》2007年第3期。
⑤ 本文所引《庄子》原文，如不加特别注释，均引自郭庆藩的《庄子集释》，北京：中华书局，2012年，第3版。

是谓天均。天均者，天倪也。

《庄子·内篇·齐物论》：化声之相待，若其不相待，和之以天倪，因之以曼衍，所以穷年也。何谓和之以天倪？曰：是不是，然不然。是若果是也，则是之异乎不是也，亦无辩；然若果然也，则然之异乎不然也，亦无辩。忘年忘义，振于无竟，故寓诸无竟。

一、"三言"的本文意义指向

"三言"即寓言、重言、卮言，其意义指向，《天下》《寓言》中已有明确揭示。正如阮毓崧所言："此篇（即《寓言》）开篇四句，是隐将一部著作之法，标列于此。庄子仙才，就全部言之，其天机固自峥嵘浩荡也，独怪此处及《天下》篇，既两标寓言、重言、卮言诸说，明明将全旨揭破，而学者犹多不悟。"① 按照符号学的观点，符号意义存在于符号和符号组合之间的关系，因此，需要并读《寓言》和《天下》，对其文字符号之间的关系进行细析，方能对"三言"的意义指向有所参悟。

寓言就是"藉外论之"。何谓"藉外论之"？郭象注云："寄之他人"，即凡是借用他人之言皆为寓言。对此，成玄英说得更为透彻："寓，寄也。世人愚迷，妄为猜忌，闻道己说，则起嫌疑，寄之他人，则十言而九信矣。故鸿蒙、云将、肩吾、连叔之类，皆寓言耳。"② 这一解释得到广泛认同，几乎成为定论。但是，这一解释将使"寓言"和"重言"混为一谈。重言无疑是指"他人之言"。如果将寓言也解释为"他人之言"，寓言将和重言无异。另一方面，这一解释无法涵括《天下》篇"以寓言为广"的意涵。本文认为，庄子所谓的"藉外论之"，实则是指对外在于人的宇宙万象的客观陈述。此间有两层含义：一是对主观成见鲜明的"己言"的摒弃。"亲父不为其子媒"即此谓也。亲父对于其子的赞誉，即使真实无欺，在外人看来也是主观怀私之言，其可信度大打折扣。相反，他人对于其子的种种溢美之词，则容易被当成客观评述而具有可信性。因此，"藉外论之"的要义不在于"寄之他人"，而在于对主观成见的摒弃，对客观陈述的强调。二是这种客观陈述所指向的，是外在于人的宇宙万象。《天下》篇说："芴漠无形，变化无常。……万物毕罗，莫足以归。古之道术有在于是者，庄周闻其风而悦之。"庄子所醉心的，是外

---

① 阮毓崧：《庄子集注》，台北：广文书局，1972年，第445页。
② （晋）郭象注，（唐）成玄英疏：《庄子注疏》，北京：中华书局，2011年，第494页。

在于人的自然大化问题，天地万物、生死无常均在其考察之列。如何将虚远弘阔的自然万象呈现于世人面前，庄重严肃的话语显然无法承载这一表达诉求，故而庄子选择了"藉外论之"的编码策略，极尽能事，对宇宙万象进行客观描摹和书写，以突破世人的狭知陋见，增扩广益世人的思维。由此，一个广大无域畔的世界呈现在世人面前：北溟之鱼，化而为鹏，怒而飞，其翼若垂天之云，水击三千里，抟扶摇而上者九万里；任公子垂钓，以五十头犗牛为饵，蹲坐于会稽山上，投钓于东海，整整一年才有大鱼上钩。大鱼引钩沉水之际，翻腾奋鳍，刹那间，白浪如山，海水震荡，声如鬼神。这种气势恢宏的场景，极尽大之玄妙。杯水芥舟、朝菌蟪蛄、蜗角蛮触，曲尽小之情状。骷髅问道、罔两问影、庄周梦蝶，打破了人与物之间、物与物之间、梦幻与现实之间的界限。没有非此即彼的价值判断，没有凝固静止的名言概念，一切都在相对之中，一切都呈现出混沌之状。此种描摹和书写，仿佛使人置身于天地之中，心胸豁然开朗，从狭窄、逼仄的心灵世界得以解放。概而言之，"藉外论之""以寓言为广"，就是对外在于人的自然万象的客观描摹和书写。这种客观描摹和书写，不刻意筛选，不妄加评议，世间百态，尽摄其中，以有限的文字符号最大化呈现自然实相。正因为如此，"寓言"或可产生庄子所希望达到的"十言而九见信"的效果。

　　"重言"就是"耆艾"之言，其目的在于止争息辨（"所以已言也"）。其意在《庄子》本文中本来明晰，但后来的种种解释反而使其意含混不清，因此需要稍加辨析。在口传文化时期，记忆和经验是知识的主要来源。"知识来之不易，非常珍贵，所以社会就非常尊重阅历丰富的老人。"① 因此，长者在社会中地位尊贵，其言为世人所崇信。重述长老乡闾之言，可使世人信以为真（"以重言为真"），以免无谓的口舌之争（"所以已言"）。但是，并不是所有的耆艾之言都使人坚信不疑。有些人虽然年高寿长，但是没有才德学识（"无经纬本末"），只能称之为陈腐之人（"陈人"），其言不足采信。可见，不管将"重言"解释为"重述"古人所言，还是将"重言"解释为"世之所重"之言，"重言"均指向言论的可信性，也就是《天下》所说的"以重言为真"。由于"耆艾"之言中存在着"陈人"之言，其可信度便以"十言而七见信"估之。

---

　　① ［美］沃尔特·翁：《口语文化与书面文化》，何道宽译，北京：北京大学出版社，2008年，第31页。

《庄子》本文对于"卮言"的论述最为详尽，但后世对其意义指向的解释最具争议。自古以来便众说纷纭，莫衷一是。考之众说，本文认为郭象的"卮器"说最具神韵，但意犹未尽，故在此基础上加以阐发。郭象说："夫卮满则倾，空则仰，非持故也，况之于言，因物随变，唯彼之从，故曰日出。"[①]"卮"作为一种圆形酒器，其倾与仰，取决于所注之酒的多与寡，完全是一种自然的姿态，非人力刻意为之，其倾仰方向也没有固定模式。与之相近，卮言是自然而然流淌出来的言论，就像水的流动，一任自然，曼衍无际，合乎自然的分际（"和以天倪"）。何谓"和以天倪"？《齐物论》《寓言》都有解释。《齐物论》说："何谓和之以天倪？曰：是不是，然不然。"《寓言》说："物固有所然，物固有所可；无物不然，无物不可。……万物皆种也，以不同形相禅，始卒若环，莫得其伦，是谓天均。天均者，天倪也。"客观世界原本是混沌的整体，事物之间并没有泾渭分明的界限，是与不是、然与不然、可与不可也非非此即彼；而且自然万物瞬息万变，一物之生意味着一物之死，一物之死则给另一物带来生机，其运行就像圆环一样接续转化，往复周流。当用语言文字描摹和揭示客观世界的运行变化时，只能"因循自然，接物无心"。卮言就是如此。正因为卮言"和以天倪"，因而可以和宇宙自然一道，得以永久流传。

问题在于，卮器不能自行倾仰，必有酒水注入方可，也就是说，卮器的倾仰是有条件的，有凭借的。以此推论，卮言也不能凭空而出，也必有所凭借。那么，卮言随时流出、层出不穷，其凭借是什么呢？就是寓言和重言。寓言、重言就像注入卮器中的酒水，当其注满，卮言便自然溢出。前文已述，寓言是对外在于人的宇宙万象的客观陈述，重言是对耆艾之言的引用或重述，在寓言和重言中，庄子的观点是隐而未发的。也可以说，寓言和重言是积蓄和准备。当其积蓄充足，卮言便自然流出。因此，卮言无疑是庄子个人观点的表达，是"作者直接出面表明观点和倾向的言论"[②]。由于卮言基于寓言之广和重言之真，且因具体语境随时溢出，因而便无刻意和造作之痕，显得自然可信。另一方面，卮言既是对寓言所指和重言所指的明示，又决定了寓言和重言的释义方向，就此而言，卮言是《庄子》本文意义渐次深扩的推动力量，在《庄子》本文的意义结构中占据主导地位。

---

① （晋）郭象注，（唐）成玄英疏，《庄子注疏》，北京：中华书局：第494页。
② 孙克强、耿纪平：《庄子文学研究》，北京：中国文联出版社，2009年，第132页。

二、《庄子》表意结构的文本分析

寓言、重言、卮言相互交融，彼此区分，各有其意义指向，三者共同构建起《庄子》的意义世界。对于三者的表意功能，杨柳桥认为：寓言为形式，卮言为思想内容。寓言和卮言是统一的，而重言又统一在寓言和卮言之中[①]。边家珍认为："可以说，'卮言'是为体，'寓言''重言'是为用，'寓言''重言'都是为'卮言'服务的。"[②]应该说，以形式/内容或者体/用区分"三言"的表意功能，的确抓住了"三言"的某些实质，但失之简单。本文将从符号学角度对由"三言"构成的表意结构进行分析。

按照罗兰·巴尔特的观点，任何一个表意系统都包含一个内容平面和一个表达平面。这个表意系统本身又可以成为另一个表意系统（第二系统）中的单一成分，此第二系统因而是第一系统的延伸。由于第一系统进入第二系统的方式不同，便产生了两个对立的系统，即涵指系统和元语言系统（或者称为符码系统）。在涵指系统中，第一系统变成第二系统的能指（Sr）。而在符码系统中，第一系统则变成了第二系统的所指（Sd）。但是在一个更为复杂的表意系统中，符码系统有着双重意指功能，即它内指实在系统又外指涵指系统[③]。《庄子》正是这样一个复杂的表意系统。《庄子》的表意系统由直指系统、符码系统、涵指系统构成，其中，"卮言"居于符码系统，是连接直指系统和涵指系统的中介环节，表意作用最为活跃。图示如下：

3. 涵指系统	Sr 卮言			Sd 《庄子》篇章意义
2. 符码系统	Sr 寓言/重言	Sd 卮言		
1. 直指系统		Sr 寓言/重言 表述	Sd 寓言/重言 意义	

《庄子》"三言"表意结构

寓言、重言固然可以被视为某种形式，但是其本身也有指涉对象，这个

---

①　杨柳桥：《庄子译诂》，上海：上海古籍出版社，1991 年，第 7 页。
②　边家珍：《＜庄子＞"卮言"考论》，《文史哲》，2002 年第 3 期。
③　[法] 罗兰·巴尔特：《符号学原理》，李幼蒸译，北京：中国人民大学出版社，2008 年，第 68—71 页。

对象可以是客观存在的，也可以是虚构或者想象之物。由于寓言、重言采用了"反常规"的表达方式，致使其指涉对象暗昧不明。进一步而言，寓言对外在于人的自然大化的描摹与书写，重言对上古久远之人事典籍的重述，其说之谬悠、其言之荒唐、其词之无端崖，远远超出了世俗的认知和理解范围，造成了表达和理解之间的认知差异。为了消弭这种认知差异，人们醉心于寓言和重言呈现的奇特物事之中，探赜钩沉，穷索其意，甚至将虚构想象之物误以为实有。为了避免理解得不着边际，《庄子》用卮言归拢其意，以简明扼要的概念和命题对寓言和重言的所指进行解释。由此，卮言和寓言、重言便构成了一个表意单元，即直指系统。借由概念和命题表现的卮言同时成为第二系统（符码系统）的所指，具有了符码的性质——它一方面明示了直指系统中寓言和重言的意义指向，另一方面设定了第二系统（符码系统）与之关联的寓言和重言的表意方向。在符码系统中，卮言为所指，寓言、重言为能指，在组合连接中催生出新的表意单元，或者称之为再生卮言。这个再生卮言成为第三系统（涵指系统）的能指，其所指便是《庄子》某篇的整体性意指，是庄子思想某一侧面的集中表达。下以《逍遥游》为例，对其表意结构进行具体分析。

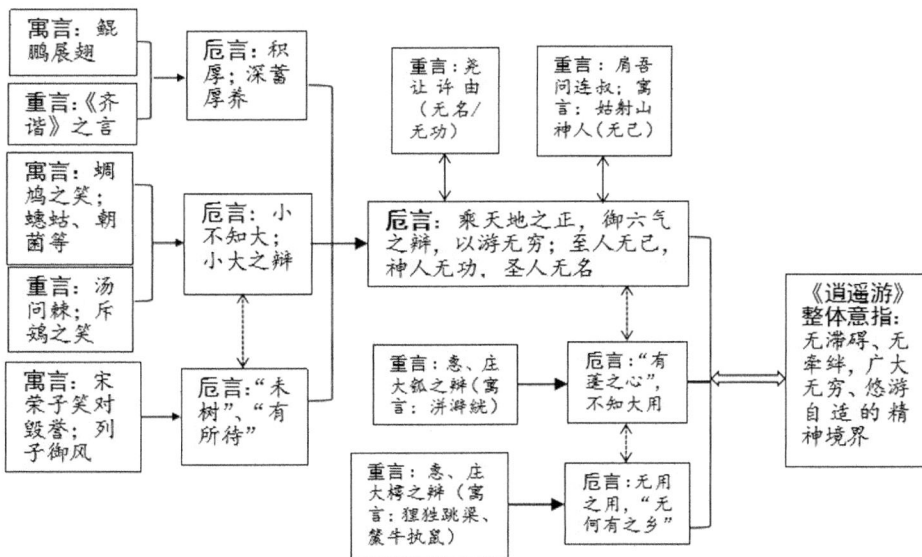

《逍遥游》"三言"分布及表意结构图

根据上图可以得出以下结论：第一，寓言、重言、卮言在《逍遥游》中的比例。如果以数量计，寓言 7 则（包含融于重言中的 3 则），重言 6 则，卮言 6 则，在该篇中分布较为均匀；如果以篇幅计，重言所占篇幅最大，寓言次之，卮言再次之。在《逍遥游》中，寓言往往融合在重言之中，比如庄子和惠施的大瓠之辩为重言，其中融入泮潏绕的寓言；大樗之辩为重言，其中融有狸狌跳梁、斄牛执鼠的寓言；重言"汤问棘"中有斥鴳之笑的寓言。就此篇来说，以"三言"所占比例解释"寓言十九""重言十七"值得商榷。第二，卮言常随寓言、重言涌出，形成了直指系统的三个意指单元，即由寓言"鲲鹏展翅"、重言"《齐谐》"、卮言"积厚"构成的意指单元，由寓言"蜩鸠之笑"、重言"汤问棘"、卮言"小大之辩"构成的意指单元，由寓言"宋荣子笑对毁誉荣辱"、寓言列子御风、卮言"未树""有所待"构成的意指单元。这三个意指单元相互解释、铺陈渲染、层层推进，便有了"乘天地之气，御六气之辩，以游无穷""至人无己，神人无功，圣人无名"这一涵括性再生卮言的自然而然的流出。第三，卮言"乘天地之气，御六气之辩，以游无穷"和"至人无己，神人无功，圣人无名"居于符码系统的所指位置，这一命题实际上规定了《逍遥游》下文意义表达的方式和方向。因此，下文的寓言"尧让许由"重在解释"无名"，连带阐述"无功"（越俎代庖即言此），重言"肩吾问连叔"重在阐述"无己"，其间加入的"姑射山神人"寓言，极力渲染神人无己的精神境界。第四，文末庄子和惠施的大瓠之辩和大樗之辩可视为重言。从文意来看，这两者寓言及其中融入的泮潏绕、狸狌跳梁、斄牛执鼠等寓言，实际上也是对"至人无己，神人无功，圣人无名"的解释，但其中溢出了新的卮言，即"有蓬之心""无何有之乡"。这两则卮言与卮言"乘天地之气，御六气之辩，以游无穷"和"至人无己，神人无功，圣人无名"相关联，共同指向了《逍遥游》的整体意指。基于以上分析，本文认为，《逍遥游》的整体意指（或曰主旨）乃是对无滞碍、无牵绊的自由心灵的书写，对广大无穷、优游自适的精神境界的向往。此自由心灵和精神境界的达成，必须彻底拆除世俗成见、小知小年的藩篱，必须彻底冲破权势地位、毁誉荣辱的羁绊，如此方能象姑射山神人那样遨游于广漠无际的"无何有之乡"。

三、"三言"意义指向的动态性

任何书于竹帛的符号文本，其目的不是为了将其藏之深山、束之高阁，而是为了使其遗之后世，与不同时空的人交流和分享某种思想和情感。《庄子》概莫能外。否则，后世之人便无缘看到其文其思并旁通发挥，从而形成蔚为大观的"庄学"。当进入交流传播环节，解释者试图对《庄子》进行读解时，陡然发现已然置身于"吊诡"之境，即想要得其意而忘其言，但又无法忘其言而得其意。一方面，"三言"为解释者提供了进入《庄子》意义世界的线索和路径，循着这些线索和路径——通过对其符码逻辑和意指结构的分析——可以对其意义指向进行概括和解释，尤其是那些表达庄子观点和倾向的卮言，可以直接抵达《庄子》文本的意涵。这样，解释者便可以忘掉那些恢诡谲怪的寓言和苍茫悠远的重言，获得对其意义的把握。这样的诠释理路恰好契合了"得意而忘言"的意旨。而另一方面，读解《庄子》不能像读解实用性或科学性文本那样，得其要点而舍其冗言。实用性或科学性文本属于"强编码"文本，其符码表意指向准确、明晰，具有较强的释义强制性，主观发挥的余地小。《庄子》作为一个意义高度开放的"弱编码"文本，其意义指向混沌而隐蔽，且常在"三言"间跳跃往复，"始卒若环，莫得其伦"。因此，"得意而忘言"的诠释方式便令人怀疑：这种偏于静态的意义解读是否遮蔽了意义指向的丰足性和动态演变性？或者这种截断寓言和重言的解读是不是一种对于意义的强行切割？为了求得一种圆满的解释，我们便不得不沉醉于"三言"构筑的意象之中，探赜钩沉，对其本身的意义指向进行掘发。如此便形成了与前述"得意而忘言"诠释方式的矛盾。如何破解这一吊诡之境？皮尔斯的"无限衍义"理论将符号表意和符号解读接合在一起，给予符号表意展开延续的潜力[①]，或可提供一个解决方案。

"无限衍义"（infinite semiosis）是皮尔斯在其天才概念"解释项"的基础上推演而来。皮尔斯将符号看作"再现体"（representation）、"对象"（object）、"解释项"（interpretant）构成的"三元关系"："符号所代替的那种东西被称为它的对象；它所传达的东西，是它的意义；它所引起的观念，是它的解释项。"[②]每个思想符号都会被翻译或者被解释成随后一种符号。符号"把自己与其他符号相连接，竭尽所能，使得解释项能够接近完美的真相（perfect truth），也即接近真相的每一个领域"[③]。这样便形成了"解释项不停地变成新的符号，如此绵延以至无穷"的"无限衍义"过程。这与庄子的"因

---

① 赵毅衡：《回到皮尔斯》，见曹顺庆，赵毅衡主编，《符号与传媒》（第九辑），成都：四川大学出版社，2014年，第6页。

② ［美］皮尔斯：《皮尔斯论符号》，赵星植译，成都：四川大学出版社，2014年，第49页。

③ ［美］皮尔斯：《皮尔斯论符号》，赵星植译，成都：四川大学出版社，2014年，第38—39页。

以曼衍，所以穷年"的意义逐求暗相耦合。在《庄子》中，"无限衍义"首先表现在其符号文本内在的符码组合和意义关联方式。寓言、重言、卮言都是不同的符号表现形式，其意义指向相互关联又各有不同。通过不同的形式组合，"三言"构成了一个个意指单元。每一个意指单元都是大体相同的思想情感的不同形式表达，或者说是同一思想情感的不同解释项。在具体的篇章中，这些单个的意指单元均为该篇章整体性意指的部分解释或者"暂时的解释"。随着叙述时间的推移，这些单个意指单元串接在一起，后一个再现前一个，新的符号解释原来的符号，如此绵延回环，意义不断累积深化，最终完成了该篇章意义全域的覆盖。

　　推动"无限衍义"的另一个基本动力来自"意图定向"和意义不定向二者构成的张力。在交流传播活动中，理想的交流传播状态是，文本编码者（作者）赋予符号文本中的思想情感能够被解码者（读者或者受众）原原本本的接收和理解，庄子所谓的"相视一笑，莫逆于心"（《大宗师》）就是其写照。为了实现这一目的，编码者（作者）会通过特定形式对其符号文本的意义指向进行预设安排，从而使解码者（读者或者受众）的解释按照这种预设安排，落在编码者（作者）期盼的"理想暂止点"，这就是"意图定点"。在《庄子》中，"意图定点"主要是通过卮言完成的。庄子显然不想成为一个讲故事的大师（虽然他无法拒绝后世给予他的这个称誉），他或许只是想通过那些谬悠荒唐的寓言故事表达他的心中之道，因此每每在故事之后，便以卮言对故事的所指意义进行收拢和明示，期望读者按照他的意义预设方向进行解读。然而，所有符号文本一经发出，其意义便不受作者控制。正如伽达默尔所说："口含一词欲说之际，你必须知道，它并非一般工具那样，效用不好即可弃之如敝履。相反，你却被它锁定在一个思路之上。这个思想来自远方，不在你驾驭之内。"[①]当不同时代的读者面对《庄子》时，固然可以体察庄子预设的"意图定点"的良苦用心，但是无法拒绝借由寓言和重言构建的新奇魔幻的意象世界。当读者一旦进入到这个意象世界，其本身蕴含的丰足意涵便向读者敞开，而这些丰足的意涵绝非卮言可以完全覆盖，有时甚至走向了它的反面。这样，庄子通过卮言预设的"意图定向"完全失效。当然，也有一些解释者试图回到庄子预设的"意图定点"的原点，重新掘发其"本义"或者"原始"意义。然而这种努力很快便付之东流。由此，在"意图定向"和意义不定向

---

　　① 彼得斯：《交流的无奈：传播思想史》，何道宽译，北京：华夏出版社，2003年，第1页。

的矛盾张力中,《庄子》的意义指向朝着无限拓展的方向发展。

四、总结与讨论

"真"是庄子独创的概念①。"真"的提出,是庄子有感于"伪"的泛滥。在大道流行的"至德之世",天人合一,一切皆真。人类顺依天然本性生活,无心机,无伪诈,怡然自得,彼此相忘。文明的出现打破了这一切。文明的发展,造成了人与自然的疏离,尤其是拘于"小成"的政教观念禁锢着人的心灵,使人的天然本性遭受摧残和扭曲,从而陷入"以身为殉"的悲苦之境。如何让世人领悟永恒之真,庄子是犹豫的。这种犹豫源于他对于符号表意的怀疑和警惕。在他看来,语言符号固然可以表达形而下的经验领域,但对于形而上的超验领域,言与意不相通、不相符,意不可以言说,言不能达意,更不能尽意②。然而,对于"真"的呼唤和逐求迫使庄子采用了"三言"的符码表意方式。寓言之广、重言之真、卮言之曼衍构成了一条往复周流的意义之环,它是对宇宙之真和人性之真的摹写和暗示,它所指向的是直觉体验。在这一意义之环的伸展之中,人的自然天性内涵逐渐变得清晰可见,人的求"真"意志也愈发强烈和急迫,努力从充满龌龊、逼仄、孤凄的困苦中得以解脱。以此而论,与其说庄子通过"三言"在释道和传道,不如说庄子向他的读者发出了一个永久的邀约:邀请读者和他一起,体认、感悟那个无时不在、无处不在、言不能论、意不能致的永恒之真。

---

① 据徐克谦的考证,《庄子》之前的文献中从未使用过"真"这一概念。"真"作为哲学概念始于庄子,这是庄子的一大贡献。参阅:徐克谦:《庄子哲学新探》,北京:中华书局,2005年,第65—66页。

② 朱立元、王文英:《试论庄子的言意观》,《上海社会科学院学术季刊》,1994年第4期。

吹万广真对《庄子》的禅学解读

韩焕忠[*]

（苏州大学宗教研究所　江苏苏州，215123）

摘　要：吹万广真以禅学的思维解读《庄子》，在禅宗思想的参照体系中充分展现了《庄子》的独特风貌。他将"逍遥游"解释成"菩萨不思议解脱门"，将"吾丧我"阐释成佛教的"无我"，将"心斋"视为佛教所说的禅定，将"坐忘"视为破除执着之后所获得的解脱与自在，将壶子与季咸的故事视为大耳三藏与慧忠国师对他心通的验证，将象罔得珠视为对得道的表述，以消除物我分别阐明了庄子濠上之辩的正确性，将醉者乘车坠而不伤理解为禅宗的"无所分别"，将各种道术都视为禅宗所说的"标月指"。广真对《庄子》的诠释既展示出他将禅宗义理融入道家经典的致思倾向，又体现了他在道家语境中寻求佛教经典真义的价值诉求。

关键词：吹万广真；庄子；禅学解读

项目基金：本论文为国家社科基金资助重大项目"'一带一路'佛教交流史"阶段性成果（编号为 19ZDA239）。

晚明时期巴蜀地区忠州（今重庆市万州区）聚云寺的高僧吹万广真在所著《一贯别传》一书中，站在儒道佛三教一贯的立场上，运用"明心见性，教外别传"的方式，以禅学的思维解读《庄子》，在禅宗思想的参照体系中充分展现了《庄子》的独特风貌。

据其法孙至善所撰《吹万禅师行状》云，吹万广真（1582—1639）俗家为宜宾李氏，少好参禅，遂于万历四十一年（1613）癸丑七月初一日，礼本

---

[*]　作者简介：韩焕忠（1970—），男，山东曹县人，哲学博士，苏州大学宗教研究所教授，兼任戒幢佛学研究所研究生导师，主要研究中国佛教与传统文化。

郡月明和尚出家受具，得预临济正宗，后云游吴越闽粤等地，万历四十六年（1618）戊午春，说法于潇湘湖东禅院，未几溯江而上，住持忠州（今属重庆市忠县）聚云寺，道望雅著，法席甚盛，于崇祯十二年（1639）已卯秋七月三十日入灭，世寿五十八岁，僧腊三十。广真著作等身，有《一贯别传》5卷、《文字禅那》5卷、《楞严梦释》20卷、《正录》20卷等。①

广真虽为一代高僧，但非常喜欢《庄子》，其以"吹万"自号，就是取自《庄子·齐物论》中的"夫吹万不同，而使其自己也，咸其自取，怒者其谁邪"一语。于此亦可见他具有容纳不同思想和信仰的雅量，所以他主张儒道佛一以贯之，教虽分三，其间差别"特教化若狙公赋芋耳！"②广真对《庄子》的禅学解读，不同于一般的注疏，而是拈出关键语句，将其置入禅宗语境中进行禅学化的评论。

一、何不树之于无何有之乡，广莫之野

《逍遥游》是庄子理想境界的展现。但如何达到这一境界呢？广真拈出其中"何不树之于无何有之乡，广莫之野"，作为对其进行禅学解读的关键语句。他指出："菩萨有不思议解脱门，能大能小，能升能降，能有能无，能圆能方，非执一者之所可入，亦非边见者之所可到也。"③广真将庄子的"逍遥游"解释成破除执着与边见的"菩萨不思议解脱门"，由此实现了《庄子》与禅宗之间的语境置换。

从菩萨入解脱门的角度来看，蜩鸠时控于地，蟪蛄不知春秋，皆是能小不能大，固无可论，纵使高飞万里的鲲鹏，以八千岁为春八千岁为秋的大椿，也是能大不能小，同样受限而不得自在。就人世而言，广真认为，有些人能"知效一官，行被一乡"，此不过"凡夫禅"境界；有些人能"定乎内外之分，辩乎荣辱之境"，此则达到"声闻禅"的水平；即便能"御风而行，旬有五日而后反"的列子，因其"犹有所待"，故也只是"二乘之禅"。广真虽以"独看积素凝清禁"形容许由之不受天下，以"已觉轻寒让太阳"拟议尧之让天下，似有称赞之意，但在实际上，他认为无论是尧之让，还是许由之不受，其实都是对名相的执着，只有那些"御六气之辩，以游无穷"的人，及那些不肯以物甚至天下为事、肌肤若冰雪、淖约若处子的貌姑射山之神，才真正

---

① （明）至善：《吹万禅师行状》，《嘉兴大藏经》（新文丰版），第29册，第554—555。
② （明）广真：《一贯别传·自序》，《嘉兴大藏经》（新文丰版），第40册，第151页上。
③ （明）广真：《一贯别传》卷2，《嘉兴大藏经》（新文丰版），第40册，第160页下。

获得了"事事无碍之法界"，达到了"常处于无何有之乡，广莫之野"的"无为而无不为"之境界，始可称得上"真逍遥"。①广真将《逍遥游》的各则寓言理解为从世间事物向逍遥境界的递次升进，其思路简洁明了，很有启发意义。

需要指出的是，广真虽然认为逍遥解脱者不肯弊弊焉以物甚至天下为事，但这并不意味着他对天下事物持否定态度，他只是强调不执着于天下事物而已，这种思想在他的《法界逍遥歌》中体现得非常充分。他以慈悲心观视世间，但只见"法界茫茫洪水赤，四大能装青雀舶，予师独来主柁根，随流倒驾如飞梭"，他设想自己无论是飘入"老焰魔""罗刹国""飞走行"，还是"阿修罗""蠛虫里""碧云层"，甚至"四谛中""十二缘""萨埵林""毘卢顶"，都能以"落花啼鸟任君瞒，白雪阳春在我歌"的姿态，随缘度世，实现"法界犹如酪一杯"式的自在逍遥。②也可以说，广真的"菩萨不思议解脱门"，就是摆脱了对外界事物有所依赖的无待逍遥之境，庄子的话语方式成为他在中国文化语境中阐释自己佛教理想的绝妙工具。

二、吾丧我

《齐物论》一向被认为是庄子方法论的阐述。吹万广真拈出其中"吾丧我"，并按照佛教破除我法二执的"无我"思想对之进行了禅学解读。

世界上的一切人物，莫不认为有一个永恒的自我，乃至人我山积，遂有此疆彼界，相互隔碍，难以融通。因此《楞严经》云："一人发真归元，十方虚空悉皆销殒。"将"发真归元"作为展现法界实相、实现自在逍遥的基本途径。但如何才能"发真归元"呢？吹万广真指出，只有实现了"丧我"才能够"发真归元"，只有实现了"无我"才可以消除此彼的对立；只有破除了对自我的执着，才能忘怀世界的存在；只有忘怀了世界的存在，才可以达到"无物"的境界。内而无我，外而无物，始可以"敛万有于一息，无有一物可役吾之明彻；散一息于万有，无有一物可间吾之营为！"广真引元卓《梦蝶论》云："灵源湛寂，触处皆知；变化代兴，随遇无择。所以篇立子綦之丧我，齐物之端已开；言寓庄周之梦蝶，无我之意竟显。"他对此言极为认同，他不无感慨地说："噫，举世皆梦，天下一蝶也，孰为我，孰为物！"③广真之言自然

---

① （明）广真：《一贯别传》卷2，《嘉兴大藏经》（新文丰版），第40册，第160页下。
② （明）广真：《吹万禅师语录》卷13，《嘉兴大藏经》（新文丰版），第29册，第523页。
③ （明）广真：《一贯别传》卷2，《嘉兴大藏经》（新文丰版），第40册，第161页上。

说的是"吾丧我"之后的"无我"境界。

广真虽然以佛教的"无我"诠释庄子的"吾丧我",但从他的论述中,我们可以体会到二者之间的差异:"吾丧我"是因,"无我"是果,这就如同通过道家"吾丧我"的门径进入佛教的殿堂一样。很显然,广真诠释的虽是《庄子》,但其佛教的立场却是始终如一的。

三、庖丁为文惠君解牛

《养生主》以"庖丁解牛"为喻演说养生之理,吹万广真站在佛教的立场上对之加以解说,遂使道家的"养生主"一变而为禅宗的"明心法"。

吹万广真将"庖丁解牛"所涉及的诸多文学意象置入佛教的语境之中,使这则寓言呈现出崭新的意义形态来。佛教中多有以牛说法之处,如南岳怀让曾以"牛若不行,打牛还是打车"的提问启发马祖道一,沩山灵祐曾有"老僧迁化后,去山下檀越家,作一头水牯牛"的宏愿,懒安自述在沩山三十年"只看一头水牯牛",后世还有人"牧牛图"作为工具讲述心识转染成净的过程;佛经中所说的屠户,以《涅槃经》中那位"放下屠刀,立地成佛"的广额屠儿最为知名;佛教以刀剑喻智慧的说法更是在在多有,尽人皆知,无烦例举。广真以此解读"庖丁解牛",将"能奏之刀"视为"幻智",将"可解之畜"比作"妄情",将"目无全牛""游刃有余"看成能所俱泯、物我同虚的逍遥境界,因此他说:"刃潜生杀之机,目绝有无之境,正所谓离心冥物,未尝见牛,乘虚原理,未尝游刃者也。"[①] 此与以无念、无相、无住为基本特征的南宗顿悟禅法若合符节。

懒安禅师曾说:"予亦守栏二十年,始得见牛。"广真由此发问:"第今之解牛者,且问能解此栏中牛也么?"[②] 这可以说是吹万广真对当时的禅修者能够破除烦恼、获得身心自在所寄予的一种厚望。

四、心斋

《人间世》将"心斋"视为获得至道的前提。庄子假孔子之口述其要领:"若一志,无听之以耳而听之以心,无听之以心而听之以气。听止于耳,心止于符。气也者,虚而待物者也,唯道集虚。虚者,心斋也。"换言之,只有破

---

① （明）广真:《一贯别传》卷2,《嘉兴大藏经》(新文丰版),第40册,第161页上。
② （明）广真:《一贯别传》卷2,《嘉兴大藏经》(新文丰版),第40册,第161页上。

除一切前见，使自心达到空虚无染的清净状态，才能得道。

吹万广真认为庄子所说的"心斋"就是佛教所说的禅定。他认为，修行者通过坐禅，就可以破除各种事物对自心的染污，消灭胡思乱想，使自心归于寂静，由此实现对眼耳鼻舌身意六根的正确运用，从而达到真（空）俗（有）二谛的融会贯通。也就是说，在广真看来，心斋就是禅定，通过"心斋"所达到的空虚与通过禅定所达到的寂静是相同的，都可以形容为"江天一色，潮连海平"。

不过广真毕竟是一代大禅师，因而不免将"心斋"当作口头禅。他说："是心亦无，斋个什么？霜林夜动，响传落叶之声；天籁晓闻，静发清机之窍。谓心可也，非心亦可也；谓斋非也，不斋亦非也。复有个昏荒颠倒不为醉、滥误疑混不为杀的出来，又作么生？"[1]意谓无论是心斋，还是禅定，均非向外求索，而是自内观照，让自家的本来面目呈现出来。

五、坐忘

《大宗师》假颜回之口述"坐忘"云："堕肢体，黜聪明，离形去智，同于大通，此谓坐忘。"这就是说，人们只要突破了自我形体的局限，摆脱了个体意识的束缚，就可以达到与道为一的境界。

吹万广真将"坐忘"视为破除执着之后所获得的解脱与自在。一说到"坐"，佛教中人自然会想到"坐禅"，广真也是如此。在他看来，组成人们个体自我的地、水、火、风本来就是空无自性的，因此根本上就不存在什么"能坐之人"；而人们一旦破除了法、我二种执着，就会使法身、报身、化身"三身现前"，完全摆脱对各种事物的依赖，因此也就不需要什么"可忘之坐"。在广真看来，只有"坐无所坐，忘无所忘"，才称得上是"真坐"。广真此论，意在使修行者在任何情况下都能保持内心的宁静，与六祖慧能所谓"外于一切善恶境界心念不起名为坐，内见自性不动名为禅"若合符节。因此他不满于一些对仁义礼乐与智慧的执着，批判他们说："仁义无体，滞之者妄为仁义；礼乐无名，执之者幻成礼乐；况复智慧愚痴咸般若，黜的阿谁？幻化空身即法身，鉴个什么？"[2]无滞于仁义，不执于礼乐，无所去取于智愚真俗，何适而非道，就意味着无行而非禅。

---

① （明）广真：《一贯别传》卷2，《嘉兴大藏经》（新文丰版），第40册，第161页上。

② （明）广真：《一贯别传》卷2，《嘉兴大藏经》（新文丰版），第40册，第161页上至中。

北宋禅师佛印了元有一首非常著名的偈颂："赵州昔日少谦光，不出山门见赵王。怎似金山无量相，大千尽是一禅床！"将"不于三界见身意"的禅门宗旨生动地体现了出来。广真对此赞叹不已，认为"坐的忘的，总出这一着不得"，视之为"柳栗担挑华藏界，维摩掌上未为多"①。这无异于宣布庄子的"坐忘"就是禅师得道的境界。

六、壶子

《应帝王》载列子之师壶子与郑之神巫季咸斗法事，谓季咸初见壶子之而断其必死，再见壶子而幸其可生，三见壶子之而无得相之，四见壶子则"立未定，自失而走"。庄子试图证明壶子之道远高季咸，不过岁月绵渺，对于壶子、季咸之术，后人终究是莫知其详。佛教输入，谓甚深禅定可以引发他心通、宿命通、神足通等各种神通，人们遂以彼例此，将其视为二大师之间的神通竞赛。

在吹万广真看来，西天大耳三藏与南阳慧忠国师验证他心通就是壶子季咸故事在唐代的重演。史载西天大耳三藏得他心通，唐代宗令慧忠国师对他进行验证。慧忠国师三次发问："汝道老僧（心）即今在什么处？"大耳三藏初答："西川看竞渡。"再答："天津桥上看弄猢狲。"但对第三次询问大耳三藏却良久难以回答。慧忠国师叱之曰："这野狐精，他心通在什么处！"仰山慧寂认为，慧忠国师前二度是涉境心，故而有迹可求，后入自受用三昧，所以大耳三藏难窥其所在。广真认为，壶子对神巫季咸的验证，前三次都是有心而为，因此必定会有前兆的产生，有事相上的显现，季咸可据而窥测其奥秘，及至后来壶子"示之以未始出吾宗"，"与之虚而委蛇"，季咸也就"不知其谁何"，最后只好逃之夭夭。广真指出，此时壶子之心已成为"空明妙湛，总持万有"的太虚，所以季咸无法测知。广真以禅师的口吻自设问答："然则慧忠国师与壶子是同是别？若曰同，断云将野鹤俱飞，竹响共雨声相乱；若曰别，是处峨眉峰顶现，千红万紫斗芳妍。"②其言下之意，是说二者同中有异、异中有同，虽然同异互见，但到底异不胜同。

壶子季咸的故事向称难解。我认为，壶子是庄子推崇的真人，"未始出吾宗"而"与之虚而委蛇"是庄子主张的生存方式，世人"不知其谁何"则是

---

① （明）广真：《一贯别传》卷2，《嘉兴大藏经》（新文丰版），第40册，第161页中。
② （明）广真：《一贯别传》卷2，《嘉兴大藏经》（新文丰版），第40册，第161页中。

一种理想的人生境界。吹万广真将壶子与季咸之间的比试视为神通竞赛，虽然未必符合庄子的原意，但却为人们理解这则寓言提供了非常好的启发。

七、玄珠

《天地》谓黄帝游乎赤水之北，登乎昆仑之丘而南望，还归，遗其玄珠，使知、离朱、喫诟索之而不得，乃使象罔，象罔得之。黄帝曰："异哉，象罔乃可以得之乎？"

吹万广真将这则寓言中的象罔得珠视为对如何得道的表述。具体来说，"玄珠"象征着道，"象罔"（有的版本也作"象网"）则表示着得道的方法或途径。黄帝遗其玄珠，意味着人对道的偏离和遗弃。广真认为，道本来是非常切近人们自身的，但人们向外游览与向上攀登，破坏了道原始的寂静状态，由此产生了各种知觉（"知"），形成了精明的分别（"离朱"），培养了辩才（"喫诟"），从而使人们遗失了道这颗"玄珠"。广真指出，"罔象"就是"无象之象"，其所以能够得道的原因在于，"养其无象象故长存，守其无体体故全真，正能使之而能得之也"。①他以引导读者参禅的口吻说："本自无失，得个什么？本自无用，使个什么？风飘律吕相和切，日傍关山几处明，焉有游北登丘，南望还归之想！"②以无得为得，以无用为用，一切随缘任运，此正是禅者得道的气象。

庄老道家主张无为而无不为，此正是黄帝失而复得的那颗"玄珠"；一经吹万广真的诠释，这颗"玄珠"似乎就是禅者的随缘任运。于此我们可以体会到庄老道家思想在中国禅宗形成过程中所起到的重大作用。

八、濠梁之上

《秋水》谓庄子与惠子（惠施）游于濠梁之上，庄子曰："鯈鱼出游从容，是鱼之乐也。"惠子曰："子非鱼，安知鱼之乐？"庄子曰："子非我，安知我不知鱼之乐？"惠子曰："我非子，固不知子矣；子固非鱼也，子之不知鱼之乐，全矣！"庄子曰："请循其本。子曰'汝安知鱼乐'云者，既已知吾知之而问我。我知之濠上矣。"这就是庄子与惠施之间著名的濠上之辩。

吹万广真从消除物我分别的角度上阐明了庄子濠上之辩的正确性。在他

① （明）广真：《一贯别传》卷2，《嘉兴大藏经》（新文丰版），第40册，第161页中。
② （明）广真：《一贯别传》卷2，《嘉兴大藏经》（新文丰版），第40册，第161页中至下。

看来，庄子的快乐并不在鱼，而在于发现自己的见解真实自然（"见见之至真"）；鱼的快乐也不在于水，而在于能够以"出游从容"的方式游戏于水中（"游游之一致"）。庄子的见解并非来自主观的预期，鱼的快乐也不是来自刻意的追求，因而这种快乐是无法改变的。惠子以庄子"非鱼"而试图否定庄子的见解，同样道理，惠子也不是庄子，那么惠子关于庄子不知鱼乐的断言就无法保证其正确，这反而说明了物我之间具有某种同一性。从另一角度来说，既然庄子认为惠子不是自己而无法知晓自己的见解，那么庄子不是惠子就意味着庄子无法了解惠子的观点，这也为彼我无异提供了佐证。在广真的眼中，庄子已经破除了物我相待和彼我对立，其所谓"请循其本"，就是引导惠子进入"世界一水""彼我一鱼"的自然境界。[①]

庄子与惠施的濠上之辩本来就与后世禅宗的机锋相斗非常相似，而吹万广真将这则寓言的诠释重点又放在了破除物我彼此的差别与对立上，无形中为之涂抹上非常浓重的禅学色彩。广真对庄子濠上之思的"请循其本"，实际上就是对"看话禅"技巧的运用和发展。

九、坠车

《达生》讲到醉者从车上坠落下来，即便是车子开得非常快，也不至于被摔死。庄子认为，醉者骨节与清醒者相同，而所受危害却不大，就在于醉者的精神状态保持了充分的完整性（"其神全"），没有分神关注自己是乘车还是坠车，分神去考虑坠车后是死是生，因此毫无惊惧。因此庄子提出，"彼得全于酒而犹若是，而况得全于天乎？圣人藏于天，故莫之能伤也。"这种随顺自然、任运无为的观点是道家一贯的主张。

吹万广真将醉者乘车坠而不伤理解为禅宗的"无所分别"。广真指出，酒使人们泯灭了乘车与坠车的差别，道则使人们破除了身心内外物我的区分。在这则寓言中，车象征着人的精神魂魄，路代表着人的动静行藏，坠地则意味着二者的融合统一，人们对这三者都非常关注，若能就其为实有而主宰之，就其为虚无而运用之，自然就会感觉到法界的宽广与世路的平坦，并在其中获得充分的自由和自在。为了将人们引入此境，广真设问道："假如世界未成时，众生未有时，佛未说法时，汝等以为车乘者谁耶？坠者又谁耶？"这无疑是引导人们放弃对外界的执着与分别，去追寻自我"父母未生前"的"本

---

① （明）广真：《一贯别传》卷 2，《嘉兴大藏经》（新文丰版），第 40 册，第 161 页下。

来面目"。对于自己这种单提向上的做略，广真自知曲高和寡，因而在良久的沉吟之后，不免有"太湖三万六千顷，月在波中说向谁"的孤寂之感。①

酒为佛教五戒之一，吹万广真作为一代高僧，是不可能提倡饮酒的，他只是借用醉者乘车坠而不伤阐明无所分别的利益而已。尅实而论，醉者的无所分别是分别能力的丧失，而禅宗提倡的无所分别，则是破除人们虚妄分别之后所获得的自由和自在，二者的不同也是非常显然的。我们说，禅宗语录中的各种迅捷的机锋和峻烈的手段，其目标都是为了破除人们对物我彼此的虚妄分别，使各种事物都恢复或恢复到自己的本然状态。

十、道术

《天下》将"古之所谓道术者"视为一个"无乎不在"的整体，但由于"天下大乱，贤圣不明，道德不一"，后世学者"多得一察焉以自好"，诸子"闻其风而悦之"，遂有"百家往而不反"，从而造成了"道术将为天下裂"的局面。

吹万广真将各种道术都视为禅宗所说的"标月指"。假如有人不知月之所在，禅师以手指天，其手指固然非月，但顺着其手指却可以发现月在中天；禅师机锋棒喝，评唱公案，拈提古则，都不是道，但由此可以悟道，这些做略也因之被视为"标月指"。广真将各种道术都视为标月指，无疑扩大了这一禅语的应有范围，也展现出他具有非常广阔的视野。在他看来，饥餐倦眠，热举扇，冷加衣，是道家的道术；周旋应对，曲体折腰，讲究宾主之礼，少长之别，是儒家的道术；扬眉瞬目，叫即应，打即痛，是佛教，特别是禅宗的道术。广真指出，这三家道术虽然都是"与生不生，即灭不灭，亘古不磨之仪式"，但其礼乐文章与道德仁义，也都只是"标月之指"而已，人们应该借助这些标示物找到门径，并最终由此证悟大道，这就是"闻其风而悦之"的意义。对于由道术而悟道，广真没有遮断其难易，他引唐代居士庞蕴一家偈颂说："庞公曰：难，难，十担油麻树上摊；庞婆曰：易，易，百草头边祖师意；灵照曰：也不难，也不易，饥来吃饭困来睡。向上者当于此荐取。"②其言下之意，是希望学道者既不畏难，也不图易，一切随缘任运，自然会有悟道之日。

---

① （明）广真：《一贯别传》卷2，《嘉兴大藏经》（新文丰版），第40册，第161页下。
② （明）广真：《一贯别传》卷2，《嘉兴大藏经》（新文丰版），第40册，第161页下。

庄子论道术，是在慨叹"后世之学者不幸不见天地之纯，古人之大体"，话语中透露出一种无法自抑的文化悲情。吹万广真将道术视为"标月指"，充分肯定儒道佛三家都具有向道的功能，反倒彰显出一种由各种道术都可以悟道的乐观和自信。

吹万广真在儒道佛三家一贯的视域内对《庄子》进行的教外别传式的解读，将诠释的重点放在破除自心对物我的执着和对是非的分别上，既展示出将禅宗义理融入道家经典的致思倾向，又体现了在道家语境中寻求佛教经典真义的价值诉求。《吹万禅师塔铭》谓其为大慧宗杲第 14 世法孙。[①] 我们说，从广真非常重视佛法与各种学问思想的融合无间上来讲，他确实继承和发扬了大慧宗杲的禅风。

---

① 田华国：《吹万禅师塔铭》，《嘉兴大藏经》（新文丰版），第 29 册，第 553 页中。

《庄子·齐物论》的"变"与"不变"

——以"因是"为角度的分析

吕箐雯[*]

（中国人民大学哲学院，北京，100872）

摘　要：本文以《齐物论》为研究材料，以"因是"思想为研究角度，分析了"因是"的三层含义：承物之对待、顺天之自然、破己之固守。万物变化无常，故行为主体要随顺万物而打破对于自己的固守，其主格亦在随任外在而不断变化，此乃庄子外在之"变"。但更为根本的，庄子有其坚守的原则立场（吾丧我）与推崇的理想人格（至人无己），这是其内在之"不变"。最后，本文还以邓析纯然随外的"因是"思想与之对比，与庄子不同，邓析纯然为了一己之利而用诡辩解决问题，没有自己固定的行为准则，与庄子貌合而神离，以进一步说明庄子外在之变与内在之不变，更好地理解庄子之精神。

关键词：《庄子》；因是；相对主义；外在之变；内在之不变

一、"因是"之"变"

《庄子》[①]一书中，共六次出现"因是"，均在《齐物论》中，可以分为三层含义：

---

* 作者简介：吕箐雯：(1994—)，女，陕西铜川人，中国人民大学哲学院，2018级博士，中国哲学专业，研究方向：道家哲学。

① 笔者认为，在无充足的论据说明《庄子》外杂篇明确属于庄子后学所做时，不应将《庄子》三十三篇割裂开来，以避免文意的疏漏、思想的偏离。故搁置难以澄清的作者问题，无疑是明智之举。我们应当将《庄子》作为整体来看待，不应囿于内外杂篇之分别而将其割裂开。因此，在本文中，我们将对由三十三篇组成的《庄子》做整体性研究，以期全面地把握庄子思想。

（一）承物之对待

物无非彼，物无非是。自彼则不见，自知则知之。故曰：彼出于是，是亦因彼。彼是，方生之说也。虽然，方生方死，方死方生；方可方不可，方不可方可；因是因非，因非因是。（《庄子·齐物论》）

此段，"因是"出现了两次，但含义皆同，皆从对举的角度而言。从认识论的角度而言，从认识主体与认识客体的方面而言，天下万物没有彼此之分，若站在认识主体的立场去观看外物，则外物都是认识对象，都是客体；而如果站在外物的立场上来观察自身，则自身就成了最大的客体。如此，则自己与外物之间便没有彼此之分。因此才说，认识客体是由于与认识主体相对而产生的，反之亦然。这也便是庄子第一层的"因是"之义："是亦因彼"，彼此、是非、主客之对待，都是相互因生，相互依存的。也即是《老子·第二章》所言"有无相生，难易相成，长短相较，高下相倾，音声相和，前后相随"的道理。

进一步而言，所谓的"彼此"之说，就是惠施之辈的"方生方死"的诡辩之论。具体而言，就是说事物在出生之时，也就开始走向死亡；当其走向消亡时，也就是走向另一个开始。而可与不可，也就是对立面之间相互转化的过程。继而进一步深化"因是"之第一层含义，"是非"不但彼此相互因生，而且相互转化，无有穷尽。如郭象所言："是亦彼也，则我为彼所彼；彼亦是也，则彼自以为是。彼是、有无未果定也。是非反复，相寻无穷"[1]；陈启天言："是非相因而生，有是即有非，有非即有是"[2]；王先谦言："有因而是者，即有因而非者，有因而非者，即有因而是者。既有彼此，则是非之生无穷。"[3]都在表明，如果我们"承物之对待"，从对立转换的观点而言，是非之间相互依存，相互凭借，无有穷尽。

此层"因是"义，本质上指向变化之无常。一切都是相对存在、且相互转化的。生死、可不可、是非等等，无有定论，这些对待及其相对性，都展示了世间万物的流变。这本是无可非议的，但过度强调事物以及立场的流变性，如惠施之"日方中方睨，物方生方死"等观点，则是"弱于德，强于

---

[1] （晋）郭象，（唐）成玄英疏：《南华真经注疏》，北京：中华书局，1998年，第36页。
[2] 转引自陈鼓应：《庄子今注今译》，北京：中华书局，1983年，第64页。
[3] （清）王先谦：《庄子集解》，北京：中华书局，1987年，第25页。

物"的体现，最终也只是"散于万物而不厌""逐万物而不反"的歧途。(《庄子·天下》)

（二）顺天之自然

在上文承物之对待的"因是"之后，庄子提出了对于此种流变性、相对性认识的反对以及自己的主张，于是出现了第三次的"因是"，此后都只有"因是"，而没有"因非"的对举，这也便是第二层的"因是"之含义：

> 是以圣人不由，而照之于天，亦因是也。是亦彼也，彼亦是也。彼亦一是非，此亦一是非。果且有彼是乎哉？果且无彼是乎哉？彼是莫得其偶，谓之道枢。枢始得其环中，以应无穷。是亦一无穷，非亦一无穷也。故曰"莫若以明"。(《庄子·齐物论》)

关于此处之"因是"，历来注家有三种解释：其一，理解为是非的消解，如郭象"因天下之是非而自无是非也"[1]，林云铭"因其各自为是，而不参之以己见也"[2]；其二，将"因是"理解为"因此"，如王先谦"是，此也。因此是非无穷，故不由之"[3]；其三，认为"因是"并不是一个具体的概念，而只是"因"字之义，如宣颖言"因则是非两化"[4]。笔者采取第一种也是历代注家认可最多的一种解释，即圣人不去执着于"是非"的分别，而一切按照自然、天然之法，只是任凭是非自己的发展，而不加人为的干涉，顺其自然。此种理解较第三种解释更为明晰地指出了所因循之物，与第二种理解相比，亦将重点置于"照之于天"，将逻辑向前推进。

这层含义，与上文与"因非"相对立的"因是"亦相异。此处之"因是"，是"圣人不由，而照之于天"，不禁其源，不塞其性，使万物得以按照自己的节奏生长。如王叔岷在此处做注云："'因是'指上句'不由而照之于天'，与上文'因是'异义"，他进一步将"照之于天"解释为"此谓圣人不用是、非，即不执着是、非，而明是、非于自然而"[5]，圣人并不执着于任何是非的立场，

---

① （晋）郭象，（唐）成玄英疏：《南华真经注疏》，第35页。
② （清）林云铭：《庄子因》，上海：华东师范大学出版社，2011年，第16页。
③ （清）王先谦：《庄子集解》，北京：中华书局，1987年，第14页。
④ 转引自崔大华：《庄子歧解》，北京：中华书局，2012年，第62页。
⑤ 王叔岷：《庄子校诠》，北京：中华书局，2007年，第60页。

而只是因任自然。再如苏甲荣言："因是者，就是因其所是者而是之之谓"①，真正的"因是"，就应当是因任事物本然的样子，是者即为是，非者亦为非，不需添饰任何人为的矫揉造作。如此，从二者相互对立的角度而言，彼有彼的是非，此有此的是非。因此，如果能够打破上述种种二元对立，去掉种种人为之对待，顺万物之自然本性，使其自然发展，也便是掌握了道之枢要。

无疑，这样"照之于天"的庄子是随着外在情况而不断变化的，"因顺万物、顺其自然"的思想与老子"道法自然"的思想相一致。因循万物，也即王弼之注："法自然者，在方而法方，在圆而法圆，与自然无所违也"②，像水一样，没有自己的形状，依万物之形而不断变化，而要如此，最重要的，是对于"自我"的破除。

（三）破己之固守

紧接着，庄子第四次提出了"因是"之说：

> 其分也，成也；其成也，毁也。凡物无成与毁，复通为一。唯达者知通为一，为是不用而寓诸庸。庸也者，用也；用也者，通也；通也者，得也。适得而几矣。因是已。（《庄子·齐物论》）

此处之"因是"，乃是代指"为是不用而寓诸庸"。一个事物的分割，就意味着另一件事物的产生与形成；同样，一件事物的产生与形成，也就意味着与己不同的事物的毁坏。因此，从道之层面而言，没有成毁之分，万物都同归于大化流行。因此通达大化的人，就不会去凭借自己的智巧去分别原本整全之大道，而只是"为是不用而寓诸庸"，因任外在众人之情而已。如憨山云："唯达道之人，知万物本通为一，故不执己是，故曰'不用'，既不用己是，但寓诸众人之情。"③如此，也便打破对于自己的执着，进一步结合庄子"吾丧我"之旨，也就是丧掉固执己见，以自我为中心之我。如此，便能考虑他人而不固守自己的利益，也就可以通于大道，也便能无往而不自得。如此之效用，便都是因为"因是"，也就是因任"不自以为用而寓诸庸"的妙处罢

---

① 苏甲荣：《庄子哲学》，转引自方勇，陆永品：《庄子诠评》，成都：巴蜀书社，2007年，第59页。

② （魏）王弼，楼宇烈校释：《老子道德经注校释》，北京：中华书局，2008年，第64页。

③ （明）憨山，梅愚点校：《庄子内篇注》，武汉：崇文书局，2015年，第35页。

了。即陆西星言："所以然者，因是而已。是不用而寓诸庸，即因是也。"① 也
即是言，第三层的"因是"，即指能考虑到他人的利益与立场，打破对于自己
的执着与坚守，按照事情本然的状态来判断、行为，"因其所是而是之，因其
所非而非之，而无是非的争论"。②

为了说明这一道理，庄子用"狙公赋芧"的故事来加强论证，于是第五
次出现了"因是"：

　　劳神明为一，而不知其同也，谓之朝三。何谓朝三？曰狙公赋芧，曰：
"朝三而莫四。"众狙皆怒。曰："然则朝四而莫三。"众狙皆悦。名实未亏，
而喜怒为用，亦因是也。是以圣人和之以是非，而休乎天钧，是之谓两行。
（《庄子·齐物论》）

世人不明白"不用而寓诸庸"之道，于是就使自己心神不宁，去求一致，
而不知世上万物本就相同，就如同"朝三"之例：狙公给众狙分发栗子，"朝
三暮四"引来众狙皆怒，"朝四暮三"就能使众狙皆悦。栗子的总数与实质没
有变化，众狙的喜怒却因狙公外在的食物分发形式而不同，这就是"因是"
的缘故。关于此处之"因是"，至少存在两种解释：

其一，主语是众狙，如郭象所言"亦同众狙之惑，因所好而自是"，成玄
英做疏为"此亦同其所好，自以为是"③。众狙之所以会产生耗费心力的喜怒
之情，就是因为心中只留有"所好"之物，只是去求短暂的自身利益最大化，
而自以为是，而不能打破心中对于自我的执念，因此才会为狙公所戏若持此
解，那就是对第三层破除己见之"因是"的强化。

其二，主语是狙公，顺众狙之喜怒，如钱穆言："狙公之顺众狙，亦'因
是'之义也。"④；闻一多云："顺其所喜，避其所怒，因任物情而利用之，此亦
因是之道也。"⑤ 若持此解，就指狙公利用众狙之好恶，控制其喜怒。如此一

①　（明）陆西星，蒋门马点校：《南华真经副墨》，北京：中华书局，2010年3月，第27
页。
②　黄锦鋐：《庄子读本》，台北：三民书局，2018年，第29页。
③　（晋）郭象，（唐）成玄英疏：《南华真经注疏》，北京：中华书局，1998年，第39—40
页。
④　钱穆：《庄子纂笺》，北京：三联书店，2010年，第22页。
⑤　闻一多：《庄子章句》，转引自 方勇，陆永品：《庄子诠评》，成都：巴蜀书社，2007年，
第66页。

来，众狙因为自己有所好恶，而有了被利用之机，岂不哀哉？

因而，上述看似不同的两种解释，也有关联。正是因为惑者只是坚持自己的利益，而不知天地万物本为一体，有所好恶，自以为是，而产生了喜怒之用。如此便与第二层的"因是"之"顺天之自然"义相联系：是非、美丑、善恶等所有对待都是人为产生的，"道未始有封，言未始有常"（《庄子·齐物论》），大道本身是无有边界分别的，"是非之彰也，道之所以亏也。道之所以亏，爱之所以成"（《庄子·齐物论》），正是因为各种出于私好的产生，便有了种种出于自己利益最大化的评判标准，由此也就造成了道之亏损。因而打破上述种种二元对立，去掉种种人为之对待，才能掌握道之枢要。而最根本的，当是第三层的"因是"之"破己之固守"义，打破对于自我的固守，而考虑到他者的存在。如吕惠卿言："道所以通为一者，以其小大、美恶之所自起，有在于是。若不知其然，劳神明而为之，乃所以为不一也。犹朝三暮四、朝四暮三不离乎七，而皆怒皆悦，此群狙所以见畜于公，而公所以笼群狙也。亦因是而已。"① 众狙之悲哀就在于不明白道之所同为一，而从自己的判断标准出发给外物加上尺度，才会让他人找到可乘之机。

如此，则很容易让人感到庄子对于"变化"的强调，当一个人已经"丧我"、破除自我、随顺万物而不断变化时，也就意味着其主体性被打破了。进而将"因是"理解为相对主义，如吴光明所言"不但观点在变化，连主格本身也变了，这是主格的相对论，是存在论性的相对论"②，如此，庄子被理解为缺乏自身立场的人。

《庄子》第六次也是最后一次出现"因是"的段落为：

天下莫大于秋毫之末，而大山为小；莫寿乎殇子，而彭祖为夭。天地与我并生，而万物与我为一。既已为一矣，且得有言乎？既已谓之一矣，且得无言乎？一与言为二，二与一为三。自此以往，巧历不能得，而况其凡乎！故自无适有，以至于三，而况自有适有乎！无适焉，因是已。（《庄子·齐物论》）

此处庄子将其"齐物"思想进一步明确，在人的主观认识中，天地万物

① （宋）吕惠卿，汤君集校：《庄子义集校》，北京：中华书局，2009年，第33页。
② 吴光明：《庄子》，台北：东大图书公司，2015年，第221页。

本为一体。进而，从逻辑角度，庄子又说明若要执意分别，则他对于"一"的论述属于言论，合之为"两"个事物（二）；则"一"、"言"、"合之的存在"（一与言），则又为"三"个存在，如此，若从区别的角度来看待万物，则事物以及事物的区别就无有穷尽。从"无"的角度出发尚且如此，何况是名家辩者从"有"来论述"有"呢？因而，庄子再次提出"因是"。郭象注为"各止于所能，乃最是也"，成玄英疏为"无所措意于往来，因循物性而已矣"①。也即顺物之天性，因任自然而已。这便是"因是"的第二层含义，也即上文所论述的"是以圣人不由，而照之于天"，如憨山在此处做注言："前云'众人因是，而有是非；圣人不由，而照之于天，亦因是也'，故一往论到未始有物已前，天地万物混而为一，故不离于是，如此为真是。所言圣人因是者，乃无适为是，此正照之于天也。此文之照应处。"②不去执着于"是非"的分别，而一切按照自然、天然之法，只是任凭万物自己的发展，顺其自然。

综上所述，"因是"在《庄子》中共出现了六次，可以分为三层含义："承物之对待"义，"顺天之自然"义，"破己之固守"义。第五、第六次的出现，则是对这三层含义的强化论述。这三层含义之间，亦环环相扣。在俗人眼中，有是非之对待，才会有"因是因非，因非因是"的分别与混乱，才会有无穷无尽的对待与变化，如此逻辑上的诡辩建立于将万物进行价值区分的基础上，则是庄子所反对的；因而他认为"圣人不由，而照之于天"，圣人要从主观破除掉这样的区别，消解掉物与物之间的价值区分，因物之自然；而这种消解，核心则是"吾丧我"，是"俗我"的瓦解。人们之所以会有种种对待，有种种价值评判，就是因为有"俗我"之"成心"在，为了满足种种自我之利益，才会有种种"是非、善恶、美丑"的对立。而要消解掉这样的区分，就要通达大化，就不去凭借自己的智巧去分别原本整全之大道，而只是"为是不用而寓诸庸"，因任外在众人之情。当内心中对"俗我"的坚守消解了，也便能考虑他者了，也就能够看到、能尊重万物之本性，而不会人为地对事物的发生进行任意之干涉。

因而，"吾丧我"与"寓诸庸"，一体两面，如果只是单纯地分析《庄子》中的"因是"思想，最终会落于其对于"自我""成心"的消解，对于主格的解构，也即是主格的改变，则会得出"庄子为了因顺万物而不断自我变化"

① （晋）郭象，（唐）成玄英疏：《南华真经注疏》，第46页。
② （明）憨山，梅愚点校：《庄子内篇注》，第43页。

的结论。

二、主旨之"不变"

通过上述分析可知，庄子之"因"，有着环环相扣的多重维度，就其"因"之思想分析，外在皆"承物之对待"而瞬息万变，行为主体当"顺天之自然"，最终回归于"破己之固守"，也即"吾丧我"，庄子的"变"都源于此，源于主格的改变。但需注意，因循万物的庄子既可以"有人之形，故群于人"（《德充符》），又可以"无人之情，故是非不得于身"；既可以"不将不迎，应而不藏"，又可以"胜物而不伤"（《应帝王》）；既能够"不敖倪于万物，不谴是非，以与世俗处"，又可以在"无何有之乡，广莫之野，彷徨乎无为其侧，逍遥乎寝卧其下"（《逍遥游》）地"独与天地精神往来"（《天下》）。而这一切都意味着，在不断变化的外在背后，还有一个永恒不变的存在，能够让其"缘督以为经"（《养生主》）。

（一）采取的立场态度不变

"随顺万物"并不等于毫无原则地见风使舵、八面玲珑，庄子更像是在进行纠正的努力，将人们从故步自封、自以为是的桎梏中解脱出来。庄子追求的理想人格是破除"俗我"之后的"无己"之"至人"，而"俗我"的产生便源于"成心"的存在。故庄子所坚持的就是对于"成心"的破除。所谓"成心"，便是以自己为价值中心形成的闭塞心灵。这是一种执一家之偏见的成见之心，如成玄英解释"夫域情滞者，执一家之偏见者，谓之成心"[1]。它建立在自我中心主义的基础上，包括对他者存在价值的忽视，包括对大道的蒙昧不明，包括因对自我价值太过于重视而形成的对于外在名利的追求，或者是对于一孔之见的偏执等等。

首先，执于一端的成见之心，对于行为主体而言，是一种眼光、胸怀的限制，也是一种境界的束缚。就像《逍遥游》中蜩、鸠、斥鴳囿于自己的眼界、知识、理想而去嘲笑"飞往高空"的大鹏一样，他们也被"成心"所缚而不能体会大鹏的逍遥之乐；再如《逍遥游》的宋荣子，已经达至"举世而誉之而不加劝，举世而非之而不加沮，定乎内外之分，辩乎荣辱之境"的境地，摆脱世俗的价值追求，但仍"犹有未树也"，未能达至逍遥之境，因为

---

① （清）郭庆藩，王孝鱼点校：《庄子集释》，北京：中华书局，2012年，第67页。

他"犹然笑之"，对前文所述的耽于功名者有嗤笑之心，"以大笑小"，展现出一副自傲自夸者面容，如刘凤苞言："犹有内外、宠辱之见存，未能超然树立，空所依傍也。"①再如《秋水》中，惠子相梁，听人言庄子欲夺己之相位，"于是惠子恐，搜于国中三日三夜"，庄子视相位如腐鼠，而惠子却如鸱一般以之为宝，仰吓凤凰，"譬惠施滞溺荣华，心贪国相，岂知庄子清高，无情争夺"②，惠子反而视名利为珍贵之物，而做出如此闹剧，岂不哀哉？

其次，对于成见的执着，根本还是对于自我利益的考量。自我利益最大化的成心，于社会与自然界而言，也会危害他者的利益。如《应帝王》中的"儵、忽"二帝，为了报答中央之帝浑沌的善待，为其日凿一窍，第七日而浑沌死。他们二人显然是将自己认为有七窍更好的想法强加到浑沌上，而不是从浑沌自身"无心而任化"的需求出发。再如《至乐》篇中的"鲁侯"，把海鸟捉住迎进太庙，送酒给它喝，奏《九韶》乐曲给它听，呈牛羊给它吃，"鸟乃眩视忧悲，不敢食脔，不敢饮一杯，三日而死"（《至乐》），最终反而害了海鸟。他实质是"以己养养鸟也，非以鸟养养鸟也"（《至乐》），是用执己之好来养鸟，而并未考虑鸟自然而自由的天性，最终也导致"意有所至而爱有所亡"（《人间世》）。《齐物论》言"随其成心而师之，谁独且无师乎？"如果我们被自己的成见之心所束缚，那么每个个体都以自我为中心，不去考虑他人，天下也会陷入混乱之中。

因而，庄子实质上是有自己坚守的立场的，他告诉人们要破除对于名利、功业的追求，去其成心，丧其俗我。如钟泰在篇末点题言："此篇理极玄微，而归乎实际，情穷变化，而一本常然，要使人去其局心，从夫公是，顺彼物则，不失本真。"③也即是说，《齐物论》的道理虽然玄妙难解，但其最根本的，还是要让人们对心做工夫，去除"局心"（"成心"另外之说）的种种限制，顺乎大道自然而行，从而回归生命本真的状态。

（二）追求的理想人格不变

"吾"与"我"是不同的，因此庄子才讲"丧我"，"丧我"是为了更好地实现"吾"的主体性。这里的"我"，并不是形体之"我"，正如在《齐物论》开篇便强调的"形固可使如槁木，而心固可使如死灰乎"，形体可以进行外在

---

① （清）刘凤苞，方勇点校：《南华雪心编》，北京：中华书局，2013年，第9页。
② （晋）郭象，（唐）成玄英疏：《南华真经注疏》，第350页。
③ 钟泰：《庄子发微》，上海：上海古籍出版社，2002年，第63页。

的伪装，但心灵是无法骗过自己的。因而，根本要丧的，是"其形化，其心与之然"的随形而变的"我"，是"与物相刃相靡，其行尽如驰，而莫之能止"的追逐外在知识、名利的"我"。正如罗安宪所言："'吾丧我'之所'丧'者，并非是'我'本身，而是为'成心'所拘，'劳神明为一而不知其所归'，处于困窘与不安的悲苦的我、'疲役'的我、'芒'而不明的我，这样的'我'，只是一个'俗我'。"①

当"俗我"被消解之后，"无己"的境界才能得以开显，这也即是庄子最为推崇的"至人"形象。②我们现在所看到的世界，都是以"我"为观察视角进行的，草长莺飞，天高云淡，都是人们自己人为地给物所加的描述，当"无己"之后，出现的是怎样一个世界？是"吾丧我"的世界，如此一来，当我们将自己放在一个大的空间中，消解掉对"俗我"的高举，消解掉对于"自我"的过分强调，那作为客体的反抗、作为外在的对象，也就消失了。③与外界之间的两种关系，无论是对立关系，还是依赖关系，都以双方的存在为基础，当作为关系一方的自己消失了，那关系的另一方也便不复存在，这样，没有对立与依赖，外在的存在便不会伤害他，如《齐物论》言"至人神矣：大泽焚而不能热，河、汉沍而不能寒，疾雷破山、飘风振海而不能惊。若然者，乘云气，骑日月，而游乎四海之外。死生无变于己，而况利害之端乎！"无对待，则"天地与我并生，而万物与我为一"；无依待，则能"乘天地之正，而御六气之辩，以游无穷者，彼且恶乎待哉！"因而，至人在超越掉对于"俗我"的高举后，便能从世俗狭小的眼界中跳跃出来，而飞扬至"无待"的境界，也即"心灵无穷地开放，与外物相冥合，如此，则无论在任何情况下，都能随遇而安，自由自在"④。

因此，庄子始终追求的，是"至人无己"，是"吾丧我"，是去除掉从自我出发来看待世界的自我中心主义，从而开显出更大的境界。如徐复观言：

---

① 罗安宪：《儒道心性论的追究》，北京：人民出版社，2018年，第151页。

② 对于功业之舍弃、名利之淡泊，不是最究竟的，因为还有一个"己"在，"无功无名"之因，是不想让功名束缚自己的内心，从而"全己"，如释德清言："此一节，即以尧让天下，虽能忘功，而未忘让之之名；许由不受天下，虽能忘名，而取自足于己，是未能忘己。"因而，最为根本的，还是"至人无己"。参见（明）憨山，梅愚点校：《庄子内篇注》，武汉：崇文书局，2015年，第12页。

③ 如王博所言："你自由地悠游在没有尽头的世界中，这里只有你，没有任何与你相对的东西，这就是无待。"参见 王博：《庄子哲学》，北京：北京大学出版社，2013年，第163页。

④ 陈鼓应：《庄子的开放心灵与价值重估——庄子新论》，北京：中华书局，2015年，第10页。

"《庄子》的'无己'与慎到的'去己'是有分别的。'慎到'的'去己'是'一去百去'；而《庄子》的'无己'，让自己的精神，从形骸中突破出来，而上升到自己与万物相通的根源之地。"① 如郭象言："无己，故顺物，顺物而至矣。"② 因此，面对世俗之见中无所可用的"五石之瓠"，庄子能够去除掉实用主义的视角，而是顺其"大"，想到"以为大樽而浮乎江湖"，体会生命的那份闲适与自由；同样，面对"大而无用"的大樗树时，他亦彻底抛却世俗实用主义的价值论，"树之于无何有之乡，广莫之野，彷徨乎无为其侧，逍遥乎寝卧其下"（《逍遥游》），为自己创造了一份心灵的桃花源，体会生命原本的通透与自主。

因而，所谓"无己""丧我"，并非是"形如槁木，心如死灰"般的完全舍去主体生命的自主性，而是自己走出对"我"的价值的强调，看到万物本然的存在，从而实现更大的生命境界，"与物宛转，与化游息"，其追求的理想人格与生命境界，始终是不变的。

综上所述，庄子既强调"照之于天""寓诸庸"的因顺万物，又有自己所坚守的原则立场，与推崇的理想人格。而这两者亦互相依待，"虚室"才能"生白"，只有打扫干净房间，才能为他者的进入提供空间，于心而言，它能舍弃多少，才能容纳多少。行为主体丧其成心、打破对自我价值的固守、意识到他者存在的价值之后，也便自然能破除掉美丑、善恶、高低、小大等对待性的价值评价，同归于道之整全，从而达到"无己、无功、无名"境界。这些，是庄子内在之不变的部分。

三、邓析"因是"之"变"

为了更好地理解庄子之"变"与"不变"，笔者以相近时期的邓析③之"变"与之对比。邓析之思想，是根据不同的事物与人，找出不同的特点，因循每一个特殊的存在，从而找出问题的解决方法。如《吕氏春秋·审应览·离谓》④所举之例：

---

① 转引自 陈鼓应：《庄子今注今译》，北京：中华书局，2009 年，第 21 页。
② （晋）郭象，（唐）成玄英疏：《南华真经注疏》，第 9 页。
③ 邓析，春秋末期郑国人，思想家、改革家，根据《释文》记载，邓析"与子产同时"；《左传》定公九年记载："驷歂杀邓析而用其竹刑"，说明邓析当时曾经制定过刑法，被称为《竹刑》。参看杨伯峻：《列子集释》，北京：中华书局，2012 年，第 192 页。
④ 许维遹，梁运华整理：《吕氏春秋集释》，北京：中华书局，2009 年，第 487 页。

洧水甚大，郑之富人有溺者，人得其死者。富人请赎之，其人求金甚多。以告邓析，邓析曰："安之，人必莫之卖矣。"得死者患之，以告邓析，邓析又答之曰："安之，此必无所更买矣。"

洪灾过后，郑国有一位富商不幸遇难，有人得到了这位富人的尸体，富人的家属请求赎买亲人的尸体，得到尸体的人，就坐地涨价，以高金为条件，富人家属请教邓析，邓析便言："安然等待，除了你们家属，他无人可卖。"得到尸体的那个人担心家属不会来赎买尸体，也去请教邓析，邓析便言："安然等待，除了你，他们无处可买。"这样的论断无疑是针对不同的人，站在提问者的立场，给出问题的解决方案，甚至不顾解决方案间的相互矛盾。这种"诡辩"之辞没有固定的立场，并不是事情应然的解决之道。如上述所列之例，若是买卖双方都按照邓析的提议一味等待，那双方都无法得到自己想要的结局，其结果必然是"双输"的局面：富商家属无法得到亲人的遗体，无法让亲人入土为安；得到尸体的人也无法得到赎金，反而耽误了富商的安葬过程，损人不利己。正如许维遹在此后的评价："此邓析之诡辩，所以车裂而死"①，邓析因为诡辩而未得善终。

对于邓析之"因是"思想，历史上多位学者也都提出过自己的评价。首先，多位学者将邓析的思想定义为"两可之说"，如刘向《邓析子叙录》②、刘歆《七略》③和《列子·力命》④均称邓析"操两可之说，设无穷之辞"。而所谓"两可"，即指没有自身之一贯立场，不断变化，没有原则。如鲁胜《墨辩注叙》将"两可"解释为"是有（又）不是，可有（又）不可，是名两可"⑤，在是不是、可不可中没有自己的立场。其次，对于邓析的"两可"之说，荀子认为其："不恤是非，然不然之情。"⑥《荀子·非十二子》篇更明确评价道："不法先王，不是礼义，而好治怪说，玩奇辞，慎察而不惠，辩而无用，多事而寡功，不可以为治纲纪，然而其持之有故，其言之成理，足以欺惑愚众，是

---

① 许维遹，梁运华整理：《吕氏春秋集释》，第487页。
② （春秋）邓析 撰：《邓析子》，上海：上海古籍出版社，1990年，第1页。
③ （汉）刘向、刘歆，（清）姚振宗辑录，邓骏捷 校补：《七略别录佚文 七略佚文》，上海：上海古籍出版社，2008年，第61页。
④ 杨伯峻：《列子集释》，北京：中华书局，2012年，第192页。
⑤ （清）孙诒让 著、孙启治点校：《墨子间诂》，北京：中华书局，2012年，第122页。
⑥ （清）王先谦，沈啸寰、王星贤整理：《荀子集解》，北京：中华书局，2009年，第660页。

惠施、邓析也。"① 可见，荀子将邓析与惠施视为一类，认为他们都是针对文字漏洞玩文字游戏、谋取私利之辈。《吕氏春秋》指责邓析的两可之说"以非为是，以是为非，是非无度，而可与不可日变"②，认为邓析没有自己的是非标准，只是随着提问对象的问题而不断混淆是非与黑白，最终造成郑国大乱。

邓析之"因"，是顺着外在的事物，因循外在的立场而提出解决问题的方法，与庄子之"变"相似。作为解决问题的第三方，他没有自己的原则；就矛盾双方而言，他站在矛盾者的立场上，也就是让 A 继续坚持自己的立场，寻得自身利益最大化，同样的，亦让 B 站在自利的立场，二者都无有让步；就事情本身之解决而言，无有助益。表面而言，他似乎消解掉了自己，因任提问者的不同而不断变化自己的立场，但需注意，他只是消解掉了作为第三方的自己，反而加强了矛盾双方的"自我"意识，让人们为了自我利益而不断耗费心力。归根结底，他的"两可"之说，实质上仍是在强化自己的利益诉求，"自我"不断地被凸显、"成心"不断地被强化；同时，这样见风使舵的行为亦不可避免地陷入相对主义的泥沼。如此不断"变化"的"因是"，与庄子消解俗我的"因是"思想，完全是相异的。庄子的"两行"之说，是对于自己的要求，其本质上是"吾丧我"，是要破除对于"自我"的过度坚持与显耀，从而在"无名、无功、无己"后，达到超然物外、"物物而不物于物"的体道境界，这是其内在的不变之旨。

四、总结

许多人将庄子定位成邓析一般的诡辩者，认为其时刻处于变化的"相对主义"中，但通过本文的分析可知，庄子的"因是"思想，至少有三层含义，而"因是因非"之"因"，是"承物之对待"义，与邓析之"因"存在相似之处，都表明认识主体有所执的部分。不过，庄子是将此为反例来进行说明，更加强调从认识论角度打破种种认识上的价值评判与对立，就这一点而言，庄子是坚持其"不变"之旨的。此外，《庄子》除了"因是因非"之"因"，更有"不由而照之于天"之"因"，有"为是不用而寓诸庸"之"因"，有其打破自我中心主义，追求"无己"的不变之旨在，其表达的丰富程度与深刻程度，与邓析之"因"存在显著的不同，通过与邓析不断"变化"的"因是"

① （清）王先谦，沈啸寰、王星贤整理：《荀子集解》，第 93 页。
② 许维遹，梁运华整理：《吕氏春秋集释》，北京：中华书局，2009 年，第 488 页。

思想相比较，我们可以更加清晰地理解庄子外在之"变"与内在之"不变"，从而更好把握庄子的思想。

《齐物论》郭象注释义

殷亭亭 *

（苏州大学政治与公共管理学院，江苏苏州，215123）

　　摘　要：《庄子·齐物论》以"丧我"发端，暗示物论纷纭无有定法，再从正面阐述"三籁"意涵并开启全篇之主旨，即：道无心造作，率性自知并使万物复归于万物。紧接着从反面论述了因人之成心偏离道之本意所产生的种种言论、是非，但人们显然沉迷其中而不自知，在错误的道路上越走越远，因此离道之境界甚远。庄子旨在对人们因成心而产生的种种言论及是非层层剥落，开显道之完满自足的境界，并且提出"莫若以明"的体道方法，并在此过程中逐步推出此篇论点："天地与我并生，而万物与我为一。"

　　关键词：庄子；齐物论；成心；物化说

　　郭象对"齐物论"注解为："夫自是而非彼，美己而恶人，物莫不皆然。然汝是非虽异，而彼我均也。"① 物之不齐因为有人所规定的标准，以此标准看待万物才产生了万物"不齐"的结果，并且各家强执其所是而非人之所是，各执其所非而非人所是，因此"道术为天下裂"。《庄子·齐物论》篇最是集中了庄子的反驳之词，他认为，站在道的立场上来看，对立的双方显然是没有差别可言的，因此各家的言论之争不过是"成心"所起，离事物的本质相去甚远。若依旧执着于此，只会使争论更加激烈，不如物我两忘、不言不辨、超然是非之外，因此庄子提出"莫若以明"的体道方法。庄子还从不同角度

---

　　* 作者简介：殷亭亭（1993—），女，山东聊城人，苏州大学政治与公共管理学院2018级硕士研究生，研究方向：中国先秦哲学。本文系国家社科基金青年项目"先秦诸子社会治理的思想体系与理论判释"（18CZX04）阶段性成果

　　① （晋）郭象，（唐）成玄英：《南华真经注疏》，北京：中华书局，2017年，第23页。

对此超拔态度进行解读，并且极力避免陷入自己所反对的成心之状态，以彰显道之自然本真状态。

一、"丧我"的境界与"天籁"的功用

庄子以南郭子綦前后状态的对比给予"丧我"以现实意义上的解释。南郭子綦靠着几案静坐，似乎是达到了一种忘却形体的状态，此状态"行若槁木、心若死灰"。郭象注解为："死灰槁木，取其寂寞无情耳。夫任自然而忘是非者，其体中独任天真而已，又何所有哉……其于无心而自得……"①南郭子綦显然是达到了一种体认自然而适性逍遥的境界。颜成子游看出了如今的南郭子綦与昔日南郭子綦的不同之处，但却不能体认其中的玄妙之处，故而有"形固可使如槁木，而心固可使如死灰乎"②的疑问。南郭子綦对颜成子游的这一疑问表示赞赏，并以"吾丧我"来回复其疑问。昔日的南郭子綦未能丧"我"，因此虽然有形如槁木之态，却没有"心若死灰"之境界；今日的南郭子綦因"丧我"而达到道之臻境，因此二者兼具。由此我们可以推测"心若死灰"也就是郭象所说的"无心"，此"无心"之状态是指无成心、无私心的无小我执着之心。而南郭子綦丧掉的"我"也便是有成心、私心之小我。因其能够丧掉小我、成心，所以他才能够达到超越之境。南郭子綦进一步提出"三籁"的概念来承接其"丧我"之意旨对子游的疑问做进一步的回复。

> 子綦曰："夫大块噫气，其名为风。是唯无作，作则万窍怒呺……泠风则小和，飘风则大和，厉风济则众窍为虚……"子游曰："地籁则众窍是已，人籁则比竹是已。敢问天籁。"子綦曰："夫吹万不同，而使其自己也，咸其自取，怒者其谁邪？"③

子綦以"三籁"喻指道所开显的不同层次，"天籁"喻指符合道之本体的"无"之状态，对万物不设一规定性而使万物自然生长，"夫吹万不同，而使其自己也，咸其自取，怒者其谁邪"，"天籁"的音响万变，而又能使种种音响自行停息，这完全是出于自然，背后不设主宰。"天籁"本身"是唯无作，作则万窍怒号"，"天籁"的"作"是在使万物自行生长的前提下的"作"，也

---

① （晋）郭象，（唐）成玄英：《南华真经注疏》，北京：中华书局，2017年，第24页。
② （晋）郭象，（唐）成玄英：《南华真经注疏》，北京：中华书局，2017年，第24页。
③ （晋）郭象，（唐）成玄英：《南华真经注疏》，北京：中华书局，2017年，第24—25页。

就是老子所说的"道常无为而无不为"①（《道德经·第三十七章》），万物符合道之本原状态。"地籁"和"人籁"喻指体现道之发用的"有"，这一时刻的"地籁""人籁"是符合道的本根之有，万物各自生长，既不干涉他者的生长，也不被他者所影响，种种事物"咸其自取"而已。"泠风则小和，飘风则大和，厉风济则众窍为虚"，此句显示的使不同事物所呈现的和谐状态。"地籁""人籁"二者的本根之有在作为本根之无的"天籁"的基础上发挥各自的作用，万物处于和谐中而复归于其本然状态。这也即"道法自然"②（《道德经·第二十五章》）之理论功用的体现。

此"三籁"均是符合道之本然的状态的，此状态可以称为"有无相生"（《道德经·第二章》），"无"得以发挥的效用越深刻，"有"所呈现的状态越是符合"道"。没有人为规定的统一的标准来评判各类事物的高低，万物各尽其性分，也不会去评判彼此的高低，所以在道的意义上看万物是"齐"的。我们所看到的万物之不齐的状态，是因为人们对不同类别的事物所规定的不同标准，因此才产生事物"参差不齐"等现象。因物有不齐，所以产生了种种辩解，庄子接着论述了偏离道所呈现的沉溺于言辩的迷蒙状态：

> 大知闲闲，小知间间；大言炎炎，小言詹詹。其寐也魂交，其觉也形开。与接为构，日以心斗。……喜怒哀乐，虑叹变熟，姚佚启态。乐出虚，蒸成菌。日夜相代乎前，而莫知其所萌。③

大知、小知、大言、小言、小恐、大恐均远离道的状态，并且精神与梦境交错在一起，醒后疲于与外物接触、纠缠。每天与外物相接，其心有如经历了一场又一场的战斗。有的人出言犹如机栝疾发，意在乘机挑起是非；或者留言不发如同有誓盟一般静待时机来战胜对方；有的人精神沮丧犹如秋冬之时，意味着他们的真性日益疲敝；有人沉溺于此种种言辩，无法恢复自然本性；心灵闭塞不通如同被绳索捆绑，如此下去至年老更加难以认清本质；临近死亡的自然之心灵，无法使之恢复本来面目。由此远离道的本真状态会产生有如高兴、愤怒、悲哀、快乐、多思、多悲、反复、忧惧、浮躁、纵逸、狂放、装模作样等不同的情态。在此各种不同的情态之上又变异出其他扰乱

---

① （曹魏）王弼：《老子道德经注》，楼宇烈校释，北京：中华书局，2018 年，第 95 页。
② （曹魏）王弼：《老子道德经注》，楼宇烈校释，北京：中华书局，2018 年，第 66 页。
③ （晋）郭象，（唐）成玄英：《南华真经注疏》，北京：中华书局，2017 年，第 27—28 页。

心智的事物，并且这种种状态、情态日夜更替出现，难以回溯其始出之处。只有停止这种种状态、情态，并且能够发现这些错误的纷扰从何处而生，才可进而得知其所以产生的缘由。

此种种之纷扰情态是庄子所极力反对的，因此庄子继续探讨人们偏离道之本真状态的原因。

二、"真宰"的隐没与"成心"的造作

庄子认为，没有以上所论述的种种状态、情态，便不会有"我"，这个"我"乃是南郭子綦丧掉的小我，没有了小我，这些状态、情态也便不会显现。庄子继续对这种种情态的产生原因进行讨论：

> 非彼无我，非我无所取。是亦近矣，而不知其所为使。若有真宰，而特不得其朕。可行己信，而不见其形，有情而无形……求得其情与不得，无益损乎其真。一受其成形，不亡以待尽。与物相刃相靡，其行尽如驰，而莫之能止，不亦悲乎！终身役役而不见其成功，苶然疲役而不知其所归，可不哀邪！人谓之不死奚益？其形化，其心与之然，可不谓大哀乎！人之生也，固若是芒乎？其我独芒，而人亦有不芒者乎？①

郭象注为："凡物云云，皆自尔耳，非相为使也。故任之而理自至矣。"②万物本然之状态是符合道的，没有外在的力量使其变成这个样子。并且"万物万情，取舍不同，若有真宰使之然也。起索真宰之朕迹，而终不得，则明物皆自然，无使物然也。"③"真宰"确然存在着，其痕迹却不能够被把握。庄子也提到了"有情而无形"，其"情"则要从正面来看，指自然之情实，也即"真宰"之情实。"真宰"虽难以把握，但其载体—形—却是可见的。就像人之身体的百骸、九窍、六藏，都完备地存在于我们的身体之中，各秉持其本性而发挥其各自的作用，没有对其中某一部分过分偏爱而是使它们相互协调。并且对"真"之本体的追求并不会对"真"之本体有所益损，万物万情禀受"真宰"而有形体，一直到事物的灭亡"真宰"都是存在着的。但万物禀受"真宰"成形后"相刃相靡"，产生种种是非，并且耽于各自执取的偏见与他

---

① （晋）郭象，（唐）成玄英：《南华真经注疏》，北京：中华书局，2017 年，第 28—31 页。
② （晋）郭象，（唐）成玄英：《南华真经注疏》，北京：中华书局，2017 年，第 29 页。
③ （晋）郭象，（唐）成玄英：《南华真经注疏》，北京：中华书局，2017 年，第 29 页。

物相斗使岁月倏忽而逝，终生疲惫于此争斗并被此争斗所奴役，在此可悲之状态中走向死亡却难以意识到其可悲之处。随着形体的消失，精神也随之而消失，其生命之"真"就在此混沌状态中未能开显，庄子称其为"大哀"。我们不免要追问此混沌状态产生的原因，庄子给出的答案是"成心"使然：

夫随其成心而师之，谁独且无师乎？奚必知代而心自取者有之？愚者与有焉。未成乎心而有是非，是今日适越而昔至也。是以无有为有。无有为有，虽有神禹且不能知，吾独且奈何哉！①

世人都以自己的成见作为判别是非的标准，各执其所是而非他人之所是，不论自诩为聪明的人还是被认为愚蠢的人均是如此，这便是"成心"的体现。由"成心"而起的是非，惯将不可能的事看成实际存在的东西，并由此而生误解。郭象注解为："理无是非，而惑者以为有，此以无为有也。惑心已成，虽圣人不能解，故付之自若，而不强知也。"此"惑心"便是指"成心"，南郭子綦显然意识到了"成心"之造作对"天籁"之功用的阻碍，因此要否定掉小我之成心，在此基础上对是非进行根本的消解，进入超越的道之境界。若不去否定成心而在是非上用力乃是本末倒置，就算是神明如大禹也难以使其解脱。并且一旦在是非上用力，道之亏损便愈演愈烈。

三、"莫若以明"的功夫回归路径

是非之言论出于成心，这些言论与无心而吹的"天籁"不同。但是发言者显然没有认识到他们远离道的地方，反而站在言论之一端来非难他人。针对道之亏损的状态，庄子提出"莫若以明"的解决方法。

欲是其所非而非其所是，则莫若以明。②

道的清明状态被成心所隐蔽，是非随之产生，因而道不能够使"真"的状态得以显现。至言被浮华的不实之词所蒙蔽，所以有了各家的相互非难，因而至言不能够作为使万物复归于万物的标准而存在。至言无异于小鸟的叫声，同样符合道的本真状态，但人之成心自以为是，非要制造种种言论来一辩高下，成玄英曰："荣华者，谓浮辩之词，华美之言也。只为滞于华辩，所

---

① （晋）郭象，（唐）成玄英：《南华真经注疏》，北京：中华书局，2017年，第31—32页。
② （晋）郭象，（唐）成玄英：《南华真经注疏》，北京：中华书局，2017年，第33页。

以隐蔽至言。所以老君经云'信言不美，美言不信'。"①庄子还指出了以上错误状态下的荒诞：

方生方死，方死方生；方可方不可，方不可方可；因是因非，因非因是。……果且有彼是乎哉，果且无彼是乎哉？彼是莫得其偶，谓之道枢。枢始得其环中，以应无穷。是亦一无穷，非亦一无穷也。故曰莫若以明。②

郭象注曰："物皆自是，故无非是；物皆相彼，故无非彼。无非彼则天下无是矣，无非是则天下无彼矣。无彼无是，所以玄同也。"③彼方与此方是在成心的状态下相对待而产生的，以我来观万物，则万物皆是"彼"；以物来自观，则万物皆为"此"。而这所谓的"彼此"相对待的状态，同惠施的"方生方死"说极为相似。生命的诞生同时意味着此生命在走向死亡；一个生命终结，另一个生命则开始诞生。当某一事物被认为是"是"的时候，与此对立的"非"也便开始了；而当其被认为"非"时，与之相对立的"是"也随之而生。因此圣人"无彼无是，所以玄同也。"④如果按照是非的标准来论辩是非，是非的辩论永无穷尽，圣人不去分辨是非，而是顺道而行让万物自然发展，超越是非对立之上，掌握道之枢要。一旦掌握道之枢要就好像进入了环的中心，对万物一视同仁，郭氏注解为："夫是非反复，相寻无穷，故谓之环。环中空矣，今以是非为环而得其中者，无是无非也。无是无非，故能应夫是非，是非无穷，故应亦无穷。"⑤"环中"喻指超越之道，得其环中之人即是应于道之人，"得其环中"的体道状态即是"明"的体现。

庄子还论述了因人评判标准的不同而产生的争端，旨在消解掉种种差别对待，使万物复归于万物之本然状态，体现"道通为一"的论点。

以指喻指之非指，不若以非指喻指之非指也；以马喻马之非马，不若以非马喻马之非马也。天地一指也，万物一马也。

道行之而成，物谓之而然。……物故有所然，物故有所可。无物不然，

---

① （晋）郭象，（唐）成玄英：《南华真经注疏》，北京：中华书局，2017年，第33页。
② （晋）郭象，（唐）成玄英：《南华真经注疏》，北京：中华书局，2017年，第34—35页。
③ （晋）郭象，（唐）成玄英：《南华真经注疏》，北京：中华书局，2017年，第34页。
④ （晋）郭象，（唐）成玄英：《南华真经注疏》，北京：中华书局，2017年，第35页。
⑤ （晋）郭象，（唐）成玄英：《南华真经注疏》，北京：中华书局，2017年，第35页。

无物不可。故为是举莛与楹，厉与西施，恢诡谲怪，道通为一。①

以自己所认为正确的观点来反对别人不对的观点，不如用自己认为不对的观点来反对你所认为的别人不对的观点；用白马来说明这匹白马不是马，不如用非白马来说明白马不是马为好。从道通为一的观点的来看，天地间的是非不过是因人之成心而起，消解掉这些是非来看万物，万物本无差别，马自然也没有世人所认为的那许多区别。郭象注解为："今是非无生，纷然淆乱，明比区区者，各信其偏见而同于一致耳。仰观俯察，莫不皆然。是以至人知天地一指也，万物一马也，故浩然大宁，而天地万物各当其分，同于自得，而无是无非也。"②

道周行而不殆，使万物各依其性而成，因此"物故有所然，物故有所可"，既然万物各有性分，也便没有贵贱美丑的区别，即"无物不然，无物不可"。物情之颠倒，不过是人之规定而后呈现的混乱状态。庄子接下来继续对"道通为一"进行阐释：

其分也，成也；其成也，毁也。凡物无成与毁，复通为一。唯达者知通为一，为是不用而寓诸庸。庸也者，用也；用也者，通也；通也者，得也；适得而几矣。因是已。已而不知其然，谓之道。……是以圣人和之以是非而休乎天钧，是之谓两行。③

有了成心与分别心事物便有了分别，因此万事万物便被人所规定的指称所取代，在成心的意义上看，正因万物之分别才能与他物区别开来而成其自身，但有了指称的万事万物其本性却被泯灭掉了。因此要致力于摆脱分别心所产生的种种标准，使万物各依其性，归于自然。达道之人通晓道通为一的道理，因此不会用自己的聪明才智去分辨万物，而是与万物和谐相处共存于自然的状态。能够做到这一点也便是最大的"用"了，也即是通于道。能够通于道，才能各得其性，天下之理尽得于己。达道之人通达而不造作，便是道的体现。

在成心的状态中费尽心神去求万物的一致，却不知万物本来就是同一的，

① （晋）郭象，（唐）成玄英：《南华真经注疏》，北京：中华书局，2017年，第36—37页。
② （晋）郭象，（唐）成玄英：《南华真经注疏》，北京：中华书局，2017年，第36页。
③ （晋）郭象，（唐）成玄英：《南华真经注疏》，北京：中华书局，2017年，第37—39页。

就像因为"朝三暮四"而生气却因"朝四暮三"而开心的猴子一般。达道之人洞察自然之理，因此郭象认为圣人能够"莫之偏任，故付之自均而止也"。[1]用自己的聪明才智分辨万物，但是能够达到顺物之自然不产生是非的境界，跳脱于是非之外，这也就是"两行"之理。我们可以认为两行之理是"莫若以明"的另一个运用，但这一运用是以知晓"道通为一"为前提的运用。

对"道通为一"的理解程度不同所呈现的人之不同状态，庄子也做了区分：

> 古之人其知有所至矣。恶乎至？有以为未始有物者，至矣，尽矣，不可以加矣。其次以为有物矣，而未始有封也。其次以为有封焉，而未始有是非也。是非之彰也，道之所以亏也。

最高境界的人体道而自足，旷然洒脱；其次，能够感觉到他物的存在，但还并没有物类的区别，也即没有对物的区别之心；再次是有了物类之分别，但还是能够不对物之个体做价值判断；最差的状态便是道完全被遮蔽，此时有了对物的价值判断，是非纷扰由此出现，对物的偏好也便由此而成。但庄子并不认为道被遮蔽的状态会对道本身有所亏损，成玄英注解为："夫道无增减，物有亏成，是以物爱既成，谓道为损，而道实未亏也。"[2]道为成心所遮蔽状态是物有了亏损，但道之本体不会有所损失。庄子以昭文鼓琴与否来示例道被蒙蔽前后的不同：

> 有成与亏，昭氏之鼓琴也；无成与亏，故昭氏之不鼓琴也。……唯其好之也，以异与彼；其好之也，欲以明之彼。非所明而明之，故以坚白之昧终。而其子又以文之纶终，终身无成。若是而可谓成乎？虽我亦成也。若是而不可谓成乎？物与我无成也。是故滑疑之耀，圣人之所图也。为是不用而寓诸庸，此之谓以明。

郭象对此注解为："彰声而声遗，不彰声而声全。故欲成而亏知者，昭文之鼓琴也；不成而无亏者，昭文之不鼓琴也"[3]。在成心的状态中，因有所缺

① （晋）郭象，（唐）成玄英：《南华真经注疏》，北京：中华书局，2017年，第38页。
② （晋）郭象，（唐）成玄英：《南华真经注疏》，北京：中华书局，2017年，第39页。
③ （晋）郭象，（唐）成玄英：《南华真经注疏》，北京：中华书局，2017年，第39页。

失，所以才会有所提倡其所缺失的部分。最好的道之状态是万事万物无有缺失而完满自足的状态，所以不需要人为的造作来彰显什么东西。但在道被遮蔽的状态下，昭文鼓琴，师旷持策以击乐器，惠施倚靠着梧树而辩论，这三人的技艺与智慧都算得上最精熟和高超的了，所以他们从事于所爱好的事业而终身。但他们自以为所偏好的事业有超出他人的地方，因此想那自己高超的技智来明示他人。但人之禀性各有不同，因此各有所好，三人强以自己所偏好的事物来明示他人，可以说是蒙昧了，因为他们三人并不了解道之状态下的无有是非，因此就像执守坚白论的名家一样使人混乱。昭文犹如此，其子又以学习鼓琴之技而终身，最终连昭文鼓琴的水平也难以达到。因此达道之人不会用自己的聪明才智去分辨万物，而是与万物和谐相处共存于自然的状态，这就是无用之大用。因此圣人用此空明的心灵来观照万物，此为"明"之灵觉。

大道无言，因为一旦言说便是与辩论者的言论归为一类了，但庄子还是尝试为道之空明无碍的状态进行解说，以此来区别世间辩论者们的言论：

> 夫大道不称，大辩不言，大仁不仁，大廉不谦，大勇不忮。……孰知不言之辩，不道之道？若能有知，此之谓天府。注焉而不满，酌焉而不竭，而不知其所由来，此之谓葆光。①

体道之人有空明灵觉之心，但能够保藏光亮而不使外漏，这样成心自然不会产生。庄子紧设三喻，重发其主旨。

第一喻以尧问于舜起，尧欲征伐宗脍、胥、敖，但临朝听政依然忧心不减。②舜以昔日十个太阳的光辉仍旧有不能光照到的地方这一点来反衬尧的德行普照万物的伟大。尧身为君主，忧心臣民乃是其本性使然，舜认为尧是一个真正的圣人，因此能将其德行施行天下，无有不服。

第二喻以齧缺问于王倪起，通过示例各种不同事物的标准来说明人主观制定的标准之荒诞，若世人均站在自己所关注的立场来看待事物，是非便纷然而起。此喻旨在说明至人不同于世俗之人的超脱，至人"游乎四海之外，

---

① （晋）郭象，（唐）成玄英：《南华真经注疏》，北京：中华书局，2017年，第45—47页。
② 尧欲伐胥、敖二国的故事也见于《庄子·人间世》篇，同时征伐的还有第三个国家丛枝。在《人间世》篇举这个例子欲说明违道的君主就连尧舜这样的圣人也难以感化，将二者进行联想便能明白尧之忧虑。

死生无变于己，而况利害之端乎。"①至人无惧生死，"与变为体，故死生若
一"②。并且至人知晓"道通为一"下的万物本无分别，因此至人更不会被此
种种分别束缚。

第三喻以瞿鹊子问于长梧子起，通过将自作聪明的世俗之人与看似愚苪
的圣人做比较，旨在说明离道之人的迷失，突出圣人的清明境界。

四、"物化"的动态自然本性

"物化"是《庄子》一书中的重要思想术语，关于"物化"思想的提出，
首见《庄子·齐物论》篇尾"庄周梦蝶"的故事，后又散见于《天地》《天道》
《达生》和《则阳》篇中，我们立足于《齐物论》篇的义理对庄周梦蝶故事中
出现的物化现象进行解读：

> 昔者，庄周梦为胡蝶，栩栩然胡蝶也，自喻适志与，不知周也。俄然觉，
> 则蘧蘧然周也。不知周之梦为胡蝶与？胡蝶之梦为周与？周与胡蝶，则必有
> 分矣。此之谓物化。③

不管是蝴蝶还是庄周，均可认为当下状态中的自己是真实的，处于另一
个状态中的自己是虚假的。但至于二者之状态何者为真何者为假，庄子与蝴
蝶无有定分，各执着于其定分而非其所否定的状态。因此不管是庄周化为蝴
蝶的状态还是蝴蝶化为庄周的状态，都是在成心状态下的各执其所是。如此
就像庄子前面所讲的"类与不类，相与为类"的成心之纷纷然的状态。庄子
在《齐物论》庄周梦蝶前文中同样讲到梦：

> 梦饮酒者，旦而哭泣；梦哭泣者，旦而田猎。方其梦也，不知其梦也。
> 梦之中又占其梦焉，觉而后知其梦也。而愚者自以为觉，窃窃然知之。君乎，
> 牧乎，固哉！丘与汝，皆梦也；予谓汝梦，亦梦也。是其言也，其名为吊诡。
> 万世之后而一遇大圣，知其解者，是旦暮遇之也。④

---

① （晋）郭象，（唐）成玄英：《南华真经注疏》，北京：中华书局，2017年，第50页。
② （晋）郭象，（唐）成玄英：《南华真经注疏》，北京：中华书局，2017年，第50页。
③ （晋）郭象，（唐）成玄英：《南华真经注疏》，北京：中华书局，2017年，第58页。
④ （晋）郭象，（唐）成玄英：《南华真经注疏》，北京：中华书局，2017年，第53—54页。

　　处于清醒状态下的人和处于梦中的人呈现出截然不同状态，但不管处于何种状态之下，均沉溺于这种情态中不自知。清醒的人以为梦中的自己是虚假的，以为对虚幻的梦境认识得很清楚了，但实际上梦醒之人对于清醒状态下的是非纷扰仍然没有一个明智的认识。此时，不管是梦中的状态还是清醒的状态均为成心掌控下的状态，离道之空明的境界相去甚远。庄周与蝴蝶，梦中之人与梦醒之人，均各执其分而有所分辨批判。郭象注解为："夫时不暂停，而今不遂存。故昨日之梦，于今化矣。死生之变，岂异于此，而劳心于其间哉！方为此为不知彼，梦为蝴蝶是也；取之于人，则一生之中，今不知后，丽姬是也。而愚者窃窃然自以为知生之可乐，死之可苦，未闻物化之谓也。"① 郭象认为成心之人不懂"物化"，而"物化"究竟何解？从郭象的注中来看，他显然将"物化"做一正面解读。

　　"物化"应为庄子语意中的自然流变之意，顺应自然流变之人，即了解了物化的真谛。回顾《齐物论》的主旨，本章旨在彰显"天地与我并生，而万物与我为一"② 的境界，不管处于何种状态之下，都不能被因成心所起的自我执着遮蔽自然本性，面对世间万物也不应去执取并强行改变。以"物化"作为《齐物论》篇的结尾，还开启了下一篇章《养生主》的主旨，即：安时而处顺，哀乐不能入也。③

---

①　（晋）郭象，（唐）成玄英：《南华真经注疏》，北京：中华书局，2017 年，第 58 页。

②　（晋）郭象，（唐）成玄英：《南华真经注疏》，北京：中华书局，2017 年，第 43 页。

③　（晋）郭象，（唐）成玄英：《南华真经注疏》，北京：中华书局，2017 年，第 72 页。

方以智对《庄子》思想的华严学解读

吴卿[*]

（苏州大学政治与公共管理学院，江苏苏州，215123）

摘要：方以智将华严学之圆融贯穿到对《庄子》文本的解读之中，以儒、释、道互通加强了庄子思想的思辨性。他用华严"判教论"抬高了《庄子》在儒、释、道三家中的地位，使各家之《庄子》注以体系化的方式呈现出来；他通过将法界圆融运用于《庄子》文本的解读中扩充了庄子逍遥游的思想，运用于讨论《易》与庄学、禅学的关系，使《庄子》文本成为能兼摄《易》、禅的平台；他以"十玄无碍"深化庄子的"道""物"关系，诠释了"齐物论"的"齐物"之义；他用"六相"圆融不同学说于《药地炮庄》之中，以此表达了儒、释、道之间可以互济互用的观点；他通过"总""别"二相转化《庄子》"相对论"对"道""物"关系的探讨，深化了"道物一体"的关系。

关键字：《药地炮庄》；判教论；四法界观；十玄无碍；六相圆融

基金项目：本文为国家社科基金重大课题"一带一路佛教交流史"阶段性成果成果（编号：19ZDA239）

一、前言

1. 方以智《药地炮庄》研究综述

方以智（1611—1671年）于明亡后拒绝南明小朝廷的召其入阁，后又拒绝出仕清廷，依金陵大报恩寺觉浪道盛和尚披剃。觉浪圆寂后，方以智继承其"正庄子为尧舜之真孤"的遗志，撰写了《药地炮庄》一书，以《庄子》注疏的形式系统地总结了觉浪道盛一系学者们对于儒、释、道三家关系的思考。

---

* 吴卿（1986—），男，贵州贵阳人，现为苏州大学政治与公共管理学院中国哲学专业2018级博士生，研究方向：明清哲学。

　　随着近年来方以智研究的兴起，其所著《东西均》《易余》《物理小识》等作品受到了广泛的关注，然而对于其晚年的集大成之作《药地炮庄》的研究却不太多。目前笔者所能查到的主要成果大致如下：该书成书不久，王夫之《庄子解》及钱澄之《庄子诂》就有引征，而乾隆年间《四库全书总目》中亦有提要。清末明初的著名学者马其昶在《庄子故》中，也对《药地炮庄》进行了引用。1949 年以后，随着侯外庐、李学勤等人对方以智思想研究的开展，《药地炮庄》也进入了当代研究的视野之中。20 世纪 70 年代，《药地炮庄》影印版在台湾出版，为《药地炮庄》研究提供了重要的参考文本，本篇论文的研究文本亦以该影印本为基础。杨儒宾的《儒门别传——明末清初〈庄〉〈易〉同流的思想史意义》，廖肇亨的《药地生死观论析——以〈东西均〉与〈药地炮庄〉为讨论中心》，均从儒家立场或道家生死观开展《药地炮庄》研究。罗炽的《方以智的道家观》提出了《药地炮庄》是"以儒解庄"的观点。周锋利的《青原学风与方以智晚年思想》从方以智对觉浪道盛"三教并弘"思想的继承与发展来研究《药地炮庄》对青原学风的影响。张永义在《〈药地炮庄〉成书考》中认为《药地炮庄》的四种版本源于一个版本，方以智对整部著作的编撰工作持续数十年之久，为其晚年思想的结晶。[1] 邢益海在《方以智〈药地炮庄〉版本考》中进一步对四种版本和影印本进行了考据，提出了安徽省博物馆藏大集堂本的独特价值。[2] 觉浪道盛一系的明末学者多为遗民，相关著作自清以来在文字狱、编辑四库全书等局势下遗失较多，因此《药地炮庄》中的序与跋也就成了研究这群遗民思想的宝贵资料。此外，鉴于《药地炮庄》正文的晦涩，这些序与跋也为解读这部庄子注疏提供了很重要的参考。张永义在《〈药地炮庄·序跋发凡〉注释》一文中，就从《药地炮庄》的序、跋和发凡对成书时间、著述风格、学术宗旨及师承渊源等问题进行了简略的考据。[3] 韩焕忠的《以禅解庄、以儒解庄——方以智"庄子为尧孔真孤"之说》则从禅学与儒学的立场解读《药地炮庄》的总论部分，讨论方以智思想三教合一的依据。[4] 邢益海的《方以智的庄学研究》一书，不仅从儒、道立场开展方以智的庄学研究，更试图从禅学的角度试图解读《药地炮

① 张永义：《〈药地炮庄〉成书考》，《学术研究》2012 年第 2 期。

② 邢益海：《方以智〈药地炮庄〉版本考》，《中国哲学史》2012 年第 1 期。

③ 张永义：《〈药地炮庄·序跋发凡〉注释》，《现代哲学》2010 年第 4 期。

④ 韩焕忠：《以禅解庄、以儒解庄——方以智"庄子为尧孔真孤"之说》，《西南民族大学学报》（人文社会科学版）2018 年第 9 期。

庄》中禅宗公案的意义，拓宽了《药地炮庄》的研究途径。①本文力图在以上研究的基础上开拓新的研究途径，即从华严学的立场解读《药地炮庄》，补充目前研究的不足，进一步挖掘方以智庄学的丰富内涵。

2.《药地炮庄》的学派性

需要说明的是，《药地炮庄》虽然是方以智所编撰的庄子注，但却不是方以智一人的著作，从引文及序言就可以看出，方以智只是负责编撰工作的具体执行人，觉浪及其门下诸多的学者如陈丹衷等都为之做出了重大贡献，而且觉浪还是该书的创意者。因此我们说，《药地炮庄》是包括方以智在内的觉浪一系学者们的一次学术集结。但这却不妨碍方以智借对同时代学者观点的肯定与支持表达自己的观点。"药地"者，即是方以智出家以后的游践之地。如同《庄子》一书虽然为庄周学派的学术集结却不妨挂在"庄周"名下一样，《药地炮庄》也可以看成包括方以智在内的觉浪一系学者们的集结之作，而以"药地"二字而挂在了方以智名下。"炮"指的是"炮制"，本为中药制作中去除药材毒性的一种方法，方以智却将其作为一种研究方法运用于庄子注之中。"兹帙虽曰《炮庄》，实兼三教五宗而大炮之也。"②方以智编撰《药地炮庄》并不局限于一家之言，而是广泛地收集历代庄子注及觉浪一系学者们对庄子的注解，但这也造成今人在研究中往往难以分辨《药地炮庄》中哪些文字是方以智本人的意见，从而造成了某些研究中的困难。实际上，方以智在编撰《药地炮庄》的时候，所有的引文和注解并非随意为之。对于明代以前的庄子注，方以智往往通过不断追加后世引文来体现出自己的意见，而眉批上的禅宗公案则是经过改动之后再放在特定的段落之上，用于佐证该引文的正确与否。因此方以智看似在文中较少出现"愚曰"等表示自己态度的句子，却也可以通过以撰写代言的形式表达自己的态度，因此要研究《药地炮庄》中方以智的观点，不能用追踪到人的死方法，而是要从整个学派的高度看到方以智可能通过对自己同时代人甚至自己老师的观点的引用来表明自己的立场。就此，研究方以智对《庄子》的华严学解读，也必然包含了为方以智所认可的觉浪一系学者们的观点。此外，"实兼三教五宗"也表明方以智在《药地炮庄》的编撰中采取了多角度的解读，既涵盖了儒、释、道三家，也包括了天台、华严、唯识等佛学以及曹洞、临济等禅学的不同学派，因此，理

---

① 邢益海：《方以智的庄学研究》，北京：北京师范大学出版社，2015 年。
② （清）方以智：《药地炮庄》，新北市：广文书局，1975 年，第 16 页。

清《药地炮庄》中包括方以智在内的觉浪一系学者们对庄子采用的多样化解读及其相互交络是一项篇幅浩大的工程。限于篇幅，本文试图仅从华严学这一角度来探究方以智如何将华严学的立场和观点运用于对《庄子》的注疏中，从而弥补当前方以智研究中对其佛学思想、佛学思维研究的不足，也有助于为解读《药地炮庄》提供了新的视角。

二、五教十宗

1. 华严宗的判教

判教，是佛教由印度传入中国之初，中国佛教学者"根据中国的国情对佛教经典和教法进行消化、吸收、整合、选择和论证，从而使印度佛教转化为中国佛教的具体学术措施和思想方法"。① 依《华严经》而建立起来的华严宗就是通过"判教"的方式建构起了该宗派的教理之学。方以智通过将华严宗的"判教"方式灵活运用于《庄子》文本之中，打破了儒、释、道三家各种门派学说的壁垒，使各家之《庄子》注不受门户之见的影响而以体系化的方式呈现出来。

华严学的"判教"，以唐代法藏之"五教十宗"最为广大，方以智的借鉴也集中于此。所谓"五教"，指将佛之教法依据理论高低分为"小乘教""大乘始教""大乘终教""大乘顿教""一乘圆教"五种，每一种教法对应不同的佛教经典，而华严学将《华严经》为宗的"一乘圆教"列为最高。"十宗"就是依据"五教"经典的不同而修持宣讲不同佛理的学派，其中"我法具有宗""法有我无宗""法无去来宗""现通假实宗""俗妄真实宗""诸法但名宗"为小乘佛教各部派所宣讲的理论；"一切皆空宗"为大乘始教所宣讲的一切诸法当体即空之理论；"真德不空宗"为大乘终教所宣讲的诸法本体既是真如之理论；"相想俱绝宗"宣讲大乘顿教超言绝相之顿悟；"圆明具德宗"既是宣讲圆融无碍的一真法界之华严学，也是佛法之终级。② "教类有五，后以理开宗。宗乃有十"③。同样是宣讲佛法，却因为面对的受众不同而讲授不同的经典，由此产生了不同的教法，而对于同一教法的不同诠释又造成了不同学派的出现。因此"教"与"宗"不是孤立的存在，而是互为表里和体用的关

---

① 韩焕忠：《华严判教论》，济南：齐鲁书社，2014年，第4页。
② 韩焕忠：《华严判教论》，济南：齐鲁书社，2014年，第70—71页。
③ （唐）法藏：《华严一乘教义分齐章》，《大正新修大藏经》，台北：新文丰出版有限公司，1983年影印版，第45册，第481页b。

系①，由此体现了华严学圆融的特征。这种圆融不仅体现在"教"与"宗"上，对于不同教法的关系而言也是圆融的。在法藏看来，之所以要判别"五教"，除了抬高《华严经》地位，还在于借判别"五教"对众生成佛之可能（种性）的诠释的深浅以说明华严宗的佛性论。

> 约一乘有二说：一摄前诸教所明种性，并皆具足，主伴成宗，以同教故，摄方便故；二据别教，种性甚深，因果无二，通依及正，尽三世间，该收一切理事解行等诸法门，本来满足，已成就讫。②

法藏将"一乘"区分为"同教一乘"和"别教一乘"。"别教一乘"，指《华严经》，将华严学派区别于其他佛教教法，以凸显华严学在成佛果位上对一切众生皆有佛性，且此佛性圆满具足的观照。而"同教一乘"者，指《法华经》，法藏主要用来处理华严圆教和其他"四教"的联系，以"主伴成宗"的方式将"五教"圆融贯通起来，以华严学摄"四教"，将"四教"看成对众生佛性由浅入深的"方便解说"，最后以圆教之华严为归宿，使得"五教"成为可以相互联系的体系。无论是"同教一乘"还是"别教一乘"，就其最终目的都在于揭示一切众生都有的佛性（种性）。以此佛性（种性）为基础，依据《华严经》"心、佛及众生，是三无差别"，③华严学又由此推出众生为如来藏之佛心显现的结论，以揭示众生皆有解脱苦恼，成就觉悟的可能。由此，以"判教→佛性"的展开模式，使得"五教"之间除教理的相互诘难之外，亦以众生之解脱为共同目标构成教法的体系，在其中弥合彼此的差异，而有相互理解的可能。

2.《药地炮庄》对华严判教的运用

方以智通过将"五教十宗"中体现的圆融特征灵活地运用到《药地炮庄》中，整合了不同人对于《庄子》的注解并使之体系化。"五教十宗"从判别"五教"出发于成佛果位开示众生皆有"佛性"的路径，可以将其归纳为"判教→佛性"的模式。在《药地炮庄·憨山影响论》中，方以智总结憨山的观

---

① 韩焕忠：《华严判教论》，济南：齐鲁书社，2014 年，第 68 页。
② （唐）法藏：《华严一乘教义分齐章》，《大正新修大藏经》，台北：新文丰出版有限公司，1983 年影印版，第 45 册，第 487 页 c—488 页 a。
③ （东晋）佛驮跋陀罗：《大方广佛华严经》，《大正新修大藏经》，台北：新文丰出版有限公司，1983 年影印版，第 9 册，第 465 页 c。

点说：

十界者，四圣六凡也。五教者，小、始、终、顿、圆也。五乘者，人乘、天乘、声闻、缘觉乘、菩萨乘也。佛则最上一乘矣。夫能圣能凡者，岂圣、凡所能哉？据实而观，总持人道为能，一切无非佛法。若人若法，统属一心，若事若理，无障无碍，是名为佛。故圆融不滞行布，行布不滞圆融①。

"五教"，指华严所判的五种教理教法；"五乘"，指《华严五教章》所开示的五类主体的修行。在憨山看来，以上种种判教其根本都要归结到人道去修持，都是佛法的不同"方便施设"而已，一切人与法都是如来藏心所现，跳出人与法的执着，即可修证佛之境界。因此，初发心即成就之正觉与次第修行以成就正觉，两种方式并没有差别，不会相互妨碍，皆是众生自性清净之如来藏的显现。此处的展开，正是"判教→佛性"的论证模式。虽然方以智对此没有发表自己的评论，但从该页眉批之中可以看出他对这一论证方式并非是全盘接受，而是将其改造为"佛性→判教"的论证模式，即由佛性出发圆融不同之教法。眉批中引用北宋净因禅师与修习《华严经》学者之辩论，大意为就众生、诸法即如来藏心显现，不仅华严判别之五教可说，以至于百艺百家也可以一说。方以智紧接着公案后面说道：

且如憨山、鼓山、天界，判《庄》各别，有通者否？古今无变异，一喝为君通。②

既然以"佛性"为基础可圆融"五教"乃至百家之教，那么佛学诸家的《庄子》注也可以因"佛性"而圆融一处。由此，方以智借"五教十宗"，将"佛性"这一结果反过来圆融了不同佛教学派对《庄子》的解释，从而增加了《庄子》文本的包容性。进一步而言，在《药地炮庄·黄林合录》中，方以智从"佛性"出发以设问自答的方式圆融佛学与儒学。"或问：佛于人伦政事何略耶？"③对此，方以智以佛学不废五明，因"悯人世贪欲为生死，故说离欲

---

① （清）方以智：《药地炮庄》，新北市：广文书局，1975年，第55—56页。
② （清）方以智：《药地炮庄》，新北市：广文书局，1975年，第54页。
③ （清）方以智：《药地炮庄》，新北市：广文书局，1975年，第71页。

出苦之药"①为解答，认为

> 异域尚鬼，十仙之上，乃有八定，佛于此弹偏而褒大乘焉。虽分五教、五乘、十界，而实则一心总持人道为能也。圣人各因其地，因其时，具而表之，皆本具者。孔子遇迦文，必移游龙之叹。迦文入中土，必通周孔之书。②

以"佛性"为基础，汇通儒学，将佛学与儒学都看成是"因其地"，"因其时""具而表之"的"方便施教"，其最终目的在于对症下药，已解人心之苦。由"一心总持人道为能"圆融儒学与佛学，就是方以智受"五教十宗"影响而发挥"佛性→判教"的模式所得。

通过对"五教十宗"圆融特征的反向发挥，方以智以"佛性"汇通儒、释。为众多不同学派学者所著的《庄子》注提供了对话与相互解读的可能，也将《庄子》文本的包容性空前地扩大了。

三、法界圆融

1. 华严宗的"法界圆融观"

华严宗通过"五教十宗"，于成佛果位揭示众生皆有佛性，并将此佛性作为众生之"理体"。然而，此佛性之"理体"与千差万别之现象究竟有何关系？这便是"四法界观"所要解决的问题。通过对"四法界观"的阐述，华严宗破除了现象与本体之间的隔阂，从而贯彻其体用圆融的特征。方以智借"四法界观"为解读《庄子》文本的方法打破了常人对于《庄子》的刻板印象，既丰富了《庄子》文本的意义，也为自己"言外之意"的阐发提供了落脚处。

"法界"一词，"法"为"轨持"义，"界"为"要素"义。印度佛教以"法界"指世界之一切现象各有其体，分界不同。③法藏将"法界"解释为三种含义：

> 一是因义，依生圣道故……二是性义，谓是诸法所依性故……三是分齐义，

---

① （清）方以智：《药地炮庄》，新北市：广文书局，1975年，第71页。
② （清）方以智：《药地炮庄》，新北市：广文书局，1975年，第72页。
③ 方立天：《中国佛教哲学要义》，《方立天文集》第5册，北京：中国人民大学出版社，2012年，第633页。

谓诸缘起相不杂故①。

"法界"既是圣道的源起的因，也是现象依据的体性，更是现象的分别界限。后面两种说法，视"法界"既可以为现象，也可以为本体。"法界"分为四种，"理法界""事法界""理事无碍法界""事事无碍法界"。将"法界"放在本体的层面而言就是彰显"性空之理"的"理法界"；将"法界"放在现象的层面而言就是彰显"差别之相"的"事法界"。以此二"法界"为基础，华严宗贯彻理事圆融的思想于其中，本体依据现象而得以显现，现象因为本体而得以成立，所以"理"与"事"不相妨碍可构成"理事无碍法界"。进一步推论，代表"空性之理"的本体为一切现象的根本，依据此同一本体，则不同现象之间相互含摄圆融而构成"事事无碍法界"。华严宗法界圆融之特征，就在于通过"事事无碍法界"打破了现象与本体之间的隔阂，在现象与现象的差别之中找到和谐统一的可能。

2. 方以智对逍遥义的圆融

方以智通过引文编撰和眉批评议的方式，以华严法界圆融的思想来解读《庄子》文本。在《药地炮庄·逍遥游》中："惠子谓庄子曰：'魏王贻我大瓠之种……不夭斤斧，物无害者，无所可用，安所困苦哉！'"②一段，《庄子》文意为借惠施见小而拙于用大之困，阐明任性逍遥则物尽其用的道理。方以智在该段眉批云：

夫妇者，人伦之总名也。愚曰，由支公、李长者而拈提之。夫妇特尧舜之总名耳，鸢鱼特天地之总名耳。唤夫妇为鸢鱼得么？唤鲲鹏为夫妇得么？法华转女成男，华严南询弹指，化而飞矣，谁能破哉。③

"鸢鱼""鲲鹏"代表道家之任性逍遥，"夫妇"代表儒家之人伦，这两者本来不同，方以智在这里自问互换可否？他以"法华转女成男，华严南询弹指"两则故事为自答。"法华转女成男"指法华经中以八岁之龙女由于受持法华经之功德而转女成男，即身成佛的故事；"华严南询弹指"指华严经中善财

---

①　（唐）法藏：《华严经探玄记》，《大正新修大藏经》，台北：新文丰出版有限公司，1983年影印版，第45册，第440页b。

②　（清）方以智：《药地炮庄》，新北市：广文书局，1975年，第184—186页。

③　（清）方以智：《药地炮庄》，新北市：广文书局，1975年，第189页。

童子经历五十三参以后，弥勒弹指为其开启宝藏楼阁，善财童子于楼阁中见无量众宝重重无尽，交相辉映而悟圆融不二的故事。无论是"转女成男"还是"南询弹指"，都阐发了依本体（佛性）而起之现象因本体（佛性）之不变而相互转化。天台宗以"一心三观"统合事物之间的差别，华严宗亦以"事事无碍"消除事物之间的差别，尽管进路不同，就取消本体与现象的差别而言两者可谓异曲同工。此处通过并举《法华经》与《华严经》，方以智力图修补逍遥游因超越无待的追求而导致的对世俗的摒弃，弥合出世与入世之间的鸿沟。依本文就华严宗之角度来看，方以智在这里对"南询弹指"典故的借用，也肯定了华严宗以阁楼众宝重重无尽，交相辉映而体现出的"事事无碍"来消除人伦之儒法与逍遥之道法的隔绝，使之可以相互发挥，交相辉映。以此，将庄子的物尽其用之"用"扩充为不废儒学人伦之用亦不坏道家逍遥之性，从而论证"言下正显圣人中道，随分自尽，其实而已"的结论，[①] 也由此扩充了庄子的逍遥义，使得任逍遥而不废儒家人伦之常。

3. 方以智对《易》与庄禅的圆融

方以智对于法界圆融的运用，还体现在《易》与庄学、禅学（曹洞宗）关系的讨论之中。《药地炮庄·黄林合录》开篇就提出了《易》与庄学、禅学之间的分合问题，为回答这一问题，后文引黄元公曰：

> 凡有定体，不能变诸体。易无体，故变变不穷，六十四卦变为四千九十六，始卒若环，重重无尽，而一卦有一卦之义，一爻有一爻之义，不杂不乱，各循其方，与《华严》法界符合至矣哉。[②]

黄元公认为六十四卦的卦象、爻象与华严"事事无碍法界"相符。于下而言，爻象构成卦象而不失去自己的意义，任何一卦象都是爻象构成的；于中而言，任何卦象都可以通过变卦成为其他卦象；于上而言，所有的卦象即便各有其意义，仍不妨碍六十四卦共同构成一部完整的《周易》。因此，就爻象、卦象之间不相互妨碍，而相互圆融而言，就是《华严经》所揭示的"事事无碍法界"。对于这一观点，方以智在眉批中给与了肯定：

---

① （清）方以智：《药地炮庄》，新北市：广文书局，1975 年，第 192 页。
② （清）方以智：《药地炮庄》，新北市：广文书局，1975 年，第 70—71 页。

一庵曰：《大易》以对待流行而衍之，《华严》以圆融行布而衍之。一似专门缀率，一似桶子法。《系传》曰：神无方，杂不越。曹山曰：类不齐，混不得。生灭无生灭，智者不待说，若肯同参，看何时节。①

此处虽然引用"一庵"之言，但是从后文眉批接着此处继续讨论卦策无言而有万理来看，应当是方以智认同这一观点的。此处通过对举《易》与《华严》，《系传》与曹洞法门，将《易》中卦象的变化流行和《华严》中的当下一悟之"圆融"与次第修行之"行布"联系起来，列举《系传》和曹洞法门中的共通之处由此说明了《易》至少与禅学中的曹洞宗之间是可以会通的。以《易》联系庄学，并非方以智所独创，然而能将《易》、庄学、曹洞宗三者联系起来，其中应当考虑背后有华严宗的影响。毕竟，华严宗对于禅宗，特别是曹洞宗具有很大的影响，曹洞禅法中"五位正偏"就脱胎与华严学的法界圆融。因此，作为继承曹洞法嗣的方以智肯定《易》与庄学、禅学（至少指曹洞宗）可以会通的依据就不仅仅来源于《易》之生生变化，更有法界圆融的影响在其中。

通过对华严宗法界圆融思想和方法的运用，方以智在《庄子》文本的解读中扩充了庄子的思想。通过讨论《易》与庄学、禅学的关系，使《庄子》文本成为能兼摄《易》、禅的平台。

四、十玄无碍

1. 华严宗新旧"十玄门"

"十玄无碍"是华严宗受《华严经》所开示的世间诸法重重无碍境界启示而总结出的用于解释"理事无碍"乃至"事事无碍法界"的十对名目，又被称为"十玄门"。方以智以"十玄无碍"解读庄子"齐物论"，既用华严学之圆融深化了庄子的"齐物论"，又扩大了《庄子》文本的包容性使得华严、天台、禅宗等学派可以互通于《庄子》。

"十玄门"最早由智俨提出，法藏在其基础上完善。后世为区别二人"十玄门"之不同，以智俨之"十玄门"为"旧十玄"，以法藏之"十玄门"为"新十玄"。智俨所立"旧十玄"为："同时具足相应门""因陀罗网境界门""秘密隐显俱成门""微细相容安立门""十世隔法异成门""诸藏纯杂具

---

① （清）方以智：《药地炮庄》，新北市：广文书局，1975年，第70页。

德门""一多相容不同门""诸法相即自在门""唯心回转善成门""托事显法生解门"。法藏在智俨所立"旧十玄"基础上，将其中"诸藏纯杂具德门"改为"广狭自在无碍门"，"唯心回转善成门"改为"主伴圆明具德门"。对于新旧"十玄"的不同，有观点认为这是"十玄"思想从"理事无碍"向"事事无碍"的演变和转化。① 值得注意的是，无论新旧"十玄"，都以其中"同时具足相应门"为事事无碍法界的总相，后面九门都借由此而推出。

> 同时具足相应门者，相应即具明教义、理事等十门同时也。何以得如此耶？良由缘起实德法性，海印三昧力用故，得然。非是方便缘修所成故，得同时。②

"同时具足"，指不依时间先后无有遗漏而具有一切事法。此门的成立，是因为所有事法是佛之圆明德性的呈现，是佛在海印定中所示现的种种无碍事象，③ 而不是次第修行所显示的真理。由此，法藏更改"诸藏纯杂具德门"与"唯心回转善成门"二门为"广狭自在无碍门"和"主伴圆明具德门"，却不改动作为"十玄"总概括的"同时具足相应门"，其目的不在于说明"十玄"由"理事无碍"向"事事无碍"发展或者转变的思辨过程，而是在强调"事事无碍"圆融"理事无碍"即"理事不二"的当下具在性。也由此可知，华严宗"十玄无碍"并不是简单地把事与事之间的关系概括为十种状态，也不是一个从本体到现象的发展过程，而是从不同层面同时显示事与事、事与理的既统一又差别关系。"十玄无碍"揭示出"事事无碍法界"从整体出发把握千差万别的现象世界的特征。"事事无碍"既包含了"理法界"和"事法界"也涵盖了"理事无碍法界"，由此将差异性统一于整体性中构成一个相互联系的系统。在此系统之中，虽然现象之间相互差别但不妨有某种共同的目的性使差别之现象按照一定规律构成整体。

2. 方以智对"旧十玄"的运用

通过"十玄无碍"对"事事无碍"的诠释，在打破了"事法"孤立性的

---

① 王彦明:《试论十玄门的事事无碍和理事无碍思想》,《法音》2018 年第 8 期。
② (唐)智俨:《华严一乘十玄无碍》,《大正新修大藏经》,台北:新文丰出版有限公司,1983 年影印版,第 45 册,第 515 页 c。
③ 方立天:《中国佛教哲学要义》,《方立天文集》第 5 册,北京:中国人民大学出版社,2012 年,第 548 页。

同时，也使得彼此能为一个共同目的所整合。关于"十玄无碍"，方以智既有借此阐述庄子"齐物"之义，也有借此而发挥其他者。阐述庄子"齐物"之义，《药地炮庄·齐物论》开篇：

愚者曰：因是已，此是非无是非之主中主也，此之谓以明。谁明此因而得枢寓之应乎？中庸二字，神明二字，理事二字，折摄离微，即是交芦，相夺相融，皆十玄无碍。①

齐物论，是庄子以道之超越层面观万物，则万物无有差别可齐而论之；以物之"道"观物，则物虽各有差别，但是这种不齐也是"道"的作用，就物各有"道"而言也可以不齐而齐之。方以智以"理事无碍"解释庄子之齐物论，发挥了智俨"旧十玄"重"理事无碍"的倾向。他认为由"理事无碍"而揭示出的"事事无碍"就是庄子"齐物"之义的表达。依据《庄子》文本可推知，庄子讲"齐物"是用来体现"道"的超越性和无所不在，从而以"道"之超越来消解"物"与"物"的差别。对于如何从"物"之层面以"不齐"齐"物"？庄子既没有展开也不是其旨趣所在。而这却为方以智援华严学入庄提供了机会，就"齐物"之"齐"而言，方以智认为"十玄无碍"中的十对范畴可以弥补这一不足补充庄子未发之义。"十玄无碍"让"理"融于"事"，通过事事之间"相夺相融"，由此使得原本孤立的事物成为"因是已"的存在，此"因是已"自身即表现出"体用圆融"的特征，不必在事物之外去寻找其存在的本体，于事物当下便可发现事物之本体以及由此本体而相互联系的其他事物，于是孤立变动的现象本身转变成既决定自己，又影响其他的"即体即用"，成为"即是非无是非之主中主"。从"物"的层面来看"物"与"物"之间的统一性，将"齐"看成"事事无碍"的"无碍"圆融，方以智借由"十玄无碍"为庄子的"齐物论"赋予了华严的特色。

3. 方以智对"新十玄"的运用

除了借助"旧十玄"发挥"理事无碍"而见庄子"齐物"之"事事无碍"义以外，方以智也直接用"新十玄"发挥法界圆融之义。《药地炮庄·天道》"本在于上，末在于下……语道而非其道者，安取道"②一段的眉批之中，方

---

① （清）方以智：《药地炮庄》，新北市：广文书局，1975年，第195页。
② （清）方以智：《药地炮庄》，新北市：广文书局，1975年，第521—522页。

以智曰：

> 摄末于本，摄本于末，一念原无阶级，时乘自具罗经。透过画前画后，和盘托出方圆。华严楼阁弹开，毛刹全彰，主伴不见，道是法住法位，世间常相住。然需三番山水，乃知甘苦轮番，寂历同时。是谁著察？①

"主伴"，指华严学"新十玄"中"主伴圆明具德门"，此门以一切法相互交织依存，以一法为主，其他法则成为从属之伴随。"主伴不见"指在华严"海印定"中（华严楼阁弹开）一切法自性具足（毛刹全彰）、理事不二的状态。在华严"海印定"中，无论"主伴"皆是"真如"之体显现，一切皆可以是"主"，一切皆可以是"伴"，再无"主""伴"之分，所以说不见"主伴"。由此，方以智进一步将华严学"十玄无碍"所揭示的"事事无碍"互通天台家法之"诸法实相"，将有之"俗谛"、空之"真性"、不空不有之"中谛"同时圆融于事法之中。"三番山水"为禅宗公案，指青原惟信禅师从见山是山，见山不是山，见山还是山的认识转变。方以智在此处借由此公案，将这种认识转变归结为以华严"法界"而起，对事法的"观"经由"理法界"至"理事无碍"，最终以"事事无碍"统合前三者的逻辑展开。此处眉批，方以智看似在讨论本末关系，实际上却是以"十玄无碍"会通华严、天台、禅宗三家。在他看来，"十玄无碍"和天台家法的"诸法实相"之圆融义并无区别，从而可以用华严学的"十玄无碍"将其收入其中。此外，"十玄无碍"也可以运用到禅宗公案之中揭示禅宗公案背后的意义，由此与禅宗之"明心见性"也不相妨碍。通过"十玄无碍"消除天台、华严、禅宗的门户之别，使之能够在圆融的框架下互通《庄子》，既拓展了《庄子》文本的包容性，又以佛学思辨的方式重新诠释了庄子"道"与"物"，"本"与"末"之间的关系。

通过对新旧"十玄无碍"的运用，方以智在维护庄子超越之"大道"境界的同时，避免了形而上之"道"与形而下之"物"之间可能出现的割裂，以"事事无碍"深化了庄子"齐物论"。他用"十玄无碍"联系天台家法与禅宗公案，以佛学之圆融来讨论"本"与"末"之间的关系，将佛学独有的"体用不二"的思辨方式引入传统的"本""末"讨论之中，在扩大《庄子》文本的包容性的同时，也解读出了以《庄子》为平台圆融不同学说的新意。

---

① （清）方以智：《药地炮庄》，新北市：广文书局，1975年，第521—522页。

五、六相圆融

1. 华严宗的"六相圆融"义

"十玄无碍"与"六相圆融"互为表里，共同勾勒出华严宗之圆融无碍之义。方以智用"六相圆融"来诠释《庄子》文本讨论儒、释、道之相辅相成是如何互通于《庄子》又不失各自之旨趣的，以此阐发了自己对于儒、释、道之间可以互济互胜的观点。他通过"总""别"关系讨论庄子"相对论"，扭转了庄子"相对论"因追逐"大道"之超越境界而摒弃差别事物，从而将事物的存在虚无化使得人世间沦为"游戏场"的倾向。

"六相"，指的是"总""别""同""异""成""坏"六种现象的状态。

> 总相者，一舍多德故。别相者，多德非一故。别依比总六相圆融，满彼总故。同相者，多义不相违，同成一总故。异相者，多义相望，各各异故。成相者，由此诸缘起成故。坏相者，诸义各住自法不移动故。[1]

总相由诸多子相构成，则此总相对于子相而言是"总"，子相对于总相而言是"别"，这是对于诸事法之结构而言。子相虽然各自不同但是不妨碍共同构成一个总相之过程是"同"，总相的显现也不妨碍构成过程中诸多子相的各自差别是"异"，这是从诸事法之成立而言。总相因诸多子相的共同作用而"成"，总相因诸多子相分离不合的作用而"坏"，这是从诸事法之作用而言。以"总""同""成"为无差别之整体，"别""异""坏"为差别之部分，则无差别与差别、整体与部分是自在相即，圆融无碍的。[2]"六相"不是简单地指出差别诸事法之间有六种关系，而是将看似独立的事法放入一个巨大的系统中来讨论其存在状态，于下可以追溯为更微小之事法的构成，于上可以成为构成更大事法的部分。"六相"在相互联系之中使得事法具一相而含摄有其他五相，"六相"之间不可分离，所以称之为"六相圆融"。进一步而言，"六相圆融"也体现在"十玄无碍"之中，"然此十门随一门中即摄余门无不皆尽，应以六相方便而会通之"。[3]"十玄无碍"，以其中任何一门都可以

---

① （唐）法藏：《华严一乘教义分齐章》，《大正新修大藏经》，台北：新文丰出版有限公司，1983 年影印版，第 45 册，第 507 页 c。

② 方立天：《中国佛教哲学要义》，《方立天文集》第 5 册，北京：中国人民大学出版社，2012 年，第 549 页。

③ （唐）法藏：《华严一乘教义分齐章》，《大正新修大藏经》，台北：新文丰出版有限公司，1983 年影印版，第 45 册，第 507 页 a—507 页 b。

统摄其他九门就是通过"六相圆融"来实现的。以"同时具足相应门"为列，此门是指不依时间先后无有遗漏而具有一切差别事法，而"六相圆融"之"总""同""成"即是从结构、过程和作用显示出在此门中一切差别事法同时具有的存在状况。反之，此门中一切差别事法虽然可以作为一个整体存在来认识，但是并不会因此消解差别事法各自的独立性，因为"别""异""坏"同时也从结构、过程和作用破坏整体性而显示差别事法各自的独立性。尽管"六相"从不同维度来阐述差别事法的关系，但彼此之间不是相互割裂而是同时具在的关系，由此作为"六相"摄取的诸差别事法也是同时具足的，由此说明"同时具足相应门"以及由此衍生出的其他九门。可见，"六相圆融"既是"十玄无碍"的基础，又是"十玄无碍"的具体展开。

2. 方以智对"总别二相"的运用

方以智借"六相圆融"以互通诸家《庄子》注，从而发明了《药地炮庄》儒、释、道可以互胜互济的新意。《药地炮庄·天道》中，"本在于上，末在于下……语道而非其道者，安取道"[①]一段正文之后，方以智引用觉浪道盛禅师的《庄子提正》作为注解。

丈曰：序数存焉，别即是总。此庄子之六经也。[②]

"序数存焉"是指这一段原文中圣人取象天道而制定尊卑、四时之秩序一事。"别即是总"，用华严学"六相圆融"中"别""总"二相以说明天道是由尊卑、四时等自然人伦之道构成。以尊卑、四时等秩序之"别相"构成了天道秩序之"总相"，而对天道秩序"总相"的把握不妨碍对人伦、自然等秩序的"别相"的把握，由此将天道与自然人伦联系起来，"总""别"圆融，不以天道废人伦，由此会通儒之人伦与道之超越

关于对"别""总"关系的运用，亦可见于《药地炮庄·秋水》："河伯曰：世之议者皆曰，至精无形，至大不可围。是信情乎……闻曰：'道人不闻，至德不得，大人无已。'约分之至也。"[③]一段之后，方以智注曰："既知其总，须知约分。悟理一而分殊，则总别同时，复何疑乎。"[④]在下一段"河伯曰：若

① （清）方以智：《药地炮庄》，新北市：广文书局，1975年，第521—522页。
② （清）方以智：《药地炮庄》，新北市：广文书局，1975年，第523页。
③ （清）方以智：《药地炮庄》，新北市：广文书局，1975年，第569—570页。
④ （清）方以智：《药地炮庄》，新北市：广文书局，1975年，第570页。

物之外，若物之内……未可以为常也"①后，方以智注云：

> 以道、俗、物为三种观，又以差数、功分、趣操为三种观，约分易简，亦概具矣。人非执别而迷总，即执总而迷别。圣人大齩然，即别是总，所以不坏行布而另求圆融。②

相互关联，指的是河伯问海神如何从物之内外来分别物之贵贱、大小，海神以用道观物则物无贵贱为其解答从而阐述了庄子的"相对论"。此处，庄子以"相对"突显了"道"的超越同一性对事物的现实差别性的消解。然而，这样也产生了一个问题，即是事物的现实差别性被"道"消解以后是否事物存在意义也因此而虚无化，导致由此构成的人世间成为无意义的"游戏场"？对此，方以智承接其师观点用"别"与"总"关系对这个问题给出了否定的答案。他把"道""俗""物""差数""功分""趣操"都归为"别相"，统"别相"而成"超言绝相"之"总相"，此"总相"是在"别相"中把握的，两者不离便是"约分"。方以智认为所谓"差其时，逆其俗者，谓之篡夫；当其时，顺其俗者，谓之义之徒"③就是把握了"约分"的圣人。常人见"别"而不知"总"，见"总"而不知"别"，唯有圣人知道"总""别"圆融的道理，即是对大道之"总相"的把握不能离开千差万别的世间诸法，正是差别的诸法"别相"构成了大道"总相"，而大道之"总相"正是通过"约分"为"别相"而展现出自己的存在。因此，他认为以差别的当下"约分"来判断对错，进而把握当下差别之后无差别的"大道"才是庄子相对论的意图，如此"既知分殊，则尧桀不可并论明矣。既知当时顺俗，则三代以下不可以上古之治治之明矣"。④通过对华严学"总""别"关系的借用，方以智澄清了对庄子"相对论"的误解，庄子之"相对"不是"不辨是非"，而是"当时顺俗"以用是非。同时，也借由"行布不碍圆融"的观点将庄子之"道"的超越与在"俗""物"之中的差别发用统一起来。"行布"为第次修行，而"圆融"则是对成佛果位的当下觉悟，两者类似于禅宗"顿悟"与"渐修"之别。在华严学看来，无论是第次修行的"行布"还是当下觉悟的"圆融"，两者都

① （清）方以智：《药地炮庄》，新北市：广文书局，1975年，第571页。
② （清）方以智：《药地炮庄》，新北市：广文书局，1975年，第572页。
③ （清）方以智：《药地炮庄》，新北市：广文书局，1975年，第573页。
④ （清）方以智：《药地炮庄》，新北市：广文书局，1975年，第573页。

是无碍。在此处引文中，方以智将第次修行的"行布"看成"别相"，"圆融"看成"总相"，离开"别相"就没有"总相"，"总相"是由"别相"构成，以"即别是总"来说明"不坏行布而另求圆融"，由此回答了庄子"相对论"而产生的如何协调道之超越与物之现实的统一问题。

3. 方以智对"成坏二相"的运用

关于"成"与"坏"的讨论，《药地炮庄·齐物论》"以指喻指之非指，不若以非指喻指之非指也……是以圣人和之以是非，而休乎天均，是之谓两行"① 一段后，

> 义曰：伐木于山，毁也。作屋，则成矣。咀药，分也。合成，剂矣。筋角成号，号则成，筋角则毁矣。总观之，则无成无毁而通为一也。以尽人即天言之，依然有当成当毁，可成可毁之理。谓此理不落成毁可乎？黠智执毁方之圆，而不悟用方者圆。②

庄子在此处批评名家公孙龙子的指物论与惠施的白马非马论执迷于分辨事物差异的论断，主张从超越达到的层面泯灭事物的差别，在道的状态下让"物"与"我"在精神世界中都能各得其所，自行发展。方以智则从"成"与"毁"的角度重新解释了"休乎天均，是之谓两行"。"成"与"毁"虽然相反但皆为木所有，"毁"之于山林而"成"之于房屋，"毁"的过程也意味着"成"，就构成房屋之木而言同具"成""毁"二相。同样，合药成剂，筋角成号，从药和筋角的角度来看是"毁"，但是从剂和号的角度来看又是"成"，皆是同具"成"与"毁"两种状态。"成"与"毁"同具，若依庄子，可以说"无成无毁而通为一"；若依宋明儒学，则可以有"当成当毁，可成可毁之理"；若依"圆融六相"，此"可成可毁之理"不是脱离事物的形上"理体"，而是落入"成"与"毁"之中的同具之相，只有认识到这一点才能破除"执毁方之圆"，"悟用方者圆"。由此，方以智以"成"与"毁"关系的层层递进，将儒、释、道不同的思辨维度以体系化的方式整合起来，并以"圆融六相"统合了庄子之道，儒之理于事物之中。

通过对"六相圆融"的灵活运用，方以智使《庄子》文本成为可以互通

---

① （清）方以智：《药地炮庄》，新北市：广文书局，1975 年，第 216 页。
② （清）方以智：《药地炮庄》，新北市：广文书局，1975 年，第 216 页。

儒、释、道三家学说的平台。同时，借用"总""别""成""坏"等相对庄子"相对论"的讨论，将因"相对论"而导致的"大道"超越境界与差别事物现实的分离扭转为在差别事物的发用中展现"大道"之超越，又深化了庄子"道在万物"的论断。

总结

由华严学"五教十宗"而引申出的"四法界观"，对宋明儒学的发展起了至关重要的推动作用。曾经为一介儒生的方以智，无论是其家学传承还是未出家之前的学问都深受华严的影响。他借鉴华严宗圆融的思辨特点而运用于《庄子》注中，从而极大地丰富了《药地炮庄》一书的内容和意义。

受"五教十宗""判教→佛性"模式的启发，方以智以"佛性→判教"为基础将儒、释两家诸多《庄子》注体系化，在抬高《庄子》的地位使之成为儒、释、道的同时，也为《药地炮庄》不依门派之别运用各家注解提供了学理上的论证。通过以"法界圆融观"为方法解读《庄子》，方以智扩充了庄子的逍遥义，使之能够容纳儒家之人伦。受"法界圆融观"影响，方以智提倡《庄子》、《易》、禅三者不可分，三者之间可以相互解读。他以"旧十玄"诠释《庄子》齐物论，强调从"事事无碍"的角度来讨论"物"与"物"之间"齐"的可能性；另一方面，他通过"新十玄"取消了华严、天台、禅宗的门户之别，以彼此之互用重新诠释了庄子"道"与"物"，"本"与"末"之间的关系，扭转了对庄子重"道"轻"物"的传统理解。方以智以"六相圆融"引儒、释入《庄子》，以"六相"中的"总""别"二相会通儒之人伦与道之超越，扩充了《庄子》逍遥义，追求逍遥而不必回避人伦。他通过"总""别"关系解读庄子的"相对论"，协调了道之超越与物之现实之间的关系，避免了"道"对"物"之意义的消解作用，让读者更深入地了解《庄子》"道在万物"所揭示出的"道""物"不二的关系。

华严学以"判教"而展开的"事事无碍法界"，经由互为表里之"十玄无碍"与"六相圆融"而展现出自身之圆融境界。方以智将此圆融引入《药地炮庄》，一方面显示出他本人深邃的佛学思想以及他对儒、释、道关系的独特反思；另一方面，也揭示出佛学在中国化的过程中从重视思辨到重视伦理履践的转变，这也是天台、华严、禅宗等中国化佛学学派的一个特点。圆融，既重视对出世间的超越性的把握，同时又时刻关注变动不已的人间世。它以一种绝大的包容，企图将人类之精神囊括在内却不停留在抽象的思辨之中。

虽超越意识思维而利用意识思维，可以理性思考而接受，可以由社会现象和科学发展不断提供证据，这使它有超越佛教范围，而广泛运用于世俗生活、科学研究、社会问题处理的功用。①

相较于印度佛教视人世间为一个痛苦的场所，企图脱离人世间去寻求精神的家园，中国化的天台、华严、禅宗等佛教学派却始终把人世间看成痛苦与希望并存的世界，主张转化人世间的痛苦为觉悟，从而将形而上与形而下打成一片。

这是佛陀说法的基本精神，也与本土儒、道诸家哲学终归于伦理履践的传统相契合。②

此外，这一转变也反过来影响了隋唐以后儒、释、道三家的互动，最终于明代学者中引发了儒、释、道互通的思潮。方以智借《药地炮庄》阐述自己对于儒、释、道关系的思考，正是这一思潮的反映。

如今，现代人对方以智儒、释、道关系的研究，也应该持这样一种圆融的精神，从不同角度，不同立场展开，以此揭示出中国哲学圆融之境界而将其运用于当今中国世俗生活、科学研究、社会问题之解决。更有甚者，现代人处在一个信息爆炸的时代，充满了各种各样的文化符号与文化取向。文化多样性，特别是中西文化之抉择问题，背后所隐藏的即是如何处理这些不同文化取向之间的关系，如何把握文化之道体和文化之道用的统一之问题。方以智以"佛性"为基础，圆融儒、释的做法，也可以推广于中西方文化抉择之中。

世界上虽然存在着诸多的面貌各异、特色不同的人类文明形态，但是我们应当承认，在这些文明形态所推崇的基本理念中都包含着人类共同追求的最高理想与价值，都具有人类应当遵循的基本底线。③

---

① 陈兵：《中国佛教的圆融精神及其当代意义》，《中华文化论坛》2004 年第 3 期。
② 陈兵：《中国佛教的圆融精神及其当代意义》，《中华文化论坛》2004 年第 3 期。
③ 韩焕忠：《文明互鉴与华严宗的法界观》，《法音》2017 年第 7 期。

　　以此不同文明所共有的"最高理想与价值"和"基本底线"为基础，则文化与文化之间的差异不妨碍彼此的相互促进，以彼此的互补而构成人类文明之整体。这种文化之间的"事事无碍"产生了一个平等而开放的体系，在交流中革新不同文化，使得作为整体之人类文明能够以开放、包容的精神不断向前，而这也是方以智对《庄子》的华严学解读在我们今天思考诸多问题时所给予的有益启发。

《中华文化与传播研究》

稿约

1993 年，厦门大学新闻传播学系庆祝建系 10 周年时，见证并为之倾注巨大心血的余也鲁先生提议举办了首届"海峡两岸中国传统文化中传的探索座谈会"，会后出版了《从零开始》的论文集。此后，厦门大学成立传播研究所作为推动两岸暨香港华夏传播研究的基地，并顺利地出版《华夏传播研究丛书》和《华夏传播论》，成为传播学中国化进程中的一个标志性成果。2013年，厦门大学新闻传播学院迎来了 30 周年庆典，厦门大学的华夏传播研究在黄星民教授等前辈学者的苦心经营下，已然成为我院教学科研的一大亮点。薪火相传是我们的使命，为将华夏传播研究事业不断发扬光大，我们在广大热爱中华文化、关注中华文化研究与传播的众多学者和社会贤达的大力支持下，将以"厦门大学传播研究所"这一校级机构为平台，以传播学系为依托，以广大中华文化研究学者和新闻传播研究学者作为我们的强大后盾，创办《中华文化与传播研究》论丛，搭建文史哲与新闻传播对话交流的平台，以更大惠及学林。2017 年 1 月 25 日，中共中央办公厅、国务院办公厅印发了《关于实施中华优秀传统文化传承发展工程的意见》，《意见》指出："文化是民族的血脉，是人民的精神家园。文化自信是更基本、更深层、更持久的力量。中华文化独一无二的理念、智慧、气度、神韵，增添了中国人民和中华民族内心深处的自信和自豪。"可见，传承与发展中华优秀传统文化是时代的使命，也是学者的责任。

为了发掘中华文化中的传播智慧，提炼中华传播理论，推动传播学"中华学派"的早日形成，我们希望以本论丛为平台，继续集聚海内外有志于传播华夏文明，展现中华博大精深的沟通智慧的各方人士，彼此分享研究成果，提供学术动态，推进中华文化的社会传播与国际传播，同时兼及新闻学与传播学各领域的新成果。本论丛栏目主要方向有：（1）基础理论，研究中华文化的传播思想、传播制度与传播方法等；（2）历史发展，研究不同时代传播观念与传播技术等方面的变迁；（3）新闻理论与新闻业务；（4）传播理论，含组织传播、健康传播、公共传播、政治传播、科技传播、跨文化传播、情感传播、新媒体传播等各领域，（5）古今融通，注重中外传播智慧的比较研究和中国传播观念的古今传承；（6）新书评论，介绍中华文化与传播研究领域中的新作；（7）经典发微，注重挖掘中华文化经典作品中的传播智慧；（8）学术动态，介绍海内外学者对华夏传播研究的新成果，发表相关的学术会议综述和研究著作的书评；（9）传播实践，着重推介那些致力于国学运用的新观点和新做法，推进中华文化传承与发展的实践经验；（10）国学新知，国学领域有创见的论文，等等。

本论丛前5期为国际刊号出版，可从"白云深处人家"网站下载。从2017年起，本论丛与中盐金坛盐化有限责任公司合作，联合编辑出版，半年一辑，力邀海内外学者担任专栏主持人，兼行盲审制，以当前国际流行的开本印刷。本论丛注重学术性、知识性兼顾普及性，力求雅俗共赏。

欢迎专家学者赐稿，中英文均可，来稿一经录用，即赠样书两本，并酌付稿费。本论丛所有文章均为作者研究成果，文责自负，不代表编辑部观点。

《中华文化与传播研究》关于引文注释的规定

为了体现国际化传播与本土化发展的双重考量，本论丛从 2019 年 1 月 1 日起启用新的规定。

本规定是在《中国社会科学》注释要求的基础上修订而来，请投稿者严格按照规范投稿！

投稿邮箱：cccs2013a@126.com。来稿论文字数控制在 10000 字以内为宜。同时，请注明作者信息，包括：作者姓名（出生年—），性别，籍贯，工作单位、学术职称（学历）、研究方向和联系方式（地址，手机号码／邮箱，以方便联系）。基金资助：基金来源，课题名称（项目号）。

《中华文化与传播研究》编辑部

2019 年 1 月 1 日

一、注释体例及标注位置

文献引证一律采用脚注，用①，②，③……标识，每页单独排序。

二、具体注释规范与示例

（一）中文注释

1. 著作

标注顺序：责任者与责任方式／文献题名／出版地点／出版者／出版时间／页码。

示例：

赵景深：《文坛忆旧》，上海：北新书局，1948 年，第 43 页。

实藤惠秀：《中国人留学日本史》，谭汝谦、林启彦译，香港：中文大学出版社，1982 年，第 11—12 页。

2. 析出著作文献

标注顺序：责任者／析出文献题名／文集责任者与责任方式／文集题名／出版地点／出版者／出版时间／页码。

示例：

杜威·佛克马：《走向新世界主义》，王宁、薛晓源编：《全球化与后殖民批评》，北京：中央编译出版社，1999 年，第 247—266 页。

鲁迅：《中国小说的历史的变迁》，《鲁迅全集》第 9 册，北京：人民文学出版社，1981 年，第 325 页。

3. 著作序言、引论、前言、后记

示例：

李鹏程：《当代文化哲学沉思》，北京：人民出版社，1994 年，"序言"，第 1 页。

楼适夷：《读家书，想傅雷（代序)》，傅敏编：《傅雷家书》（增补本），北京：三联书店，1988 年，第 2 页。

4. 古籍刻本、影印本

标注顺序：责任者与责任方式／文献题名／卷次、篇名、部类（选项)／出版地点／出版者／出版时间／（影印）页码。

示例：

《太平御览》卷 690《服章部七》引《魏台访议》，北京：中华书局，1985 年影印本，第 3 册，第 3080 页下栏。

管志道：《答屠仪部赤水丈书》，《续问辨牍》卷 2，《四库全书存目丛书》，济南：齐鲁书社，1997 年影印本，子部，第 88 册，第 73 页。

5. 期刊

标注顺序：责任者／文献题名／期刊名／年期（或卷期，出版年月)。

示例：

叶明勇：《英国议会圈地及其影响》，《武汉大学学报》（人文科学版）2001 年第 2 期。

6. 报纸

标注顺序：责任者／篇名／报纸名称／出版年月日／版次。

示例：

李眉：《李劼人轶事》，《四川工人日报》1986 年 8 月 22 日，第 2 版。

《上海各路商界总联合会致外交部电》，《民国日报》（上海）1925 年 8 月

14 日，第 4 版。

7. 学位论文、会议论文

标注顺序：责任者／文献标题／论文性质／地点或学校／文献形成时间／页码。

示例：

方明东：《罗隆基政治思想研究（1913—1949）》，博士学位论文，北京师范大学历史系，2000 年，第 67 页。

任东来：《对国际体制和国际制度的理解和翻译》，全球化与亚太区域化国际研讨会论文，天津，2000 年 6 月，第 9 页。

8. 转引文献

无法直接引用的文献，转引自他人著作时，须标明。

示例：

章太炎：《在长沙晨光学校演说》，1925 年 10 月，转引自汤志钧：《章太炎年谱长编》下册，北京：中华书局，1979 年，第 823 页。

9. 电子网络文献

标注项目与顺序：责任者／电子文献题名／更新或修改日期／获取和访问路径／引用日期。

示例：

王明亮：《关于中国学术期刊标准化数据库系统工程的进展》，1998 年 8 月 16 日，http：//www.cajcd.cn/pub/wml.txt/980810-2.html，1998 年 10 月 4 日。

（二）英文注释

1. 专著

标注顺序：责任者与责任方式／文献题名（用斜体）／出版地点／出版者／出版时间／页码。

示例：

Peter Brooks，*Troubling Confessions：Speaking Guilt in Law and Literature*，Chicago：University of Chicago Press，2000，pp.48-49.

2. 期刊析出文献

标注顺序：责任者／析出文献题名／期刊名（用斜体）／卷册及出版时间／页码。

示例：

Heath B. Chamberlain, On the Search for Civil Society in China, *Modern China*, vol. 19, no. 2 (April 1993), pp.199-215.

（三）其他说明

1. 再次引证，项目简化

同一文献再次引证时只需标注责任者、题名、页码，出版信息可省略。

示例：

赵景深：《文坛忆旧》，第 24 页。

2. 引用先秦诸子等常用经典古籍，可在文中夹注（夹注应使用不同于正文的字体）。

示例：

这也就是所谓"天聪明自我民聪明，天明畏自我民明畏"（《尚书·皋陶谟》），"民之所欲，天必从之"（《尚书·泰誓》）。